Turismo legitimado

SERVIÇO SOCIAL DO COMÉRCIO
Administração Regional no Estado de São Paulo

Presidente do Conselho Regional
Abram Szajman
Diretor Regional
Danilo Santos de Miranda

Conselho Editorial
Ivan Giannini
Joel Naimayer Padula
Luiz Deoclécio Massaro Galina
Sérgio José Battistelli

Edições Sesc São Paulo
Gerente Iã Paulo Ribeiro
Gerente adjunta Isabel M. M. Alexandre
Coordenação editorial Cristianne Lameirinha, Clívia Ramiro, Francis Manzoni
Produção editorial Bruno Salerno Rodrigues, Antonio Carlos Vilela
Coordenação gráfica Katia Verissimo
Produção gráfica Ricardo Kawazu
Coordenação de comunicação Bruna Zarnoviec Daniel

TURISMO LEGITIMADO

Espetáculos e invisibilidades

HELIO HINTZE

© Helio Cesar Hintze, 2020
© Edições Sesc São Paulo, 2020
Todos os direitos reservados

Preparação Elen Durando
Revisão Mayara Freitas, Elba Elisa
Projeto gráfico e diagramação Negrito Produção Editorial
Foto de capa Adam Smigielski/Getty Images/iStockphoto
Capa Negrito Produção Editorial

Dados Internacionais de Catalogação na Publicação (CIP)

Hintze, Helio
  Turismo legitimado: espetáculos e invisibilidades / Helio Hintze. – São Paulo: Edições Sesc São Paulo, 2020.
  360 p. il.

  Bibliografia
  ISBN 978-65-86111-24-8

  1. Turismo. 2. Brasil. 3. Política. 4. Sociedade. 5. Mercado. I. Título.

H5979T   CDD 910.4

Edições Sesc São Paulo
Rua Serra da Bocaina, 570 – 11º andar
03174-000 – São Paulo SP Brasil
Tel.: 55 11 2607-9400
edicoes@sescsp.org.br
sescsp.org.br/edicoes
❋ ❋ ❋ ❋ /edicoessescsp

Sumário

Apresentação – Turismo e desejo 7
Introdução 9

CAPÍTULO 1
Categorias fundamentais para uma análise crítica do turismo:
discurso, comodificação e clichê turístico 23
    O discurso como prática social e as relações de poder na modernidade 25
    A dinâmica da comodificação 33
    Produção de expectativa de consumo e esvaziamento do tempo presente ... 49
    A produção do clichê turístico 52

CAPÍTULO 2
Enunciadores hegemônicos do discurso legitimador do turismo 69
    O Conselho Mundial de Viagens e Turismo (World Travel and Tourism
        Council – WTTC).. 74
    A Organização Mundial do Turismo (OMT)............................. 83
    O Ministério do Turismo no Brasil 95
    A mídia 123
    A academia brasileira.. 126

CAPÍTULO 3
Elementos-chave para um estudo crítico do turismo 161
    Quem é o turista, afinal? 164
    O mercado do turismo como relação social 198

O lixo simbólico do turismo: o descarte como característica do
consumismo 204
Reflexões sobre tempo pseudocíclico e produção de subjetividade
capitalista 205
O que é um atrativo turístico? 216
O espetáculo do confinamento desejado e suas sombras 227

CAPÍTULO 4
A construção da "vocação natural" do Brasil para o turismo 233

Raças e racismo 236
O homem cordial 244
Brasil-turismo: a pseudoidentidade nacional e a perversão do homem
cordial 248
Raças e cores no Brasil 253
Estudo crítico da produção do clichê turístico 285

CAPÍTULO 5
Turismo: aquele que não queremos e possibilidades de sua superação .. 301

Contradições sistêmicas do turismo 305
A heteronomia capitalista do turismo 308
Buscando outra heteronomia 322

Posfácio: Qual será o futuro do turismo no pós-pandemia da Covid-19?.. 333

Referências bibliográficas 343

Créditos das imagens 357

Sobre o autor 359

Turismo e desejo

DANILO SANTOS DE MIRANDA
Diretor do Sesc São Paulo

O desejo representa a instância mais íntima e, ao mesmo tempo, mobilizadora do sujeito. Dela provêm a força e a iniciativa voltadas a satisfazer seus anseios, os quais se revelam na relação com o mundo e seus fenômenos atrativos. Nesse sentido, o desejo funciona como uma espécie de motor, um mecanismo psíquico vocacionado a impulsionar nossas trajetórias em direção àquilo que sentimos dizer respeito ao nosso ser, logo, à nossa possibilidade de realização.

A subjetividade se constitui mediante uma lógica imprecisa, na qual escolhas e seduções se confundem. Essa indistinção faculta oportunidades aos setores produtivos, que têm no campo do desejo um âmbito estratégico não apenas para a elaboração de ofertas, mas também para o delineamento comportamental de sua demanda. Tal modelagem sugere que o sujeito pleno é aquele capaz de dar vazão aos seus desejos. Determinado a satisfazê-los, ele orienta seus esforços em prol desse propósito. A oportunidade de viajar e conhecer novos lugares e pessoas ocupa posição privilegiada nesse arranjo. Eis a centralidade assumida pelo turismo em nossos dias.

Turismo legitimado: espetáculos e invisibilidades, título que se ocupa de uma leitura acurada desse fazer sociocultural, baseia-se na premissa de que o turismo conforma um sofisticado dispositivo de subjetivação. A abrangência dessa modalidade de uso do tempo livre, emblemática do lazer contemporâneo, pode ser notada em sua incidência nas diferentes dimensões da experiência humana, entre elas, a da sensibilidade, do conhecimento, da sociabilidade e da cultura. As potencialidades inerentes ao ato de se deslocar em busca do desconhecido, e do respectivo contato com o outro, se veem implicados nesse segmento do mercado, que faz da vivência extraordinária – fora do comum do cotidiano – um objeto de desejo.

Helio Hintze parte desse quadro, que tem nos processos de subjetivação o seu principal lastro, para se dedicar à análise de discursos e estratégias persuasivas que sustentam o imaginário criado pelo turismo. Mediante exames que lançam luz sobre os diferentes agentes sociais implicados em tal esfera da atividade produtiva, o autor procura trazer à tona os interesses que perpassam essa prática atualmente tão difundida. Ao Sesc, que realiza ações em turismo social desde 1948, cumpre contribuir para o aprofundamento das reflexões acerca do tema, favorecendo a compreensão dos diversos pontos de vista e interpretações em torno desse fenômeno.

Introdução

Não podemos permitir, enfim, que a mediocridade mercadológica, que tudo torna circo, mercadoria, aparência, custo, pacote, coisificando lugares, pessoas, vontades, sonhos, possa suplantar a vontade e a necessidade de transformar.
Permitir o funcionamento de tal mecanismo é ser conivente, aceitar o preço, ser cooptado. Denunciar a mediocridade, não dar-lhe trégua, lutar constantemente, não tornar-se medíocre, eis nossa única alternativa.

CASCINO

Este livro é fruto de minhas reflexões realizadas no doutorado na Universidade de São Paulo. A tese intitulada *Espetáculos e invisibilidades do discurso legitimador do turismo*[1] foi defendida em 2013. Para mim é uma imensa alegria ter a oportunidade de publicar estas reflexões com o apoio do Sesc SP. As ideias aqui presentes foram todas cuidadosamente elaboradas para provocar o leitor a pensar o turismo de maneira diferente e sei que não têm um apelo comercial. Por isso, sempre tive medo de que estas ideias ficassem limitadas ao fundo de uma biblioteca de *campus* de universidade. Agradeço imensamente a coragem do Sesc em publicar esta obra...

O texto que você tem em mãos busca propor e estimular reflexões críticas sobre a forma como o turismo vem sendo construído por diferentes tipos de discursos – sejam eles falados, escritos ou imagéticos[2] –, os quais são elabora-

---

1. A tese está disponível no banco de teses da USP: <https://www.teses.usp.br/teses/disponiveis/91/91131/tde-04102013-164505/pt-br.php>.
2. A versão original deste estudo contemplava uma série de imagens que, por conta de direitos autorais, não pudemos incluir neste livro. Os originais da tese de doutorado *Espetáculos e invisibilidades*

dos por diversos agentes sociais na contemporaneidade. Longe de serem mera forma de comunicação, esses discursos são produtos do mundo no qual vivemos e, de igual maneira, produzem este mundo.

Entendemos que a produção discursiva do turismo não é simples comunicação, mas um processo de persuasão, uma vez que tem sido usada intencionalmente por poderosos agentes econômicos e políticos que desejam legitimar interesses próprios em nome daquilo que chamam de turismo. Assim, tal produção mostra-se não como uma atividade neutra, mas como um instrumento utilizado em jogos de poder. Nesse sentido, pretendemos explorar aqui a hipótese de que

....

o turismo é um dos mais bem estruturados aparelhos de subjetivação capitalista já desenvolvidos.

....

Dessa problemática, formulamos algumas questões que nos nortearão:

1. O que significa legitimar o turismo?
2. Quem são os agentes sociais que articulam tal processo?
3. Quais são as intenções dos agentes sociais nesse processo?
4. Como se dá o processo de legitimação?

Legitimar o turismo significa afirmá-lo como uma atividade socialmente positiva, aceitável e desejável: positiva, por se tratar de um fenômeno que pode ser explicado pelo bom senso e pela razão e cuja autenticidade é possível de ser comprovada; aceitável, por ser justa e razoável, trazer benefícios aos que com ela se envolvem e cujos danos são plenamente contornáveis se a atividade for bem planejada; e desejável, por ser legítima e aceita pelo senso comum.

Contudo, sob a perspectiva que será apresentada nesta obra, o turismo contemporâneo, tal como tem sido desenvolvido, não apresenta intrinsecamente nenhuma dessas características. E a produção discursiva utilizada para legitimá-lo não visa senão à legitimação do mercado neoliberal que o explora, fazendo que este seja reconhecido como positivo, aceitável e desejável.

do discurso legitimador do turismo (Hintze, 2013) encontram-se disponíveis em: <www.heliohintze.com.br>.

Vamos usar a metáfora do 'contágio', pois ela nos ajuda a entender como ocorre uma junção de elementos díspares e, por meio dessa junção, o capital introjeta seu poder "no conhecimento, na cultura, na sensibilidade e na sociabilidade nos indivíduos"[3]. E, uma vez contaminados, tais indivíduos (re)produzirão o capital a partir de suas ações mais banais. O turismo é uma das manifestações superficiais desse processo e é compreendido aqui como um dos mais bem estruturados dispositivos da produção e captura de subjetividade que o sistema capitalista já desenvolveu.

Para tanto, elegemos a produção discursiva legitimadora do turismo como principal objeto de análises deste livro. Mas, se há tal produção, quem a produz? Isso nos leva à questão sobre os agentes sociais que articulam tal processo. Por meio da análise dessa produção, pretendemos mostrar que há uma complexa rede de enunciadores hegemônicos que compõe e opera uma estrutura de legitimação do mercado que explora o mundo e as pessoas por meio do turismo. Os enunciadores hegemônicos escolhidos para nossa análise crítica são:

→ World Travel and Tourism Council (WTTC);
→ Organização Mundial do Turismo (OMT);
→ Ministério do Turismo do Brasil (MTUR);
→ Mídia;
→ Estudos acadêmicos relacionados ao tema.

É nossa hipótese de trabalho admitir que

> *esses atores hegemônicos operam em favor da legitimação do turismo porque, em diferentes níveis, estão colonizados pelo mercado. Mesmo quando tecem críticas ao universo turístico, fazem-no de forma superficial, entravando novas possibilidades de compreensão efetivamente crítica desse fenômeno e de ação transformadora sobre ele.*

---

3. Félix Guattari, *As três ecologias*, 12. ed., Campinas: Papirus, 2001, p. 31.

Outro ponto importante é entender COMO ocorre a legitimação do turismo. Para isso, analisaremos esse processo por duas vias distintas: a produção de *espetáculos*[4] e a produção de *invisibilidades*[5].

A primeira via é a produção do turismo como *espetáculo*. É a face da legitimação que procura produzir o turismo como movimento essencialmente humano, desejável, lícito, moral, ético, como conquista da classe trabalhadora, direito do cidadão, forma de exercício de liberdade do turista, possibilidade de crescimento econômico, de desenvolvimento sustentável, geração de empregos para as comunidades locais que recebem turistas; caminho para a paz, para o fortalecimento dos encontros entre diferentes povos; uma atividade econômica que potencializa a autoestima do morador local, ao mesmo tempo que possibilita a descoberta e a experiência do mundo por parte do turista.

A segunda face desse processo de legitimação é consequência direta da primeira: é a produção de *invisibilidades*. Ela está colada à face produtora de *espetáculos* e é produzida como sua sombra. Assim, os problemas profundos que o mercado e sua dinâmica apresentam são tornados invisíveis por toda uma rede de discursos que visam à sua legitimação. Alguns desses 'invisíveis' problemas são:

→ A produção e a manutenção de desigualdades sociais;
→ A construção de uma visão de mundo a partir de estereótipos e clichês, de etnocentrismos, racismos, sexismos, separações naturalizadas e hierarquizadas de classes e pessoas;
→ A desigual concorrência entre agentes com poderes diferenciados;
→ A tendência a considerar tudo como recurso para o capital, colocando num plano de equivalência econômica pessoas, sentimentos, valores morais e elementos da natureza;
→ A acelerada dinâmica do descarte daquilo que já não interessa mais ao mercado e a seus agentes.

---

4. Cf. Guy Debord, *A sociedade do espetáculo: comentários sobre a sociedade do espetáculo*, Rio de Janeiro: Contraponto, 2004.
5. Cf. Boaventura de Sousa Santos, "Para além do pensamento abissal: das linhas globais a uma ecologia de saberes", *in*: Boaventura de Sousa Santos e Maria Paula Meneses (org.), *Epistemologias do Sul*, Coimbra: Almedina, 2009; *Idem, A crítica da razão indolente: contra o desperdício da experiência*, São Paulo: Cortez, 2011, v. 1.

Quanto mais se espetaculariza o turismo, mais os problemas existentes na atividade são tornados invisíveis.

Segundo as estatísticas apresentadas no *Annual Report 2011* da OMT, 982 milhões de pessoas viajaram no ano de 2011 (ou seja, 'apenas' 10% da população mundial fez turismo)[6]. Nas estatísticas apresentadas em 2017, foram cerca de 1,3 bilhão de pessoas que fizeram turismo naquele ano[7]. Em 2018, o número de 'chegadas de turistas' foi de 1,4 bilhão[8], ou seja, um crescimento de 5% em relação ao ano anterior. Embora seja um número bem expressivo, não podemos ignorar o fato de que uma pessoa pode fazer mais de uma viagem por ano, o que altera o panorama dessa estatística (que fala em chegada de turistas). Portanto, frente à população que não viaja, percebe-se que, ainda, apenas uma minoria tem condições de fazê-lo, o que nos leva a crer que o turismo, na atualidade, é um *privilégio de poucos*.

Não obstante, a produção discursiva legitimadora do turismo quer produzi-lo como *direito de todos*, tornando invisível a questão de que, na prática e em consequência das desigualdades sociais e questões ambientais já existentes, o turismo é um privilégio de poucos. Além disso, é um movimento que acaba por gerar *mazelas para muitos*, especialmente àqueles que são explorados por tal mercado.

No intuito de apresentar uma leitura da estrutura de legitimação do mercado e visando ao nosso objetivo de propor e estimular reflexões críticas sobre a produção discursiva do turismo, desejamos problematizar a hipótese de que o turismo pode ser interpretado e compreendido como uma atividade modernizadora, ocidentalizadora e capitalista.

Consideramos a Modernidade como

> [...] um período histórico que começou na Europa Ocidental no século XVII com uma série de transformações socioestruturais e intelectuais profundas e atingiu sua maturidade primeiramente como projeto cultural, com o avanço do Iluminismo e, depois, como forma de vida socialmente consumada, com o desenvolvimento da sociedade industrial (capitalista, e mais tarde, também a comunista)[9].

---

6. O material está disponível em: <https://bit.ly/anrep2011>. Acesso em: 3 abr. 2012.
7. Cf. *Annual Report 2017*. Disponível em: <https://bit.ly/anrep2017>. Acesso em: jun. 2019.
8. Cf. *International Tourism Highlights – World Tourism Organization*. Disponível em: <https://bit.ly/intHi2019>. Acesso em: jun. 2020.
9. Zygmunt Bauman, *Modernidade e ambivalência*, Rio de Janeiro: Jorge Zahar, 1999, pp. 299-300.

O capitalismo "nasceu incontestavelmente na Europa Ocidental [...] dali ele se estendeu ao resto do mundo, mas esta extensão foi precisamente uma das formas de submissão do mundo ao Ocidente"[10]. Os países que foram se tornando capitalistas, por sua vez, tornaram-se partes que vieram a integrar aquilo que se chama 'Ocidente'. O capitalismo, enfim, "é precisamente uma manifestação da especificidade 'ocidental' do Ocidente"[11]. Na contemporaneidade, essa condição avança mais e mais por todo o globo terrestre, e o turismo é um de seus agentes privilegiados.

Em seu desejo de conquistar todo o mundo, "a ocidentalização do mundo foi, durante muito tempo, e nunca deixou inteiramente de ser, uma cristianização"[12]. Não obstante, também não podemos reduzir a ideia de Ocidente a uma religião, a cristã, no caso – afinal nem mesmo o cristianismo é homogêneo. No entanto, desta sua face, o Ocidente carregou e carrega uma característica de 'missionário', operando por uma "lógica de avanço [na qual] move seus peões numa partida onde está em jogo uma certa forma de dominação do mundo"[13]. Esse messianismo ocidental marca profundamente sua ideia de desenvolvimento (algo notável nos mais variados discursos do turismo). No início deste trabalho, dissemos que havia alguma 'religiosidade' nas falas dos mais diversos profissionais que atuaram no curso técnico em turismo. Da mesma forma, o século XIX acreditou que "a tarefa de civilizar o mundo seria o fardo do homem branco, e o império do mundo sua recompensa"[14].

Embora o Ocidente não possa ser simplificado 'apenas' pela explicação da supremacia de uma cor de pele – no caso, o 'branco' –, isso se constitui de uma "verdade profunda da ocidentalização que não deve ser esquecida nas formas mais sutis da ocidentalização contemporânea"[15]. O colonizador ocidental branco continua a agir em novas formas de colonialismo na contemporaneidade. Veremos que essa marca ocidental está presente (mesmo que invisibilizada) na produção atual do turismo.

Ao longo do estudo realizado para este livro usamos diversos materiais. Eles compõem a base de nossa materialidade para a análise crítica dos discursos legitimadores do turismo:

10. Serge Latouche, *A ocidentalização do mundo: ensaio sobre a significação, o alcance e os limites da uniformização planetária*, Rio de Janeiro: Vozes, 1994, p. 44.
11. *Ibidem*, p. 44.
12. *Ibidem*, p. 35.
13. *Ibidem*, p. 40.
14. *Ibidem*, p. 36.
15. Francisco Jurdao Arrones, *Los mitos del turismo*, Madrid: Endymion, 1992, p. 36.

- Textos oficiais do WTTC e da OMT;
- Diversos discursos do MTUR, retirados dos Planos Nacionais de Turismo (2003-2007; 2007-2010; 2013-2016 e 2018-2022) e de outras fontes oficiais;
- A Marca Brasil, marca institucional de divulgação do turismo no exterior;
- Imagens de diversas mídias, panfletos e publicidades turísticas diversas;
- Textos retirados de *sites* da internet que abordam assuntos referentes ao turismo, recuperando entrevistas, notícias, postagens em *blogs*, e outras entradas disponíveis na rede;
- Dissertações de mestrado, teses de doutorado e livros que abordam a produção do turismo em suas diversas instâncias.

A relevância desta obra está em procurar incentivar um novo olhar crítico sobre a produção discursiva do turismo, na tentativa de ajudar outros pesquisadores a aprenderem o fenômeno turístico de maneira mais crítica e radical, num esforço de objetividade na compreensão da forte influência do mercado na produção do conhecimento sobre o tema.

Estudar criticamente a produção discursiva do turismo requer que coloquemos em perspectiva tais influências, uma vez que, sem isso, qualquer compreensão sobre o fenômeno fica deficiente. Procuramos abrir hipóteses sobre a forma como o mercado coloniza os próprios estudos acadêmicos do turismo, fazendo que muitos autores dedicados ao tema produzam suas pesquisas a partir de seus pressupostos, ignorando as profundas implicações de sua existência ou simplesmente atuando politicamente a seu favor, no sentido de legitimá-lo. Ao que nos parece, muitos autores falam em nome de uma pretensa ciência objetiva e neutra, mas não são senão "filósofos-negociantes"[16] do turismo, bonecos nas mãos de um ventríloquo chamado mercado.

A posição que assumimos aqui está próxima daquilo que Boaventura de Sousa Santos chama de pós-modernidade inquietante (ou de oposição)[17], na qual "a disjunção entre a modernidade dos problemas e a pós-modernidade das possíveis soluções deve ser assumida plenamente e deve ser transformada num ponto de partida para enfrentar os desafios da construção de uma teoria

---

16. Karl Marx e Friedrich Engels, *A ideologia alemã. Feuerbach: a contraposição entre as cosmovisões materialista e idealista*, São Paulo: Martin Claret, 2006, p. 36.
17. Cf. Boaventura de Sousa Santos, *A crítica da razão indolente: contra o desperdício da experiência*, op. cit., v. 1.

crítica pós-moderna"[18]. Em contraponto a essa posição, o autor identifica os pós-modernos reconfortantes: aqueles para os quais "há que aceitar e celebrar o que existe"[19]. Essa não é a nossa perspectiva. A condição pós-moderna é a condição da Modernidade que se olha, se examina e sabe que não pode cumprir muito de seu próprio projeto.

Dentro do panorama dos valores da pós-modernidade, é o valor da liberdade individual que se pretende a um reinado absoluto. Isso é fundamental ao mercado. Nas questões sociais, as promessas de liberdade, igualdade e fraternidade do projeto moderno encontram seus limites em diversas direções.

Na contemporaneidade há uma diversificada gama de formas "da dominação e da opressão"[20] agindo na sociedade, longe de estarem reduzidas à dicotomia[21] burguês/proletário. A intolerância é manifestada sob a forma de racismos, sexismos e etnocentrismos, e reapresenta-se com novas e diferentes intensidades; assim como também são múltiplas as faces das resistências. Quanto à dominação da natureza, esta apresenta seus limites inevitáveis a partir da crise ambiental contemporânea[22], que não cessa de mostrar que o modelo desenvolvimentista e industrialista se mostra equivocado. No campo econômico, aumentam as diferenças entre os países ricos e pobres. Veremos que nada escapa à produção capitalista, nem mesmo essas desigualdades sociais que serão reconhecidas, por parte do Poder Público[23], como fator de incentivo para o turismo brasileiro. Em suma, as promessas de certeza da Modernidade estão a ruir em todas as direções, afinal "a maior parte de sua história, a modernidade viveu na era da autoilusão"[24], foi um tempo de busca de verdades absolutas – busca essa que agora se mostra vã.

---

18. *Ibidem*, p. 29.
19. *Ibidem*.
20. *Ibidem*, p. 27.
21. A dicotomia é constituída por dois diferentes lados da moeda das relações assimétricas de poder, e a própria existência da dicotomia já é evidência de um poder diferenciador. Ela é a melhor maneira de se representar (mas também é a melhor forma de ocultar) o poder exercido por alguém, contra alguém. Há aqueles que exercem o poder, e há, igualmente, sua necessária contrapartida, aqueles que sofrem o poder.
22. Cf. Enrique Leff, *Racionalidade ambiental: a reapropriação social da natureza*, Rio de Janeiro: Civilização Brasileira, 2006.
23. Cf. Brasil, Plano Nacional do Turismo 2003-2007, Brasília: Ministério do Turismo, 2003. Disponível em: <http://www.turismo.gov.br/sites/default/turismo/o_ministerio/publicacoes/downloads_publicacoes/plano_nacional_turismo_2003_2007.pdf>. Acesso em: jun. 2019.
24. Zygmunt Bauman, *Modernidade e ambivalência*, op. cit., p. 245.

Nossa intenção é desenvolver um estudo que desassossegue e desconforte o pensamento atual sobre o turismo, procurando mostrar várias questões que têm sido ignoradas ou propositalmente evitadas. Aqui, não imporemos a 'resolução dos contrários', mas seu diálogo e convivência na ambivalência. Enfim, a aceitação dos contrários, das ambivalências e de suas disputas.

Esta obra procura compreender criticamente diversas relações de poder e, para tanto, posiciona-se rigorosa e metodicamente frente ao tema estudado. Nesse sentido, por se posicionar, afirma-se como uma obra política. Portanto, a objetividade e o rigor que aqui se apresentam não se traduzem por neutralidade. Sabemos que a objetividade total e a neutralidade total são impossíveis, mas nossa missão como cientistas críticos sociais é a de procurar maximizar a objetividade de nossos trabalhos, ao mesmo tempo que diminuímos nossa neutralidade[25].

O nosso percurso analítico será feito ao longo dos quatro capítulos que compõem este livro. O primeiro capítulo trata das categorias fundamentais para a análise crítica do turismo: a importância do discurso, o conceito de comodificação e seus diversos aspectos, e o tema do clichê turístico e suas principais características para a produção discursiva do turismo na contemporaneidade. O segundo capítulo se destina a esmiuçar os enunciadores hegemônicos escolhidos para nossa análise e a influência que eles exercem no mercado turístico. O terceiro capítulo traz os elementos necessários para o estudo crítico do turismo: as construções discursivas sobre o turista e seu *alter ego*, o mercado do turismo como relação social, além de diversas reflexões sobre a importância do tempo para a ideia de turismo sob a égide do capital. O quarto capítulo desenvolve um estudo sobre a produção discursiva legitimadora da ideia da 'vocação natural' turística do Brasil, abordando os espetáculos e as invisibilidades desse processo. Analisa a produção do clichê turístico de um 'Brasil mestiço' e desvela relações de poder, racismos, sexismos e outros problemas que a comodificação enfrenta no sentido de converter tudo em mercadoria e todos em consumidores. Ao final desta obra, apresentamos uma crítica conceitual das relações estudadas, procurando apontar lacunas na compreensão da produção discursiva do turismo na contemporaneidade

---

25. Cf. Boaventura de Sousa Santos, *A crítica da razão indolente: contra o desperdício da experiência*, op.cit., v. 1, p. 32.

e abrindo possibilidades de novas pesquisas para aquilo que chamaremos de produção comodificada do turismo.

Ao longo do livro, haverá pontos de debate que não poderão ser resolvidos, pois ainda não se apresentam soluções. São tópicos a produzir novos estudos críticos, mas que precisam, neste momento, ser abertos para que possamos começar a pensar em novas possibilidades. Parece-nos que, ao cortarmos uma das cabeças da Hidra, outras tantas se levantam: é essa nossa condição atual quando queremos enfrentar a ordem estatal neoliberal, o mercado e sua potência colonizadora.

Advertências sobre este livro

A primeira grande consideração a ser feita sobre esta obra é que apenas analisamos e criticamos ideias. As críticas tecidas aqui não se destinam aos autores do turismo (muitos deles pessoas queridas minhas), líderes, repórteres, representantes políticos, entre outros que comporão nosso universo de análises. É em relação às ideias que nos posicionamos e procuramos mostrar novas perspectivas.

Embora este trabalho seja metodologicamente coerente e objetivo, não é de forma alguma neutro. É preciso afirmar que a não neutralidade em nada afeta a objetividade com que este livro foi desenvolvido. Ao estudar o turismo, desconfiamos, tomamos partido, afirmamos, negamos, descobrimos, mostramos, questionamos, procuramos encontrar novos caminhos. Ao formular críticas à produção do turismo, procuramos alargar nossa compreensão sobre o mundo no qual vivemos. A indignação e não concordância com a forma como o turismo tem sido produzido na contemporaneidade marcam a trajetória deste estudo.

Aqui consideramos que o turismo não é apenas sonho, entretenimento, lazer ou fonte de emprego; é bem mais que isso: ele é partícipe da grande estrutura capitalista, a qual tem como fim inequívoco o lucro, que produz e reproduz relações de poder em diversos níveis e influencia a vida de milhões de pessoas, alterando seus ambientes naturais e construídos, servindo-se das mais diversas culturas para transformá-las em produtos turísticos.

Este trabalho é uma crítica ao turismo. Entendemos que 'crítica' esteja diretamente ligada a qualquer luta pela emancipação da sociedade – que não é compreendida como uma totalidade, mas antes como realidades diversas que necessitam de emancipações diversas; assim, a crítica deve partir de uma "articulação ético-política"[26] e deve manter-se em constante vigilância, ou seja, ser autocrítica; a crítica também deve estar atenta ao uso da linguagem, pois a partir de seu estudo é possível desvelar relações de poder – o que no caso específico do turismo é nossa base principal de estudos.

Ao usarmos a palavra 'crítica', nos implicamos em apresentar "conexões e causas que estão ocultas; implica também intervenção – por exemplo, fornecendo recursos por meio da mudança para aqueles que possam encontrar-se em desvantagem"[27]. Assim sendo, a crítica revela e assume plenamente a impossibilidade da neutralidade do pesquisador e de sua pesquisa. Quem opta por esse tipo de metodologia distancia-se da pretensa neutralidade científica, pois o estudo não é apenas algo que 'interessa' ao pesquisador, mas algo que se pretenderá que produza uma ação. Embora se distancie da neutralidade, o cientista social crítico deve tentar aproximar-se ao máximo da objetividade em seus trabalhos.

O sistema capitalista promove uma ininterrupta autojustificativa de si mesmo, produzindo-se com aparência de legítimo. No nível desta aparente legitimidade, ele se afirma como inquestionável pressuposto. Isso condiciona profundamente as críticas que têm sido feitas ao capitalismo em suas diversas manifestações superficiais, ou fenômenos aparentes[28], tais como o turismo. Acima de tudo, o estudo crítico do turismo deve promover a desconstrução da 'crítica espetacular ao turismo', aquela crítica desenvolvida em relação ao turismo, mas que é realizada a partir da consideração da metodologia da Sociedade do Espetáculo[29]. E qual é essa metodologia? É aquela realizada a partir da própria estrutura espetacular do discurso que produz o capital como legítimo e inquestionável pressuposto para a vida contemporânea. Essa crítica espetacular não considera os jogos de poder subterrâneos que a condicionam. É necessário levar em conta que ao analisar o Espetáculo, em suas diversas formas particulares (em nosso caso, o turismo), muitos estudos que se intitulam 'críticos' têm se utilizado da própria metodologia do espetáculo, ou seja, do capital. Fala-se "de certa forma a própria linguagem do espetacular, ou seja, passa-se para o terreno metodológico dessa sociedade que se expressa

---

26. Félix Guattari, *As três ecologias*, op. cit., p. 8.
27. Norman Fairclough, *Discurso e mudança social*, Brasília: Editora Unb, 2008, p. 28.
28. Guy Debord, *A sociedade do espetáculo: comentários sobre a sociedade do espetáculo*, op. cit.
29. *Ibidem*.

pelo espetáculo"[30]. Isso faz destas críticas, pseudocríticas, críticas acríticas ou simplesmente 'críticas espetaculares'. Compreender isso é fundamental para empreendermos as análises críticas da produção do conhecimento acadêmico sobre o turismo, que em nossas hipóteses de trabalho estão capilarizadas pela dinâmica do mercado.

Para investigarmos essa condição, é necessário que sejamos radicais. Não deixa de ser interessante considerar a ideia de radical. A esse respeito, Bauman traz importantes considerações:

> [...] radical diz respeito não só às raízes, mas também a fundações e origens. O que essas três noções têm em comum? Dois atributos. Primeiro: em circunstâncias normais, o material de todos os três são referentes escondidos da vista e impossíveis de ser analisados, muito menos tocados diretamente. Qualquer coisa que tenha crescido em um deles, como troncos ou caules, no caso das raízes, a edificação, no caso das fundações, ou as consequências, no caso das origens, foi sobreposta sobre sua parte inferior, cobriu-a e depois emergiu escondida pela visão. Por isso, tem que ser, primeiro, perfurada, as partes lançadas para fora do caminho ou tomadas à parte, se se deseja um dos objetos segmentados quando pensar ou agir radicalmente. Segundo: no decurso do trilhar para esses objetivos, o crescimento desse material deve ser desconstruído, ou materialmente empurrado para fora do caminho, ou desmantelado. A probabilidade de que, a partir do trabalho de desconstrução/desmontagem das metas, emerjam todas as deficiências é alta. Tomar uma atitude radical sinaliza para a intenção da destruição – ou melhor, de assumir o risco da destruição, mais frequentemente o significado de uma destruição criativa –, destruição no sentido de um lugar para a limpeza, ou para lavrar o solo, preparando-o para acomodar outros tipos de raízes[31].

Assim, acredito que a partir da ideia de radical, a metáfora da escavação mostra-se oportuna para dizer que este livro procura remover as camadas que ocultam os pontos enterrados, as raízes, fundações e origens das relações que vamos analisar: elementos de difícil acesso. Como Bauman afirmou, esse processo é laborioso e, por minha experiência pessoal, é impertinente, desassossegador e desconfortante. Nesse sentido, partiremos aqui sempre do superficial

---

30. *Ibidem*, p. 16.
31. Zygmunt Bauman, entrevista a Dennis de Oliveira. Cf. Dennis de Oliveira, "A utopia possível na sociedade líquida", *Revista Cult*, São Paulo: ago. 2009, ano 12, n. 138, pp. 14-8.

(aquilo que é mostrado nos textos, publicidades, fôlderes, *sites*) para irmos aos poucos aprofundando as análises (por vezes impertinentes, desassossegadoras e desconfortantes) das relações que subjazem às coisas banais do mundo aparente do turismo. Buscaremos os pontos obscuros das relações aparentemente manifestas sob a forma daquilo que se convencionou chamar de turismo.

Se a desconstrução do turismo aqui proposta aparenta indicar seu fim, sua destruição, forma-se a inevitável questão: o que pode ficar em seu lugar? A isso nos dedicaremos, ao menos para apontar possibilidades de novos caminhos, sugestões de outras direções, 'outros territórios' para que as pessoas possam se apropriar e produzir suas próprias reflexões, tanto em seus estudos como em suas viagens. Se fizermos aqui a destruição criativa do turismo, é realmente para lavrar-lhe o solo, preparando-o para acomodar outros tipos de raízes. Afinal, os tempos pós-modernos carregam consigo, em seus condicionantes, aceleração, fragmentação e superficialidade, inúmeros caminhos e possibilidades de caminhos.

O turismo carrega consigo ambiguidades. Procuraremos mostrar que essa atividade está a serviço do Estado capitalista para captura da subjetividade no nível da individuação; que é uma atividade que procura promover o mercado como legítimo, mas é *também* a possibilidade de encontros, de (des)locamentos e de aprendizados. Viajar pode significar 'ir ao encontro do *outro*'. Esse deslocamento é prenhe de possibilidades de reflexões: como é possível 'se estranhar' e se aprender com tais estranhamentos? Quais os contraditórios que a atividade de viajar, costumeiramente chamada de turismo, nestes tempos, traz consigo que podem ajudar-nos a romper com a dominação capitalista? Há tal possibilidade?

Para o desenvolvimento deste livro, o caminho trilhado foi incerto, foi sendo construído a cada passo, pois não havia um roteiro predefinido, nem mesmo uma grande teoria explicativa regendo meus passos de pesquisador. Por isso, o método aqui utilizado não teve como prioridade *resolver* as questões, mas abri-las e reabri-las, a fim de possibilitar novos campos de análise.

Este estudo é fruto de minhas reflexões sobre meus aprendizados na ciência, os quais me ajudaram a enxergar melhor como funciona o mercado e sua relação com o vivido. A ciência, neste caso, é a maneira que escolhi para me ajudar a contar a história do turismo; é, enfim, uma narrativa.

Questionar o turismo é a via pela qual escolhi questionar nossa realidade social, o cotidiano e o sistema capitalista em seu atual estágio de pleno e profundo exercício de captura e produção de subjetividade capitalista em todas as direções. Assim, procurarei colocar em evidência e, principalmente, em questão "o império de um mercado mundial que lamina os sistemas particulares de valor, que coloca num mesmo plano de equivalência os bens materiais, os bens culturais, as áreas naturais, etc."[32]. Propor questões sobre o turismo é questionar a nós mesmos e nossas práticas, afinal, somos pessoas comuns e queremos viajar, somos trabalhadores e podemos querer um emprego honesto ou, ainda, como pesquisadores, um objeto de estudos.

Na contemporaneidade, parece que "são os interesses errantes do turista, sua atenção inconstante, e o ângulo de sua visão que dão ao mundo sua 'estrutura' – tão fluidos e tão 'até segunda ordem' quanto a contemplação que os levou a existir"[33]. Consideramos que o discurso capitalista que constrói o turismo procura moldar o mundo à sua imagem e nele interfere, plasmando-se no real e, por vezes, condicionando a vida e o lugar de quem é tocado pelo turismo. Trata-se de uma inconsequência que deve ser combatida: este livro é, portanto, fruto de uma tese de combate[34]. O discurso que atualmente constrói a ideia de turismo busca legitimar o mercado como única via possível para a realização das viagens, dos encontros entre pessoas, do desenvolvimento dos países 'pobres' e, com isso, procura converter tudo aos códigos do capital, algo que, entendemos, deve ser combatido. Dessa forma, esse discurso procura subjugar as pessoas e os lugares aos ditames do capitalismo, tratando-os como objetos, como recurso disponível para sua apropriação.

Portanto, o discurso sobre o turismo deve ser criticamente analisado, se quisermos trabalhar pela emancipação dos diferentes grupos de pessoas que se envolvem com ele. Estes não se resumem apenas aos visitados-mercadoria, mas também aos turistas-mercadoria, aos alunos-mercadoria, aos autores/pesquisadores-mercadoria. Nossa busca é por um estudo que possa "elevar o outro da condição de objeto à condição de sujeito"[35]. Este livro procura unir-se a essa luta.

---

32. Félix Guattari, *As três ecologias*, op. cit., p. 10.
33. Zygmunt Bauman, *Globalização: as consequências humanas*, Rio de Janeiro: Jorge Zahar, 1998, p. 116.
34. Helio Hintze, *Espetáculos e invisibilidades do discurso legitimador do turismo*, 537f., tese (Doutorado em Ecologia Aplicada), Universidade de São Paulo, Piracicaba: 2013. Disponível em: <http://www.teses.usp.br/teses/disponiveis/91/91131/tde-04102013-164505/pt-br.php>. Acesso em: jun. 2019.
35. Boaventura de Sousa Santos, *A crítica da razão indolente: contra o desperdício da experiência*, op. cit., v. 1, p. 30.

CAPÍTULO 1

Categorias fundamentais para uma análise crítica do turismo: discurso, comodificação e clichê turístico

Neste capítulo, estudaremos um conjunto de conceitos que se articula em torno da noção de discurso como instância dos saberes e dos poderes que permeiam todas as relações turísticas (que, afinal de contas, são sociais). Saber o que é discurso é importante para podermos compreender a dinâmica da comodificação (uma dinâmica discursiva por meio da qual o mercado estende sua influência em âmbitos não mercadológicos da vida, fluidificando a produção, a circulação e o descarte de mercadorias, além de estabelecer discursos autolegitimadores) e, a partir dela, explorarmos criticamente a produção de clichês turísticos. Durante o desenvolvimento deste capítulo, temas-chave serão apresentados de forma a serem compreendidos em sua participação nos processos de análise crítica do turismo. Vamos a eles.

O DISCURSO COMO PRÁTICA SOCIAL E AS RELAÇÕES DE PODER NA MODERNIDADE

A OMT, considerada aqui um enunciador hegemônico do turismo, apresenta relatórios que indicam que o turismo é um mercado global que movimentou, só em 2018, cerca de 1,4 bilhão de pessoas ao redor do planeta[1]. Com essas pessoas, circularam também trilhões de dólares.

Devido às dimensões do turismo, há muito interesse econômico em torno de quem define suas ideias e práticas, o que acaba por torná-lo um campo de

---

1. Disponível em: <https://www.e-unwto.org/doi/pdf/10.18111/9789284421152>. Acesso em: ago. 2020.

disputas de poder. Cada vez mais, tais disputas são discursivas e relacionadas ao saber. Todos os agentes que se envolvem com o turismo elaboram discursos, seja o mercado, o Poder Público, as organizações não governamentais, a academia, a mídia, os educadores, os turistas e os moradores locais. Nesse jogo, alguns agentes têm mais poder que outros e seus enunciados têm, por conseguinte, mais condições de influenciar o *mundo real*. Assim, uma ferramenta que ajude a compreender os discursos que produzem as ideias de turismo e suas relações com a realidade socioambiental torna-se muito importante. Tal ferramenta deverá focar em "sistemas e estruturas da fala ou da escrita que podem variar em função de condições sociais relevantes do uso linguístico, ou que podem contribuir para consequências sociais específicas do discurso, tais como influenciar as crenças e ações sociais dos ouvintes e leitores"[2].

Analisar criticamente a produção discursiva do turismo, propondo e estimulando inquietações em seus diversos níveis de discurso, pode colaborar para mudanças em suas práticas sociais, uma vez que o discurso mantém uma relação dialética com a realidade social.

O uso da linguagem é uma forma de prática social, entendida como qualquer ato real da vida em sociedade. O discurso é o resultado do uso articulado da linguagem, que se autonomiza, se transforma em sujeito e acaba por sujeitar as pessoas. Longe de ser mera representação, ele é uma forma de ação no mundo. Os "mundos humanos são modelados pelo discurso"[3] e os discursos sobre o turismo procuram modelar o mundo à imagem do mercado. Dessa maneira, o discurso é visto aqui como uma prática "não apenas de representação do mundo, mas de significação do mundo, constituindo e construindo o mundo em significado"[4]. Para Norman Fairclough[5], o discurso contribui para:

1. *A constituição das identidades sociais*: moldando as posições dos sujeitos na ordem social, operando assim como função identitária da linguagem. No âmbito dos discursos que criam a ideia de turismo, tal função pode ser percebida, por exemplo, pela análise da forma como o turista é construído, bem como aqueles que o servem ou são objetos de seu olhar. Também o

---

2. Teun A. van Dijk, *Discurso e poder*, São Paulo: Contexto, 2008, p. 14.
3. Barbara Johnstone, *Discourse Analysis*, Oxford: Blackwell, 2008, p. 11 (tradução minha).
4. Norman Fairclough, *Discurso e mudança social*, op. cit., p. 91.
5. *Ibidem*, pp. 90-2.

ambiente, seja ele natural ou cultural, é construído de acordo com as identidades turísticas, como nos casos da cidade histórica, da praia, do campo ou, ainda, da favela, para citar alguns exemplos.
2. *A construção das relações sociais*: equivale à função relacional da linguagem, ou seja, a função que fala sobre a negociação das relações sociais, como as que emanam do encontro entre os agentes do turismo – turistas, seus servidores ou os moradores de determinada localidade. Veremos que, entendendo o mercado como uma relação social, podemos compreender que tal relação é igualmente criada, mantida ou transformada por meio de diversos discursos.
3. *A construção de sistemas de conhecimento/crença*: trata-se da função ideacional da linguagem, isto é, a forma como o discurso significa o mundo. Essa função pode ser percebida nos discursos que associam o turismo a um direito 'natural' do trabalhador ou a uma alternativa para o desenvolvimento econômico, em especial o chamado desenvolvimento sustentável. Ou, ainda, nos discursos sobre a necessidade de receber bem o turista ou mesmo naqueles que fazem do turismo um campo de estudos científicos.

É importante perceber que o discurso visto como prática social implica, em contrapartida, que ele seja histórica e socialmente produzido, isto é, o discurso também é modelado pelo mundo. Não é apenas o discurso que constrói a realidade, mas a realidade também constrói e reconstrói o discurso. Isso torna dialética a relação entre os dois termos: discurso e realidade.

As dinâmicas mudanças que temos experimentado nos últimos anos em diversos aspectos – econômicos, científicos e tecnológicos, ambientais, sociais, culturais e políticos – também têm colaborado para mudanças discursivas no turismo. Um exemplo disso é a mudança de discurso da produção de um turismo massificado (turismo de massas) para um turismo de experiência, focado num turista consumidor mais exigente, personalizado, individualista. Portanto, o discurso "constrói a sociedade e a cultura, e este, por sua vez, não escapa a essa mesma sociedade e cultura, sendo historicamente construído e perfazendo um trabalho ideológico"[6] (lembremos, e isto vamos analisar mais à frente: a ideia de 'turista' também é um discurso).

---

6. Teun A. van Dijk, *Discurso e poder, op. cit.*, p. 115.

Isso é bastante evidente na exploração do turismo, pois tanto o turismo é modelado pelo mundo, ou seja, necessita dos dados do mundo para poder existir, como também o modela, o altera, ora criando possibilidades artificiais, como parques temáticos e *resorts*, ora ressignificando paisagens que tinham outras funções. Mas o discurso é igualmente modelado pela linguagem, modelando-a dialeticamente. Vemos isso na composição dos discursos turísticos que se utilizam de palavras já existentes para criar termos novos, como *turistificação*, que indica que um lugar está sofrendo um processo de 'se tornar'[7], ou melhor, de 'ser tornado' turístico. Os participantes do processo não escapam a essa dinâmica e modelam o discurso sobre o turismo, tanto quanto por ele são modelados. Assim, as pessoas do lugar turístico são apropriadas na dinâmica da produção discursiva do turismo e se tornam *comunidades tradicionais, comunidades locais* ou *culturas exóticas*, apenas para citar alguns exemplos. Originariamente, muitas dessas culturas jamais se referiram a si mesmas dessas maneiras, mas se apropriam dos novos nomes para compor sua identidade, num jogo complexo de (re)apropriações.

O discurso sobre o turismo também é modelado por discursos anteriores, ao mesmo tempo que modela as possibilidades de discursos futuros. Um discurso altera o outro e isso não tem relação com a sua cronologia, pois um discurso mais atual pode lançar novas luzes ou sombras sobre discursos mais antigos. A Lei do Turismo (lei n. 11.771/08) é um discurso que acaba por influenciar muitos dos discursos referentes ao turismo no Brasil. O texto do artigo 180 da Constituição Federal é composto de uma única oração – "A União, os Estados, o Distrito Federal e os Municípios promoverão e incentivarão o turismo como fator de desenvolvimento social e econômico"[8] –, mas cria todo um arcabouço para a legitimação dos demais discursos pró-turísticos no Brasil, dando uma série de atribuições ao Estado.

Por fim, o discurso turístico é modelado pelo propósito e modela os propósitos possíveis.

---

7. Muitos autores, a nosso ver, incorrem neste equívoco: entendem que o lugar turístico 'se transforma' – algo que é impossível, pois não há ação ou intenção por parte de um lugar; a transformação sempre se dá pela ação intencional humana. É sobre isto que trata este trabalho: devolver a responsabilidade às pessoas que executam as ações.
8. Brasil, Constituição Federal. 1998. Disponível em: <http://www.planalto.gov.br/ccivil_03/Constituicao/ Constituicao.htm>. Acesso em: jun. 2019.

> *Deve-se questionar: quais são os interesses de quem produz esses discursos? São esses interesses que moldam os discursos, mas que são dialeticamente moldados por eles.*

Portanto, é importante notar que os processos que constituem o discurso em geral (e o discurso turístico, especificamente) devem ser vistos de maneira dialética, "na qual o impacto da prática discursiva depende de como ela interage com a realidade pré-constituída"[9].

Para que possamos compreender essa dialética, torna-se necessária uma dupla análise: das práticas discursivas e das relações sociais, ou seja, uma microanálise textual em estreita relação com uma macroanálise social. Toda prática discursiva é um momento da prática social, afinal todo discurso emerge em determinado contexto social, e a inclusão desse contexto "nos níveis de análise do texto é a contribuição prioritária à abordagem crítica que procura não somente descrever, explicar, explicitar, mas sobretudo interpretar os diferentes discursos à luz do social"[10].

Uma vez que o discurso é histórica e socialmente construído, ele é moldado por relações de poder e ideologias, e como "prática ideológica constitui, naturaliza, mantém e transforma os significados do mundo de posições diversas nas relações de poder"[11]. Portanto, não pode haver discurso neutro, pois este pode assumir posições de manutenção ou de transformação da sociedade, afinal ele é produzido por (e produz) um sujeito/agente social que tem interesses próprios e intenções. Os enunciadores – aqui estudados – que participam da rede de legitimação do turismo (WTTC, OMT, Ministério do Turismo, autores e pesquisadores acadêmicos, e a mídia) procuram, numa disputa de saber e, portanto, de poder, dizer o que *é* 'turismo', quem *é* o 'turista' etc., mas é fundamental percebermos que esses mesmos enunciadores também são produzidos por seus próprios discursos. Suas falas não são falas aleatórias, neutras ou desconectadas da realidade social. Ao produzirem seus discursos, esses enunciadores produzem a si mesmos como participantes do contexto social

---

9. Norman Fairclough, *Discurso e mudança social*, op. cit., p. 87.
10. Josênia Antunes Vieira, "Abordagens críticas e não críticas em análise do discurso", *in:* Denize Elena Garcia Silva e Josênia Antunes Vieira, *Análise do discurso: percursos teóricos e metodológicos*, Brasília: UnB/Oficina Editorial do Instituto de Letras/Plano, 2002, p. 150.
11. Norman Fairclough, *Discurso e mudança social*, op. cit., p. 94.

no qual estão inseridos, ou seja, marcam suas posições nos jogos sociais dos quais fazem parte.

Compreender a relação dialética entre discurso e estrutura social ajuda a evitar dois problemas, a saber[12]: 1. considerar o discurso como reflexo de uma ordem social mais profunda, algo que o isenta de suas responsabilidades na construção da realidade social e o coloca em posição passiva no processo; 2. representar o discurso como fonte do social, idealizando tal posição do discurso e dando-lhe uma autonomia que não é real.

Grandes agências internacionais têm se dedicado exclusivamente ao tema do turismo, entre as quais o WTTC e a OMT. Essas duas agências elaboram os discursos mais abrangentes sobre o que significa o turismo e procuram moldar vários discursos sobre a matéria e, por conseguinte, moldar o mundo de acordo com seus interesses.

Em nível nacional, um agente que merece atenção é o Poder Público. Há vários discursos sobre o turismo elaborados pelo Ministério do Turismo do Brasil: alguns têm força de lei, outros são falas de governantes, ministros etc. Os agentes do Poder Público têm um papel institucional e seus discursos se apoiam com frequência nesse tipo de poder[13].

Outro grupo de agentes sociais que tem interesse no turismo está diretamente ligado ao mercado: são os profissionais da mídia. Por meio do discurso elaborado a partir de publicidades ou reportagens, eles procuram influenciar as ações futuras de seus leitores, gerando novas expectativas para o consumo do turismo em suas diversas modalidades. Assim, a concordância do público é buscada via "mecanismos retóricos, por exemplo, por meio da repetição ou da argumentação"[14]. Outra importante ferramenta da mídia é a imagem. O turismo tem um apelo visual muito forte, e a imagem é, sem dúvida, uma ferramenta essencial no convencimento dos consumidores dos produtos turísticos.

Mas não é apenas no âmbito governamental ou do mercado que há disputas de poder. Muitos autores acadêmicos têm mostrado interesse crescente no turismo e elaborado discursos que exercem influência sobre outras pessoas. Os estudos científicos (ou pretensamente científicos) sobre o turismo podem influenciar os habitantes de um local turístico, sua relação com as tradições, com o ambiente etc. São textos que têm o poder de influenciar outros textos e a vida

12. *Ibidem*, p. 92.
13. Cf. Teun A. van Dijk, *Discurso e poder, op. cit.*, p. 52.
14. *Ibidem*.

dos que se envolvem com o turismo. Os artifícios retóricos desse tipo de discurso baseiam-se geralmente na pretensa neutralidade científica (utilizando-se de um posicionamento impessoal em seus textos, 'espera-se', 'prentende-se', 'buscou-se'... os autores imaginam não se posicionar como sujeitos sociais em suas pesquisas), em argumentação e na descrição da atividade, apresentando suas características, seja no viés pró-turístico (muito mais frequente), seja na crítica (muito menos frequente).

Esses gêneros de discurso e seus enunciadores merecem atenção especial em estudos críticos, pois todos eles ajudam a construir leituras da realidade e a estabelecer as diretrizes pelas quais as pessoas vão procurar compreender o turismo e se posicionar frente ao tema. Em todas essas instâncias, as relações de poder estão presentes, porém de forma difusa, não aparente ou deliberadamente omitida. Muitos outros enunciadores merecem estudos críticos, mas os limites desta obra, obviamente, não nos permitem realizá-los. Fica o convite aos próximos pesquisadores: apropriem-se do material aqui desenvolvido e deem continuidade, superando este estudo.

A produção discursiva do turismo pode vir a se materializar em intervenções na realidade, plasmar-se no real e, assim, contribuir para mudar a realidade dos lugares, a identidade das pessoas, alterar a geografia e a política das localidades. Entendemos que, quando o turismo se plasma num lugar, é o mercado que passa a vigorar ali. Portanto, falar em turismo é falar numa expressão do mercado capitalista.

A produção discursiva do turismo, carregada de relações de poder, atua como um dos elementos da construção das identidades, relações sociais e do sistema de ideias que luta para ordenar o mundo. Entendemos que a ordenação proposta por essa produção discursiva que torna o mundo legível e compreensível é construída numa visão parcial, empobrecedora e limitante, produzindo uma maneira de pensar e agir sobre o mundo que é negligente e indiferente.

Se discurso é relação de poder, silêncio não é mero vácuo, nada tem a ver com vazio, no sentido de não significar nada. Ao contrário, o silêncio é tão significativo quanto a fala, podendo ser tão ou mais significativo do que aquilo que foi dito. Dentro das práticas discursivas, o silêncio produz ausências propositais. Assim, podemos falar em silenciamento ou, ainda, como optamos neste livro, usar uma metáfora mais visual: a invisibilidade. Silenciamento e invisibilização são duas formas de opressão que causam o mesmo dano: a produção do outro como não existente.

Portanto, produzir algo como silêncio ou invisibilidade é produzir esse algo como não existente, entretanto cumpre notar: trata-se de 'pro-du-zir', ou seja, há a intencionalidade de alguém que produz. O leitor certamente já reparou como todos os discursos (textos e imagens) voltados ao turismo são 'limpos', ou seja, não há feiura, não há lixo, não há penúria nas imagens e textos publicitários. Isso se dá porque algo (ou alguém) foi produzido como invisível: alguém (que existe) não está lá, e não é à toa. Afinal, desconsidera-se a complexidade dos lugares, tornando-os higienizados, esterilizados e comercializáveis.

Nesse sentido, podemos considerar aqui a proposição 'nós <> eles', na qual o *nós* representa quem está do lado visível da linha daquilo que existe, o grupo dominante, a realidade aceita, existente e produtora de existência. Já o *eles* representa os que estão do outro lado da linha: o lado que simplesmente não é considerado e é produzido como inexistente. Embora se encontrem e sejam interdependentes, os dois lados da linha estão separados.

Durante as atividades do turismo, há os dois lados da linha num mesmo espaço, e as pessoas que o dividem são interdependentes e se encontram. Mas elas normalmente estão posicionadas em lados distintos: de um lado, os turistas; de outro, os moradores locais ou servidores. Não interessa a contiguidade física; as linhas invisíveis estão presentes entre o turista e aquele que o serve. Já reparou que os garçons de um restaurante estão e não estão no mesmo ambiente que os comensais[15]? Interessa-nos analisar essa cartografia e seus reflexos.

Um dos objetivos de se fazer aqui uma análise crítica[16] dos discursos legitimadores do turismo é justamente desvelar as relações de poder e as ideologias aí subjacentes, na tentativa de ajudar na transformação social e na emancipação daqueles que são prejudicados em tais processos.

---

15. Em conversa informal com uma de minhas alunas, que havia conseguido um estágio de garçonete num hotel, ela afirmou que pela primeira vez em sua vida, durante o exercício de suas funções no salão do restaurante, havia sido tratada como invisível. Ela relatou que todos os comensais foram educados, polidos no limite, mas durante seu trabalho pôde perceber o que significa estar do lado de lá de uma linha abissal.
16. Para um aprofundamento no tema da análise crítica do discurso, recomendamos o estudo das seguintes obras: Teun A. van Dijk, *Discurso e poder*, op. cit.; Norman Fairclough, *Discurso e mudança social*, op. cit.

A DINÂMICA DA COMODIFICAÇÃO

A produção do turismo é de tipo fluido, pois se utiliza daquilo que já existe, vai tomando conta das estruturas presentes, permeando-as, encharcando-as, até que sejam 'tornadas turísticas'. Como vimos anteriormente, o uso da passiva ('ser tornado') é proposital, afinal, nada se torna turístico por si próprio; é, antes, alvo das ações de agentes, que nem sempre se proclamam evidentemente. Esse processo é chamado de comodificação.

O turismo não se utiliza apenas de estruturas físicas, mas de praticamente tudo aquilo que toca, sejam produtos da cultura, sejam elementos da natureza, e também daquilo que não pode tocar, ampliando sua ação e convertendo entes metafísicos e psicológicos em atrações turísticas. É uma apropriação que tem como característica a "extraordinária mobilidade dos fluidos"[17], pois se utiliza de tudo aquilo que já existe, dando-lhe novos usos. A produção do turismo não se apropria apenas de elementos já existentes, podendo igualmente criar novas instâncias para sua utilização, como no caso dos parques temáticos que são construídos com o intuito de receber turistas.

Este livro foi escrito durante o doutorado que realizei na Escola Superior de Agricultura Luiz de Queiroz (Esalq), no município de Piracicaba, estado de São Paulo. Essa belíssima Universidade também foi capturada pelo movimento do mercado e transformada em atrativo turístico.

Esalq – Universidade de São Paulo.

17. Zygmunt Bauman, *Modernidade líquida*, Rio de Janeiro: Jorge Zahar, 2001, p. 8.

Ela faz parte dos roteiros 'obrigatórios' a todos os que querem conhecer a Piracicaba 'de verdade'. Em sua origem ela é uma escola, mas agora, apropriada pela comodificação, é um 'atrativo turístico' que se utiliza da fantasmagoria 'escola' para atrair pessoas que passam, praticamente sem ter contato com o lugar e sua história.

A noção de comodificação (e o consequente uso do termo *commodity*) tem um significado muito específico neste livro. Na literatura internacional, muitos autores usam o conceito de *commodification* no sentido de 'mercantilização', o processo de conversão de praticamente qualquer coisa em mercadoria com o intuito de gerar lucro[18].

Aqui, o conceito de comodificação procura transpor o de mercantilização, pois, partindo deste, ultrapassa-o e associa novas dimensões: está intimamente ligado à questão do discurso[19] e também ao estágio líquido da modernida-

---

18. Para um aprofundamento no tema da mercantilização do turismo, recomendamos fortemente as seguintes obras: Gijs Cremers, *Shaping the Sacred*, 90f, dissertação (Mestrado em Antropologia), Utrecht University, Utrecht: 2010; Keshuai Xu Tao Yan e Xuan Zhu, "Commodification of Chinese Heritage Villages", *Annals of Tourism Research*, 2013, v. 40, n. 1, pp. 415-9; Victor Azarya, "Globalization and International Tourism in Developing Countries: Marginality as a Commercial Commodity", *Current Sociology*, California: 2004, v. 52, n. 6; T. C. Chang, "Heritage as a Tourism Commodity: Traversing the Tourist-Local Divide", *Singapore Journal of Tropical Geography*, 1997, v. 18, n. 1, pp. 46-68; Kalyan Bhandari, "Touristification of Cultural Resources: a Case Study of Robert Burns", *Tourism: an International Interdisplinary Journal*, Zagreb: 2008, v. 56, n. 3, pp. 283-93; Raoul Bianchi, "The 'Critical Turn' in Tourism Studies: a Radical Critique", *Tourism Geographies: an International Journal of Tourism Space, Place and Environment*, Abingdon: 2009, v. 11, n. 4; Igor Ackberg e Parkpoom Prapasawudi, *An Analysis of Volunteer Tourism Using the Repertory Grid Technique*, University of Gotenburg, 2009; Arianne C. Reis, "Experiences of Commodified Nature: Performances and Narratives of Nature-Based Tourists on Stewart Island, New Zealand", *Tourist Studies*, 2012, v. 12, pp. 305-24; Alonso Ramírez Cover, *Neoliberalism and Territorialization at Las Baulas Marine National Park – Costa Rica*, 49f, dissertação (Mestrado em Estudo de Desenvolvimento), Erasmus University Rotterdam, Rotterdam: 2011; Cheryl O'Brien, "An Analysis of Global Sex Trafficking", *Indiana Journal of Political Science*, 2010, pp. 7-19; Barbara R. Johnston e Ted Edwards, "The Commodification of Mountaineering", *Annals of Tourism Research*, Oxford: 1994, v. 21, n. 3, pp. 459-78; G. Llewellyn Watson e Joseph P. Kopachevsky, "Interpretations of Tourism as Commodity", *Annals of Tourism Research*, 1994, v. 21, n. 3, pp. 643-60; Irena Ateljevic e Stephen Doorne, "Culture, Economy and Tourism Commodities: Social Relations of Production and Consumption", *Tourist Studies*, California: 2003, v. 3, n. 2; Peter Burns, *Antropologia do turismo: uma introdução*, São Paulo: Chronos, 2002. No Brasil, temos as importantes contribuições de: Rodrigo Neves e Eder Jurandir Carneiro, "Imagens do patrimônio turístico: metamorfoses e 'mercadorização' do território central de Tiradentes, Minas Gerais", *Revista Espaço & Geografia*, 2012, v. 15, n. 2; Rita de Cássia Ariza da Cruz, *Política de turismo e território*, São Paulo: Contexto, 2000; Helton Ricardo Ouriques, *A produção do turismo: fetichismo e dependência*, Campinas: Alínea, 2005.

19. Cf. Teun A. van Dijk, *Racismo e discurso na América Latina*, São Paulo: Contexto, 2008; Norman Fairclough, *Discurso e mudança social*, op. cit.

de[20]. Especificamente no turismo, a dinâmica da comodificação é algo que tem várias facetas.

Para podermos compreender a dimensão discursiva da dinâmica da comodificação, precisamos atentar para o fato de que as atuais ordens discursivas das mais diversas instituições e setores da sociedade estão sofrendo um amplo processo de colonização por parte de discursos associados à produção de mercadorias e ao *marketing*. Mas não nos enganemos: a comodificação não é mero ornamento linguístico. É mais que isso, é uma dimensão do discurso que participa de uma tentativa social mais ampla de reestruturar pensamentos e práticas da vida sob um modelo de mercado[21]. É, enfim, um processo de produção de subjetividade capitalista que pode ser compreendido como a produção de "conhecimento, cultura, sensibilidade e sociabilidade"[22] contaminados pelos valores capitalistas. Estes, como já dissemos anteriormente, (re)produzirão o capital a partir de suas ações. Assim, a comodificação do discurso implica também na do pensamento e da prática, afinal "os conceitos que governam nosso pensamento não são meras questões do intelecto. Eles governam também a nossa atividade cotidiana até nos detalhes mais triviais. Eles estruturam o que percebemos, a maneira como nos comportamos no mundo e o modo como nos relacionamos com outras pessoas"[23].

'Mercado' é um desses conceitos; ele está sempre presente na ideia e no movimento dos textos sobre o turismo, mas nem sempre de forma clara. Algumas vezes, é propositalmente tornado invisível, em outras, sua presença é elogiada, legitimada e naturalizada, mas, raramente, é analisado de maneira crítica. No entanto, há uma característica muito específica no uso do vocábulo 'mercado' que precisamos investigar com maior cuidado.

Conceber o mercado como uma *entidade* por meio da elaboração de uma metáfora ontológica (a personificação[24]) permitirá que seus agentes se des-

---

20. Cf. Zygmunt Bauman, *Modernidade líquida*, op. cit.
21. Cf. Norman Fairclough, *Discurso e mudança social*, op. cit.
22. Félix Guattari, *As três ecologias*, op. cit., p. 33.
23. George Lakoff e Mark Johnson, *Metáforas da vida cotidiana*, Campinas: Mercado das Letras/São Paulo: Educ, 2002, p. 46.
24. Personificação é uma metáfora ontológica, uma figura de pensamento pela qual o produtor do texto (agente humano) atribui caracteres humanos, "ações, atitudes ou sentimentos próprios do homem" (Othon Moacir Garcia, *Comunicação em prosa moderna: aprenda a escrever, aprendendo a pensar*, Rio de Janeiro: FGV, 2010, p. 113), a seres inanimados (José Carlos de Azeredo, *Gramática Houaiss da língua portuguesa*, São Paulo: Publifolha, 2011; Domingos Paschoal Cegalla, *Novíssima gramática da língua portuguesa*, São Paulo: Companhia Editora Nacional, 2012).

responsabilizem por seus atos. Esse aspecto, a nosso ver, não é nada positivo. Explicamos: ao elaborarem seus discursos, os enunciadores representantes do mercado o personificam, apresentando-o como instância aparentemente harmônica de trocas mercantis e fazendo-o aparecer no papel de neutro intermediário entre compradores e vendedores. Dessa forma, esses enunciadores criam a ideia de mercado como sendo um *agente*. Assim, nos fornecem não somente uma forma especial de pensarmos o mercado, mas também uma forma de agir em relação a ele. O problema é que, ao mesmo tempo que esses enunciadores criam a ideia de mercado como um agente, eles escondem a agência demasiado humana que subjaz a essa ideia. As pessoas que agem usando o nome do mercado despessoalizam a si mesmas ao produzi-lo como sendo um sujeito dotado de vontade própria.

A hipótese que aqui levantamos é a de que a personificação do mercado representa uma estratégia discursivo-ideológica de irresponsabilização de seus agentes humanos. Tal estratégia produz a naturalização do mercado, representando-o como um ente em nosso dia a dia, fazendo com que as pessoas que agem em seu nome e suas respectivas responsabilidades sejam postas em plano não relevante: é um modo como o discurso representa a realidade. No entanto, os discursos e as ações do mercado, ou melhor, das pessoas que agem em seu nome, se plasmam no real e afetam diretamente a vida de outras pessoas e o ambiente em que elas vivem. Trata-se de um jogo de poder em que o "mercado global não existe como ator, mas como uma ideologia, um símbolo. Os atores são as empresas globais, que não têm preocupações éticas, nem finalísticas"[25]. E as empresas são, em última instância, constituídas por pessoas.

Se quisermos entender e combater as desigualdades e injustiças, a exploração, as expropriações, segregações e discriminações que decorrem da chamada atividade do mercado (e, portanto, do turismo), temos de devolver a responsabilidade pelos atos às pessoas que de fato agem. Todas as mazelas produzidas pelo turismo podem ser consideradas apenas eventualidades, efeitos colaterais do mau planejamento, ou podem ser consideradas (e esta é nossa compreensão) "ações com agentes responsáveis"[26]. Assumir a diferenciação entre essas alternativas é assumir uma luta política e ideológica.

---

25. Boaventura de Sousa Santos, *Introdução a uma ciência pós-moderna,* Rio de Janeiro: Graal, 2000, p. 67.
26. Norman Fairclough, *Discurso e mudança social, op. cit.,* p. 225.

Assim surge o mercado, ou melhor, assim ele é produzido como agente neutro do processo de intermediação de vendedores e compradores. E sua presença invisibiliza seus verdadeiros agentes: as pessoas que agem em seu nome. A personificação oculta, enfim, processos relacionais entre as pessoas que estão atuando sob a figura do mercado. Assim, constituído no discurso comodificador, é o mercado que 'quer', que 'contrata', que 'demite', que 'se retrai', que 'é agressivo' – nunca seus agentes.

As relações sociais efetivas são discursivamente produzidas (ocultadas ou legitimadas) no chamado mercado, que assume um papel decisivo nas sociedades atuais, operando como estruturador da própria vida na contemporaneidade, procurando de forma incessante colonizar os aspectos que não são necessariamente econômicos. Sua intermediação é nada harmônica, reforçando, dessa forma, desigualdades entre as pessoas que se encontram em tal jogo: no papel de agentes ou de objetos, dependendo do *quantum* de poder que possuem.

A comodificação é, portanto, o avanço dos agentes ocultados pelo ente mercado sobre os âmbitos não econômicos da existência, no ímpeto de colonizá-los; um processo no qual "os domínios e as instituições sociais, cujo propósito não seja produzir mercadorias no sentido econômico restrito de artigos para venda, vêm não obstante a ser organizados e definidos em termos de produção, distribuição e consumo de mercadorias"[27]. Trata-se de uma forma de produção de subjetividade capitalista neoliberal.

Esse processo é a tentativa (com amplo sucesso, atualmente) de se normatizar o poder daqueles que detêm recursos econômicos. Essa normatização é produzida em "todas as frentes possíveis, razão pela qual fica cada vez mais difícil contestá-las, tornando complicada – no limite da impossibilidade – a simples existência de forças extramercado, não comerciais e democráticas"[28].

A comodificação é, enfim, a dinâmica que busca a submissão completa dos governados e o controle total dos governantes ou, ainda, a introjeção do poder repressivo dos opressores pelos oprimidos. Entendemos que o turismo na contemporaneidade opera como seu instrumento.

O processo da comodificação é antigo. Fairclough aponta que "Marx mesmo notou os efeitos da comodificação sobre a língua: referir-se às pessoas em

---

27. *Ibidem*, p. 255.
28. Robert W. Mcchesney, "Introdução", *in*: Noam Chomsky, *O lucro ou as pessoas*, Rio de Janeiro: Bertrand Brasil, 2006, p. 4.

termos de 'mãos' em contextos industriais, por exemplo, é um modo de vê-las como mercadorias úteis para produzir outras mercadorias, como força de trabalho incorporada"[29].

Dessa maneira, pelo processo de personificação do mercado, uma mesma força aponta para direções opostas, produzindo uma dupla desumanização. Em primeira instância, como vimos, os agentes do mercado se desumanizam, se despersonificam (abstraem de si mesmos a agência e a responsabilidade por seus atos) ao afirmarem o mercado como *agente*. Quando o texto se refere às Instituições, ele considera seus responsáveis como informação dada e, assim, os omite. Isso se dá ao mesmo tempo que os agentes enunciadores hegemônicos despersonificam aqueles que servem ao mercado: os seres humanos que atuam como empregados, operários, funcionários, entre outros, que são chamados de 'mãos', não são mais seres humanos – quando muito são prestadores de serviço. O termo 'mãos', que atualmente pode ser lido como 'recursos humanos', é uma metonímia[30] que implica dizer que seres humanos são matéria inerte à disposição (e à espera) do recrutamento para servirem nas fileiras do capital. Tanto os sujeitos (agentes que se ocultam atrás da personificação 'mercado') quanto os 'objetos' ('pessoas' que são 'sujeitadas') do mercado são despersonificados; ambos desaparecem no nível do discurso, mas não em suas realidades efetivas: os primeiros são isentos de suas responsabilidades; e os últimos, de sua humanidade.

A difícil tarefa deste livro, qual seja, a de trabalhar reflexivamente o uso da personificação (e dos recursos retóricos usados como apoio a tal estratégia), implica que, mesmo quando dissermos "o mercado produz", "a OMT diz", "o WTTC afirma", "o MTUR estabeleceu", "a mídia cria" ou "a academia procura", estamos conscientes de que essas entidades são, em sua última instância, personificações: representações genéricas de pessoas e de suas ações. Isso equivale a dizer que, quando nos referimos ao mercado (ou a qualquer outra instituição aqui analisada), estamos notadamente nos referindo à agência de-

---

29. Norman Fairclough, *Discurso e mudança social*, op. cit., p. 255.
30. Metonímia é uma figura de linguagem que consiste no "uso de uma palavra fora do seu contexto semântico normal, por ter uma significação que tenha relação objetiva, de contiguidade, material ou conceitual, com o conteúdo ou o referente ocasionalmente pensado" (Antônio Houaiss e Mauro de Salles Villar, *Dicionário Houaiss da língua portuguesa*, Rio de Janeiro: Objetiva, 2001, p. 1911). Em especial, utilizaremos a noção de sinédoque, que consiste em "um tipo especial de metonímia baseada na relação quantitativa entre o significado original da palavra usada e o conteúdo ou referente mentado" (*Ibidem*, p. 2578).

masiado humana que o subjaz. Insistimos: é necessário devolver às pessoas a responsabilidade por seus atos.

No atual estágio do capitalismo, o propósito do mercado está além do esforço da 'simples' colonização, conduzindo sua atuação para tornar o trânsito das mercadorias (produção, circulação, depreciação, descarte e substituição) o mais fluido possível. Caracteriza-se principalmente por ser um processo de fluidificação da circulação de mercadorias, no qual é "a velocidade atordoante da circulação, da reciclagem, do envelhecimento, do entulho e da substituição que traz lucro hoje – não a durabilidade e a confiabilidade do produto"[31]. Estratégia essa que busca a dissolução dos atuais empecilhos ao livre fluxo das mercadorias, agora tratadas à semelhança de *commodities*. Para que elas circulem livremente, empecilhos de toda ordem devem cair: barreiras alfandegárias, taxas, controles, inspeções e fiscalizações estatais, exigências de vistos e de documentação no caso de turistas são alguns exemplos de ordem prática. De igual maneira, os empecilhos de ordem ética e moral devem ser postos de lado também. Questões desses âmbitos devem ser discursivamente remodeladas, ora mantendo as mesmas palavras, mas cambiando seus significados, ora criando novas palavras para salvaguardar velhas atitudes. Essa "política semântica"[32] procura criar conceitos híbridos, embaralhando ideias antagônicas para produzir esvaziamentos nos campos de disputas políticas. Essa fluidificação pode implicar, e geralmente implica, em novos riscos para os cidadãos, para a democracia e para o ambiente. Para além da simples 'venda' de mais e mais produtos, o que apresentamos aqui é a organização de um estilo de vida.

Barreiras de ordem física também devem ser dissolvidas; e é no estágio fluido da modernidade[33] que isso se torna possível. Os meios pós-modernos de comunicação (por exemplo, a internet) e transporte (notadamente, o avião) são fundamentais para esse processo e ajudam a romper com um dos principais empecilhos à circulação fluida da mercadoria: os constrangimentos da relação entre espaço e tempo. Assim, as mais remotas vilas podem ser acessadas mediante a diversificada gama de meios de transporte contemporâneos; os céus do planeta devem ser liberados para que os consumidores da *commodity*

---

31. Zygmunt Bauman, *Modernidade líquida*, op. cit., p. 21.
32. Boaventura de Sousa Santos, *A crítica da razão indolente: contra o desperdício da experiência*, op. cit., v. 1, p. 28.
33. Cf. Zygmunt Bauman e Tim May, *Aprendendo a pensar com a sociologia*, Rio de Janeiro: Jorge Zahar, 2010.

turística possam fluir com total liberdade. As mesmas vilas, uma vez disponibilizadas na rede mundial de computadores, tornam-se *commodities* que podem ser negociadas no mercado mundial, obedecendo às oscilações do humor e dos valores deste. Para aqueles que controlam o mercado mundial, as fronteiras entre os Estados devem ser flexibilizadas ao máximo em favor dos turistas, ao mesmo tempo que, para os demais, elas devem ser levantadas com maior austeridade ainda.

Uma commodity turística é qualquer mercadoria fluida produzida com a finalidade de atrair turistas. É uma mercadoria que tem seu preço fixado (ainda que altamente mutável) pelo mercado mundial. Sujeita ao fluxo internacional das relações entre oferta e demanda, tem sua produção, circulação e descarte fluidificados, tornando-se, portanto, banal.

É fundamental compreendermos que a vida de quem é envolvido por essa dinâmica (trabalhadores e moradores locais, por exemplo) fica igualmente condicionada a ela, ou seja, quando entra nesse jogo é despossada de si mesma.

O universo semântico da comodificação contempla termos como 'flexibilização', 'liberalização', 'fluidificação', 'desregulamentação', 'livre mercado' e 'otimização', os quais "tendem a fazer crer que a mensagem neoliberal é uma mensagem universalista de libertação"[34]. Também é composto de 'consumo', 'consumidor', 'mercadoria', 'oferta', 'produto', 'indústria', 'ativos', entre tantos outros termos. Todos eles são extremamente fluidos e polissêmicos; partem do vocabulário do *marketing* e da economia e invadem outras áreas da vida e do conhecimento. Muitos trabalhos acadêmicos usam tais léxicos, e no mais das vezes não os definem claramente. Quando fazem isso, assumem significados prévios e não refletidos, correndo o risco de trabalharem seus estudos a partir de termos carregados das ideologias do capitalismo.

Por ser uma dinâmica discursiva, a comodificação mantém uma relação dialética com a realidade social. Como dissemos, ela não é mero ornamento linguístico. Assim, o social, o político, o cultural (neste livro, as ações do Poder Público, a pesquisa acadêmica, os comunicados da mídia) passam a ser,

---

34. Pierre Bourdieu, *Contrafogos: táticas para enfrentar a invasão neoliberal*, Rio de Janeiro: Jorge Zahar, 1998, p. 44.

doravante, organizados e articulados pelo mercado por meio da comodificação, tornando-se instâncias da (re)produção ampliada (e acelerada) do capital. Uma vez tocados pelo avanço do mercado, passam a produzir, disponibilizar, consumir e descartar cada vez mais mercadorias, de maneira cada vez mais fluida, entrando assim na disputa nada harmônica desse espaço social que tem dimensões planetárias.

Colonizadas por seus discursos, as instâncias tocadas pelo mercado passam também a legitimá-lo e a ajudá-lo em sua ação colonizadora.

Esse é outro ponto fundamental para a compreensão do conceito de comodificação: a partir do momento em que uma instância é colonizada pelo mercado, ela passa a produzir em seus discursos (e ações) legitimações para a atuação deste.

Ao percebermos a colonização dos aspectos não econômicos da vida, podemos, então, compreender melhor que a atuação do mercado na contemporaneidade não é meramente econômica. Ela também é cultural e politicamente estruturadora e tem criado uma consequente necessidade de adaptação do comportamento de todos à semelhança de mercadorias fluidas. A recusa (ou incapacidade) a essa adaptação pode significar a morte psíquica, social e até mesmo física. Em outras palavras, a comodificação tem exigido que todos[35] aqueles que querem sobreviver nas sociedades contemporâneas[36] constantemente "*remodelem a si mesmos como mercadorias*, ou seja, como produtos que são capazes de obter a atenção e atrair *demandas de fregueses*"[37] – e a principal ferramenta dessa verdadeira luta pela sobrevivência é o *marketing*.

O movimento do mercado turístico contemporâneo é o de conseguir fluidez nos processos de compra e venda de todo o 'estoque' de atratividades tu-

---

35. Quando dizemos "todos", nos referimos não apenas a pessoas, mas a qualquer forma de ambiente ou sociedade: "todos" pode ser substituído por "tudo". Tudo tem de se tornar vendável para sobreviver na cultura comodificada.
36. Tanto as sociedades ocidentais como as não ocidentais são arrastadas pela mesma dinâmica, pois "a produção capitalista unificou o espaço, que já não é limitado por sociedades externas" (cf. Guy Debord, *A sociedade do espetáculo: comentários sobre a sociedade do espetáculo, op. cit.*, p. 111). No mais das vezes, as sociedades orientais acabam convertendo-se também em centros de emissões de turistas ou tornando-se atrativos turísticos para a exploração do mercado turístico ocidental.
37. Zygmunt Bauman, *Vidas para consumo,* Rio de Janeiro: Jorge Zahar, 2008, p. 13 (grifos meus).

rísticas. Estas, como veremos, podem vir a ser qualquer coisa. Mais impressionante ainda, os elementos que compõem esse estoque são discursivamente construídos como se não se desgastassem, pois o consumo turístico ainda é tido, por muitos autores, como imaterial. É a fórmula mágica do consumo: quantas pessoas podem consumir as *commodities* turísticas Torre Eiffel ou Poty Velho, em Teresina, no Piauí? A regra número um do mercado do turismo é fazer 'circular' as *commodities* turísticas (mercadorias turísticas fluidas de circulação mundial, liberadas de empecilhos) e, por conseguinte, o dinheiro, por meio da venda de praticamente qualquer coisa. No consumo do turismo, há uma característica na qual devemos nos aprofundar com mais cuidado: muitas das *commodities* turísticas em si não circulam. Assim, quem vai até a citada Torre Eiffel é o turista, isto é, quem circula é o consumidor. É ele quem vai até o atrativo turístico. Portanto, é – paradoxalmente – o movimento do turista que deve ser fluidificado.

A partir de um discurso produzido da perspectiva da imaterialidade do turismo, o consumo turístico parece não ter consequências reais para os lugares (e, jamais nos esqueçamos, para as pessoas) que lhe servem de atrativo. Mas não é bem assim. Comodificar significa dizer que o turismo transforma tudo aquilo que toca em mercadoria fluida e banal e, assim, aquilo que era 'natural' ou 'cultural' passa a obedecer à flutuação da relação entre oferta e demanda do mercado mundial.

A comodificação pode ser entendida, então, como a estratégia do neoliberalismo para a captura e a produção de subjetividade capitalista nas pessoas como suporte para sua perpetuação. Trata-se de uma estratégia resultante de um deslocamento da produção do capital, da simples produção de bens e serviços para "estruturas produtoras de signos, de sintaxe e de subjetividade"[38]. Para Guattari, a época contemporânea, "exacerbando a produção de bens materiais e imateriais em detrimento da consistência de territórios existenciais individuais e de grupo, engendrou um imenso vazio na subjetividade que tende a se tornar cada vez mais absurda e sem recursos"[39]. Desta maneira, a subjetividade capitalista é introjetada nas pessoas e torna-se blindada contra a crítica que vem 'de fora'.

---

38. Félix Guattari, *As três ecologias, op. cit.*, p. 31.
39. *Ibidem*, p. 30.

A dinâmica da comodificação é fruto da dominação neoliberal, fruto da autonomização de certo 'território econômico' que tem como princípio organizador a produção em função de lucros. Esse território econômico passou a desenvolver-se por si só, desconsiderando outras instâncias com as quais sempre negociou (o social, o político, o cultural), procurando colonizá-las. Ou ainda, em outras palavras, esse território econômico tem uma insaciável vontade totalizadora e deseja empregar a metodologia de oferta e demanda do mercado na construção da identidade das pessoas, conduzindo a subjetividade a uma forma consumista de compreensão e de consequente interação com o mundo. É preciso reafirmar que "no modo de produção capitalista, tanto a oferta quanto a demanda são produtos da dinâmica da acumulação capitalista e não do livre jogo de fatores produtivos no mercado ou de um princípio subjetivo fundado em desejos e necessidades de homens"[40]. Assim, converte, em seus termos, espaços e encontros da vida que não são necessariamente econômicos (no sentido da produção de mercadorias), como, por exemplo, relações pessoais, afetivas, aprendizados, fé, ética, relações com o tempo e com o lugar, a vida e a morte etc. E que termos são esses?

- A busca obstinada por lucro;
- A busca da eficiência e racionalização (condição intimamente relacionada à modernização);
- A constante (re)criação de tudo à imagem ditada pelo *marketing*;
- A incessante produção de novas mercadorias materiais ou imateriais (na forma de serviços e de experiências) – mais que isso, a produção de significados e territórios existenciais;
- A disponibilização dos elementos capturados pelo capital, no jogo da oferta e da demanda mundial, estimulando assim a concorrência entre as diferentes ofertas;
- Sua obsolescência e descarte cada vez mais veloz, tornando as mercadorias obrigatoriamente mais efêmeras;
- A aparente produção de outras tantas mercadorias ou imagens (mercadorias-símbolo, significados e territórios existenciais) de e para consumo;
- o desmanche de quaisquer empecilhos que possam dificultar a circulação das mercadorias e dos consumidores.

---

40. Enrique Leff, *Racionalidade ambiental: a reapropriação social da natureza*, op. cit., p. 39.

Nesse constante processo de conversão de tudo em mercadoria, em significado capitalista, o mercado lamina os territórios existenciais pessoais e coletivos, seus valores particulares, reduzindo qualidade (ser) à quantidade (ter) e, por fim, ao parecer (momento da imagem da Sociedade do Espetáculo)[41]. Esse movimento tem sido ininterrupto, gerando um pseudociclo que se retroalimenta. Como já podemos perceber, o sucesso desse modelo deve ser estudado para além do campo meramente econômico, afinal de contas, se é de uma cultura que estamos falando, esses termos são igualmente culturais. Esse ciclo retroalimentado do mercado produz estilos de vida aparentemente variados, diferentes formas de inteligir e agir sobre o mundo, as quais obviamente têm consequências políticas, sociais, culturais, ambientais e subjetivas. Todos esses estilos de vida, por mais variados que aparentemente se mostrem, têm em comum serem comodificados, ou seja, serem produtores de (e produzidos a partir da) subjetividade capitalista – e, com isso, atuam como produtores, consumidores, descartadores e legitimadores da circulação cada vez mais rápida das mercadorias fluidas. A estruturação da existência mediante esses termos traz consigo inestimáveis danos ao ambiente e às culturas.

A economia de mercado das sociedades contemporâneas, por meio da produção acelerada do crescimento econômico quantitativo (aumento do Produto Interno Bruto, do consumo e do descarte), travestido da ideia de 'desenvolvimento', move-se em direção diametralmente oposta ao princípio da escassez, fundamento da economia. Move-se rapidamente em direção à pseudoabundância ilimitada e choca-se com o 'real' da natureza, que é considerada apenas um depósito de matéria-prima e de lixo. Esse é um

> [...] processo de desenvolvimento quantitativo. Essa exibição incessante do poder econômico sob a forma de mercadoria [...] resultou cumulativamente em uma abundância na qual a questão primeira da sobrevivência está sem dúvida resolvida, mas resolvida de um modo que faz com que ela sempre torne a aparecer; ela se apresenta de novo num grau superior[42].

Esse processo essencialmente quantitativo é a 'sobrevivência ampliada' das sociedades contemporâneas em que se transformou o sistema capitalista,

---

41. Guy Debord, *A sociedade do espetáculo: comentários sobre a sociedade do espetáculo*, op. cit.
42. *Ibidem*, p. 29.

que "conhece unicamente as condições da própria sobrevivência e ignora os conteúdos sociais e individuais"[43]. Dito de outra forma, um sistema que ignora a questão qualitativa da vida, negando-a em todos os seus aspectos. Entendemos, portanto, que esse sistema enlouqueceu, pois perdeu qualquer propósito ligado à humanidade. É necessário que se produza uma nova forma de se proceder à distribuição dos recursos, reinserindo a natureza no contrato social[44].

É preciso compreender por que aceitamos tal concepção econômica do mercado, ou melhor, por que permitimos que ela nos controle para que, a partir disso, possamos engendrar movimentos de revigorada rebeldia frente ao que nos é apresentado. É preciso, igualmente, compreender que a conversão de tudo a essa economia implica um reducionismo brutal da complexidade da natureza e da cultura. A economia, ao transformar o mundo em mundo da economia, coloca o mercado no centro da realidade social. Tudo o mais se torna periférico.

Dessa forma, a interpretação que se tem do mundo e a ação sobre ele são impregnadas pelos códigos e referenciais do mercado. Isso não se dá impunemente, pois essa impregnação produz híbridos entre os valores anteriores e os valores mercantis, gerando possibilidades para a apropriação irrestrita dos entes do mundo não mercantil. Assim, a fase atual das sociedades contemporâneas é "muito mais que a extensão sem fim da esfera da economia política, ela significa o estágio em que o próprio não econômico se vê revestido da forma consumista doravante globalizada"[45]. Para Lipovetsky, o

> [...] *éthos* consumista tende a reorganizar o conjunto das condutas, inclusive aquelas que não dependem da troca mercantil. Pouco a pouco, o espírito do consumo conseguiu infiltrar-se na relação com a família e a religião, com a política e o sindicalismo, com a cultura e o tempo disponível. Tudo se passa como se, daí em diante, o consumo funcionasse como um império sem tempo morto cujos contor-

---

43. Jean Baudrillard, *Sociedade de consumo*, Lisboa: Edições 70, 2005, p. 55.
44. Isso parece colocar em xeque a economia como ciência-chave para a distribuição de recursos e tem potência para apresentar a ecologia como novo paradigma para tal. Essa discussão, embora importante, não é alvo deste nosso estudo especificamente, mas deve ser levada em consideração por todos os pesquisadores críticos do turismo.
45. Gilles Lipovetsky, *Felicidade paradoxal: ensaio sobre a sociedade de hiperconsumo*, São Paulo: Companhia das Letras, 2007, p. 129.

nos são infinitos [...] os modos de vida, os prazeres e os gostos mostram-se cada vez mais sob a dependência do sistema mercantil[46].

Assim, os mais variados âmbitos da vida vão sendo encharcados pelo mercado e tornados cada vez mais comodificadores/comodificados. São convertidos, ao mesmo tempo, em produtores (e legitimadores) de mercadorias fluidas e nas próprias mercadorias produzidas. Como (re)produção capitalista, o império do consumo aumenta sua amplitude e produz o mundo à sua imagem.

O consumismo não pode ser meramente considerado como a utilização de bens materiais necessários que satisfaçam as necessidades básicas humanas. Também não é apenas o consumo exacerbado de algo, especialmente de bens supérfluos, como crê o senso comum quando diz que alguém é consumista. Se analisamos sua composição *consumo* + *-ismo*[47], podemos considerar o consumismo (num sentido pejorativo) como a intoxicação da sociedade pela forma--consumo do mercado. Na fluida vida contemporânea, na qual a velocidade aumenta a cada instante, ser consumista não é exatamente acumular bens, "mas usá-los e descartá-los em seguida a fim de abrir espaço para outros bens e usos"[48]. A velocidade, que ajuda a produzir a condição pós-moderna, é a fonte propícia para a aceleração das relações entre consumismo e descartabilidade. A subjetividade capitalista introjetada aponta para a construção do ser consumista, que deve ser um descartador de coisas, sensações e sentimentos. Em suma, não pode ter apego a nada.

O consumismo, como arranjo social dessa intensa e ininterrupta produção de subjetividade capitalista, deve estruturar a sociedade em seus mais diversos aspectos. Para os indivíduos, é sua rotina, seu trabalho, lazer e sociabilidade, e, além de tudo, sua forma de fazer política que devem ser intoxicadas pelo atributo social do consumismo. Como forma discursiva, a comodificação atua na composição das identidades dos indivíduos (afirmando-os como tal), de suas relações sociais e, especialmente, de sua visão de mundo. Sempre lembrando que faz isso no intuito de produzir, fazer consumir e descartar mercadorias

---

46. *Ibidem*, pp. 14-5.
47. Na língua portuguesa esse sufixo (-ismo) foi originariamente utilizado para indicar, na medicina, um certo tipo de intoxicação (cf. Antônio Houaiss e Mauro de Salles Villar, *Dicionário Houaiss da língua portuguesa, op. cit.*).
48. Zygmunt Bauman, *Amor líquido*, Rio de Janeiro: Jorge Zahar, 2004, p. 67.

fluidas. Uma das regras basais desse processo, nunca declarada abertamente em público, é a de que

> [...] *os objetos não existem absolutamente com a finalidade de serem possuídos e usados*[,] *mas sim unicamente com a de serem produzidos e comprados.* Em outros termos, eles não se estruturam em função das necessidades nem de uma organização mais racional do mundo, mas se sistematizam em função exclusiva de uma ordem de produção e de integração ideológica. De fato, não existem mais propriamente objetos privados: através de seu uso multiplicado, é a ordem social de produção que persegue, com sua própria cumplicidade, o mundo íntimo do consumidor e de sua consciência. Com este investimento em profundidade desaparece igualmente a possibilidade de contestar eficazmente tal ordem e de ultrapassá-la[49].

Aquilo que é comodificado pelo turismo entra nessa mesma estruturação. Devemos ter em mente que "quando se fala de comodificação do turismo, deve ser em termos muito mais amplos do que meros objetos, e incluir os serviços, atividades e experiências"[50]. Substituamos 'objetos' por 'serviços' e a equação se atualiza; substituamos, ainda, 'serviços' por 'experiências' e a crítica ganha ares de vanguarda e nos fornece ingresso para uma possibilidade de uma chave de análise dos mais atuais discursos legitimadores do turismo no Brasil. O *turismo de experiência* é uma das mais fortes tendências discursivas da atualidade[51].

Aquilo que era natural ou cultural é engolido no processo para se tornar parte de uma produção espetacular que tem como fim a si própria: produção de mais capital. Isso é a produção de uma sociedade consumista na qual todos os cantos e recantos estão sendo colonizados para obedecer à dinâmica da produção de novas e fluidas mercadorias (insistimos que, para isso, é necessária a criação da figura do indivíduo consumidor).

---

49. Jean Baudrillard, *O sistema dos objetos,* São Paulo: Perspectiva, 2009, p. 172 (grifos meus). Baudrillard também aponta com fatalismo para o fato de que "não há mais possibilidade de contestação eficaz". Dele ainda discordamos e, embora saibamos das dificuldades (atuais e das que se apresentam), procuramos elaborar uma contribuição para a emancipação.
50. G. Llewellyn Watson e Joseph P. Kopachevsky, "Interpretations of Tourism as Commodity", *Annals of Tourism Research, op. cit.*, p. 649. Disponível em: <http://www.sciencedirect.com/science/article/pii/0160738394901252>. Acesso em: jun. 2019.
51. Cf. Cecília Gaeta, "Turismo de experiência e novas demandas de formação profissional", *in:* Alexandre Panosso Netto e Cecília Gaeta, *Turismo de experiência,* São Paulo: Senac, 2010.

O estudo crítico do turismo como meio de produção e reprodução do consumismo na sociedade permite identificar os diversos níveis e agentes dessa intoxicação.

No âmbito do turismo, o consumismo atua justamente na produção de uma imagem comodificada do lazer, das férias e das viagens, que é produzida numa aparente contraposição, ao tédio contemporâneo, à sensação de que quase nada acontece na vida cotidiana que nos desperte a atenção; uma imagem do turismo como algo positivo, aceitável e desejável, não em si mesmo, mas em contraponto a uma realidade esvaziada. O cotidiano esvaziado torna-se fonte certa para a produção de subjetividade capitalista a partir do desejo de consumo do turismo.

Tomar a produção dos discursos que legitimam o turismo como objeto de estudos é, para nós, matéria privilegiada para o estudo da comodificação. Por quê? Se analisarmos o histórico da produção de mercadorias, teremos um panorama no qual os bens materiais são os mais 'sólidos' dentro da escala atual de mercadorias. 'Sólido' aqui significa algo que ainda não obedece ao tempo fluido da modernidade líquida, produtos cuja obsolescência, por mais acelerada que seja, ainda duram no tempo. Um automóvel, por exemplo, deve ser comprado e usado; o lançamento de um novo modelo deve aguardar, no mínimo, um ano. Se pensarmos em termos da estrutura do bem em questão, um ano para sua obsolescência perceptiva é um tempo demasiado pequeno. Mas esse tempo na modernidade líquida é uma eternidade. O mesmo se pode dizer sobre celulares, bicicletas, carteiras, bolsas e sapatos. Um pouco mais fluidos estão outros produtos: revistas semanais; toda sorte de objetos descartáveis (dos copinhos plásticos aos enlatados em geral); serviços prestados ao consumidor, como o atendimento de um encanador, que provavelmente só será necessário quando houver novo problema no encanamento da casa. Se pensarmos na comodificação nesses termos, teremos uma infinidade de bens materiais duráveis (que têm sua vida, ou melhor, sua 'morte', já pré-programada antes de seu lançamento) que, para desespero dos operadores da comodificação, ainda levam tempo para se desgastar. Mas pensemos: no caso do turismo, isso se dissolve. A *commodity* turística é absolutamente efêmera, fluida. Na visita a um atrativo turístico, o tempo de consumo daquele bem é 'apenas' o da permanência do turista. No transporte que se dedica ao turismo, como o caso do avião, o prazo de validade de um assento é o de uma viagem, seja numa ponte aérea Rio-São Paulo, seja num voo entre os Estados Unidos e a Nova Zelândia. Nos meios de hospedagem, as diárias vencem a cada 24 horas. O produto turístico é essencialmente efêmero e, portanto, perecível: se desfaz e se renova imediatamente após seu uso. A fluidez do tempo do turismo é uma característica que o faz um excelente objeto de estudo da dinâmica da comodificação.

Produção de expectativa de consumo e esvaziamento do tempo presente

O tempo fluido do turismo acelera a busca pela renovação de expectativas de consumo. As publicidades do turismo apresentam famílias felizes na praia, mas já com o pensamento projetado (desejo) para outros lugares e tempos.

Turistas na praia / aceleração do tempo de consumo.

Enquanto a família está na praia, o pensamento do homem (notem, é o pensamento do 'homem') na imagem 'já está' projetado para outro lugar e tempo: o *Caminito* em Buenos Aires, numa provável próxima viagem. A publicidade afirma que 'se você é do tipo que sonha acordado', então deve ser cliente da empresa anunciante. Esta imagem é significativa e bastante elucidativa da condição da aceleração do tempo das expectativas por conta da comodificação pelo turismo. Com Bauman podemos refletir sobre isso:

> Que todo consumo exige tempo é na verdade a perdição da sociedade de consumo – e uma preocupação maior dos que negociam com bens de consumo. Há uma ressonância natural entre a carreira espetacular do 'agora', ocasionada pela tecnologia compressora do tempo, e a lógica da economia orientada para o consumidor. No que diz respeito a essa lógica, a satisfação do consumidor deveria ser instantânea e isso num duplo sentido. Obviamente, os bens consumidos deveriam também terminar – 'num abrir e fechar de olhos', isto é, no momento em que o tempo necessário para o consumo tivesse terminado. E esse tempo deveria ser reduzido ao mínimo. A necessária redução do tempo é melhor alcançada se os consumidores não puderem prestar atenção ou concentrar o desejo por muito tempo em qualquer objeto; isto é, se forem impacientes, impetuosos, indóceis e, acima de tudo, facilmente instigáveis e também se facilmente perderem o interesse. A cultura da sociedade de consumo envolve sobretudo o esquecimento, não o aprendizado. Com efeito, quando a espera é retirada do querer e o querer da espera, a capacidade de consumo dos consumidores pode ser esticada muito além dos limites estabelecidos por quaisquer necessidades naturais ou adquiridas; também a durabilidade física dos objetos de desejo não é mais exigida[52].

Não é isso que acontece com o turismo? Seu consumo se desvanece num 'abrir e fechar' de olhos. Acabado o 'pacote' ou a visita, acabado o consumo. Assim, a promessa da satisfação substitui a necessidade a ser satisfeita na ordem das coisas. E, neste sentido, "para os bons consumidores não é a satisfação das necessidades que atormenta a pessoa, mas os tormentos dos desejos ainda não percebidos nem suspeitados que fazem a promessa ser tão tentadora"[53] ou, olhando a imagem apresentada, nos faz lembrar a música "Índios", da Legião Urbana, que fala sobre o "vício de insistir nessa saudade que eu sinto de tudo que eu ainda não vi...".

---

52. Zygmunt Bauman, *Modernidade e ambivalência, op. cit.*, pp. 89-90.
53. *Ibidem*, p. 90.

O turista é um consumidor cuja avidez não está focada necessariamente nos bens materiais, não é "tanto a avidez de adquirir, de possuir, não o acúmulo de riqueza no seu sentido material, palpável, mas a excitação de uma sensação nova, ainda não experimentada"[54]. Assim, os consumidores e, em nosso caso, os turistas "são primeiro e acima de tudo acumuladores de *sensações;* são colecionadores de *coisas* apenas num sentido secundário e derivativo"[55].

Por meio da negação do momento vivido (por exemplo, a presença física da família na praia, sua experiência naquele exato momento), a publicidade do turismo esvazia o tempo, tornando-o espetacular. Essa imagem é a imagem da negação do tempo, da experiência e da vida – três características presentes na produção do turismo na contemporaneidade. Neste sentido, as publicidades trabalham a partir da aceleração do tempo das expectativas dos clientes por meio da comodificação pelo turismo.

Mas o turismo é um objeto de estudos privilegiado principalmente por outra questão: ao estudá-lo, podemos nos dar conta de uma colossal estrutura de dominação cultural, um sistema de produção de verdades dogmáticas sobre o império do mercado de consumo – que se constitui, em última instância, numa intricada relação de poder entre pessoas que detêm capital e pessoas que não o possuem. Isso, por conseguinte, nos ajudará a compreender como "a comodificação (por meio do turismo) de formas culturais, histórias e criatividade intelectual acarreta expropriações no atacado"[56].

A pouca visibilidade que o Poder Público, a academia e a mídia têm dado a essas "expropriações no atacado" é, para nós, um indicador de que o turismo é uma das formas de socialização que produz "subjectividades conformistas"[57], uma vez que essa prática é baseada num sistema global de consumo tautológico e inconsequente, cujo fim encontra-se em si mesmo. O silêncio cínico dessas diversas instâncias mostra que, no mínimo, elas coadunam com este sistema global. Portanto, atuam como dispositivos de produção de subjetividade capitalista e devem ser combatidas. Nesse sentido, o turismo deve ser alvo de análises críticas pós-modernas inquietantes em todas as suas instâncias.

---

54. *Ibidem*, p. 91.
55. *Ibidem*, p. 91 (grifos meus).
56. David Harvey, *A Brief History of Neoliberalism*, Oxford: University Press, 2005, p. 160 (tradução minha).
57. Boaventura de Sousa Santos, *A crítica da razão indolente: contra o desperdício da experiência*, op. cit., p. 33.

Até aqui pudemos conhecer um pouco sobre as relações de poder na modernidade e a dinâmica da comodificação. A partir dessas categorias básicas, vamos procurar conhecer a produção dos clichês turísticos, o que nos ajudará a aprofundar nossas análises críticas.

A PRODUÇÃO DO CLICHÊ TURÍSTICO

Vamos utilizar uma metáfora para nos ajudar a analisar a produção comodificada (e comodificadora) do turismo na contemporaneidade: o clichê turístico. O termo 'clichê' (ou 'estereótipo') em seu universo semântico original refere-se a uma placa de metal usada para a impressão de imagens ou textos em uma prensa tipográfica: a partir de uma única placa-modelo, é possível produzir um sem-fim de cópias, meras redundâncias da forma que as modelou. Para a estilística, clichê significa lugar-comum, chavão, uma ideia que é aplicada a tudo o que é banalizado por ser muito repetido, por ser "surrado pelo uso"[58].

Transposto de seu universo semântico original para o estudo crítico do turismo, o termo clichê, qualificado pelo adjetivo 'turístico', será utilizado como alavanca teórica para explorarmos a produção comodificada das identidades, ideias, conceitos, imagens e das relações do turismo.

> *Por produção comodificada do turismo, entendemos toda e qualquer prática discursiva sobre este tema, que é tocada pela dinâmica da colonização do mercado e que passa, a partir disso, a produzir mercadorias fluidas híbridas* (commodities *turísticas*), *além de discursos legitimadores contaminados pelos códigos do mercado.*

Ou seja, passa a reproduzi-lo, não interessa em que âmbito da vida esteja. Vale lembrar que a comodificação é uma estratégia discursiva que age na produção das identidades dos indivíduos, das relações sociais e no sistema de crenças de uma determinada cultura, tornando essa produção uma reprodução do mercado e de sua metodologia.

---

58. Othon Moacir Garcia, *Comunicação em prosa moderna: aprenda a escrever, aprendendo a pensar,* op. cit., p. 113.

O lócus original do clichê turístico são a mídia e o *marketing*, afinal são essas instâncias que produzem os lugares-comuns mais óbvios do turismo. Todavia, sua metodologia contamina outras áreas da existência, como os discursos (e a ação) do Poder Público e da academia. No âmbito do turismo, essa produção comodificada pode ser desenvolvida por vários agentes e de várias formas.

Nos discursos sobre a experiência turística, o clichê é a comodificação do 'outro': de pessoas (sua exterioridade – a aparência, fator essencial para a exploração turística – e sua subjetividade), lugares e culturas, para que possam ser consumidos pelos turistas um sem-fim de vezes. É uma forma de padronização que tende a propiciar o aumento da velocidade de um consumo consequentemente padronizado, embora ele seja construído e apresentado para consumo como diverso, único e especial. É, enfim, a comodificação dos entes apropriados pelo discurso do turismo para sua transformação em mercadoria fluida e banal. Nesse processo, o outro é qualquer ente produzido em oposição a um 'nós', sendo que o nós integra o grupo dos consumidores, e o outro, o 'estranho', o 'estrangeiro' é a mercadoria, tudo aquilo que pode ser consumido (desde que acondicionado em embalagem segura) e descartado assim que possível: não chega a ser um *outro*, apenas sua imagem espetacular. Isso não cessa de produzir relações de poder e dominação, especialmente porque a *commodity* turismo é composta, essencialmente, por gente. As relações humanas produzidas pelo clichê sob a forma de relações de consumo (poder, dominação) são relações esvaziadas de humanidade, de troca e de possibilidades de efetivo encontro.

O discurso do turismo como fator de desenvolvimento busca gerar expectativas nos habitantes dos locais a serem tornados turísticos. Cria-se a expectativa de que eles podem 'ganhar a vida' com o turismo, mas para tanto é necessário que comercializem sua vida, sua história, sua privacidade, seu lugar e sua cultura. Nos discursos referentes à sustentabilidade, nossa hipótese é a de que esse consumo é enganosamente produzido como imaterial e, por excelência, não prejudicial aos ambientes e sociedades os quais explora, especialmente se for bem planejado.

Outro clichê fortemente produzido em prol do turismo é o de que ele é um direito de todos. O clichê turístico é a produção de mitologias.

Qualquer pessoa, lugar, fato social, psíquico ou histórico, ou qualquer cultura não são apenas simples imagens, mas entes complexos, múltiplos, ambíguos, contraditórios, que têm e vivem confrontos os mais diversos em suas relações com o meio, com os outros e consigo mesmos.

O clichê turístico é criado a partir da redução da complexidade do tipo apresentado (seja ele humano, cultural, animal, vegetal, cósmico, religioso, histórico, científico, acadêmico, artístico, geográfico, tecnológico, sexual, ou outra expressão qualquer) por meio do estabelecimento de uma convicção categórica preconcebida sobre algo (ou alguém). O clichê tem a finalidade de um rótulo; é uma forma de preconceito geradora de expectativas, pois promove a possibilidade do estabelecimento antecipado de critérios de julgamento e, é claro, de generalizações.

O clichê turístico procura condicionar o olhar dos envolvidos no processo: do morador local que espera o retorno 'garantido' do turismo e a ele se submete; do pesquisador acadêmico que, estudando 'melhores práticas para o turismo', acaba tentando legitimá-lo como *instância-para-além-do-mercado* – procurando estabelecer discursos sobre o turismo como um direito ou, ainda, como parte da constituição da humanidade do ser humano; do próprio Poder Público, que cada vez mais se hibridiza com o mercado e a este serve; e do turista, criando nele uma expectativa de felicidade (e a ilusória promessa de sua realização), condicionando, por conseguinte, a vida, a cultura e o lugar daqueles que são apropriados pelo turismo, visto que estes deverão satisfazer às expectativas geradas.

Quando o mercado comodifica algo, ele o banaliza, o esvazia, o torna comum e acessível ao mundo do consumo irrestrito – para os que podem consumir, é claro. O reducionismo é brutal e traz profundas sequelas ao real. O mercado do turismo cria, então, um 'estoque' de atrativos turísticos que serão consumidos por todos aqueles que apresentarem condições de consumo. A principal restrição que o mercado apresenta é o preço da etiqueta. A partir daí, o que vale é a capacidade (ou não) que o consumidor tem para pagá-la. Esse consumo precisa ser legitimado por meio de diversas práticas discursivas. Ele deve tornar-se estilo de vida, necessidade primeira do indivíduo das sociedades de consumo contemporâneas.

Sob o ponto da crítica do clichê turístico como lugar-comum, o tema não é recente. Krippendorf já nos relatou algo sobre isso:

[...] eis o tecido com que se constroem os sonhos. Os clichês são os mesmos, como há vários decênios: oceano de um azul profundo, areia branca, pôr do sol, palmeiras, belos turistas bronzeados, aldeias de pescadores e outras aldeias pitorescas nas montanhas, índios exóticos e sorridentes, piscinas azul-turquesa, sol eterno, neves eternas, paisagem intacta, pistas de esqui, bufês ricamente guarnecidos, crianças e pais radiantes, excursões cheias de aventura, regiões imponentes, vida noturna excitante etc.[59]

O texto foi originalmente publicado em 1986, mas é bastante atual. O autor enfoca os chavões que são criados para a consequente busca por parte do turista. No entanto, aqui precisamos complexificar o conceito de clichê, uma vez que ele não é apenas lugar-comum; assim como o turismo não é apenas sonho do turista, mas a realidade de quem trabalha ou serve de atrativo turístico. Nesse sentido, Urry aprofunda a temática do clichê e reflete de maneira reveladora sobre pontos importantes:

> Nós não vemos as coisas literalmente. Sobretudo como turistas, vemos os objetos que são construídos como signos. Eles representam algo mais. Quando olhamos como turistas, o que vemos são vários signos ou clichês turísticos. Alguns desses signos funcionam metaforicamente [... outros] metonimicamente. [...] A fama do objeto transforma-se em seu significado. Existe, assim, uma agenda cerimonial, na qual se estabelece aquilo que deveríamos ver e, algumas vezes, até mesmo a ordem em que as coisas devem [ou não] ser vistas[60].

O clichê turístico é a produção de espetáculos. Portanto, pensar o clichê turístico é impossível sem pensar igualmente no espetáculo, pois o que é conveniente ser mostrado é produzido como imagem espetacular na qual "a realidade considerada parcialmente apresenta-se em sua própria unidade geral como um pseudomundo à parte, objeto de mera contemplação"[61].

Mas, ao mesmo tempo que se produzem espetáculos, a ação da razão metonímica na construção do clichê turístico se dá na necessária abstração daquilo

---

59. Jost Krippendorf, *Sociologia do turismo: para uma nova compreensão do lazer e das viagens*, São Paulo: Aleph, 2006, p. 43.
60. John Urry, *O olhar do turista*, São Paulo: Sesc, 2001, p. 174.
61. Guy Debord, *A sociedade do espetáculo: comentários sobre a sociedade do espetáculo, op. cit.*, p. 13.

que não deve/pode/merece ser retratado da realidade, para apresentar apenas os traços que são convenientes ao consumo. Assim, o clichê constrói

> [...] um universo perfeito demais, artificial, apenas um fragmento, uma montagem que quase sempre está muito distanciada da realidade. Um ambiente de férias repleto de superlativos em cor-de-rosa é o que as pessoas gostam e pedem. Ninguém poderia afirmar seriamente que os clichês iludem o mundo. No entanto, parece que é agradável deixar-se seduzir perpetuamente por eles[62].

A produção de espetáculos pelo clichê turístico se dá em diversas instâncias, e os recortes dados pela produção acadêmica, pelo planejamento estatal ou do mercado pela comunicação do turismo limitam mais que possibilitam, afinal aquilo que não deve/pode/merece ser mostrado é produzido como invisibilidade. Portanto, o clichê turístico produz espetáculos. E a produção de espetáculos produz invisibilidades.

Quando é a academia que (re)produz o clichê turístico, isso é especialmente grave. Não queremos aqui dizer que a academia toda faz isso, que todos os pesquisadores estão cooptados ou míopes; há estudos muito críticos ao turismo, mas eles são – ainda – minoria.

Não obstante, o turismo contemporâneo explora várias faces que não são apenas belas, pois também há a exploração turística da miséria, da catástrofe, da violência. A comodificação atinge um estágio tão capilar que praticamente qualquer manifestação pode se transformar em atrativo turístico e, posteriormente, em fotografia, suvenir, pacote ou 'experiência'.

Para fazerem sucesso como *commodities*, "os objetos potenciais do olhar do turista precisam ser diferentes de algum modo. Precisam situar-se fora daquilo que é ordinário"[63]. Na história do turismo no Brasil, para o Poder Público brasileiro, por exemplo, o país é uma mercadoria turística "sensacional!"[64].

O guia internacional *Footprint* para a América do Sul descreve o Brasil com as seguintes características:

---

62. Jost Krippendorf, *Sociologia do turismo: para uma nova compreensão do lazer e das viagens*, op. cit., p. 43.
63. John Urry, *O olhar do turista*, op. cit., p. 28.
64. Brasil, Manual da Marca Brasil, Brasília: Ministério do Turismo, 2010, p. 5. Disponível em: <http://www.turismo.gov.br/export/sites/default/turismo/multimidia/logotipos_marcas/galeria_arquivos_logotipos_marcas/m_brasil_nova_manual_1.pdf>. Acesso em: jun. 2019.

Descritos como as pessoas mais sensuais na terra, os brasileiros sabem como flertar, se exibir e se divertir. O Carnaval do Rio, com sua atmosfera inebriante e figurinos deslumbrantes, é a festa mais exuberante de um calendário de festas. Nesse país, o quinto maior do mundo, o futebol, o culto à boa aparência e a dança são os passatempos nacionais – e a paixão pelos três é vista em abundância. Todos são seduzidos pelos sons do samba e pela atração da praia. Partindo para o norte pelo litoral, a partir da fronteira com o Uruguai, há um trecho de areia disponível para cada jogador de vôlei, surfista, motorista de *buggy* e animal festeiro. Mas os brasileiros também têm um lado espiritual. Muitas religiões florescem, mas principalmente o candomblé, de matriz africana, que vive feliz ao lado do catolicismo. Nos séculos XVI-XVIII, quando o Brasil era rico em ouro e diamantes, os colonizadores portugueses expressaram sua fé com alguns dos edifícios barrocos mais bonitos já vistos. Para fugir da vida cosmopolita, deite-se numa rede em um barco subindo o impressionante rio Amazonas, ou excursione junto a animais selvagens no Pantanal, gigantesca terra alagada do tamanho de meia França, onde jacarés, piranhas e onças trombam com vastos rebanhos de gado[65].

As ideias preconcebidas e as imagens exibidas devem ser buscadas pelo turista. Assim, quem vem ao Brasil pode vir em busca de sensações, de sensualidade, de exotismo e de erotismo, de religiões apresentadas como primitivas, de praia, de pessoas que têm como passatempo nacional a boa aparência e a dança, e de sexo também.

Mas devemos atentar para o fato de que o resultado da ação da produção do clichê turístico sobre a população local e sua cultura é a forçosa transformação desses entes em metáforas de si mesmos: a partir da leitura do excerto acima, todos, no Brasil, temos de ser sensacionais, afinal de contas somos brasileiros, hospitaleiros, bons de bola, de samba, gostamos da mesma caipirinha, temos corpos belos que insistimos em exibir na praia e, é claro, gostamos de 'namorar' e estamos liberados para fazê-lo.

Não é apenas o turista que busca o clichê turístico. Os habitantes das mais variadas localidades buscam, a partir das imagens criadas pelo clichê do desenvolvimento turístico, ter acesso ao pote de ouro do turismo: crescimento econômico e emprego. E isso por meio do desenvolvimento de uma atividade

---

65. Footprint Handbooks, *South American Handbook 2002*, Bath: Footprint Handbooks, 2002, p. 8.

econômica que é falsamente construída como imaterial e sustentável (se bem planejada).

No caso do turista, os clichês criados e comunicados devem ser buscados até serem encontrados, confirmados e, preferencialmente, fotografados ou filmados. A produção e a comunicação publicitária do turismo apresentam informações sobre os atrativos turísticos: 'como é', 'onde está', 'como pode, deve e merece ser visto e quando'.

- → 'pode': indica a permissão para algo ser visto – ou não;
- → 'deve': indica a obrigatoriedade de se ver, bem como a forma pela qual qualquer coisa deve ser vista, seu cerimonial – a ordem, a sequência, a época correta, o modo correto e o tempo necessário;
- → 'merece': o valor do que é visto, dividindo os objetos entre aqueles que têm o devido merecimento e valor e os que não têm e, por sua vez, ficam na invisibilidade.

Nesse processo, o importante é que

[...] as promessas sejam mantidas, mesmo que, em geral, correspondam apenas a clichês e não reflitam nem parte, nem mesmo nada, da realidade. A indústria do turismo considera esse anseio ao propor, no local de origem, grande parte desse universo de cartão postal tão esperado. Ela cria e satisfaz, simultaneamente, a necessidade de viver experiências familiares inofensivas e agradáveis num ambiente estranho. Assim, nascem as localidades turísticas de operetas que não têm mais nada a ver com a realidade e não passam de meras montagens de cenários artificiais[66].

Refletindo sobre o que Krippendorf afirmou, analisemos no excerto abaixo o discurso que constrói uma dessas "localidades turísticas de operetas":

Desde o amanhecer ao belíssimo pôr do sol, há muitos lugares românticos, à beira de um mar calmo nas belíssimas praias de areias leves e fofas. É só curtir e se apaixonar [...] As belas praias e as fascinantes barreiras de corais encantam

---

66. Jost Krippendorf, *Sociologia do turismo: para uma nova compreensão do lazer e das viagens*, op. cit., pp. 55-6.

de imediato os visitantes desta paradisíaca região no litoral norte de Alagoas. O vento ideal para esportes náuticos, a Mata Atlântica preservada para caminhadas, o mar seguro e tranquilo apropriado para a pesca e os frutos do mar frescos na gastronomia [...][67].

O que está implícito na construção discursiva do destino turístico de Maragogi e Japaratinga é a ideia de paraíso terrestre. E o que mais desperta a atenção nesse paraíso é que tudo tem um propósito divino: o vento é ideal para esportes náuticos; a Mata Atlântica é preservada para caminhadas; o mar seguro é apropriado para a pesca; os frutos do mar para a gastronomia. A natureza se dá ao fornecimento de tudo o que é necessário aos serviços turísticos. Tudo isso, claro, a uma módica quantia a ser paga no cartão de crédito.

Mas nem só de natureza e paraíso são feitos os clichês turísticos: "a carta na manga do Rio [de Janeiro] é o *savoir-vivre* de seu povo, o 'espírito carioca' que transforma sua população, 6 milhões de pessoas, em cicerones especiais dispostos a acolher seus visitantes sempre como velhos amigos"[68]. Clichê dos clichês do turismo no Brasil é a hospitalidade do povo carioca. Aqueles que têm interesse na exploração turística desse estado (ou mesmo da cidade do Rio de Janeiro, a chamada Cidade Maravilhosa) lutam por criar uma imagem laminada daquilo que é uma realidade complexa. Belezas cênicas e conflitos sociais caminham de mãos dadas nessa cidade, assim como em diversas outras.

Mas, quando se trata de turismo, não é só no estado do Rio que as pessoas são hospitaleiras, "e o novo luxo daqui [é] deparar com pessoas de uma amabilidade e gentileza tocantes em aglomerados que mais parecem tabas indígenas: Almofala, Tatajuba, Torrões, Moitas, Morro do Boi, Vassouras e Alazão, entre tantos outros"[69].

O luxo não é mais o *glamour* desnecessário e supérfluo, o luxo agora é encontrar gente 'amável' e 'gentil' que possa atender adequadamente aos novos turistas que buscam 'contato humano'. Novamente a dicotomia nós/eles, em que 'eles' são simples, gentis, primitivos e... servis. E 'nós', os turistas, somos 'chiques', os que buscam o novo luxo que se dará pelo encontro com gente não moderna. A retórica da receptividade no turismo é obrigatória. Por sua carac-

---

67. Panfleto de Maragogi e Japaratinga, em Alagoas – AHMAJA (Associação do *Trade* Turístico de Maragogi e Japaratinga).
68. Panfleto do Rio de Janeiro – Riotur (Empresa de turismo do município do Rio de Janeiro).
69. *Viagem e Turismo*, São Paulo: jun. 2009, n. 164, p. 37.

terística metonímica, o clichê turístico funciona como limitador das possibilidades de experiência e de compartilhamento, produzindo a imagem comodificada das pessoas como amáveis e gentis para com o turista-consumidor. É a retórica da "alegria de servir"[70]. O lugar é *sempre* o paraíso, as pessoas são *sempre* amáveis e hospitaleiras, a natureza é *sempre* exuberante e se oferece de maneira ímpar ao consumo turístico. Tudo está à disposição do capital.

Da maneira como é produzido, o clichê turístico comprime o presente, tornando invisíveis várias formas de conhecimento, "porque deixa de fora muita realidade, muita experiência, e, ao deixá-las de fora, ao torná-las invisíveis, desperdiça a experiência"[71]. Nesse tipo de produção do turismo, o presente é comprimido – eliminando deste, seus conflitos –, alargando o passado e apresentando uma tradição congelada, a-histórica. Assim, o turismo fica entre o acontecimento histórico e o teatro/cinema[72], mais próximo destes que daquele. Por intermédio da produção espetacular dos clichês do turismo,

> [...] o mundo real se transforma em simples imagens, [e] as simples imagens tornam-se seres reais e motivações eficientes de um comportamento hipnótico. O espetáculo como tendência a fazer ver (por diferentes mediações especializadas) o mundo que já não se pode tocar diretamente, serve-se da visão como sentido privilegiado da pessoa humana[73].

O mundo dito real é complexo, ambíguo e contraditório, mas, transformado em simples imagem pelo clichê turístico, torna-se consumível, pois é produzido de forma linear, sem ambiguidades, não complexo, não contraditório e, portanto, aparentemente seguro. É importante ressaltar que há disparidades entre os discursos elaborados pelos agentes poderosos e a realidade das pessoas e dos lugares retratados por tais discursos. Os conflitos são banidos do mundo espetacularmente produzido pelo clichê. Há "muita injustiça caricatural em tomar a parte pelo todo, o jogo pela vida, o consumo pela exis-

---

70. Jost Krippendorf, *Sociologia do turismo: para uma nova compreensão do lazer e das viagens*, op. cit., p. 70.
71. Boaventura de Sousa Santos, "Para além do pensamento abissal: das linhas globais a uma ecologia de saberes", *in*: Boaventura de Sousa Santos e Maria Paula Meneses (org.), *Epistemologias do Sul*, op. cit., p. 26.
72. Cf. Edgar Morin, *Cultura de massas no século XX: o espírito do tempo*, v.1: *Neurose*, Rio de Janeiro: Forense Universitária, 2000.
73. Guy Debord, *A sociedade do espetáculo: comentários sobre a sociedade do espetáculo*, op. cit., p. 18.

tência"[74]. O fenômeno turístico – sua produção e consumo – é carregado dessa ironia. Todavia, a realidade insiste em ser ambígua, complexa e contraditória. O que o clichê turístico cria é apenas uma película ilusória de proteção contra essa realidade.

Como já dissemos, o turismo pode se apropriar de praticamente tudo, seja natural ou cultural, para transformar em *commodities*. Isso traz as mais diversas consequências para aqueles que são apropriados. No entanto, quando o turismo se apropria de 'gente' propriamente dita, ele tem uma característica muito marcante: a comodificação faz com que as pessoas que representam uma determinada cultura possam ser postas e repostas como metáforas de si mesmas ou "imitações desonestas de si mesmas"[75], aprisionadas aos estereótipos criados pelo clichê – elas são tornadas atrativos turísticos vivos.

Essa reação metafórica é fruto da conformação das pessoas e lugares (que antes eram fenômenos sociais ou naturais) na materialização das expectativas dos turistas geradas pelo clichê turístico: *commodities* ou imagens para consumo. Assim, muitas pessoas se veem presas aos estereótipos promovidos pelo mercado do turismo, numa espécie de silogismo empobrecedor:

→ A brasileira é sensual.
→ Maria é brasileira.
→ Logo, Maria *deve* (no sentido de obrigação) ser sensual.

Na metáfora, um elemento linguístico de determinado universo semântico é usado no lugar de outro; é a transposição do sentido próprio ao figurado. Deve haver entre os dois elementos uma relação de semelhança que propicie a metáfora. No caso da produção do clichê turístico, o sentido próprio (a cultura, a pessoa, o lugar) fica aprisionado ao figurado (o clichê, a imagem, o espetáculo).

Por extensão, a imagem consumível da cultura apropriada pelo turismo pode tornar-se uma metáfora da cultura propriamente dita e, de certa forma, se encarnar nas pessoas que têm de 'atuar' como 'elas mesmas', representantes daquilo que foi produzido pelos enunciadores do clichê como sendo sua

---

74. Gilles Lipovetsky, *Felicidade paradoxal: ensaio sobre a sociedade de hiperconsumo, op. cit.*, p. 72.
75. Daniel Boorstin, *The Image: a Guide to Pseudoevents in America*, New York: Vintage Books, 1992, p. 103.

cultura. Assim, essas pessoas representam como metáforas apenas uma fração metonímica do que é sua cultura: danças, comidas, artesanatos.

Se no nível da produção de um texto a metáfora se utiliza de universos semânticos diferentes para causar seu impacto, no mundo tangível, o universo semântico que muda é o da própria realidade. Se o clichê turístico abstrai da realidade o que não interessa, produzindo luzes (espetáculos) e sombras (invisibilidades), ele mutila a compreensão de tal realidade. A reação metafórica é, então, a sua cicatriz, a marca que fica impressa na realidade de quem vive do turismo e no lugar que é tornado turístico.

Se no fetichismo da mercadoria denunciado por Marx as relações sociais são ocultadas pelas mercadorias, dando a aparência de uma relação entre coisas, no turismo essa problemática ganha contornos específicos. A relação entre as pessoas que cumprem os papéis de visitantes e de visitados se dá sem um significativo intermédio da mercadoria como 'coisa' que oculta a relação. No turismo, as relações se dão efetivamente entre as pessoas: é o turista se relacionando com o garçom, com o motorista do ônibus ou do táxi, com o guia ou monitor mirim, com a mulher vestida de baiana ou o cavaleiro gaúcho vestido com roupas típicas; é para o turista que o velho tocador de viola vai se exibir e depois contar seus 'causos'. Mas as relações sociais dos visitantes (consumidores) com os visitados tornados mercadorias são relações humanas mutiladas.

Os últimos são as mercadorias, ou melhor, as imagens consumíveis e, com isso, representam apenas uma parte de si mesmos (um traço cultural peculiar desejado pela demanda produzida pelo mercado, por exemplo), não se dando, assim, por completo uma relação entre pessoas – que poderia ser uma relação complexa, contraditória e ambígua, enfadonha ou até violenta. Assim, no momento em que alguma das pessoas-atrativo ou servidores se tornar inconveniente, é a hora do fim do *show*. É por isso que no turismo todos são hospitaleiros, amáveis, gentis... Numa atividade turística, estamos na frente de uma pessoa que é ao mesmo tempo uma pessoa, uma parte de uma pessoa e uma mercadoria-imagem de consumo. Isso torna o turismo um produtor de mercadorias realmente estranhas e que demandam todo um programa de estudos críticos para que possam ser compreendidas.

Essa apropriação varia muito e poderá ter infinitas nuances, desde pessoas que 'apenas' precisam colocar uma roupa típica e representar aquilo que 'deveriam ser' – atividade que pode, de alguma forma, ser leve e prazerosa – até casos mais dramáticos, como no turismo sexual, quando o ser humano é tornado objeto das mais nefastas explorações.

Tomemos como exemplo a exploração visual daquilo que se condicionou chamar de 'indígena' para o turismo. Entre os tantos clichês turísticos do Brasil, chama a atenção o dos indígenas que se vestem e se pintam como tal para parecer os indígenas que, no mais das vezes, nunca foram. Ao serem consumidos pelo turismo, essas personagens são simulacros de indígenas. Ainda que as pessoas que encenam as personagens indígenas possam ter essa descendência, isso já não importa mais, porque, expostos para consumo no turismo, são e não são mais indígenas. Talvez os traços faciais e a cor da pele lembrem os indígenas que seus antepassados foram: nada mais. Aos indígenas sobra só a própria imagem (elaborada pela indústria turística a partir de seu próprio imaginário), portanto, esvaziada de significado. Ou antes, dotada de novo significado: eles representam indígenas contaminados pelos códigos do mercado, seres comodificados. Especialmente grave no Brasil, o problema parece não acabar aí. Parece haver mesmo uma relação paradoxal entre o real e o falsificado espetacular.

É preciso refletir sobre esse clássico exemplo: será que ainda importa à sociedade que os visita em um passeio turístico se esses indígenas se mudaram ou se estão bem, se continuam vivendo das culturas de subsistência, se produzem objetos de consumo a partir de sua cultura ou se querem consumir o que a indústria cultural oferece, se seu lugar está preservado ou manipulado pela comunicação de massa? Mais fundamental ainda: se é desejo deles permanecerem nesse lugar visitado ou se estão ali por mero interesse conjuntural econômico. Será que, estando ali, moram ali, vivem ali ou tudo é mero palco? Será que eles não gostariam mesmo é de estar passeando num *shopping* como seus visitantes podem fazer? Será que já não o fazem?

Por falar em *shopping*, que dizer do *Shopping* do Índio[76] em Coroa Vermelha, na Bahia? Este constitui

> [...] um outro simulacro de Kijeme[77], apresenta também forma circular todo em madeira, entretanto, tendo no pátio central uma réplica de um Kijeme na mesma

---

76. Cf. Rita de Cássia Ariza da Cruz, *Política de turismo e território*, op. cit.
77. *Kijeme* significa "arquitetura sedentária. São construções circulares, hexagonais, ou octagonais, feitas de pilares de madeiras e fechamentos laterais em taipa de mão, o supapo sobre uma grade de madeira, tendo um telhado cônico coberto com palha de palmeiras, possuindo geralmente duas

escala das aldeias onde são encenadas, espetacularizadas, as festas ao Pai Sol e à Mãe Terra, realizadas tradicionalmente nas noites de lua cheia nas aldeias pataxós, tendo ainda em seu centro uma estátua de madeira de um índio pataxó. O *Shopping* do Índio possui diversas lojas onde são vendidos cocais, arcos, flechas, lanças de madeira para caça e pesca, gamelas, pilões que há muito deixaram de ser usados no dia a dia das aldeias, camisas, pulseiras, colares e pinturas corporais. As lojas constituem a pilhagem, transformam os símbolos pataxós literalmente em fetiche, mercadoria, suvenires, meros produtos vestidos e maquiados com os apetrechos do exótico e do diferente que oferece ao turista com fome de consumo de cultura, ao observador distraído, um produto valorizado e legitimado pelo reconhecimento e proteção do Estado[78].

Tal lugar comercializa justamente os artefatos que já não são mais usados pelos atuais indígenas em suas aldeias. Comercializam-se ali peças de museu, simulações daquilo que já não é mais. Ali é o mundo invertido do espetáculo. Se o turista tem fome desse tipo de consumo cultural, é porque isso é, de certa forma, construído em seu imaginário. Uma informação chama a atenção: é a participação do Estado, legitimando o atrativo 'pelo reconhecimento' e 'protegendo' a atividade, que é um simulacro de cultura, exposta no *shopping*. Ele confere, assim, sua chancela de Poder Público a uma atividade de mercado que falsifica as relações sociais e históricas dos indígenas. Nesse exemplo, fica claro que o Poder Público não está protegendo a cultura, mas o *shopping* e o mercado.

Necessário investigar também qual o papel do turismo, que leva hordas turísticas para conhecer os indígenas, ao mesmo tempo em que os fabrica para serem consumíveis. Será que interessa à nossa sociedade conhecer (e fotografar) o verdadeiro indígena, morador assolado pela violência da dominação branca e que, frente à necessidade de tudo no turismo ser 'sensacional' corre o risco de se tornar desinteressante?

Latouche faz reflexões sobre o tema e lança questionamentos importantes:

---

portas, uma funcionando como rota de fuga a incursões da polícia, em batidas eventuais a índios desordeiros" (Fábio Macêdo Velame, Kijemes: arquiteturas indígenas pataxós da resistência ao espetáculo, *in*: Encontro de Estudos Multidisciplinares em Cultura, 6, 2010, Salvador, *Anais digitais*. Disponível em: <http://www.cult.ufba.br/wordpress/ 24254.pdf>. Acesso em: jun. 2019.

78. *Ibidem*.

Por desejo de copiar seus mestres, por necessidade de sobrevivência, porque a conformidade às normas é a lei, a imitação se propaga sem limites, caricatural nas instituições e em certos comportamentos, sinistra no domínio incontestável das técnicas de controle das populações, da opressão, do manejo das armas e das práticas policiais. O que era macaquice inocente torna-se um efeito de espelho deformante que reflete nossa sociedade. Certamente ainda há casebres de barro batido ou índios seminus exibindo escarificações de sacrifício aos fetiches; mas, por quanto tempo ainda? Não sonham eles com trocar o adobe por blocos de cimento, a palha do telhado por telhas onduladas, o lampião de petróleo pela eletricidade, os fetiches por aparelhos eletrodomésticos e por sábios?[79]

Assim, faz-se necessário tentar compreender "a mercantilização dos índios, em suas transformações em mercadorias e ferramentas publicitárias para alimentar o desenvolvimento da indústria cultural, do entretenimento, e, principalmente, da indústria turística, em sua nova roupagem, o Turismo Étnico"[80].

Portanto, em relação à reação metafórica do clichê turístico, cabe-nos ainda afirmar: o espetáculo é a manipulação cênica do real; é uma produção de simulacros, a partir da qual o real pode ser apresentado como hiper-real e em que a circularidade, a redundância, a repetição, a superação, a substituição, o velho e o novo perdem sentido para a falsificação. Na pós-modernidade, o mercado do turismo parece promover os mais diversos encontros. E o seduzido consumidor do turismo, o turista, busca esses encontros, que se mostram (se criticamente analisados) contaminados e empobrecidos pelos códigos do mercado.

Já para aqueles que querem ganhar a vida com o turismo, é necessário que passem no teste da comodificação e sejam aprovados como mercadorias desejáveis para poder ultrapassar a bifurcação que se apresenta entre a manutenção no jogo da sociabilidade e a morte simbólica em direção à primeira alternativa. Passar em tal teste significa se manter no jogo da sociabilidade, seja para uma pessoa que quer um emprego ou reconhecimento social, seja para uma cidade ou país que buscam ser reconhecidos como destinos turísticos: é, enfim, a possibilidade de continuar existindo socialmente.

---

79. Serge Latouche, *A ocidentalização do mundo: ensaio sobre a significação, o alcance e os limites da uniformização planetária*, op. cit., pp. 32-3.
80. Fábio Macêdo Velame, Kijemes: arquiteturas indígenas pataxós da resistência ao espetáculo, *in*: Encontro de Estudos Multidisciplinares em Cultura, *op. cit.*

Para nós, os encontros produzidos pelo atual turismo são fortemente marcados pela dinâmica do clichê turístico. Nela,

> [...] formas alternativas de vida só despertam um interesse de espectador do tipo oferecido por um espetáculo de variedades cintilantes e apimentado; podem mesmo provocar menos ressentimento (particularmente se vistos a uma distância segura ou através do escudo protetor da tela de TV), mas tampouco um sentimento de camaradagem; pertencem ao mundo exterior do teatro e do entretenimento, não ao mundo interior da política da vida. Colocam-se uma ao lado da outra, mas não têm parentesco. Como os estilos de vida promovidos pelo mercado, não têm outro valor que o conferido pela livre escolha. Com toda certeza, sua presença não impõe nenhuma obrigação, não gera nenhuma responsabilidade. Tal como praticada pela pós-modernidade guiada pelo mercado, a tolerância degenera em isolamento; o aumento da curiosidade do espectador significa o desaparecimento do interesse humano[81].

No turismo, isso se torna potencialmente pior, afinal o encontro (ao menos físico) se efetiva; não é como na TV nem mesmo no teatro, que ainda mantêm uma distância segura. No entanto,

> [...] quando formas estranhas de vida saem da reclusão segura das telas de TV ou se materializam em comunidades vivas e autoafirmativas ao lado da nossa, em vez de se confinarem aos livros de culinária multicultural, aos restaurantes típicos e bugigangas da moda, elas transgridem suas províncias de significado: a província do teatro, do entretenimento, do espetáculo de variedades, a única forma que contém o preceito da tolerância, da suspensão do isolamento. Um salto súbito de uma província de significado para outra é sempre chocante – e, assim, formas de vida antes consideradas pitorescas e divertidas são experimentadas como uma ameaça. Despertam raiva e hostilidade[82].

A província de significado que Bauman escreve é a 'segurança' que o turismo promove ao produzir os clichês turísticos. Estes tentam garantir que aquelas formas de existência ali representadas (indígenas, em nosso exemplo, mas

---

81. Zygmunt Bauman, *Modernidade e ambivalência*, op. cit., p. 291.
82. *Ibidem*, pp. 291-2.

qualquer outra manifestação imaginável) não darão o salto de uma província de significado (o personagem turístico, o indígena turístico) para outra (o problema social indígena, o espoliado indígena). Eles estão aprisionados em seus estereótipos, que representam apenas uma parte como sendo o todo daquilo que são. Em suma, tratam-se apenas de mutilações.

Por meio da análise crítica do clichê turístico, encontramos um caminho teórico coerente para propor análises metódicas e argumentar sobre a pobreza da experiência do turismo em relação às possibilidades do real. Apresentaremos, a seguir, a complexa rede de enunciadores hegemônicos que contribui para legitimar todo esse mercado que explora o mundo e as pessoas por intermédio do turismo.

CAPÍTULO 2

Enunciadores hegemônicos do discurso legitimador do turismo

Antes de iniciarmos a análise crítica dos enunciadores hegemônicos do turismo e de seus respectivos enunciados, devemos ressaltar que o processo de produção de enunciados sobre o turismo é ininterrupto e demanda constante atenção às suas novas formas discursivas, cada vez mais exigentes para os estudos críticos. Ao longo do tempo entre a produção de nossa tese de doutorado e a confecção deste livro, os discursos dos enunciadores analisados sofreram substanciais alterações. Não é de se estranhar esse movimento. Portanto, é importante levar em consideração que os temas aqui apresentados funcionam como exemplo de nossa metodologia, sendo também um convite para que os pesquisadores atualizem as metodologias e os objetos de estudo aqui trabalhados.

Conheceremos, inicialmente, os enunciadores escolhidos para nosso estudo. Conhecer quem afirma precede conhecer o que é afirmado, pois as palavras tomam significações diferentes de acordo com os enunciadores que as pronunciam. Depois, estudaremos os enunciados, tomando trechos de documentos produzidos pelos enunciadores hegemônicos como excertos de uma complexa teia de relações e jogos de poder. Esse é um trabalho extremamente meticuloso e pode ser considerado um exercício de resistência frente à velocidade da produção acadêmica atual. Além disso, é uma ação de desvelamento das conexões desses textos com os contextos sociais que eles influenciam (e pelos quais são influenciados), para apresentar, a partir daí, as estruturas de injustiças, desigualdades, segregações, entre tantas outras mazelas que esses enunciadores/enunciados podem produzir ou, quem sabe, evitar. É um trabalho inicialmente de desconfiança, não de aceitação.

Para começarmos, Lanfant ajuda-nos a nominar alguns dos estrategistas hegemônicos que atuam em nível global no jogo da comodificação pelo turismo:

> O turismo não é, como se costuma afirmar, um fenômeno espontâneo. Ele não ocorre de uma maneira desordenada, como resultado de uma demanda descontrolada. É o produto de uma vontade. Ele se desdobra sob o impulso de um poderoso mecanismo de promoção turística, apoiada ao mais alto nível internacional: a Organização Mundial do Turismo, o Fundo Monetário Internacional, as Nações Unidas, o Banco Mundial, a Unesco etc.[1].

Os enunciados de tais agentes têm privilégios de acesso na sociedade e, por vezes, são aceitos sem grandes questionamentos devido à posição que ocupam tais enunciadores.

No Brasil, outros agentes colaboram para reforçar essa estrutura de legitimação: o Poder Público (o Estado, que se apresenta como 'verdade social', entidade aparentemente natural e inquestionável) e a academia, que goza do *status* de ser produtora de um conhecimento (equivocadamente) tido como neutro por muitos pesquisadores. Preocupa-nos sobretudo o fato de que tais enunciados têm sido aceitos de maneira acrítica, por vezes, por aqueles que não deveriam fazê-lo: os acadêmicos. Além desses, a mídia é outra enunciadora muito potente sobre o que é 'turismo' e deve ser igualmente analisada.

Por conta da dinâmica da comodificação, todos esses enunciadores passam a produzir discursos hegemônicos híbridos entre si e o mercado, à exceção daqueles que os produzem diretamente em seu nome, como o WTTC e a mídia. Esses discursos hegemônicos estão diretamente ligados a temas amplos como:

→ Os discursos sobre o ambiente, isto é, os discursos ambientais/ambientalistas que analisam (corroboram ou criticam) o turismo. Nesse sentido, o Estado, a academia e a mídia atuam fortemente na disputa pela legitimação do significado dos temas relacionados aos ambientes.

---

1. Marie-Françoise Lanfant, "Introduction: Tourism in the Process of Internationalization", *International Social Science Journal*, 1980, v. 32, n. 1, p. 15. Disponível em: <http://unesdoc.unesco.org/images/0003/ 000383/038317eo.pdf>. Acesso em: jun. 2019.

- A cultura, a sociedade do espetáculo[2] e a modernidade líquida[3], fundando categorias essenciais de nossas análises, como tempo linear, dicotomias, relações de poder da modernidade e centralidade do mercado. Todos esses elementos perpassam os discursos sobre o turismo e o estruturam de várias maneiras.
- O Estado, agindo como legitimador do turismo, promovendo a estrutura jurídica e econômica para a exploração do turismo, atuando por meio de políticas, planos governamentais, linhas de incentivo financeiro, entre tantas outras formas – por exemplo, construindo a 'natural' vocação nacional para o turismo ou discursando sobre o 'direito ao turismo' como sinônimo de cidadania.
- Os processos de globalização: os movimentos que produzem a globalização são movimentos de ocidentalização e modernização do planeta. Assim, a influência das modernas tecnologias de comunicação e os meios de transporte ajudam a construir e reconstruir a percepção da compressão espaço-temporal ou mesmo das diferentes relações de poder entre agentes globais e locais.
- O discurso científico da academia (muitas vezes pseudocientífico, tamanho é seu envolvimento e dedicação ao mercado), que tem atuado como legitimador do turismo e, em alguns casos, como seu crítico. Legitimador, pois há um número cada vez maior de pesquisadores produzindo trabalhos sobre o turismo, mas o fazem a partir dos códigos do mercado, corroborando sua existência, e não realmente questionando tal *status*. Há várias escolas de estudo sobre o turismo no Brasil, mas, por vezes, as 'críticas' se concentram na produção de estudos que visam apresentar propostas para uma mercadoria melhor e, efetivamente, não se constituem críticas no sentido que empregamos à palavra neste livro.
- Por fim, a amplitude da ação da publicidade, do *marketing*, da mídia e da internet, por um lado, produzindo as imagens e o imaginário turístico e, por outro, possibilitando a venda de qualquer produto em praticamente qualquer lugar do planeta: trata-se da fluidificação do mercado do turismo. A mídia opera como agente da comodificação ao procurar produzir o

---

2. Guy Debord, *A sociedade do espetáculo: comentários sobre a sociedade do espetáculo*, op. cit.
3. Zygmunt Bauman, *Modernidade líquida*, op. cit.

imaginário turístico daqueles que serão consumidores de tais *commodities*, vendendo a ideia de lugares exóticos, únicos, intocados ou modernos, avançados, entre tantos outros estereótipos. A mídia opera fortemente na produção dos clichês turísticos.

Esses enunciadores e seus discursos influenciam todas as áreas da exploração turística. Mesmo no local de origem do turista (lugar onde reside a pessoa que, potencialmente, pode fazer turismo), os agentes hegemônicos disputam espaço em diferentes tipos de relação de poder. No entanto, esses mesmos enunciadores e seus discursos também são influenciados pela força do turismo, que na atualidade representa um imenso mercado global em expansão.

O Conselho Mundial de Viagens e Turismo (World Travel and Tourism Council – WTTC)[4]

O WTTC (*World Travel and Tourism Council* ou Conselho Mundial de Viagens e Turismo) é um importante representante do mercado do turismo. Trata-se de um agente-fantasma que, segundo nossa leitura, produz os discursos mais amplos para a colonização dos demais agentes. O WTTC se define como o:

> Único órgão global que representa o setor privado de Viagens e Turismo. Os membros do Conselho são os presidentes ou executivos principais das principais empresas globais de viagens e turismo, de todas as regiões e indústrias, incluindo hotéis, companhias aéreas, aeroportos, operadoras de turismo, cruzeiros, locadoras de automóveis, agências de viagens, ferrovias e economia compartilhada emergente, capacitando-os para falar como Uma Voz aos governos e organismos internacionais. Mais de 150 empresas estão agora representadas no Conselho, respondendo por dois terços de um trilhão de dólares em volume de negócios, o equivalente a 30% de todo o setor[5].

---

4. Desde os anos desta pesquisa de doutorado até 2019, o discurso do WTTC mudou significativamente. Isso nos levou à necessidade de praticamente reescrever as análises desse enunciador. Vale a pena conferir, por motivos de análise histórica, o estudo realizado no texto da tese que se encontra no Banco de Teses da USP. Lá constam as análises originais dos principais enunciados do organismo na primeira parte da década de 2010.
5. Disponível em: <https://www.wttc.org/about/members/>. Acesso em: jun. 2019 (tradução minha).

Nessa apresentação, o WTTC intenciona dar uma mostra do poder das empresas reunidas sob sua sigla. Esse poderoso organismo internacional entende a si mesmo como sendo "Uma Voz" que deverá falar a governos e outros organismos internacionais.

O fórum foi criado no final dos anos 1980 sob a liderança de James Robinson III, então presidente (*chairman* e CEO) da American Express. De acordo com os enunciados proferidos pelo WTTC, a indústria de viagens e turismo é "a maior indústria do planeta, e a maior provedora de empregos". Entretanto, à época da criação do Conselho, o WTTC afirmou que, em tal indústria, "não havia dados consolidados, nem voz própria, por meio dos quais transmitir essa mensagem para os titulares eleitos de cargos públicos e os elaboradores de políticas"[6].

O primeiro encontro do grupo de empresários deu-se no ano de 1989 em Paris, quando o ex-secretário dos Estados Unidos, Henry Kissinger, apoiou a ideia de que a indústria turística representava "a maior indústria do mundo, mas que não era reconhecida porque estava muito fragmentada"[7]. Essa "forte mensagem [forte justamente por conta da força de seu enunciador] deu o ímpeto ao grupo"[8], que se estabeleceu oficialmente em 1990.

Interessante notar como o texto do próprio enunciador o define. O WTTC se vê da seguinte forma: "Como uma organização voluntária, o WTTC fornece um exemplo importante dos líderes de negócios, que gastam tempo e dinheiro para mover sua atividade mundial para frente, enquanto desempenham um papel crucial na garantia do desenvolvimento sustentável em nosso mundo em constante mudança"[9].

Alguns dados interessantes nos ajudarão a compreender melhor o Conselho: sua base fica em Londres, na Inglaterra, isto é, na Europa ocidental; o idioma do *site* e de textos oficiais do WTTC é o inglês; o alto escalão da entidade (*chairman*, presidente e CEO, vice-*chairman*) é composto majoritariamente por pessoas brancas[10].

O WTTC carrega em seu nome um "mundial" (*world*), o que atribui ao Conselho característica de globalização, da qual esse organismo é produtor e

---

6. Disponível em: <https://edisciplinas.usp.br/pluginfile.php/3861032/mod_resource/content/1/WTTC_History_1.pdf>. Acesso em: jun. 2019 (tradução minha).
7. Idem.
8. Idem.
9. Idem.
10. Arnold W. Donald é o único membro negro do grupo do WTTC. Disponível em: <https://www.wttc.org/about/members/>. Acesso em: jun. 2019.

produto. No entanto, ao analisarmos os dados anteriores, podemos observar que o WTTC tem predominância ocidental[11] em sua cúpula. Lembremos que estamos em busca das marcas que nos ajudam a compreender melhor o turismo como ocidental, moderno e capitalista. Uma visita ao *site* do WTTC e uma breve análise das imagens mostram a predominância de pessoas brancas em todos os escalões.

O fórum é, portanto, a reunião dos representantes de máxima importância da indústria turística em nível global, composto pelas pessoas que atuam usando o nome de 'mercado do turismo'. Como se trata de uma das principais organizações internacionais que lida com turismo, seu enunciado sobre o tema tem valor e amplitude mundiais.

A primeira reunião oficial do Conselho deu-se em 1991, e os presentes estabeleceram os objetivos iniciais do organismo[12], a saber: promover a consciência das contribuições econômicas das viagens e do turismo; expandir o mercado em harmonia com o ambiente; reduzir barreiras ao crescimento.

Durante a década de 1990, o organismo expandiu seu campo de atuação, ocupando-se de temas como: liberalização do transporte aéreo; educação e treinamento; questões sobre taxação (governamental) no turismo; e desenvolvimento sustentável.

Já as iniciativas do fórum referentes ao ambiente são duas:

1. o *Green Globe*, "Programa de conscientização ambiental, proporcionando meios práticos e econômicos para que todas as empresas de viagens e turismo façam melhorias ambientais"[13];
2. a Agenda 21 para viagens e turismo (desenvolvida em conjunto com a OMT e o Earth Council[14]).

A partir de 1997, o WTTC, por meio de seus discursos, passou a fazer a defesa do turismo na área social: a inclusão do turismo como política de geração de emprego junto aos maiores tomadores de decisão de vários países.

---

11. Nas cadeiras do WTTC, há componentes orientais. Disponível em: <https://www.wttc.org/about/members/>. Acesso em: jun. 2019.
12. Disponível em: <https://edisciplinas.usp.br/pluginfile.php/3861032/mod_resource/content/1/WTTC_History_1.pdf>. Acesso em: jun. 2019.
13. *Idem*.
14. Informações sobre o Earth Council estão disponíveis em: <http://earthcouncilalliance.org/about-eca/>. Acesso em: jun. 2019.

Uma das principais prioridades estratégicas do WTTC está relacionada com a questão da segurança e facilitação das viagens. Sua missão é buscar "incentivar a colaboração e encontrar formas inovadoras de promover viagens seguras e sem interrupções"[15]. Para tanto, o WTTC advoga a ideia de facilitação de vistos: "Nossa pesquisa mostra os benefícios que as regulamentações de facilitação de vistos podem trazer para um país em termos de promoção de viagens e turismo e impulsionando o crescimento dos empregos"[16]. Cabe notar que, insistentemente, o WTTC fará a associação entre facilitação de vistos, promoção do turismo, crescimento de empregos, prosperidade e renda, como no discurso abaixo, que fala sobre a "liberdade de viajar" (*freedom to travel*):

> Liberdade de viajar significa garantir que as pessoas tenham o direito de cruzar fronteiras internacionais com segurança e eficiência para fins turísticos. Isso significa processos de visto mais inteligentes, mais acordos de isenção de visto e programas confiáveis para viajantes. É claro, reconhecemos a necessidade de os países cuidarem da segurança de suas fronteiras, mas é necessário que haja um melhor equilíbrio entre as preocupações com soberania e as necessidades dos turistas de lazer e negócios de passar pela imigração com o mínimo de incômodo. Recentemente, vimos mudanças sem precedentes e melhorias na facilitação de vistos em todo o mundo. Mais e mais países estão tomando medidas para aliviar as restrições de visto, a fim de aumentar o número de visitantes e melhorar a competitividade. No entanto, apesar desses movimentos positivos, para várias nacionalidades ainda é muito complexo e difícil cruzar fronteiras como turistas internacionais. A facilitação de vistos é uma prioridade para o WTTC – convencendo governos das enormes vantagens econômicas geradas pelas políticas que incentivam a entrada de visitantes [...] as políticas amigáveis de vistos para o turismo criam milhões de empregos e geram bilhões em receita para as economias. A relação entre a flexibilização dos procedimentos de concessão de vistos turísticos e o crescimento das contribuições do setor ao PIB nunca foi mais evidente. [...] O mundo é um lugar melhor quando se tem Liberdade de Viajar – a liberdade de celebrar a imensa diversidade do nosso planeta; a liberdade de fazer negócios e a liberdade de criar empregos e gerar prosperidade[17].

15. Disponível em: <https://www.wttc.org/priorities/>. Acesso em: jun. 2019 (tradução minha).
16. Disponível em: <https://www.wttc.org/priorities/security-and-travel-facilitation/visa-facilitation/>. Acesso em: jun. 2019.
17. Disponível em: <https://sp.wttc.org/agenda/economic-impact/>. Acesso em: jun. 2019.

Numa leitura crítica do discurso do fórum mundial, partamos da hipótese de que sua prioridade estratégica seja a de fluidificar o trânsito dos turistas ao redor do mundo, isto é, liberar o mercado (que leva e traz turistas por todo o globo terrestre) dos atuais empecilhos burocráticos. Para se construir a possibilidade dessa fluidificação, o discurso do fórum é construído de maneira a associar 'viagem' e 'direito', ou melhor, a 'viagem' *como* 'direito'. Para que isso se dê, é necessário que se associe a 'liberdade de viajar' com o 'direito de cruzar as fronteiras internacionais' e, obviamente, 'fazer turismo' é intencionalmente construído como sinônimo disso. Esse direito deve ser garantido por meio da 'segurança' e da 'eficiência' nas fronteiras internacionais.

A ideia de associar viagem (que, nesse caso, trata-se de outro artifício linguístico para se referir a turismo) e direito é reincidentemente exercitada pelos enunciadores que têm interesse nesse mercado.

Para o WTTC, eficiência significa menos embaraços no trânsito daqueles que podem viajar, por isso o fórum apregoa que haja "processos de visto mais inteligentes, mais acordos de isenção de visto e programas confiáveis para viajantes". Para os turistas, as fronteiras e barreiras de qualquer natureza devem ser eliminadas, é isso que se traduz por direito. Os viajantes internacionais (tanto de lazer quanto de negócios) têm suas necessidades e precisam passar pelas imigrações e alfândegas com o mínimo de problemas, ou seja, sua passagem deve ser fluidificada ao máximo. Todavia, não são apenas turistas que tentam cruzar as fronteiras dos Estados-nação. Nesse sentido, o Conselho afirma que "é necessário que os países mantenham a segurança nas fronteiras", isto é, a segurança destas deve ser mantida nas mãos do Estado-nação.

Não é difícil perceber que se trata de um jogo. As fronteiras nacionais devem ser implodidas para o livre e fluido trânsito da mercadoria – e dos turistas, no caso. O fórum convoca (percebam o verbo... convoca) os governos a se afastarem e a se manterem o mais distante possível de quaisquer regulações do mercado. Para os demais (aqueles que não são turistas, mas insistentemente tentam cruzar as fronteiras), o Conselho recomenda que cada país cuide bem de suas fronteiras e das "preocupações de segurança soberana". Nesse momento, o WTTC recoloca os governos na dinâmica, porém no papel de segurança de fronteira. Mas os governos devem manter a segurança nas fronteiras contra quem? Infelizmente, o texto não menciona diretamente. Essa ausência é provocativa. Nesse caso, as fronteiras devem ser cuidadosamente vigiadas para que migrantes, refugiados, terroristas e, talvez o pior tipo de pessoas, as sem cartões de crédito fiquem alijados, distantes e sem chances de acesso. Essas barreiras devem se manter fortemente eretas e intransponíveis.

Depois o texto tece uma série de elogios aos países que já vêm realizando sua lição de casa, "tomando medidas deliberadas para aliviar as restrições de visto" e permitindo que o capital (as mercadorias, os turistas) circule com o mínimo de empecilhos possível. Do outro lado, vem a crítica aos países "que acham muito complexo e difícil atravessar fronteiras como turistas internacionais". Esse é o papel do WTTC: "convencer os governos das enormes vantagens econômicas geradas pelas políticas que incentivam os visitantes que chegam". Em outras palavras, trabalhar para a fluidificação da circulação dos turistas e, com isso, para a liberação do mercado que lucra com esse movimento.

A missão do fórum é declarada: "maximizar o potencial de crescimento sustentável da indústria". Assim, o movimento dos detentores do direito de viajar pode, segundo o WTTC, ser indutor do – tão sonhado e alardeado – crescimento econômico e da geração de empregos. Por conseguinte, as empresas que constituem o WTTC são apresentadas por seus enunciadores e discursos como "salvadoras dos lugares e são apontadas como credoras de reconhecimento pelos seus aportes de emprego e modernidade"[18].

A enunciação 'freedom to travel' do WTTC produz o seguinte encadeamento lógico: as pessoas têm o direito de viajar; o turismo é, por excelência, a forma da viagem; essa viagem deve ser realizada de maneira eficiente (ausência do Estado, fluidificando o trânsito dos turistas) e segura (presença do Estado, afastando ameaças que igualmente querem circular por fronteiras internacionais); há uma indústria que subjaz a essa movimentação; essa indústria se autodeclara como indutora de empregos e desenvolvimento; para incentivar a indústria (e gozar dos benefícios que ela pode gerar), os governos devem adequar-se às exigências do WTTC (ausência de vistos para os turistas e vigilância para os demais); para os demais (migrantes, refugiados, apátridas, pessoas sem cartão de crédito), ficam as políticas de segurança, as fronteiras fechadas e a exigência cada vez maior na conferência dos passaportes.

---

18. Boaventura de Sousa Santos, *Introdução a uma ciência pós-moderna, op. cit.*, p. 68.

A *freedom to travel*, que o WTTC tem como prioridade estratégica implantar em todo o globo terrestre, revela-se em sua essência como uma *freedom to trade*, a liberdade para fazer negócios[19]. Esta tende a fazer do globo um imenso mercado integrado, desregulado, desimpedido para o trânsito fluido dos consumidores das *commodities* turísticas. Novamente nos deparamos com este aparente paradoxo: as barreiras e regulamentações de fronteiras devem cair para que as *commodities* turísticas fluam, mas se os atrativos turísticos são, em sua maioria, fixos, o papel dos turistas revela-se, no mercado mundial do turismo, como um mistério. Será o turista também uma *commodity* do turismo? Será que o sistema capitalista, por meio do turismo, transforma as pessoas em mercadorias?

Ao mesmo tempo que os discursos do Conselho fazem alarde sobre a liberdade de alguns para viajar, a *freedom to travel* do WTTC fala em "preocupações de segurança soberana", negando a muitos "o direito à liberdade de movimento que se elogia como a máxima realização do mundo globalizante"[20]. Assim, transforma num termo abstrato um dos problemas de maior envergadura na atualidade, a saber, a questão das migrações de populações que buscam refúgio, emprego, segurança e possibilidades de nova vida em outros Estados-nação.

O discurso do *freedom to travel* é produzido de maneira a exortar os governos a se afastarem das abordagens atuais e a promoverem uma política descomplicada de vistos para turistas, ou melhor, de isenção total de vistos para turistas. Historicamente, podemos observar que, com esse movimento, os vistos de entrada vão ficando obsoletos, mas "não o controle de passaportes ainda necessários – talvez mais do que nunca – para eliminar a confusão criada pela abolição dos vistos: a fim de separar aqueles para cuja conveniência e facilidade de viagem foram abolidos os vistos daqueles que deveriam ter ficado no lugar de onde saíram, quer dizer, que nem deveriam viajar"[21]. Essa condição pode ser considerada uma poderosa metáfora para a nova estratificação social global, reforçada pela atual forma como é produzido o turismo no planeta.

O excerto analisado termina com a seguinte mensagem: "O mundo é um lugar melhor quando se tem Liberdade de Viajar – a liberdade de celebrar a

---

19. Cf. Martin Mowforth e Ian Munt, *Tourism and Sustainability: New Tourism in the Third World*, New York/London: Routledge, 2003.
20. Zygmunt Bauman, *Modernidade e ambivalência*, op. cit., p. 84.
21. *Ibidem*, p. 95.

imensa diversidade do nosso planeta; a liberdade de fazer negócios; e a liberdade de criar empregos e gerar prosperidade". Almeja-se liberdade em vários setores, mas, para tanto, é necessário que a "a liberdade de fazer negócios" possa ser cada vez maior: eis a missão do WTTC.

Como havíamos mencionado, há uma verdadeira obsessão do fórum em relação à questão da afirmação de que o turismo é o veículo para a geração de renda e de empregos. Em seu *site*, o organismo nos informa, com dados de 2018, que "o setor [turístico] contribui com US$ 8,3 trilhões, ou 10,4% do PIB global, e responde por 313 milhões de empregos, ou um em cada dez de todos os empregos no planeta"[22]. São dados impressionantes, embora devam ser lidos com muita cautela, afinal a entidade que os declara tem todo o interesse de que eles se mostrem cada vez mais agigantados. Trata-se de um organismo hegemônico que detém, juntamente à OMT, uma espécie de monopólio no fornecimento desse tipo de dados em nível mundial. São, enfim, dados que carregam interesses particulares dos agentes do mercado do turismo.

Sob nossa perspectiva de análise crítica, o PIB mostra muita informação, mas oculta partes importantes da informação dada. Ele apresenta valores e encobre a disputa entre atividades produtivas e destrutivas; enfim, é cego para questões fundamentais da qualidade de vida das pessoas. O WTTC, ao apresentar veementemente o PIB do turismo, comemora números e produz invisibilidade acerca das mazelas que a exploração turística de lugares e pessoas traz para todos: desigualdades, exploração, segregação, entre tantos outros problemas.

Assim, reconhecer e incentivar o PIB como uma medida válida e comemorada para a mensuração do turismo é a mostra de que os agentes que faturam com essa área produzem uma leitura de mundo por um viés essencialmente economicista, que tem como pressuposto o crescimento a qualquer custo.

O PIB do turismo não tem condições de contabilizar a perda da qualidade de vida das pessoas exploradas pelos agentes do mercado do turismo, as transformações em seu ritmo habitual de vida, sua conversão em *commodity* turística e a exploração num mercado de trabalho que tem muita informalidade, pois é amplamente desregulamentado e remunera mal. Afinal, "baixas remunerações também são características do setor [do turismo], considerando-se tanto

---

22. Disponível em: <https://www.wttc.org/about/>. Acesso em: jun. 2019 (tradução minha).

o trabalho formal como informal"[23], que é sazonal e, portanto, não pode dar a segurança merecida aos trabalhadores.

O WTTC é a representação fantasmagórica de um gigantesco conjunto de decisivos agentes para o processo da comodificação pelo turismo. Esse fórum se utiliza do imenso poder do capital daqueles que se congregam sob seu nome para exortar (lembremos, convocar...) os governos locais à facilitação dos trânsitos dos turistas e ao desembaraço no fluxo do capital. Recapitulando, as principais bases do discurso do WTTC são:

- A liberalização das amarras para a livre circulação da mercadoria e de seus consumidores;
- O redesenho do papel dos Estados, mantendo-os o mais distante possível do centro de decisão, que deve ser do mercado;
- O discurso do turismo como direito das pessoas;
- O constante argumento das contribuições econômicas do turismo e da geração de empregos;
- A luta pela expansão ilimitada do mercado, acompanhada paradoxalmente do discurso da sustentabilidade;
- O discurso pró-globalização hegemônica: embora o WTTC se considere mundial, age de maneira a propagar a globalização hegemônica ocidental, desenvolvida de cima para baixo.

Essas são as principais características do discurso dos agentes do mercado reunidos sob a alcunha de WTTC. Nosso trabalho agora é o de identificar as marcas desses discursos em outros enunciadores, buscar os sinais da colonização. Como será que esses fortes enunciados sobre o turismo e sobre a forma como o turismo deve ser compreendido, encarado e realizado pelos governos locais são interpretados e apropriados pelo Poder Público brasileiro? E pelos estudiosos do turismo no Brasil? Apresentaremos as ligações entre os enunciados feitos em nome do WTTC, os poderosos agentes humanos que operam o mercado do turismo e a produção do turismo no Brasil.

---

23. Rita de Cássia Ariza da Cruz, *Política de turismo e território*, São Paulo: Contexto, 2000, p. 151.

A Organização Mundial do Turismo (OMT)

A Organização Mundial do Turismo (OMT), agência da Organização das Nações Unidas (ONU), é outra das principais organizações internacionais que tratam do turismo, portanto, seu enunciado sobre o tema tem valor e amplitude globais, visto que é ela quem elabora um dos níveis conceituais mais abrangentes dessa matéria.

A OMT é uma entidade intergovernamental, criada em 27 de setembro de 1970 e formada por 158 Estados-membros, 6 associados, 2 observadores permanentes (Vaticano e Palestina[24]) e mais de 500 membros afiliados do setor privado[25]. Assim, ela não é formada apenas por Estados, mas por empresas ligadas ao mercado do turismo e das indústrias que lhe servem de apoio. Mowforth e Munt[26] nominam a OMT (e o WTTC) de "consórcios privados globais"[27]. Essa informação é fundamental para podermos compreender melhor quem é esse enunciador. Outros dados interessantes: a base da OMT fica em Madrid, na Espanha, isto é, na Europa ocidental, e o *site* é produzido em inglês, com eventuais textos em francês e espanhol (idiomas europeus ocidentais). O Brasil participa dessa organização como Estado-membro desde 1975.

De acordo com os enunciados da entidade, turismo é o conjunto das "atividades de pessoas que viajam para lugares afastados de seu ambiente usual, ou que neles permaneçam por menos de um ano consecutivo, a lazer, negócios ou por outros motivos"[28]. Nessa definição, podemos encontrar outros dados que nos ajudam a ampliar nossa compreensão sobre o tema. O turismo é um conjunto de atividades que os turistas realizam "afastados de seu ambiente usual", o que reforça a ideia do deslocamento físico como seu pressuposto fundamental. Se tais pessoas estão afastadas do ambiente usual, elas estão afastadas de seu cotidiano e rotina. Além disso, os turistas devem *permanecer* fora de seu domicílio por até um ano consecutivo, caso contrário o afastamento

---

24. Disponível em: <http://www2.unwto.org/en/members/observers>. Acesso em: jun. 2019.
25. É possível conferir a lista dos afiliados da indústria no endereço: <http://platma.org/en/content/who-are-unwto-affiliate-members>. Acesso em: jun. 2019.
26. Lamentamos a não tradução do livro de Mowforth e Munt aqui no Brasil. Um texto deste aporte crítico traria enorme contribuição para a compreensão crítica da atividade.
27. Martin Mowforth e Ian Munt, *Tourism and Sustainability: New Tourism in the Third World*, op. cit., p. 29 (tradução minha).
28. Organização Mundial do Turismo, *Turismo internacional: uma perspectiva global*, Porto Alegre: Bookman, 2003, p. 20.

será considerado migração. Quanto às motivações que podem levar as pessoas para longe de seu ambiente usual, foi acrescentado o *negócio* como finalidade possível do turismo.

Por meio de sua assembleia geral, a OMT desenvolveu um texto muito conhecido no setor turístico: o *Código mundial de ética para o turismo* (*Global Code of Ethics for Tourism*)[29]. Esse documento, traduzido em vários idiomas, está disponível no *site* da Organização e é considerado pela própria OMT como "um quadro de referência fundamental para o turismo responsável e sustentável"[30]. Quem o assina são os membros da Organização: "os representantes da indústria mundial, [em seguida] os delegados de Estados, territórios, empresas, instituições e organismos"[31]. Chama a atenção o fato de que os representantes da indústria são os primeiros signatários do referido documento, embora eles sejam apenas membros afiliados, e não os Estados-membros. Outros dois aspectos também nos chamam a atenção:

1. Há três notáveis ausências entre os signatários: as pessoas que vivem nos lugares que são tornados turísticos, os servidores do turismo e os turistas.
2. Trata-se de um código de ética para o turismo e não para os desenvolvedores do turismo, para seus servidores, turistas ou aqueles que têm a vida afetada pelo fenômeno turístico. É uma ética para um ente despessoalizado, para uma atividade, não para as pessoas que são os agentes sociais de tal atividade. Portanto, devemos nos perguntar se o referido texto trata mesmo de ética. Outra questão: se é ética não pode ser código, pois, se é código, é moral, não ética – aqui considerando-se a ética como a reflexão sobre a moral, ela não pode ser codificada.

O logotipo do *Código mundial de ética para o turismo* (OMT) se constitui de uma imagem estilizada do planeta Terra em forma de coração, com um detalhe de um avião traçando uma curva no coração. A associação entre os componentes da imagem procura dar um efeito geral de afetividade positiva entre a

---

29. *Idem, Global Code of Ethics for Tourism*, United Nations World Tourism Organisation, 2001a. Disponível em: <www.unwto.org>. Acesso em: jun. 2019.
30. Disponível em: <http://ethics.unwto.org/en/content/global-code-ethics-tourism>. Acesso em: jun. 2019 (tradução minha).
31. Disponível em: <http://cf.cdn.unwto.org/sites/all/files/docpdf/gcetbrochureglobalcodeen.pdf>. Acesso em: jun. 2019 (tradução minha).

exploração do planeta Terra, a emoção do turismo (representada pelo coração) e o avião (ao fazer a curva do coração), que é o meio que possibilita tal emoção.

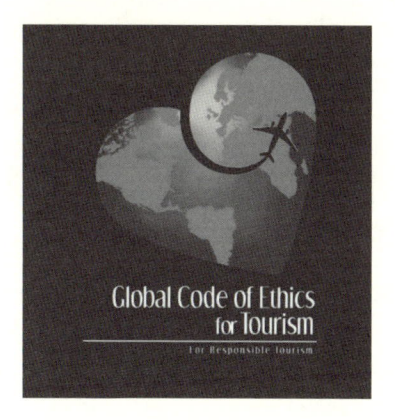

Logotipo do *Código mundial de ética para o turismo*.

Em seu Estatuto[32], a OMT descreve o objetivo fundamental da Organização:

> O objetivo fundamental da Organização é a promoção do desenvolvimento do turismo, com vista a contribuir para o desenvolvimento econômico, a compreensão internacional, a paz, a prosperidade e o respeito universal e a observância dos direitos humanos e liberdades fundamentais para todos, sem distinção de raça, sexo, língua ou religião. A Organização tomará todas as medidas para atingir esse objetivo[33].

Ao promover e desenvolver o turismo, a OMT visa, em primeiro lugar, contribuir para o desenvolvimento econômico. Esse é o item que abre a lista de argumentos apresentada pela Organização para justificar seu envolvimento com a matéria, o mesmo usado na maioria dos discursos do WTTC. A compreensão internacional, a paz e a prosperidade são apresentadas na sequência de tal desenvolvimento econômico. Ora, são três elementos desejados pelo senso comum e é justamente essa a promessa "ética" que a exploração comercial do

---

32. O Estatuto da OMT encontra-se no endereço: <http://cf.cdn.unwto.org/sites/all/files/docpdf/unwtostatuteseng.pdf>. Acesso em: jun. 2019.
33. Disponível em: <http://cf.cdn.unwto.org/sites/all/files/docpdf/unwtostatuteseng.pdf>. Acesso em: jun. 2019 (tradução minha).

turismo proposta pela OMT faz e que é usada por ela para legitimar tal exploração. Partindo dessas premissas, surge uma série de discursos (governamentais, acadêmicos, da mídia e de muitos outros enunciadores) sobre o turismo: como indústria da paz[34], como possibilidade de desenvolvimento, entre tantos outros que conheceremos ao longo deste livro.

O último item do excerto analisado precisa ser bem explorado e compreendido, uma vez que ele traz uma mensagem positiva ao senso comum: a missão da OMT é contribuir para que os direitos humanos e as liberdades fundamentais (sem quaisquer distinções: raça, sexo, língua, religião) sejam respeitados universalmente. Para que tais direitos sejam respeitados universalmente, eles devem ser universalmente aceitos e, portanto, inquestionáveis. Que direitos humanos são esses? Sobre quais humanos a OMT está discursando? O que exatamente a OMT quer que seja universalmente aceito?

Santos nos dá pistas sobre a temática. Quanto à pretensa universalidade dos direitos humanos, ela se mostra como "uma questão cultural do Ocidente. Logo, os direitos humanos são universais apenas quando olhados de um ponto de vista ocidental. Por isso mesmo, a questão da universalidade dos direitos humanos trai a universalidade do que questiona ao questioná-lo[, afinal] o único facto transcultural é a relatividade de todas as culturas"[35].

Ao invocar a ideia de direitos humanos como direitos universais, a OMT faz uso de um discurso Ocidental que se quer universal, reforçando, assim, os desígnios do mercado neoliberal. Trata-se de uma operação metonímica, uma vez que declara que: 1. o todo é maior que a soma das partes; 2. há uma homogeneidade no todo, e as partes não têm vida própria fora dele; 3. isso cria a ilusão que transforma uma parte (o Ocidente) no todo (o Universal), assim as outras diferentes partes do todo ou desaparecem ou são tratadas como "outro" inferior; 4. concluindo, o Ocidente torna-se referência para o resto.

É dessa maneira que o discurso oficial ocidental sobre os direitos humanos nega outras concepções de direitos humanos de outras culturas[36]. No discurso da OMT,

---

34. Cf. Jordi Montaner Montejano, *Estrutura do mercado turístico*, São Paulo: Roca, 2001.
35. Cf. Boaventura de Sousa Santos, *A gramática do tempo: para uma nova cultura política*, 3. ed, São Paulo: Cortez, 2010, pp. 442-3.
36. Para Boaventura de Sousa Santos, há atualmente quatro regimes internacionais de direitos humanos: o europeu, o interamericano, o africano, o asiático. Cf. *A gramática do tempo: para uma nova cultura política, op. cit.*

[...] o conceito de direitos humanos assenta num bem conhecido conjunto de pressupostos, todos eles tipicamente ocidentais, designadamente: existe uma natureza humana universal que pode ser conhecida racionalmente; a natureza humana é essencialmente diferente e superior à restante realidade; o indivíduo possui uma dignidade absoluta e irredutível que tem de ser defendida da sociedade ou do Estado; a autonomia do indivíduo exige que a sociedade esteja organizada de forma não hierárquica, como soma de indivíduos livres[37].

O que queremos mostrar com isso é que a OMT é um organismo que trabalha em função do mercado, levando-o a todos os possíveis cantos da Terra por meio do turismo. No entanto, ao fazer isso, ela leva mais que o mercado, leva igualmente o Ocidente eurocêntrico, moderno e neoliberal. Nesse sentido, a Organização faz uso do conceito positivo de direitos humanos, aparentemente discursando sobre emancipação, respeito, liberdades, mas operando em prol do turismo e do mercado e seus agentes.

Historicamente, os direitos humanos têm sido usados "como arma do Ocidente contra o resto do mundo ('*the West against the rest*'), como cosmopolitismo do Ocidente imperial, prevalecendo contra quaisquer concepções alternativas de dignidade humana"[38]. No discurso do código de ética, a nominalização[39] "direitos humanos" é atualizada como arma em favor da comodificação, pois na ideologia da OMT é "difícil dissociar a vertente emancipadora, a dos direitos humanos, da vertente espoliadora, da luta pelo lucro. As duas são a frente e o reverso de uma mesma moeda da qual o nome 'liberalismo' contém toda a antinomia"[40]. Aqui, nesta análise, vemos o Ocidente agindo em sua vontade de Universalização...

O texto afirma ainda que os direitos e liberdades devem ser observados e respeitados "sem distinção de raça, sexo, língua ou religião". No ambiente conflituoso do mercado, não há que se fazer distinções, a não ser uma: o poder de

---

37. *Ibidem*, pp. 443-4.
38. *Ibidem*, p. 442.
39. 'Nominalização' é um recurso retórico que se constitui na "conversão de processos em nomes, que tem o efeito de pôr o processo em si em segundo plano – o tempo e a modalidade não são indicados – além de usualmente não especificar os participantes" (Norman Fairclough, *Discurso e mudança social, op. cit.*, p. 223). Dessa forma, tanto o agente quanto o objeto do processo tornados nominais são deixados implícitos.
40. Serge Latouche, *A ocidentalização do mundo: ensaio sobre a significação, o alcance e os limites da uniformização planetária, op. cit.*, p. 43.

compra, pois "não deve haver nenhum bem que o dinheiro não possa comprar, e o mercado não é visto como a corporificação de valores e preconceitos particulares, mas como força universal e livre de valores que todas as pessoas razoáveis devem aceitar"[41], ao menos em tese, pois ainda neste trabalho veremos como o racismo no Brasil constitui-se em uma forma de 'preconceito particular' que afeta, e muito, as relações sociais.

Na sequência do texto da OMT, é apresentado o argumento que defende que o turismo é uma "força viva ao serviço da paz": "Profundamente convencidos de que, pelos *contatos diretos, espontâneos e não mediatizados* que permite entre homens e mulheres de culturas e modos de vida diferentes, o turismo representa uma *força viva ao serviço da paz*, bem como um fator de amizade e compreensão entre os povos do mundo"[42]. Para a OMT, o turismo configura-se numa atividade "não mediatizada" que, por meio do "contato direto e espontâneo" entre pessoas e modos de vida diferentes, pode permitir a paz. Não mediatizada? Mas qual é o papel do mercado (e de seus agentes) nisso tudo? Não são os agentes do mercado que produzem, moldam e exploram o meio pelo qual se dá o encontro entre essas pessoas?

A afirmação de que o turismo é uma atividade não mediatizada é um mito, ou melhor, um disfarce que nega a participação do mercado nesse processo. Mais que isso, torna seus agentes invisíveis. Aqui reforçamos nossa hipótese de que o turismo é uma estratégia de produção e de captura de subjetividade (no nível da individuação) para a perpetuação do capital neoliberal. A mediação do mercado quer subjazer todas essas possibilidades, contaminando todas elas. E é isso que precisa ser compreendido em profundidade, pois tal dinâmica vem sendo aceita tacitamente em nossos tempos, e nisto insistimos: por ignorância ou conivência.

Entretanto, é o próprio texto do código que corrobora nossa hipótese, afirmando, então, a mediação da indústria turística: "Mas igualmente persuadidos de que a *indústria turística mundial*, no seu conjunto, tem muito a ganhar em desenvolver-se num ambiente que favoreça a *economia de mercado*, a *empresa privada* e a *liberdade do comércio*, permitindo-lhe otimizar os seus efeitos benéficos em termos de criação de atividade e empregos"[43].

---

41. Zygmunt Bauman e Tim May, *Aprendendo a pensar com a sociologia, op. cit.*, p. 255.
42. Organização Mundial do Turismo, *Global Code of Ethics for Tourism, op. cit.*, p. 1 (grifos meus).
43. *Ibidem*, p. 2 (grifos meus).

Para a OMT, o turismo é tido como indústria mundial. Portanto, para que tenhamos paz, amizade, encontros entre culturas e empregos (e seus óbvios e indiscutíveis benefícios), a empresa capitalista deve poder se mover o mais livremente possível. As vias para seu trânsito pelo mundo devem ser as mais fluidas. Quanto menos empecilhos existam, mais a indústria turística tem a ganhar – e, na argumentação da Organização, mais a humanidade também tem a ganhar. Ou, ao menos, parte dela: a que pode consumir.

O código de ética da OMT é construído discursivamente a partir de uma série de volteios retóricos que precisam ser cuidadosamente desmontados, para serem apresentados, a partir daí, os vieses ideológicos que os compõem. Os elementos dessa ideologia se parecem, a partir dos fortes indícios até aqui apresentados, com os de um projeto neoliberal de salvação do mundo por meio do turismo. Para aperfeiçoar os benefícios que o turismo pode trazer, a OMT defende três dos principais pontos desse projeto neoliberal: 1. a economia de mercado; 2. a empresa privada; e 3. a liberdade do comércio.

Esses três pontos configuram a liberação do mercado e se convertem, no código ora analisado, em pressuposto daquilo que a OMT chama de ética. Assim, a Organização apregoa que a 'mão invisível' do mercado é a grande reguladora ética da sociedade (e do ambiente).

No entanto, cumpre ressaltar que:

a) há outras possibilidades para que a paz, as trocas e os encontros aconteçam;
b) elas não precisam necessariamente passar pelo mercado;
c) há outros meios, além do mercado, para realizar as tarefas da civilização;
d) é necessário buscar alternativas ao projeto neoliberal.

Frente às complexas relações entre interesses díspares da economia com a ecologia, do ambiente com o desenvolvimento, entre outros temas, o posicionamento da OMT é o seguinte:

> [...] sempre que se respeitem determinados princípios e observem certas regras, um turismo responsável e sustentável não é incompatível com uma liberalização acrescida das condições que presidem ao comércio de serviços e ao abrigo das quais operam as empresas deste setor, e que é possível, nesse domínio, conciliar

economia e ecologia, ambiente e desenvolvimento, abertura às trocas internacionais e proteção das identidades sociais e culturais[44].

'Determinados princípios' e 'certas regras' são nominalizações demasiado opacas, que, dentro do contexto do código, pouco dizem e esclarecem. Quais são esses princípios e regras? E, mais importante, quem os elabora? Quem define seus critérios de validade?

Procurando quebrar as contradições existentes entre termos, nas condições atuais, antagônicos – economia e ecologia; ambiente e desenvolvimento; 'trocas' internacionais e proteção de identidades sociais e culturais –, o posicionamento da OMT mostra-se neoliberal. Esse movimento de abertura é operador da comodificação. Longe de se apresentar como mercado 'apenas', passa a constituir e produzir a vida em todos os seus âmbitos: sem contradições – lembremos que a neutralização das contradições é forte requisito para a produção do clichê turístico e que, por conseguinte, a OMT é um forte agente produtor do clichê turístico em nível global. O discurso do código de ética está elaborado de forma a conciliar elementos opostos (exploração e preservação) sob o rótulo da sustentabilidade.

O código de ética da OMT corrobora o desejo dos agentes que se reúnem sob sua alcunha (lembrando que entre os signatários do código faltam agentes essenciais) de que se instaure uma 'ordem turística mundial'. Tal ordem deve desenvolver-se no contexto da economia de mercado capitalista, ou melhor, tal ordem é o próprio desenvolver-se da economia de mercado capitalista. Esse desejo de expansão mundial da ordem turística traz também sua marca ocidental, afinal está baseado na tendência de avanço do Ocidente sobre todo o planeta – a incansável marcha moderna rumo ao desenvolvimento. Para fazer isso, o texto continua a salientar que o turismo é um direito: "afirmamos o direito ao turismo e à liberdade das deslocações turísticas; Expressamos a nossa vontade em promover uma ordem turística mundial, equitativa, responsável e sustentável, em benefício partilhado de todos os setores da sociedade, num contexto de uma economia internacional aberta e liberalizada"[45].

No discurso da OMT, o turismo (atividade comercial) é apresentado como um direito "acessível a todos no quadro do direito que qualquer pessoa tem de

---

44. *Ibidem*.
45. *Ibidem*, p. 4.

utilizar o seu tempo livre em lazer ou viagens, e no respeito pelas escolhas sociais de todos os povos"[46]. A ideia de direito ao turismo (construída como uma ideia positiva, afirmativa, desejada, moralmente aceitável) é comodificada e comodificadora, pois já vem contaminada com os códigos do mercado. Nesse sentido, é preciso enfatizar que não pode haver ordem equitativa, responsável e sustentável, com benefícios partilhados para todos num contexto de economia internacional aberta e liberalizada, que beneficia extraordinariamente a ação das empresas privadas. Afirmar o direito ao turismo é reafirmar o direito-dever ao consumo do mundo sob a forma de produtos turísticos e é estender esse direito às empresas que exploram o turismo, tornando legítima (desimpedida – se lembrarmos, o discurso do WTTC é todo nesse sentido...) tal exploração.

Nossa hipótese é a de que

a OMT atua tentando legitimar o turismo, atividade que não é outra coisa senão um privilégio social, a partir de sua construção como um direito fundamental do ser humano. Assim, o turismo pode parecer algo possível para todos, quando é, de fato, algo desfrutado por poucos e promovido pelas revistas de turismo como algo para os brancos[47].

Além disso, mostra que deve haver "respeito pelas escolhas sociais de todos os povos", mas quais escolhas são essas? As de serem turistas ou as 'escolhas' que os povos do mundo têm de se tornarem atrativos turísticos? Nenhuma das duas alternativas, a nosso ver, se configura como escolhas legítimas.

Por meio de artifícios do discurso, o texto do código vai transformando 'responsabilidades éticas' em 'direitos', que se mostram, em última instância, como deveres de consumo. Se *fazer turismo* é um direito do turista, *fazer o turismo* (no sentido de produzi-lo) é, por extensão, um direito do mercado. De fato, como observa Castañeda, "a OMT, em seu esforço para elaborar um código de ética, tem objetivado um valor global e final para o turismo que valida e legitima a criação e o desenvolvimento de projetos turísticos"[48]. Nesse mo-

---

46. *Ibidem*, p. 2.
47. Essa temática será abordada no capítulo 4.
48. Quetzil Castañeda, "The Neoliberal Imperative of Tourism: Rights and Legitimization in the UNWTO Global Code of Ethics for Tourism", *Practing Anthropology*, 2012, v. 34, n. 3, p. 48 (tradução

mento, não podemos esquecer que são os agentes do mercado que escrevem o código de ética: escrevem-no com a ética que melhor lhes cabe.

Nesse sentido, o texto da OMT caracteriza-se por ser:

- Uma *pseudoética modernizadora*, pois associa a ideia de turismo com a de direito, no sentido de garantia fundamental assegurada por uma leitura distorcida dos ideais modernos.
- Uma *pseudoética ocidentalizadora*, pois apresenta o Ocidente como sinônimo de mundo, para (re)produzi-lo aonde quer que o turismo possa chegar.
- Uma *pseudoética produzida para o mercado capitalista*, pois produz uma dupla ação para o mercado: invisibilizar sua presença, negando-o quando afirma que o turismo é feito de encontros não mediatizados, ao mesmo tempo que o leva às últimas consequências como panaceia aos problemas do mundo, confundindo o conceito de ética com o de liberalização desse mesmo mercado.

A OMT se considera articuladora mundial do turismo, e nesse papel autoatribuído seus discursos prioritários são: integrar o turismo numa agenda global; aumentar a competitividade do turismo; promover o desenvolvimento sustentável do turismo; avançar a contribuição do turismo para a redução da pobreza e o desenvolvimento; promover conhecimento, educação e capacitação[49].

O intuito de integrar o turismo em uma "agenda global" é reafirmado pela agência. Com isso, podemos perceber que, por meio da ação da OMT, o turismo também opera como agente da globalização, influenciado e influenciador do processo de organização de um mercado global. Nesse processo, para responder aos

> [...] imperativos transnacionais, as condições locais são desintegradas, marginalizadas, excluídas, desestruturadas e, eventualmente, reestruturadas sob a forma de inclusão subalterna [disponibilizando, desta forma, para] o uso turístico [...] te-

---

minha). Disponível em: <http://www.academia.edu/1239696/The_Neoliberal_Imperative_of_Tourism_Rights_and_Legitimization_in_the_UNWTO_Global_Code_of_Ethics_galleys_>. Acesso em: jun. 2019.

49. Cf. Organização Mundial do Turismo, *Global Code of Ethics for Tourism*, op. cit.

souros históricos, lugares ou cerimônias religiosas, artesanato e 'reservas naturais' [postos] à disposição da indústria global do turismo[50].

Já o discurso sobre o aumento da competitividade do turismo – cada destino ser mais competitivo para o mercado é um valor aceito, incentivado e comemorado, ou seja, competitividade faz parte de sua 'ética' –, em nossa perspectiva, choca-se frontalmente com qualquer possível proposta de desenvolvimento sustentável do turismo. A sustentabilidade e a competitividade têm tempos e características diferentes, se não são diametralmente opostas: a primeira visa à perspectiva de longo prazo, ao respeito aos ciclos naturais e culturais; a segunda privilegia e força o imediato, o lucro a qualquer custo.

O discurso sobre o turismo como agente no alívio da pobreza mundial ganha peso com o discurso do então presidente da Organização das Nações Unidas, Ban Ki-moon: "quando abordado de uma maneira sustentável, o turismo pode ajudar a dirigir o crescimento da economia e aliviar a pobreza. De fato, o turismo tem provado ser um dos principais meios para que os países menos desenvolvidos aumentem sua participação na economia global"[51].

O desenvolvimento sustentável é forte embasador dos discursos turísticos. Igualmente a ideia de alívio da pobreza. A participação dos países menos desenvolvidos na economia global deve ser questionada. Quais são as relações entre a "ordem turística mundial" e a participação das fracas economias dos países menos desenvolvidos? Qual o poder que tais países têm de elaborar suas próprias políticas de turismo? A quem tais políticas servem?

O que significa, então, "aumentarem sua participação na economia global"? Mowforth e Munt explicam que, em nome dessa exigência, países do Terceiro Mundo "têm sido forçados a ajustar suas economias (principalmente em termos de desnacionalização, privatização, uma redução massiva nos serviços do Estado e a redução ou eliminação das tarifas de proteção de importações) como contrapartida para assegurar os empréstimos bancários"[52].

E, por fim, no discurso da OMT, a polissemia das palavras "conhecimento", "educação" e "capacitação" deve ser investigada: conhecimento do que e para

---

50. Boaventura de Sousa Santos, *A gramática do tempo: para uma nova cultura política*, op. cit., p. 438.
51. Organização Mundial do Turismo, *Introdução ao turismo*, São Paulo: Roca, 2001, s/p.
52. Martin Mowforth e Ian Munt, *Tourism and Sustainability: New Tourism in the Third World*, op. cit., p. 28 (tradução minha).

quem? Educação para que e visando o quê? Capacitação para o mercado? Para a autonomia? Para a dependência econômica?

A OMT tem um papel bastante importante no cenário mundial quando o assunto é turismo. E, por suas proporções, o turismo ganha cada vez mais espaço nesse cenário. Em suas próprias palavras, a OMT denomina-se como

> [...] responsável pela promoção do turismo responsável, sustentável e universalmente acessível. Como a principal organização internacional no campo do turismo, a OMT promove o turismo como motor do crescimento econômico, o desenvolvimento inclusivo e a sustentabilidade ambiental, e oferece liderança e apoio ao setor para avançar o conhecimento e as políticas de turismo no mundo todo[53].

Percebe-se que, reincidentemente, a agência apresenta a imagem desse gigantesco mercado a partir de alguns adjetivos interessantes. Para ela o turismo precisa ser promovido (e essa é sua função) de maneira 'responsável', 'sustentável', 'acessível'. E, novamente, 'universalmente' acessível. Tal acessibilidade significa exatamente o que e para quem? Tornar o turismo universalmente acessível é quebrar barreiras de economias fracas para o livre trânsito dos turistas e, portanto, dos agentes do mercado que exploram tal trânsito. Se o turismo puder chegar a ser acessível a toda a humanidade, este planeta não dispõe de capacidade de suporte para tal movimentação. Como fica a questão ambiental diante dessa possibilidade? Ainda dentro dessa incômoda inquietação: não é possível que todos os seres humanos possam conhecer indistintamente os ecossistemas mais frágeis do planeta. Por outro lado, para que essa destruição não ocorra, a produção do turismo deverá elitizar o acesso a tais lugares, a fim de salvaguardá-los, não como entes em si, mas como *commodities* cada vez mais preciosas. Essa problemática se constitui atualmente num grande entrave ao futuro "promissor" do turismo, como querem seus potentes enunciadores.

Para a OMT, o turismo é: 1. motor de crescimento econômico; 2. de desenvolvimento inclusivo; 3. de sustentabilidade ambiental.

---

53. Organização Mundial do Turismo, *Global Code of Ethics for Tourism*, United Nations World Tourism Organisation, 2001a (tradução minha). Os dados aqui apresentados para configurar a OMT como enunciadora do turismo, o conceito de turismo propriamente dito e seu mercado baseiam-se nas informações do arquivo "About UNWTO". Disponível em: <http://www2.unwto.org/content/who-we-are-0>. Acesso em: jun. 2019.

Isso nos leva a compreender que, pela vontade da OMT, o processo de ampliação do turismo tende a continuar. Todas as fronteiras devem cair frente à exploração do mercado do turismo – marca inconfundível da modernidade ocidental. E, nesse sentido, o discurso (e a ação) da OMT se une ao do WTTC. Juntos, esses dois gigantescos organismos trabalham fortemente na produção de enunciados que transformam o turismo em algo que não pode mais ser ignorado.

Portanto, procuramos apresentar até aqui a OMT como grande enunciadora do turismo em nível mundial e com posicionamento claro sobre o assunto. Embora traga em seu nome um "mundial", o organismo tem marcas do padrão ocidental, moderno e capitalista.

Muitos pesquisadores do turismo tomam os dados apresentados pela OMT (assim como os do WTTC) como pressupostos, informações que refletem a realidade de forma simples e objetiva. Isso, a partir da perspectiva crítica de estudos do turismo, mostra-se como um problema metodológico. Assim, parece-nos claro que o discurso da OMT se autonomiza, se transforma em sujeito e sujeita essas pessoas.

Tanto o WTTC como a OMT são forças transnacionais a serviço do mercado. Carregadas dos genes do neoliberalismo, agem no sentido de pressionar governos locais para poder obter as aberturas e a flexibilização necessárias a seu negócio.

Analisamos, até este momento, o âmbito internacional de enunciação do turismo. Cabe-nos agora investigar um dos principais enunciadores do turismo no Brasil, o Ministério do Turismo. Precisamos conhecer como é que o Poder Público nacional enxerga a questão do turismo e como é que ele cria todo o arcabouço discursivo dessa atividade em nosso país. Conhecer os enunciados do MTUR é fundamental para podermos desvelar criticamente as ideologias subjacentes a eles.

O Ministério do Turismo no Brasil

Em âmbito nacional, o Ministério do Turismo é um dos agentes mais importantes. Portanto, cabe uma análise detida de seus enunciados para que possamos compreender um pouco melhor as ações e intenções desse agente.

Nas conversas diárias, é comum ouvir dizer (e falar) que o Brasil tem 'vocação turística', que é um país bonito 'por natureza'. Se antes este país tinha apenas sol e praia a oferecer como 'produtos turísticos', hoje tem muito mais: o Pantanal, a Amazônia, os Pampas gaúchos, as chapadas, entre tantos outros atrativos. Muitos brasileiros falam desses assuntos com orgulho tipicamente nacionalista, o que contribui para tornar o Brasil um país turístico por natureza; ouvimos dizer também que a hospitalidade brasileira é seu diferencial. Nos primórdios deste novo ciclo da importância do turismo no Brasil, para o então presidente Lula, "é inegável a nossa vocação para o turismo"[54]. Precisamos investigar as raízes dessas 'verdades' que o senso comum tanto aprecia, a fim de nos munirmos criticamente para compreendê-las e transformá-las quando necessário.

Na contemporaneidade, em diversos acordos com o mercado, o Estado capitalista procura trabalhar de forma a legitimar o capital. Nesse aspecto, o Poder Público brasileiro age no sentido de legitimar o turismo e tentar organizar o mercado, por meio do estabelecimento de leis, políticas, planos, programas e projetos turísticos. Para o Poder Público, o turismo é descrito como "assunto prioritário de Estado"[55]; é considerado também uma importante fonte geradora de "mais divisas para o Brasil"[56] que deve ser incentivada. Portanto, o Poder Público nacional tem interesse que tal atividade se desenvolva em nosso país. E, por meio de suas ações, a legitima, criando toda uma estrutura jurídica e econômico-financeira para sua exploração.

Podemos perceber que a importância dada ao turismo no Brasil é muito grande. O Governo Federal foi paulatinamente aumentando a influência do tema em seu nível ministerial. Mediante a lei n. 8.490 de 19/11/1992[57], criou o Ministério da Indústria, Comércio e Turismo (que operou até o ano de 1998). Em 1999, foi criado o Ministério do Esporte e Turismo pela medida provisória n. 1795 de 01/01/1999[58] – a qual alterou a lei n. 9649 de 27/05/1998[59]. Esse Mi-

---

54. Brasil, Plano Nacional do Turismo 2003-2007, *op. cit.*
55. *Idem*, Plano Nacional do Turismo 2007-2010, Brasília: Ministério do Turismo, 2007a, p. 5. Disponível em: <http://www.turismo.gov.br/sites/default/turismo/o_ministerio/publicacoes/downloads_publicacoes/plano_nacional_turismo_2007_2010.pdf>. Acesso em: jun. 2019.
56. *Ibidem*, p. 8.
57. Texto da lei disponível em: <http://www010.dataprev.gov.br/sislex/paginas/42/1992/8490.htm>. Acesso em: jun. 2019.
58. Medida provisória disponível em: <http://www.planalto.gov.br/ccivil_03/mpv/Antigas/1795.htm>. Acesso em: jun. 2019.
59. Disponível em: <http://www.planalto.gov.br/ccivil_03/leis/L9649compilado.htm>. Acesso em: jun. 2019.

nistério operou até 2002. E, em 2003, por meio da lei n. 10.683 de 28/05/2003[60], antiga medida provisória n. 103 de 01/01/03 – alterada pela lei n. 11.958 de 26/06/2009[61] –, foi criado o Ministério do Turismo (MTUR), que opera até hoje.

Desde sua criação em 2003, o MTUR desenvolveu a Lei do Turismo e dois Planos Nacionais de Turismo, entre várias outras leis e normas.

A Lei do Turismo n. 11.771/08 de 17/09/08 "estabelece normas sobre a Política Nacional de Turismo, define as atribuições do Governo Federal no planejamento, desenvolvimento e estímulo ao setor turístico e disciplina a prestação de serviços turísticos, o cadastro, a classificação e a fiscalização dos prestadores de serviços turísticos" (art. 1º).

No Brasil, o planejamento, o fomento, a regulação, a coordenação e a fiscalização da atividade turística ficam a cargo do Ministério do Turismo. É sua competência também "promover e divulgar institucionalmente o turismo em âmbito nacional e internacional" (art. 3º, lei n. 11.771/08)[62]. Nesse sentido, o Poder Público "atuará, mediante apoio técnico, logístico e financeiro, na consolidação do turismo como importante fator de desenvolvimento sustentável, de distribuição de renda, de geração de emprego e da conservação do patrimônio natural, cultural e turístico brasileiro"[63].

Para além do desenvolvimento sustentável, o turismo, segundo o Ministério, tem importantes responsabilidades: distribuição de renda, geração de empregos e conservação do patrimônio. Curiosamente, no elemento 'conservação do patrimônio' surge, para além dos patrimônios naturais e culturais, um novo tipo de patrimônio: o turístico. Isso equivale a dizer que há uma terceira categoria bastante específica de patrimônio. Mas o que seria um patrimônio turístico? Como algo pode ser considerado patrimônio turístico? Precisamos investigar melhor essa nova adjetivação do patrimônio. Por ora, sigamos.

De acordo com a lei n. 10.683, os assuntos-competência do Ministério do Turismo são:

a) política nacional de desenvolvimento do turismo;

---

60. Disponível em: <http://www.planalto.gov.br/ccivil_03/leis/2003/L10.683compilado.htm>. Acesso em: jun. 2019.
61. Disponível em: <http://www.planalto.gov.br/ccivil_03/_Ato2007-2010/2009/Lei/L11958.htm>. Acesso em: jun. 2019.
62. *Ibidem*.
63. *Ibidem*, s/p.

b) promoção e divulgação do turismo nacional, no país e no exterior;

c) estímulo às iniciativas públicas e privadas de incentivo às atividades turísticas;

d) planejamento, coordenação, supervisão e avaliação dos planos e programas de incentivo ao turismo;

e) gestão do Fundo Geral de Turismo;

f) desenvolvimento do Sistema Brasileiro de Certificação e Classificação das atividades, empreendimentos e equipamentos dos prestadores de serviços turísticos[64].

O Ministério do Turismo é um importante enunciador do turismo em nível nacional e, de acordo com nossa hipótese, é um forte operador da comodificação. Fatores ressaltados em seu discurso, tais como 'desenvolvimento', 'sustentabilidade', 'distribuição de renda', 'geração de empregos' e 'conservação de patrimônio', também são apontados nos discursos do WTTC e da OMT, como vimos há pouco.

A Política Nacional de Turismo deverá obedecer "aos princípios constitucionais da livre iniciativa, da descentralização, da regionalização e do desenvolvimento econômico-social justo e sustentável"[65]. Seu objetivo primeiro é "democratizar e propiciar o acesso ao turismo no País a todos os segmentos populacionais, contribuindo para a elevação do bem-estar geral"[66]. De certa forma, ao afirmar que o turismo efetivamente contribui para a elevação do bem-estar geral, o texto busca legitimá-lo. Mas se o turismo é uma atividade mediada pelo mercado, o que significa, então, 'democratizar' nesse contexto? Democratizar o turismo significa democratizar o mercado, levando-o ao alcance de todos ou, ao contrário e mais grave, possibilitando ao mercado atuar sobre a maioria da população. Esse é o cerne da questão. Cabe-nos perguntar: por que o turismo (e, consequentemente, o mercado) elevaria o bem-estar geral dos segmentos populacionais do Brasil?

No senso comum de nossa cultura, a ideia de democracia é positiva e a ideia de lazer está associada à de bem-estar, compondo o entendimento do que é ser humano, como no modelo existencial da sociedade industrial proposto por Krippendorf[67], que afirma que o ser humano é composto, em seu

---

64. Brasil, Plano Nacional do Turismo 2003-2007, *op. cit.*, s/p.
65. Brasil, Lei Geral do Turismo – 11.771, *op. cit.*
66. *Ibidem*, s/p.
67. Cf. Jost Krippendorf, *Sociologia do turismo: para uma nova compreensão do lazer e das viagens, op. cit.*, p. 26.

cotidiano, por trabalho, moradia e lazer. Mas se o lazer é bem-estar, seu oposto, o trabalho, é, necessariamente, mal-estar? Se o turismo é bem-estar, o que há na residência das pessoas, em seu cotidiano, que causa tanto mal-estar? Que mal-estar é esse que assombra nossa sociedade e que dá ao lazer e, por extensão, ao turismo tal responsabilidade?

Um lazer mediado pelo mercado e que deve ser pago, como é o caso do turismo, não é um direito democratizável, como quer o Poder Público. O que é, afinal, democratizar? Esse conceito é, antes de mais nada, uma relexicalização[68] de um dos conceitos ocidentais fundamentais – a democracia – para um novo conceito que deve atuar em prol da legitimação do mercado. Essa relexicalização eleva o mercado à condição de produtor de bem-estar, ao mesmo tempo que transforma a própria ideia de bem-estar: isso entra no rol de justificativas para a venda do produto turístico, tornando-se, mediante tal discurso, seu diferencial de mercado, o que não é senão uma pura estratégia de *marketing*. É assim que o discurso sobre o bem-estar dos diferentes segmentos populacionais ajuda a legitimar a prática do turismo e, por extensão, o mercado que o explora. Nesse ponto, a comodificação ganha força, embora permaneça opacificada, e tem maior poder de penetração, pois os objetivos da Política Nacional de Turismo deverão permear todas as ações dos operadores dessa área.

Os objetivos II, III e IV da referida política têm em comum alguns elementos interessantes:

> II – reduzir as disparidades sociais e econômicas de ordem regional, promovendo a inclusão social pelo crescimento da oferta de trabalho e melhor distribuição de renda;
> III – ampliar os fluxos turísticos, a permanência e o gasto médio dos turistas nacionais e estrangeiros no país, mediante a promoção e o apoio ao desenvolvimento do produto turístico brasileiro;
> IV – estimular a criação, a consolidação e a difusão dos produtos e destinos turísticos brasileiros, com vistas em atrair turistas nacionais e estrangeiros, diversifi-

---

68. Na Análise Crítica de Discurso, a análise de vocabulário tem como objetivo compreender os diferentes "processos de lexicalização (significação) do mundo, que ocorrem diferentemente em tempos e épocas diferentes e para grupos de pessoas diferentes" (Norman Fairclough, *Discurso e mudança social, op. cit.*, p. 105). Lexicalizações são significações (e relexicalizações / ressignificações) e têm importância tanto política quanto ideológica. Lutas de origem política (ou ideológica), via de regra, utilizam-se do expediente da relexicalização.

cando os fluxos entre as unidades da Federação e buscando beneficiar, especialmente, as regiões de menor nível de desenvolvimento econômico e social.[69]

O turismo mundial tem explorado esta dinâmica: os lugares mais pobres do planeta (no eufemismo "regiões de menor nível de desenvolvimento econômico e social") têm se tornado grandes atrativos para os turistas dos lugares mais ricos do mundo. Essa diferença entre pobres e ricos tende, cada vez mais, a ser comodificada e posta nas prateleiras das agências de viagem do mundo todo como *commodity* diferenciada. Um exemplo disso pode ser visto no *site* da Exotic Tours:

> *Um dos nossos tours mais surpreendentes e requisitados*: Os visitantes podem ver de perto o modo de vida e uma cultura diversificada de quem mora na Favela da Rocinha. Nós mostramos cultura e desenvolvimento social e sustentável. Se você procura por uma visão real do que seja uma comunidade carente, o turismo na favela vai te apresentar a um outro Rio[70].

A fórmula proposta é a seguinte: há imensas disparidades sociais e econômicas nas sociedades atuais – e o Brasil não é exceção a essa regra (não devemos nos esquecer de que essas disparidades são fruto da estruturação do próprio sistema capitalista e das peculiaridades nacionais); o turismo, atividade promovida pelo mercado, é apresentado como fórmula para diminuí-las, levando os turistas dos países ricos para conhecer as comunidades carentes, os pobres do mundo. Novamente, o uso de denominações como *comunidades de acolhimento* ou *comunidades carentes* são uma forma eufêmica de referência aos lugares dos pobres que são explorados pelo turismo. Nominá-las assim é um recurso retórico para abstrair os conflitos gerados também pela própria exploração do turismo.

Mas não se trata apenas de trazer os turistas, mas de fazê-los ficar o máximo de tempo possível para que consumam mais e gastem mais. A solução para tudo isso é a exploração dos atrativos turísticos, quaisquer que sejam eles. Mes-

---

69. Brasil, Lei Geral do Turismo – 11.771, *op. cit.*, s/p.
70. Grifos meus. O referido *site* é disponibilizado em inglês quando acessado pela primeira vez. Para chegar ao texto em português, é necessário escolher a bandeira do Brasil, ou seja, o *site* é projetado originalmente para ser acessado por turistas estrangeiros; por brasileiros, apenas em segundo plano. Disponível em: <http://www.favelatourismworkshop.com/indexport.htm>. Acesso em: jun. 2019.

mo a carência de uma comunidade torna-se atratividade para o turismo – mais uma apropriação da comodificação. Esses atrativos devem ser os mais consolidados, fomentados, estimulados e competitivos possíveis. Isso equivale a dizer que, se a comunidade é 'vendida' como carente, ela deve ser carente mesmo! Consolidadamente carente! Verdadeiramente carente! Competitivamente carente! Equivale a exigir que tal comunidade grite em seu *slogan*: "Venham nos ver de perto! Somos mais carentes que as outras comunidades!". E, pelo texto da operadora, há muita demanda para esse tipo de atividade. Observa-se, nesse ponto, uma grande contradição: o mercado é tido como um importante solucionador das disparidades sociais e econômicas. No entanto, se ele realmente solucionar tais problemas, acabará com um de seus produtos mais requisitados – por fim, penso que a afirmação implícita nesta questão é a de que o mercado precisa que as comunidades sejam 'irrevogavelmente carentes'.

O objetivo VII da Política Nacional de Turismo é "criar e implantar empreendimentos destinados às atividades de expressão cultural, de animação turística, entretenimento e lazer e de outros atrativos com capacidade de retenção e prolongamento do tempo de permanência dos turistas nas localidades"[71]. A expressão cultural de um lugar não deve apenas ser sua expressão pura e simples, ela deve ser uma *commodity* que tem de ter capacidade de reter e prolongar o tempo de consumo dos turistas. As atividades de expressão cultural deverão ser confinadas a 'empreendimento'. Isso é uma clara mostra do poder da comodificação, que transforma tais expressões em empreendimentos.

Outro ponto interessante é que, embora as diferenças sejam exploradas com a finalidade comercial do turismo – o que as coloca no nível de equivalência mundial do mercado por meio da comodificação –, é necessário que esse desenvolvimento atente para "IX – preservar a identidade cultural das comunidades e populações tradicionais eventualmente afetadas pela atividade turística"[72].

Três considerações chamam a atenção nesse objetivo:

1. A ideia de preservação da identidade cultural das comunidades e populações tradicionais levanta toda uma problemática antropológica, o que nos remete a duas análises importantes: (a) uma identidade cultural não pode

---

71. Brasil, Lei Geral do Turismo – 11.771, *op. cit.*, s/p.
72. *Ibidem*.

ser preservada, pois qualquer identidade é fluxo, e não matéria inerte. Se for preservada, morrerá, pois é na troca que as identidades se definem, se solidificam e, eventualmente, se transformam; (b) no discurso, novamente surgem os termos 'comunidades' e 'populações tradicionais', usados pela civilização ocidental e seu mercado para se referir às culturas que são alvo da comodificação pelo turismo. Obviamente que aqui não ignoramos o fato de que essas comunidades nominadas 'tradicionais' também se apropriam desses termos e procuram entrar na luta global da sobrevivência, utilizando-os da forma que julgam mais conveniente.
2. A segunda questão, ainda sobre a preservação da identidade cultural, é que esta passa a ser *commodity* e deve ser preservada *como commodity*. Se esse diferencial for perdido, o lugar (cultura, pessoas) perde valor de mercado, perdendo-se, por conseguinte, o valor da identidade cultural comodificada *per se*.
3. A terceira questão que merece nossa atenção é o uso do advérbio 'eventualmente', que significa, em uma hipótese, algo que *talvez* aconteça. 'Eventualmente afetadas' significa o quê? O advérbio é utilizado para amenizar a oração, atenuando especialmente a palavra 'afetadas'. Será que *nem todas* as comunidades são afetadas pelo turismo? Ou será que 'eventualmente' significa *somente* as tocadas pelo turismo? *Apenas* essas serão afetadas? Ou, ainda, havendo turismo, ele pode não as afetar (só eventualmente)?

A Política Nacional de Turismo, em seu objetivo comodificador, tem mais uma especificidade, que é a de "XII – implementar o inventário do patrimônio turístico nacional, atualizando-o regularmente"[73]. Por meio dos inventários, é realizado o levantamento e controle informacional de todos os entes que podem vir a ser (ou que já são) 'atrativos turísticos'. O patrimônio nacional não é turístico, ele é 'tornado turístico' por meio de ação comodificadora do mercado. Note que usamos a passiva 'é tornado' propositalmente, ao contrário de 'torna-se'.

O inventário dos elementos a serem apropriados pelo turismo é um dos mais importantes operadores da comodificação possibilitados pelo Poder Público. No Brasil, o Inventário da Oferta Turística (INVTUR) serve, de acordo com Pedro Novais (ministro do Turismo de janeiro a setembro de 2011), de

---

73. *Ibidem*.

"instrumento para estruturação do turismo sustentável e de qualidade nas regiões contempladas. Quanto melhor municiado de informações o Brasil estiver, maior a possibilidade de alcançarmos o nível de profissionalização que almejamos"[74]. Esse instrumento é a forma pela qual são captadas as informações sobre tudo aquilo que é e que pode ser tornado turístico: de fontes de águas cristalinas a manifestações culturais. O ministro afirma que as informações são para o Brasil, mas quem efetivamente vai aproveitá-las é o mercado que explorará os atrativos colhidos do inventário.

O INVTUR é um poderoso operador da comodificação. É por meio desse instrumento que o mercado poderá "conhecer o que o País tem a oferecer"[75] para sua apropriação. O MTUR explica por que o inventário deve ser realizado:

> Desenvolver as potencialidades turísticas de cada região é impossível sem planejamento e planejar exige consistência e confiabilidade de dados como base para análises e decisões acertadas. É sobre esse tipo de informações geradas pelo inventário que se deve debruçar – estudá-las e extrair-lhes os elementos que devem subsidiar diagnósticos e prognósticos mais precisos. Esses procedimentos permitem conhecer as características e a dimensão da oferta, o que necessita ser melhorado ou aperfeiçoado, enfim, quais as iniciativas que devem ser tomadas e que podem permitir aos municípios, regiões, estados e ao país desenvolver o turismo mais competitivo e sustentável. De posse desses resultados, poder-se-á planejar e investir com mais segurança, balizando os negócios e as políticas de turismo[76].

Aparentemente, a preocupação do MTUR é com os municípios, regiões e estados, mas efetivamente sua preocupação é a de torná-los competitivos e atrair os negócios. Ao final e ao cabo, seu objetivo é produzir informações por meio do órgão público para a utilização do mercado global, não apenas local. Quem terá a posse de todas essas informações? Com que intuito serão usadas? Os formulários de pesquisa do INVTUR estão divididos em três partes, que coletam dados sobre infraestrutura de apoio ao turismo, serviços e equipamentos turísticos e atrativos turísticos. Com isso, o Poder Público tem condições de

---

74. *Ibidem*.
75. Brasil, Inventário da Oferta Turística, Brasília: Ministério do Turismo, 2011, p. 17. Disponível em: <http://www.inventario.turismo.gov.br/invtur/downloads/formularios/inventariacao_da_oferta_turistica.pdf>. Acesso em: jun. 2019.
76. *Ibidem*, p. 20.

levantar as informações que possibilitarão ao mercado a exploração ilimitada desses elementos.

A Política Nacional de Turismo também tem o objetivo de investir dinheiro na produção do espaço turístico nacional, promovendo sua "ampliação, diversificação, modernização e segurança":

> XIII – propiciar os recursos necessários para investimentos e aproveitamento do espaço turístico nacional de forma a permitir a ampliação, a diversificação, a modernização e a segurança dos equipamentos e serviços turísticos, adequando-os às preferências da demanda, e, também, às características ambientais e socioeconômicas regionais existentes[77].

A 'ampliação' e a 'diversificação' visam ao aumento das áreas a serem exploradas pelo (mercado do) turismo e são ações em prol da efetiva produção de mais possibilidades da comodificação pelo mercado. A 'modernização' traz consigo a ideia de adequação cada vez maior aos padrões do planejamento e da racionalidade capitalístico-moderno-ocidentais e, portanto, de integração no sistema do capital. E a 'segurança' é fundamental para a proteção dos equipamentos turísticos e para a garantia de uma estada mais tranquila ao turista consumidor (afastando desta zona de fruição aqueles que dela não podem fruir). Mas o que seria um equipamento turístico? Como ele é criado? Nos locais onde são instalados, há gente morando? Ele afeta a vida dos moradores locais? De quem o dito patrimônio turístico deve ser protegido? Será que segurança é sinônimo dos altos muros que cercam os *resorts* e deixam cada vez mais alijadas as comunidades do entorno?

O texto afirma que o investimento tem a função de adequar tais equipamentos (sempre) à demanda. 'Demanda' é um conceito usado na relexicalização típica do universo semântico da comodificação: é a procura de alguém (o consumidor) por algum bem ou serviço disponibilizado pelo mercado. Trata-se de uma exigência: tudo deve ser adequado à demanda, que é produzida e legitimada pelo mercado. Nesse caso, a demanda por infraestrutura é muito mais da própria indústria, que quer ampliar seus negócios, do que propriamente do turista.

---

77. Brasil, Lei Geral do Turismo – 11.771, *op. cit.*, s/p.

Mas é interessante notar que, em segundo lugar, precedido por um 'também', surgem as "características ambientais e socioeconômicas regionais existentes". Primeiramente vem a 'demanda' e depois as 'regiões e suas características ambientais e socioeconômicas'. Deveria ser justamente o contrário, especialmente porque estamos analisando o discurso do Poder Público, para o qual o turismo deve ter função social. Essa função deveria ser adaptada primeiramente ao povo.

Quais os critérios de decisão, caso haja conflito entre os interesses da demanda e das regiões receptoras de turistas, seu ambiente, sociedade e economia? O interesse de quem prevalecerá? Uma resposta pode ser obtida analisando o megaprojeto Parque das Dunas, em Natal, no Rio Grande do Norte, no qual os conflitos de interesse privilegiam as necessidades da demanda e do grande capital. Isso se dá especialmente quando

> [...] o Estado incorpora, através das políticas públicas de turismo, no litoral, as demandas da economia globalizada [levando as comunidades do lugar a um segundo plano, sendo que as mesmas] apenas têm desempenhado um papel que não favorece o seu protagonismo e nem o surgimento de uma proposta de turismo solidário e comunitário[78].

A prioridade está sempre com a demanda da economia globalizada, com o mercado global do turismo. Por fim, nessa breve análise da Política Nacional do Turismo, é a estatística e o controle da informação que surgem:

> XX – implementar a produção, a sistematização e o intercâmbio de dados estatísticos e informações relativas às atividades e aos empreendimentos turísticos instalados no País, integrando as universidades e os institutos de pesquisa públicos e privados na análise desses dados, na busca da melhoria da qualidade e credibilidade dos relatórios estatísticos sobre o setor turístico brasileiro[79].

A informação é elevada à categoria de mercadoria de grande relevância nos tempos atuais. De acordo com o Ministério, uma rede com a intenção de

---

78. Antonio Jânio Fernandes, *Transformações socioespaciais no litoral norte-rio-grandense: uma leitura das comunidades sobre o uso de seus territórios pelo turismo*, 153f., tese (Doutorado em Geociências), Universidade Estadual de Campinas, Campinas: 2011, p. xvi.
79. Brasil, Lei Geral do Turismo – 11.771, *op. cit.*, s/p.

buscar mais qualidade para o produto turístico deve ser formada por universidades, institutos de pesquisa públicos e privados. É a produção da ciência pró-negócio. Nesse momento, por meio do texto do MTUR, a academia também é tocada pela comodificação e chamada a emprestar a credibilidade da ciência para os relatórios estatísticos sobre o setor turístico brasileiro, para a suposta busca de mais qualidade no produto turístico.

Para o MTUR, o turismo é composto pelas

[...] atividades realizadas por pessoas físicas durante viagens e estadas em lugares diferentes do seu entorno habitual, por um período inferior a 1 (um) ano, com finalidade de lazer, negócios ou outras. [Tais viagens e estadas devem] gerar movimentação econômica, trabalho, emprego, renda e receitas públicas, constituindo-se instrumento de desenvolvimento econômico e social, promoção e diversidade cultural e preservação da biodiversidade[80].

O MTUR usa o conceito de "entorno habitual" para designar o lugar de onde sai o turista – sua casa, sua cidade, seu cotidiano – e para onde *deve* retornar. Entorno habitual é sinônimo de 'ambiente usual', usado pela OMT. O MTUR reproduz as orientações discursivas dos grandes enunciadores, separando o que é turismo do que é migração, ao enfatizar o "período inferior a 1 (um) ano" para as viagens turísticas. E os deslocamentos e permanência dos turistas nos locais que visitam devem gerar movimentação econômica, trabalho e emprego (devemos notar que é feita uma separação entre os dois termos), renda e receitas públicas. Para o MTUR, há, em tese, a obrigatoriedade do turismo em contribuir com o desenvolvimento econômico e social, com a diversidade social e a preservação da biodiversidade. Novos elementos se associam à nossa análise, pois agora o turismo, que é uma atividade econômica, tem funções voltadas para questões sociais, econômicas e ambientais, de acordo com as considerações do MTUR. Isso aumenta sua responsabilidade e seu poder.

Para reforçar sua função econômico-social, o turismo também é apresentado no art. 180 da Constituição Federal brasileira, no título VII, que trata da ordem econômica e financeira em seu capítulo 1º sobre os princípios gerais da atividade econômica como fator de desenvolvimento social e econômico: "a União, os Estados, o Distrito Federal e os Municípios promoverão e incentiva-

---

80. *Ibidem*, art. 2º e parágrafo único.

rão o turismo como fator de desenvolvimento social e econômico"[81]. Isso dá a aparente condição de legitimidade à exploração do turismo no Brasil, transformando-o em algo sem ambivalência, somente positivo e, sobretudo, em uma obrigação do Estado.

Como podemos ver, no caso específico do Brasil, o Poder Público tem uma obrigação constitucional com o turismo. Desde seu início, em 2003, o MTUR elaborou quatro Planos Nacionais do Turismo:

Plano Nacional do Turismo 2003-2007

Trata-se de um marco na tratativa do que é o turismo por parte do Poder Público nacional. Datado de 29 de abril de 2003, o PNT 2003-2007 é um documento que prioriza a exploração do turismo como um fator propulsor de desenvolvimento socioeconômico para o Brasil. Os vetores governamentais por ele compreendidos são:

- Redução das desigualdades regionais e sociais;
- Geração e distribuição de renda;
- Geração de emprego e ocupação;
- Equilíbrio do balanço de pagamentos[82].

O texto do Plano Nacional afirma que o turismo:

– deverá se transformar em fonte geradora de novos empregos e ocupações, proporcionando uma melhor distribuição de renda e melhorando a qualidade de vida das comunidades;
– ao contribuir para multiplicar os postos de trabalho no território nacional, poderá interferir positivamente no âmbito da violência urbana, fortalecendo a segurança da população;
– poderá, por meio de programas de qualificação profissional, elevar a qualidade da oferta turística nacional, fator essencial para inserir o país competitivamente no mercado internacional.[83]

---

81. Brasil, Constituição Federal. 1998, s/p. Disponível em: <http://www.senado.gov.br/legislacao/const/con1988/CON1988_04.06.1998/CON1988.shtm>. Acesso em: jun. 2019.
82. Brasil, Plano Nacional do Turismo 2003-2007, *op. cit.*, p. 20.
83. *Ibidem*, pp. 8-10.

O primeiro bloco de potencialidades do turismo versa sobre a geração de novos empregos e seus benefícios. No texto, o turismo é construído como um agente, um sujeito dotado de vontade e de realização com consequências possíveis. Mais que isso, um sujeito cujas ações só resultam em consequências positivas, como a qualidade de vida das comunidades e a segurança da população.

Dentro do panorama da produção do turismo como agente essencialmente benéfico (ao menos na construção do discurso em análise), a inserção de localidades brasileiras como produtos turísticos internacionais é um dos fatores mais prementes para o Ministério. Inseri-lo na competitividade do mercado internacional é colocar todos os entes que foram comodificados pelo turismo na roda viva da flutuação deste imenso espaço social: o campo de disputas do mercado mundial. Mas o turismo também "atuará como mecanismo instigador de processos criativos, resultando na geração de novos produtos turísticos apoiados na regionalidade, genuinidade e identidade cultural do povo brasileiro, fortalecendo a autoestima nacional e a de nossas comunidades"[84].

Interessante notar que a comodificação tem uma característica de recursividade na qual o próprio desenvolvimento do turismo gera e instiga o desenvolvimento de novos produtos. Estes, cada vez mais, se apropriarão de características culturais ainda não percebidas como atrativos turísticos. Sem esquecer, é claro, que tudo isso colaborará para o fortalecimento da "autoestima nacional e das comunidades", para as consequências sempre benéficas que o turismo – da maneira como tem sido discursivamente construído – proporciona.

Ademais, "a partir das novas políticas sociais, [o turismo] poderá configurar-se como uma das mais eficazes expressões do uso do tempo liberado do trabalhador, contribuindo para a sua saúde física e mental"[85]. Aqui fica claro o quanto a comodificação se utiliza de eufemismos como estratégia de colonização discursiva: uma política econômica (a política do turismo) é rebatizada de política social e colaborará para a melhoria da saúde física e mental dos trabalhadores – mais uma consequência benéfica do turismo.

E, "ao ser fortalecido internamente pelo exercício contínuo e sistêmico de consumo pela sociedade brasileira, [o turismo] deverá criar as condições desejáveis para a estruturação de uma oferta turística qualificada capaz de atender melhor o mercado internacional"[86].

84. *Ibidem*.
85. *Ibidem*.
86. *Ibidem*.

Nesse plano, o grande objetivo do Ministério é o turismo internacional. Nesse sentido, a sociedade brasileira deve ser submetida a um exercício de contínuo e sistêmico consumo com o intuito de purificar o produto turístico para o consumo internacional. Isso dá indícios da intensidade da manipulação que pode existir em torno da prática do turismo – e na condição de seu aparente sujeito, o turista. Serão mesmo os turistas os indivíduos autônomos que julgam ser? Será que os turistas são efetivamente os sujeitos da atividade turística? Como podemos observar, os consumidores do turismo doméstico são apenas cobaias para uma proposta mais ambiciosa do Ministério.

Assim, "para alcançar as metas desejáveis no balanço de pagamentos, exigirá normatização e legislação adequadas com vistas à facilitação e o aumento da entrada de turistas estrangeiros"[87]. Esse elemento é fundamental em nossa análise, pois há um elo direto entre o discurso do Ministério e os discursos anteriormente analisados (WTTC e OMT), os quais convocavam os governos para uma liberalização dos mercados. "Facilitação" significa diminuição de burocracia, eliminação de vistos e constrangimentos à entrada (e saída) dos turistas estrangeiros no país. Nesse argumento, é o Poder Público brasileiro dando anuência às exigências para a fluidificação do trânsito dos turistas globais. E o "aumento da entrada de turistas estrangeiros" corresponde a uma política quantitativa que visa ao crescimento do número de visitantes. Nesse sentido, o MTUR faz a lição de casa ministrada pelo WTTC e pela OMT com grande competência, ao afinar o Plano Nacional de Turismo com os discursos desses enunciadores hegemônicos que pedem políticas mais inteligentes de vistos para turistas em todos os países.

Por fim, o turismo, "por sua dinâmica, necessita de uma constante troca de informações entre os destinos turísticos, a oferta, e os mercados consumidores, o que requer investimentos constantes em *marketing*"[88]. Que dinâmica é essa? A da fluidez do mercado do turismo, que exige a troca acelerada de informações e a constante remodelação de imagem. Quem fica fora desse circuito torna-se obsoleto e é descartado, por isso o *marketing* é a ferramenta a que todos devem apelar para se tornarem mercadorias desejáveis.

Até aqui, vimos tudo aquilo que o turismo, em potência, deverá/poderá fazer, segundo a perspectiva do Ministério. Ao fim de cada assertiva, quase sem-

---

87. *Ibidem*.
88. *Ibidem*.

pre há um argumento positivo: "melhorar a qualidade de vida das comunidades"; "fortalecer a segurança da população"; "fortalecer a autoestima nacional e a de nossas comunidades"; "contribuir para a saúde física e mental [do trabalhador]". Todos esses elementos são desejáveis. No entanto, para que todas essas potências sejam convertidas em ação, é necessário o estabelecimento de objetivos, pois são eles que converterão essas potências apresentadas até agora em ações propriamente ditas.

Os objetivos gerais são dois e estão interligados entre si: "*Desenvolver* o produto turístico brasileiro com qualidade, contemplando nossas diversidades regionais, culturais e naturais; *Estimular e facilitar* o consumo do produto turístico brasileiro nos mercados nacional e internacional"[89]. De saída, podemos perceber que os objetivos do plano são todos mercadológicos. Aquilo que é simplesmente natural ou social deverá ser convertido em mercadoria banal, uma *commodity*. Interessante notar que o produto turístico deverá ser desenvolvido com qualidade (característica exigida pelo mercado) e levará em consideração as várias diversidades brasileiras: regionais, culturais e naturais. Aquilo que era diversidade é convertido em diferencial competitivo, marcando assim o processo de comodificação. O segundo objetivo geral é despertar o ânimo de consumo do produto e facilitar sua consumação. Em suma, ambos os objetivos gerais são focados na produção e circulação acelerada de novas *commodities*.

Quanto aos objetivos específicos, todos eles estão diretamente ligados às ações de exploração do mercado, como se pode observar a seguir:

(1) Dar qualidade ao produto turístico; (2) Diversificar a oferta turística; (3) Estruturar os destinos turísticos; (4) Ampliar e qualificar o mercado de trabalho; (5) Aumentar a inserção competitiva do produto turístico no mercado internacional; (6) Ampliar o consumo do produto turístico no mercado nacional; (7) Aumentar a taxa de permanência e gasto médio do turista[90].

"Dar qualidade ao produto" significa torná-lo competitivo no mundo globalizado. Essa qualidade está diretamente ligada ao consumo do turista, que

---

89. *Ibidem*, p. 22 (grifos meus).
90. *Ibidem*. Conferir o objetivo VII da Política de Turismo: "criar e implantar empreendimentos destinados às atividades de expressão cultural, de animação turística, entretenimento e lazer e de outros atrativos com capacidade de retenção e prolongamento do tempo de permanência dos turistas nas localidades".

aprovará ou não o produto, que o divulgará e voltará a consumi-lo ou não. "Diversificar a oferta" significa: ampliar as possibilidades do mercado e aprofundar a dinâmica da comodificação nos mais diferentes âmbitos; arregimentar o máximo possível de possibilidades de consumo e colocar toda a diversidade anterior sob a égide do mercado e de sua busca obstinada por lucro; e aumentar a concorrência entre os diferentes ofertantes, acirrando-a, tornando-a cada vez mais voraz. Quem não for apto a se manter uma *commodity* atraente deve retirar-se de cena. E, por fim, o objetivo específico final é o de aumentar a taxa de permanência do turista (e seu gasto) enquanto ele está no Brasil.

Todos os objetivos (gerais e específicos) estão diretamente ligados ao estímulo da comodificação. Mesmo a qualificação da mão de obra, por mais social que possa parecer, tem objetivo comodificador, ao potencializar a apropriação da força de trabalho. Em geral, a mão de obra voltada ao turismo é barata, pouco qualificada, repetitiva, pouco ou nada criativa, enfim, o tipo ideal de mão de obra para os propósitos da comodificação.

Cumpre ressaltar, por fim, que todos os elementos positivos elencados nesse plano, ao serem concretizados pela atuação do turismo, concretizarão também o mercado e seus códigos, tornando-o cada vez mais lícito, positivo, aceitável, desejável, legítimo e tido como a única alternativa possível. Trata-se de uma estratégia neoliberal de impregnação de todas as instâncias da existência pelo mercado, que atua de forma cada vez mais profunda em nosso meio.

Plano Nacional do Turismo 2007- 2010

Na sequência histórica, foi lançado o Plano Nacional de Turismo 2007-2010, que teve como título "Uma viagem de inclusão". Ao contrário do plano anterior, que visa ao turismo internacional, a prioridade deste é olhar para o turismo interno.

No primeiro movimento desse texto, há dois elementos importantes. O primeiro é a justificação da existência do Ministério do Turismo e do turismo como "assunto prioritário de Estado"[91]. Em seguida, são apresentados números do turismo à época, que visam justificar a importância da exploração do turismo estrangeiro no Brasil. Desses dados, um chama a atenção: "as 80 principais empresas do setor registraram um faturamento de R$ 29,6 bilhões, com cresci-

---

91. Brasil, Plano Nacional do Turismo 2007-2010, *op. cit.*, p. 5.

mento de 29% em relação a 2005"⁹². Esse movimento do turismo exige, segundo o texto, mais investimentos em infraestrutura, o que justifica o Programa de Aceleração do Crescimento (PAC) para o turismo.

Após apresentar números e mais números (sempre da ordem de bilhões de reais), há uma mudança de tom, tornando o texto mais emocional, como mostra o discurso abaixo, do então presidente Lula:

> Meu desejo, nos próximos anos, é multiplicar as oportunidades para que milhões de brasileiros possam ampliar seu olhar para dentro do Brasil. Sem descuidar da divulgação das nossas belezas naturais no exterior, trata-se agora de colocar o lazer turístico na cesta de consumo da família brasileira e, com isso, fortalecer o turismo interno. Esse é o objetivo, por exemplo, da inclusão de aposentados na cadeia do turismo interno, com acesso a roteiros e pacotes financiados em condições facilitadas e mais em conta⁹³.

A partir desse ponto, no discurso presidencial, os argumentos são sempre humanizados. O texto inicia-se com "Meu desejo", uma estratégia para humanizar o presidente e colocá-lo junto de seu povo. Esse desejo é o de multiplicar, tornar mais intensas, mais frequentes as "oportunidades para que milhões de brasileiros possam ampliar seu olhar para dentro do Brasil". Oportunidades de quê? Como será que tais oportunidades serão multiplicadas? Fazer turismo surgirá no texto como um veículo, um meio, não como um fim. A finalidade declarada e construída é a multiplicação das oportunidades de ampliação do olhar, não a exploração do turismo. Esta será construída como mera consequência.

Na sequência, o ex-presidente afirma que o Poder Público não descuidará da divulgação de "nossas belezas naturais" no exterior. Esse trecho faz remissão ao antigo Plano Nacional (2003-2007), cujo escopo, como vimos, era exatamente a inserção do Brasil no turismo internacional. O eufemismo 'nossas belezas naturais' tem várias funções:

1. 'nossas' é utilizado para criar a ideia de que o patrimônio natural do Brasil é dos brasileiros, criar a ideia de comunidade e de propriedade do povo. Em

---

92. *Ibidem.*
93. *Ibidem.*

tese, num país democrático, tudo o que é do Estado deveria ser do povo. No entanto, o 'nossas' aqui é um recurso retórico para criar o sentido de propriedade que será apropriada pelo mercado;
2. 'belezas naturais' traz consigo a ideia de natureza (em contraposição à cultura) e é usado em lugar de produto ou atrativos turísticos ou, ainda, para não dizer "aquilo que será vendido por meio do turismo".

Surge no texto, então, a via pela qual os milhões de brasileiros poderão ampliar seu olhar para o Brasil: o "lazer turístico". O uso do substantivo 'lazer', acrescido da ideia de 'turismo' na função de adjetivo, 'turístico', remete à ideia do usufruto do chamado tempo livre do trabalho e dá conotações de direito. O lazer é um dos direitos sociais garantidos pela Constituição Federal de 1988, em seu artigo 6º: "são direitos sociais a educação, a saúde, a alimentação, o trabalho, a moradia, o *lazer*, a segurança, a previdência social, a proteção à maternidade e à infância, a assistência aos desamparados, na forma desta Constituição"[94]. Essa estratégia discursiva objetiva legitimar a ideia de fazer turismo – e, portanto, a atividade econômica do turismo, o mercado do turismo, seus agentes etc. –, a partir da condição de direito social que o lazer tem garantido na Constituição. O lazer é um direito social legitimado pelo Poder Público num Estado democrático, ao passo que o lazer turístico é a imposição do consumo turístico como direito, legitimada pela retórica do Ministério do Turismo e do presidente da República (afinal, é seu desejo), ambos operando como legitimadores do mercado do turismo e considerando as suas atividades como direitos sociais. Trata-se de um processo de comodificação dos direitos sociais.

Para fortalecer o turismo interno, o MTUR propõe a inclusão de aposentados em sua cadeia. Embora pareça se tratar de uma inclusão social, o que ocorre é a inserção de um nicho de consumidores no mercado. Esse público-alvo, captado pelo mercado por meio da comodificação do direito social ao lazer, é da ordem de "milhões de brasileiros". É isso que o texto do plano chama de inclusão social, que se dá por meio das facilitações que o mercado promove: roteiros e pacotes turísticos.

Os números da apregoada indústria do turismo são exorbitantes, e agora os aposentados é que são convocados a contribuir. Em lugar de palavras como 'consumidores' ou 'turistas', optou-se por usar 'brasileiros', 'família brasileira',

---

94. Brasil, Constituição Federal. 1998, *op. cit.*, s/p (grifos meus).

'aposentados', enfim, cidadãos. Dessa maneira, o mercado desaparece e quem afirma aparentemente é o Poder Público, lutando pela cidadania e gerando demandas para o mercado do turismo. Esses milhões de pessoas que merecem fazer turismo,

> [...] homens e mulheres que deram tudo, a vida toda pela família e pelo Brasil, terão assim o direito de desfrutar um pouco mais o País que ajudaram a construir. A alegria de conhecer ao vivo lugares que povoaram seu imaginário na infância e na juventude contribuirá também para elevar as taxas de ocupação da rede hoteleira nacional, além de garantir maior estabilidade aos trabalhadores do setor de serviços, mesmo fora da alta temporada[95].

O tom do discurso é sempre emotivo: quem se sacrificou pela família e pelo Brasil deve ter o direito de 'desfrutar' (eufemismo para consumir) o país que ajudou a construir. Os substratos pessoais mais íntimos, os desejos e sonhos mais profundos são utilizados para construir emocionalmente a ideia de que o turismo é um direito. É nessa hora que podemos perceber a ação profunda da comodificação, buscando provocar a associação entre lembranças e desejos passados e o ato do consumo turístico, revestido da aura de direito social. Todavia, o texto não abandona o econômico: a alegria de conhecer (consumir) contribui para "elevar as taxas de ocupação da rede hoteleira nacional", fazendo girar a roda do mercado. Outro apelo que está fortemente conectado ao de direito do consumo é que este poderá garantir a estabilidade dos servidores do turismo.

Na sequência, o texto aborda a questão do crédito consignado concedido aos aposentados:

> O crédito consignado para o turista aposentado, que pode beneficiar 16 milhões de brasileiros, é apenas uma das fronteiras de expansão do turismo interno nos próximos anos. Conhecer melhor a brasilidade que nos explica[96] e nos desafia é um direito democrático. A adoção de pacotes diferenciados com preços promocionais também será estendida a trabalhadores e estudantes[97].

---

95. Brasil, Plano Nacional do Turismo 2007-2010, *op. cit.*, p. 5.
96. Veremos logo mais, no capítulo 4, como essa "brasilidade que nos explica" é construída para consumo do turismo.
97. Brasil, Plano Nacional do Turismo 2007-2010, *op. cit.*, p. 5.

O crédito consignado é um empréstimo em que as parcelas são debitadas diretamente do benefício, no caso dos aposentados. É um nicho perfeito de mercado, com 100% de liquidez, de certeza de reembolso do crédito oferecido e da impossibilidade de calote, garantido pelo próprio Poder Público. Essa é uma das vias pelas quais o Poder Público pode 'pavimentar' (como querem o WTTC e a OMT) o caminho do mercado do turismo, garantindo-lhe a certeza de pagamentos. No texto, o argumento é de que tal crédito poderá beneficiar os brasileiros, mas é o mercado que essa estratégia realmente beneficia.

No trecho, "Conhecer melhor a brasilidade que nos explica e nos desafia é um direito democrático", o termo 'brasilidade' é uma metonímia usada como argumento da comodificação. O sentimento de brasilidade é complexo e contraditório, feito de eventos e confrontos que provavelmente não possam ser apreendidos nas efêmeras jornadas turísticas, mas aqui é sinônimo de povo dócil, diverso, alegre, entre outros lugares comuns. Personagens, por vezes, estereotipados por meio das produções de clichês turísticos (indígenas, caboclos, ribeirinhos, caiçaras, caipiras etc.) não dão conta de produzir esse conhecimento. A ideia de se conhecer a "brasilidade que nos explica" por meio de pacotes turísticos apresenta dificuldades, pois esses são eventos programados e normalmente apenas simulam um sentimento de brasilidade, realçando um ou mais caracteres espetaculares.

"Conhecer melhor a brasilidade", que é um diferencial competitivo da *commodity*-Brasil, é afirmado como direito democrático. Afirmar isso no contexto do Plano Nacional de Turismo é dizer que a exploração turística é o veículo para tal feito. Sabemos que o consumismo é um atributo social pelo qual os anseios humanos cotidianos são reciclados sob a forma de relações de consumo[98]. Aqui podemos perceber isso nas construções do 'turismo' como 'direito social' e 'democrático'. É o próprio *socius* e a própria democracia que vão sendo remodelados à imagem do consumo. E, com isso, sendo empobrecidos.

A comodificação não se manterá por muito tempo apenas na tentativa de colonizar os aposentados. Assim, trabalhadores e estudantes também serão convocados ao exercício do direito social e democrático por meio do consumo do turismo. Lembrando que, se a ideia de turismo é construída como um direito para consumo do cidadão consumidor, isso conduz, por extensão, ao

---

98. Cf. Zygmunt Bauman, *Vidas para consumo*, op. cit.

direito de o mercado produzir o turismo: é a construção de uma chancela moral para ação do mercado. Esses agentes (aposentados, trabalhadores de baixa renda, estudantes) são convocados para colaborar no ataque frontal a um dos principais problemas do mercado do turismo: a sazonalidade, gerando "profundo impacto no aquecimento do mercado turístico na baixa estação"[99]. De qualquer forma, é importante notar que o objetivo é sempre o aumento do consumo, e sabemos que mais consumo implica em mais impacto ao ambiente. Há uma profunda problemática na questão ambiental quando esta é tratada no discurso presidencial:

> O século XXI vai ser marcado como o século do desenvolvimento sustentável e da preservação do meio ambiente. O turismo ambiental e sustentável tem aqui um potencial no qual poucas nações do mundo podem se comparar ao Brasil. Nossas belezas naturais, rios, florestas, mananciais, praias e montanhas são um atrativo sem concorrência neste mundo assustado pelo aquecimento global e pela destruição da natureza[100].

Como é que, em um "mundo assustado pelo aquecimento global e pela destruição da natureza", o Brasil pode se apresentar como sendo um lugar de atrativos sem concorrência? Tendo em vista que o aquecimento é global e que o Brasil está inserido nesse mesmo globo terrestre, o que leva o Poder Público brasileiro a fazer uma afirmação tão sem relação com a realidade como essa? O Brasil, afinal, não está inserido nos mesmos desafios socioambientais que todos os outros países do globo? O que isenta esse país dos problemas globais, na argumentação do Poder Público? O que isenta o país de suas contribuições para o problema do aquecimento global, se a taxa de desmatamento da Amazônia, segundo dados do Instituto Nacional de Pesquisas Espaciais (Inpe)[101], atingiu, entre os anos de 1988 e 2012, a dimensão de 396.857 quilômetros quadrados? No período de agosto de 2018 a julho de 2019, o desmatamento da Amazônia Legal foi estimado em 9.762 quilômetros quadrados. A área de vege-

---

99. Brasil, Plano Nacional do Turismo 2007-2010, *op. cit.*, p. 7.
100. *Ibidem*, p. 5.
101. Dados obtidos no relatório "Taxas anuais do desmatamento – 1988 até 2012" no Prodes (Monitoramento da Floresta Amazônica Brasileira) da Coordenação Geral de Observação da Terra (OBT). Disponível em: <http://www.obt.inpe.br/prodes/prodes_1988_2012.htm>. Acesso em: jun. 2019.

tação nativa desmatada aumentou 29,54% em relação ao período anterior – de agosto de 2017 a julho de 2018 (Inpe)[102].

As incoerências não param por aí. Acompanhemos mais um trecho do texto presidencial:

> [...] Mais de 46 milhões e 300 mil passageiros viajaram em voos regulares e fretados cruzando os céus do País, com um crescimento de desembarques superior a 7% nos aeroportos nacionais. O vigor do turismo aumenta nossa responsabilidade de expandir a infraestrutura brasileira para dar sustentação a esse crescimento nos próximos anos. Para isso temos o PAC [Programa de Aceleração do Crescimento], que prevê investimentos da ordem de R$ 504 bilhões até 2010, sendo R$ 6 bilhões destinados exclusivamente a ampliar e modernizar os 20 maiores aeroportos do País e quatro terminais de carga, de modo a melhor atender os turistas locais e estrangeiros. Com esse aporte de recursos vamos ampliar a capacidade desses aeroportos, garantindo que possamos receber mais *40 milhões de desembarques anuais*[103].

O vigor do turismo, isto é, de seus números de crescimento, apresenta-se como justificativa para tudo. Agora, é o vigor dessa gigantesca força do capital que traz responsabilidades ao Poder Público de "expandir a infraestrutura brasileira para dar sustentação a esse crescimento nos próximos anos" e, por extensão, abrir caminho para a entrada do grande capital no país, tal como incentivam o WTTC e a OMT. Os números que esse investimento retorna são entusiásticos, ao menos para a indústria do turismo, afinal, no ano de 2006, "as 80 principais empresas do setor registraram um faturamento de R$ 29,6 bilhões, com crescimento de 29% em relação a 2005"[104].

O aporte governamental para gerar tal infraestrutura é da casa dos bilhões de dólares e possibilitará a construção de estrutura para a chegada de "mais 40 milhões de desembarques anuais". E, com isso, precisamos voltar à ideia de aquecimento global. O Brasil, país ao qual "poucas nações do mundo podem se comparar" em termos de potencial para o turismo ambiental, deseja dobrar

---

102. Disponível em: <https://agenciabrasil.ebc.com.br/geral/noticia/2019-11/inpe-estima-em-9762-km2-desmatamento-na-amazonia-em-12-meses>. Acesso em: ago. 2020.
103. Brasil, Plano Nacional do Turismo 2007-2010, *op. cit.*, p. 5 (grifos meus).
104. *Ibidem*.

o número de desembarques de aviões. Ora, é sabido que o avião é um meio de transporte poluente, devido à emissão de CO_2. Dobrando-se o número de desembarques, dobra-se, por conseguinte, o número de aviões e, consequentemente, a poluição gerada por eles.

É preciso notar que a problemática agora apontada apresenta-se como um constrangimento à ideia de liberdade pós-moderna, afinal atinge a ricos e a pobres. No entanto, essa aparente confusão do discurso presidencial esconde algo mais subterrâneo, algo que nos parece uma conveniente aceitação de que os problemas mais diversos (sociais, ambientais, políticos, culturais, psicológicos) podem tornar-se excelentes demandas para novos produtos ou atuarem como propaganda destes. Isso acarreta um problema de recursividade, uma vez que, para combater o problema do aquecimento global, ou para o turismo pretensamente fugir dele, incentiva-se o consumo dos atrativos turísticos do Brasil, ação essa – obviamente – geradora de mais aquecimento global (além, é claro, de vários outros tipos de mazelas), assim

> [...] os problemas são formulados como demandas de novos dispositivos e artifícios técnicos (comerciáveis, é claro); como antes, aqueles que desejam se ver livres do desconforto e dos riscos são lembrados de que essa liberdade "deve pagar o seu preço" e que as grandes contas da catástrofe social supostamente são quitadas com o troco do consumo privado. Nesse processo, a origem global dos problemas é efetivamente retirada de vista e a cruzada contra os riscos conhecidos pode continuar a produzir mais e mais riscos sinistros ainda desconhecidos, assim solapando sua própria chance futura de sucesso[105].

O discurso do presidente é encerrado com o seguinte excerto:

> O sentido profundo deste Plano Nacional do Turismo 2007/2010 é a inclusão social. Trata-se de erguer pontes entre o povo brasileiro e as esferas de governo federal, estadual e municipal, bem como da iniciativa privada e do terceiro setor, para construir um lazer que seja também uma visão compartilhada da nossa terra, da nossa gente, da nossa imensa vitalidade econômica, cultural e ambiental. Trata-se de um importante estímulo para o turismo interno, que vai retribuir em empregos, desenvolvimento e inclusão social. *Não se trata apenas de incentivar*

---

105. Zygmunt Bauman, *Modernidade e ambivalência, op. cit.*, p. 293.

um negócio, mas de transformar em cidadania o direito de conhecer o nosso país e a nossa identidade[106].

> Cumpre ressaltar que o sentido profundo do Plano Nacional do Turismo 2007-2010 não é o da inclusão social. Se cavarmos um pouco mais, acharemos sentidos mais profundos para esse plano. Aquilo que o Poder Público chama de inclusão social afigura-se como uma manobra discursiva neoliberal que busca substituir a noção de obrigatoriedade da contribuição de todos como consumidores por um jargão que tem sentido positivo. Quem não quer inclusão social? Essa inclusão proposta pelo plano é, antes de tudo, uma dupla comodificação.

Nas palavras do Ministério, ela "pode ser alcançada por duas vias: a da produção, por meio da criação de novos postos de trabalho, ocupação e renda, e a do consumo, com a absorção de novos turistas no mercado interno"[107]. Essa estratégia linguística de captação de novos clientes para o turismo, a partir de uma ideia de inclusão social, é algo que também encontra eco em diversos estudos da academia.

Quando o texto acima afirma "erguer pontes" entre o povo, o Poder Público, o mercado e o terceiro setor, ele trata de contaminar todos os demais agentes com os códigos comodificadores do mercado, produzindo assim mais mercado. Comodificados também estão o direito social do lazer e a possibilidade de se conhecer o Brasil. Os argumentos emocionais não param aí: "visão compartilhada da nossa terra, da nossa gente, da nossa imensa vitalidade econômica, cultural e ambiental". Todos esses elementos são, por meio da comodificação, transformados em argumentos de venda para o turismo.

A apregoada inclusão social será um estímulo ao aumento do turismo interno e este deverá retribuir com empregos e desenvolvimento (como se fosse algo de sua 'natureza' retribuir). A lista de argumentos (turismo como direito social, direito democrático, inclusão social, cidadania, geração de empregos e desenvolvimento) é recorrentemente usada para a legitimação da comodificação pelo turismo.

---

106. Brasil, Plano Nacional do Turismo 2007-2010, *op. cit*, p. 5 (grifos meus).
107. *Ibidem*, p. 11.

Por fim, o texto procura justificar que "não se trata apenas de incentivar um negócio", mas de promover cidadania e direito de conhecer o país. Efetivamente, tudo o que analisamos até aqui nos mostra que realmente não se trata 'apenas' de promover um negócio. É muito mais que isso: é converter a metodologia do negócio, do mercado, do capital em grade intelectiva para a nova formulação, compreensão e consequente ação de elementos como a cidadania e os direitos do cidadão, ou melhor, do consumidor. Assim, se a cidadania está contaminada pelos códigos do mercado, ela agora é mercado, é a cidadania comodificada. Enfim, não é cidadania.

Efetivamente, como o texto afirma, não se trata apenas de incentivar um negócio. Trata-se de legitimá-lo. Como? Convertendo o dever do consumo turístico num direito, em cidadania, como se observa no discurso da ministra do Turismo à época, Marta Suplicy:

> Chegou a vez do turismo de inclusão. Uma inclusão na mais ampla acepção da palavra: inclusão de novos clientes para o turismo interno, inclusão de novos destinos, inclusão de novos segmentos de turistas, inclusão de mais turistas estrangeiros, inclusão de mais divisas para o Brasil, inclusão de novos investimentos, inclusão de novas oportunidades de qualificação profissional, inclusão de novos postos de trabalho para o brasileiro. Inclusão para reduzir as desigualdades regionais e para fazer do Brasil um país de todos[108].

É perceptível que a descrição de todos os elementos propostos sob a ideia de inclusão e função social do turismo estão contaminados pelos códigos do capital, como mostra o vocabulário empregado: "novos clientes", "novos destinos", "novos segmentos", "mais turistas estrangeiros", "mais divisas", "novos investimentos", "novas oportunidades de qualificação profissional", "novos postos de trabalho". Ao final, essas inclusões operarão a redução das desigualdades do país. No entanto, para que elas possam existir, tudo deve passar pelo mercado e sua metodologia. É notável que os termos aqui empregados, no uso recorrente de "novos" e "mais", indicam o avanço do processo de comodificação e a abertura de frentes ainda não exploradas devidamente.

---

108. *Ibidem*, p. 8.

Plano Nacional do Turismo 2013- 2016

O Ministério do Turismo, em seu terceiro Plano Nacional do Turismo (2013--2016), lançado oficialmente em 24 de maio de 2013[109], tem como objetivo transformar o Brasil no terceiro maior PIB do turismo no mundo (até o ano de 2022), ficando atrás apenas da China e dos Estados Unidos. Para tanto, o crescimento esperado pelo Ministério seria da casa de 8% ao ano (taxa superior ao crescimento do PIB do turismo no mundo e à própria taxa de crescimento do PIB brasileiro). Nas condições planetárias, o crescimento do movimento do turismo em 8% ao ano, para um país com as dimensões do Brasil, é algo extremamente preocupante do ponto de vista ambiental e, principalmente, social. No entanto, para o Poder Público do Brasil, isso

> [...] É um desafio que o Ministério do Turismo e o governo brasileiro assumem com satisfação, cientes de que o turismo responderá com crescimento sustentado e sustentável, redução de desigualdades regionais, inclusão social e geração de emprego e renda. Prova da pujança desse setor foi seu crescimento em 18,5% somente entre 2007 e 2011, e a geração de quase 3 milhões de empregos diretos entre 2003 e 2012. As ações do PNT podem dobrar o crescimento do turismo no futuro[110].

A proposta de dobrar os valores da representatividade do turismo para a economia do Brasil era à época algo, no mínimo, irresponsável. O discurso governamental, cooptado pelo mercado, produz a ideia da possibilidade de crescimento sem fim para o turismo, por conta das aparentes características de imaterialidade deste – discurso pelo qual a academia é fortemente responsável. Ao afirmar a duplicação desses valores, o discurso do MTUR sobre o crescimento sustentado é um

> [...] delírio da razão econômica, uma mania de crescimento [...] um simulacro que nega os limites do crescimento para afirmar a corrida desenfreada em direção à

---

109. Disponível em: <www.turismo.gov.br/turismo/noticias/todas_noticias/20130524.html>. Acesso em: jun. 2019.
110. Brasil, Plano Nacional do Turismo 2013-2016, Brasília: Ministério do Turismo, 2013. Disponível em: <http://www.turismo.gov.br/export/sites/default/turismo/noticias/todas_noticias/Noticias_download/ PNT_2013-2016.pdf>. Acesso em: jun. 2019.

morte entrópica do planeta. Afirma-se, assim, um processo que se aparta de toda lei de conservação ecológica e reprodução social para dar curso a um processo que desborda toda norma, referência e sentido para controlá-lo. O discurso da sustentabilidade opera como uma estratégia fatal, uma inércia cega que se precipita em direção à catástrofe[111].

Justamente ao contrário da prudência e do respeito ao ambiente e às culturas, ao contrário de privilegiar o povo e novas formas de trocas sociais ou mesmo de privilegiar a emancipação das comunidades e das pessoas, o que as projeções do MTUR visam é acelerar *ainda mais* a produção de mercado. Para tal conquista, as metas do novo PNT são:

Meta 1. *Aumentar* para 7,9 milhões a chegada de turistas estrangeiros ao país.
Meta 2. *Aumentar* para US$ 10,8 bilhões a receita com o turismo internacional até 2016.
Meta 3. *Aumentar* para 250 milhões o número de viagens domésticas realizadas até 2016.
Meta 4. *Elevar* para 70 pontos o índice médio de competitividade turística[112] nacional até 2016.
Meta 5. *Aumentar* para 3,6 milhões as ocupações formais no setor de turismo até 2016[113].

Aumentar e elevar ainda mais a influência do mercado em todos os âmbitos da vida, para que o Brasil tenha o terceiro PIB do turismo no planeta, são as metas prioritárias do Poder Público nesse momento histórico do lançamento do plano. As consequências dessa marcha são previsíveis: a busca cada vez mais acirrada para entregar tudo nas mãos do mercado, de tratar cada vez mais todos os elementos da natureza e da cultura como recursos a serem catalogados, explorados e descartados. O MTUR reitera, com crescente frequência, que é o mercado a única alternativa viável para a eliminação da pobreza e a distribuição de recursos econômicos. É a racionalidade do mercado que mede tudo em função do lucro que subjaz aos discursos do Ministério, quando deveria

---

111. Enrique Leff, *Racionalidade ambiental: a reapropriação social da natureza*, op. cit., p. 140.
112. Sobre este índice, cf. <www.turismo.gov.br/turismo/o_ministerio/publicacoes/cadernos_publicacoes/01estudos_indutores.html>. Acesso em: jun. 2019.
113. Brasil, Plano Nacional do Turismo 2013-2016, *op. cit*, pp. 35-8 (grifos meus).

ser justamente o contrário. O PNT 2013-2016 busca acelerar a dominação do capital em todas as vias possíveis. Levadas efetivamente a cabo, as ações do Ministério aceleram a marcha para o abismo, um salto mortal, tanto no sentido social como no ambiental. O MTUR é um importante enunciador do turismo no Brasil, mas sua voz não pode ser considerada um pressuposto inequívoco ou uma verdade absoluta. Há interesses que se imiscuem nas afirmações desse Ministério e que devem ser considerados no jogo de poder que se chama turismo. Até aqui, conhecemos três grandes enunciadores hegemônicos do turismo: em nível internacional, o WTTC e a OMT; em nível nacional, o MTUR. Esses três agentes têm grande influência na construção do que é o turismo ou do que ele possa vir a ser. No entanto, é preciso afirmar que os dados aqui apresentados foram escolhidos para efeito de apresentação dos enunciadores: são dados essenciais, diretrizes e conceitos fundantes. Há muito mais material a analisar. Com a pós-moderna tecnologia da internet, os endereços eletrônicos dos três enunciadores estão carregados de dados, estatísticas, relatórios de programas, que podem ser analisados e mais bem compreendidos. Continuando nosso trabalho de apresentação dos enunciadores hegemônicos do turismo, vamos conhecer um pouco dos discursos da mídia brasileira.

A MÍDIA

A comodificação realiza a mentalidade do Estado neoliberal. Nosso objeto de estudo (os discursos legitimadores do turismo) é símbolo disso. A mídia afirma o tempo todo que, se um indivíduo é vitorioso, ele viaja; se a família desse indivíduo é 'bacana', ela viaja; se um indivíduo é 'competente', ele viaja. Quanto mais 'entusiasta' e 'conectado', mais 'bem-sucedido'... mais recompensas, ou milhas, virão. A mídia é a responsável pela projeção de subjetividade em direção à simbologia da recompensa pelas conquistas do indivíduo frente a seu bom comportamento no sistema neoliberal. Nesse aspecto, o turismo surge como fenômeno privilegiado dessa recompensa.

Por isso mesmo, o *marketing* é uma ferramenta a ser considerada em nossas análises. Vimos que o turismo é, reincidentemente, chamado de sonho ou produzido como possibilidade de liberdade. Afinal, o papel da mídia, um dos agentes hegemônicos mais poderosos na atualidade, é o de promover incessantemente esse tipo de sonho: o de se fazer turismo. Como será que a mídia comunica o turismo? Com que propósitos?

Analisemos *o slogan*: "Liberdade deveria ser sinônimo de viajar"[114]. Segundo esse *slogan*, a viagem (pressuposto básico para o turismo) deveria ser considerada sinônimo de liberdade, um dos ideais de nossa civilização. É interessante a associação entre viagem, que no turismo constitui-se de um deslocamento pago, com a ideia social de liberdade. No entanto, o verbo 'dever' está no futuro do pretérito (ou condicional), 'deveria', e não no presente. Há restrições a tal liberdade de viajar? Acompanhemos um trecho de uma importante revista de turismo:

> Sonhe. Planeje. Embarque. Viajar é sempre uma experiência marcante. E, para que cada destino seja inesquecível, existem os especiais da *Viagem e Turismo*. São mais de 40 edições a cada ano, repletas de dicas, roteiros e informações sobre todos os continentes e países do mundo. Seja qual for a sua próxima parada, a *Viagem e Turismo* vai com você. Tudo para você embarcar sem dúvida, sem susto, sem medo, na companhia dos melhores especialistas do país[115].

Curiosamente, na continuidade do anúncio, a liberdade de viajar é, de certa forma, contraposta por três verbos no imperativo: 'sonhe', 'planeje', 'embarque'. Sabemos que verbos no imperativo indicam ordens. São dadas, então, três ordens aos leitores. Sabemos também que quem segue ordens não é exatamente livre. Terão sido desatentos os marqueteiros que desenvolveram essa publicidade? Ou será que há certas imposições não declaradas no ato de se promover a ideia do turismo como liberdade? Outra questão que os marqueteiros 'esqueceram' de colocar na publicidade é o quarto verbo no imperativo: 'Pague!'. Sim, porque o turismo é uma atividade comercial e, portanto, remunerada.

Será o turista tão livre assim? Ao estudarmos o turismo sob a perspectiva da comodificação, podemos perceber que esse pensamento (o turismo como liberdade) não é tão convincente assim. Afinal, "na prática pós-moderna, a liberdade se reduz à opção de consumo. Para desfrutá-la, é preciso antes de mais nada ser um consumidor. Essa condição preliminar deixa milhões de fora"[116].

---

114. *Slogan* da *Viagem e Turismo*, revista brasileira de circulação nacional da Editora Abril S/A – *Viagem e Turismo*, São Paulo: jan. 2010a, n. 171, p. 29.
115. *Ibidem*.
116. Zygmunt Bauman, *Modernidade e ambivalência, op. cit.*, p. 289.

A viagem também é tida como uma experiência, qualificada pelo adjetivo 'marcante'. No entanto, para que seu destino seja inesquecível, é necessário que o turista tenha a revista consigo. Duas considerações importantes:

1. 'destino' refere-se aos produtos turísticos, lugares e culturas que são alvo do interesse do turista, ou melhor, da indústria do turismo e, portanto, à qualidade do consumo deles;
2. as produções das revistas são desenvolvidas por 'especialistas'. Isso pressupõe que fazer turismo não é algo fácil, haja vista a necessidade de especialistas. O turista precisa ser educado para fazer turismo, e educação pressupõe um processo de aprendizado. Para os produtores da revista analisada em nossa tese de doutorado, o turista igualmente necessita de informações para poder fazer turismo, precisa de dicas essenciais como as que são apontadas na chamada da reportagem: "Apocalipse? Não. – Conhecer o sudeste asiático, com seus templos, temperos e costumes, é uma experiência inesquecível. A repórter que assina a reportagem ensina a driblar as pequenas armadilhas que podem aparecer no caminho"[117].

Em viagem, longe do domicílio, o turista está fragilizado e o mercado deve cuidar dele. As dicas da revista em questão (e de muitos outros veículos de comunicação) antecipam as próximas viagens dos turistas, garantindo que eles poderão viajar sem dúvida, sem susto, sem medo. O turismo deve ser, portanto, algo seguro de se fazer. Não pode conter riscos, pois o próprio mercado deve responsabilizar-se pela segurança do turista.

> Como parte integrante da cultura moderna, a função principal da publicidade é dupla: um, servir como um discurso sobre objetos, símbolos e ideias, e como um modelo para erigir monumentos ao consumo e à autoindulgência, e, dois, convencer as pessoas de que apenas no consumo podem encontrar não apenas satisfação, mas também a saúde mental e física, *status* social, a felicidade, o descanso, a regeneração e contentamento[118].

---

117. *Viagem e Turismo, op. cit.*, abr. 2009d, n. 162, p. 104.
118. G. Llewellyn Watson e Joseph P. Kopachevsky, "Interpretations of Tourism as Commodity", *Annals of Tourism Research, op. cit.*, p. 649 (tradução minha).

Isso faz da publicidade (e de seus agentes) um instrumento poderoso a serviço do capital, para criar expectativas, gerar demandas, incutir sonhos de consumo nas pessoas – ou seja, capturar e produzir-lhes subjetividade capitalista.

Esse importante enunciador do turismo será estudado de maneira aprofundada no capítulo 4, quando analisaremos a construção da 'natural' vocação turística do Brasil.

A ACADEMIA BRASILEIRA

Por fim, vamos conhecer o último enunciador objeto de nossos estudos: a academia, cujos estudos e pesquisas têm ampla e reconhecida validade em nossa sociedade. Os chamados estudos científicos têm uma aura que os confunde com a verdade: conhecimento e verdade, na atualidade, são considerados sinônimos de ciência.

A modernidade eleva o conhecimento científico ao *status* de verdade. Suas grandes conquistas estão intimamente ligadas a esse conhecimento, o que trouxe à ciência sua autoridade e sua associação dogmática com a verdade. A ciência é difundida como conhecimento válido e é fabricada, assim a "racionalidade científica é também um modelo totalitário, na medida em que nega o caráter racional a todas as formas de conhecimento que se não pautarem pelos seus princípios epistemológicos e pelas suas regras metodológicas"[119].

Usamos aqui o conceito de academia para descrever uma instituição na qual as pessoas se utilizam do discurso científico para validar seus enunciados. Portanto, o termo 'academia' (que pode representar qualquer escola de ensino superior, faculdade ou universidade ou, ainda, qualquer sociedade, congregação ou evento que tenha caráter científico) é, em sua constituição, uma metonímia que toma a instituição por seus membros. Essa denominação geral fortalece seus membros devido à associação entre as ideias de academia e de conhecimento científico.

Partimos aqui do pressuposto de que os enunciados científicos são uma forma de comunicação, portanto, de persuasão, entre tantas outras. No entanto, esse enunciador se utiliza de um artifício retórico: seu discurso é elaborado a partir da ideia de "neutralidade científica", a fim de obter como resultado a aparência de não envolvimento do sujeito na pesquisa, numa ausência de

---

119. Boaventura de Sousa Santos, *Um discurso sobre as ciências,* São Paulo: Cortez, 2003, p. 21.

julgamento moral. Porém, a forma impessoal e objetiva pela qual os acadêmicos escrevem nada mais é que um recurso linguístico, como tantos outros. Os enunciados da academia, embora pareçam frutos de uma ausência de envolvimento dos sujeitos enunciadores no jogo de poder da sociedade, são apenas mais uma forma de exercício de poder desse mesmo jogo. Assim, para cada acadêmico "a escolha de um tema de pesquisa, bem como a sua realização, necessariamente é um ato político. Também neste âmbito, não existe neutralidade. Ressalte-se que o caráter pessoal do trabalho do pesquisador tem uma dimensão social, o que confere o seu sentido político"[120].

Em 2013, realizamos uma busca simples no Banco de Teses da Capes[121] com o tema 'turismo' no campo *assunto* e obtivemos o resultado[122] exposto na tabela a seguir. Esses números compreendem os trabalhos publicados entre os anos de 1987 a 2012. Em 2018, voltamos ao Banco de Teses da Capes[123] e refizemos a pesquisa, obtendo o seguinte resultado:

Palavra-chave: turismo	2013	2018
Teses de doutorado	561	5.350
Dissertações de mestrado	3.201	30.325
Mestrado profissionalizante	299	6.623
Total	4.061	42.298

Número de pesquisas com a palavra-chave 'turismo' no título.

O aumento dos números é significativo e não representa algo banal. Antes, é uma mostra de como o tema 'turismo' é um campo de disputas de saber e de poder na pós-modernidade. Como dissemos anteriormente, a ciência atualmente goza de um *status* social de conhecimento crível e é constituída como

---

120. Antonio Joaquim Severino, *Metodologia do trabalho científico,* São Paulo: Cortez, 2000, p. 45.
121. O buscador da Capes (Coordenação de Aperfeiçoamento de Pessoal de Nível Superior) identifica a existência da palavra 'turismo' no título, nas palavras-chave e nos resumos. Dados disponíveis em: <http://www.capes.gov.br/servicos/banco-de-teses>. Acesso em: jun. 2019.
122. Havíamos realizado a mesma pesquisa em 10 dez. 2012. À época, o resultado que obtivemos foi de 3.690 trabalhos acadêmicos no total, apresentados entre os anos de 1987 a 2011, sendo: 491 teses de doutorado, 2.942 dissertações de mestrado e 257 produções de mestrados profissionalizantes.
123. Disponível no novo endereço: <http://catalogodeteses.capes.gov.br/catalogo-teses/#!/>. Acesso em: jun. 2019.

uma fonte segura de informações[124]. Um ponto fundamental que deve permear a compreensão dos estudiosos críticos é o de que a academia se vincula em muitos aspectos ao Estado. Percebemos isso ao consultarmos o Banco de Teses da Capes, que é uma agência do Ministério da Educação, portanto, do Estado brasileiro. Os estudos da academia não estão isentos das disputas e dos acordos entre o Estado e o mercado.

Na apresentação do livro de Lage e Milone, o então presidente da Embratur, Caio Luiz de Carvalho, afirmou o seguinte: "é preciso reforçar, cada vez mais, a importância da vida acadêmica para a indústria brasileira do turismo de maneira que possamos desenvolver corretamente o pensamento estratégico"[125].

Esse discurso apresenta algumas características que devem ser consideradas para que possamos fazer uma análise correta do que ele pode significar:

1. seu enunciador é Caio Luiz de Carvalho, então presidente da Embratur, alguém que, naquele momento, representava o Poder Público;
2. o Instituto Brasileiro de Turismo (Embratur) era, na ocasião, um importante órgão de representação do assunto 'turismo' dentro da organização do Poder Público brasileiro;
3. a oração reforça a importância que a vida acadêmica tem para a "indústria brasileira do turismo", e associa a academia à indústria como forma de fornecimento de informações válidas para o desenvolvimento da segunda;
4. o verbo 'poder', conjugado na primeira pessoa do plural ("possamos"), incluiria o então ministro como um dos interessados no mercado?

O enunciado proferido por alguém que, naquele momento, representava o Poder Público exorta a academia a contribuir para que se desenvolva o pensamento estratégico da indústria, que será usado na acirrada competição do mercado mundial de turismo. Temos, então, a seguinte cadeia enunciativa:

o Poder Público exorta a academia a produzir conhecimento em prol do mercado.

---

124. Curiosamente, em 2020 – ano dos acertos finais deste livro – essa situação mudou em muitos aspectos. Há em nossos dias um ataque frontal à ciência e seus méritos, uma onda de regresso a pensamentos míticos, de cunho religioso e outros. O que não deixa de mostrar como é incerto o caminho do pensamento.
125. Beatriz Lage e Paulo César Milone, *Economia do turismo*, Campinas: Papirus, 1991, pp. 15-6.

Com base nisso, nossas hipóteses são as seguintes:

Muitos dos discursos de acadêmicos brasileiros que se dedicam a estudar o turismo são amplamente colonizados pelo mercado e, por conta disso, agem como enunciadores a serviço da comodificação. Como resultado dessa colonização, a produção de conhecimento desenvolvida por esses acadêmicos no Brasil é acrítica, pois suas reflexões consideram o mercado como um *a priori*, um dado da natureza. Os discursos proferidos por esses enunciadores não são, de maneira alguma, neutros.

Os enunciados produzidos pelos acadêmicos são influenciados pelos discursos dos agentes hegemônicos anteriormente apresentados. Assim, ao tomar tais discursos como verdade, muitos acadêmicos reproduzem as ideias preconcebidas dos enunciadores hegemônicos globais. Se assim o fazem, trazem consigo toda a potência desses enunciadores para seus próprios enunciados, operando como seus agentes. Isso pode ocorrer por ignorância ou por concordância desses acadêmicos com tais pressupostos.

Os acadêmicos produzem seus comunicados por meio do uso do recurso discursivo da retórica da ciência, usando dessa credibilidade para legitimar o mercado. Mesmo quando analisam as práticas do mercado de maneira aparentemente crítica, o fazem no sentido de produzir melhores práticas ou melhores mercadorias. Eles operam, assim, no intuito de dar ao mercado mais ferramentas para seu aprimoramento, ao invés de analisar criticamente sua presença e influência no mundo, portanto, mesmo que seus estudos sejam pretensamente críticos, o conceito de 'crítica' não se aplica a esses autores. Trata-se, quase sempre, de uma pseudocrítica, uma crítica acrítica ou uma crítica espetacular.[126]

A comodificação dos próprios acadêmicos se dá no momento em que seu ambiente de produção torna-se competitivo, chamado, por vezes, de 'mercado acadêmico'. Nesse âmbito, professores ou pesquisadores devem entrar na disputa por reconhecimento, por verbas, por um 'lugar ao sol', enfim. Dessa maneira, o mercado e sua metodologia tocam a academia e a colonizam profundamente em sua forma de se organizar. Muitos acadêmicos acreditam que precisam se comportar como mercadorias se quiserem 'sair do escuro' e aumentar seu 'preço de mercado'. A máxima '*science is business*' é plena de sentido quando nos referimos ao estudo do turismo no Brasil, ao menos em grande parte das pesquisas. O estudo do turismo – campo relativamente novo a ser

---

126. Guy Debord, *A sociedade do espetáculo: comentários sobre a sociedade do espetáculo*, op. cit.

desbravado – pode trazer as tão desejadas luzes do destaque aos pesquisadores que se constituírem como precursores em suas pesquisas no ramo. Ao agir sobre a academia, a comodificação utiliza a seu favor a disputa de poder interna que existe nas instituições acadêmicas.

Realizando uma genealogia dos discursos acadêmicos que têm o turismo como objeto de seus estudos, Mirian Rejowski analisou a primeira fase da produção acadêmica sobre o turismo no Brasil, procurando estudar as primeiras 55 teses que tiveram o turismo como objeto de pesquisa em um período de 17 anos (de 1975 a 1992)[127]. Nessas teses, vários foram os temas abordados: planejamento, análise de demanda, *franchise*, *marketing*, economia, aproveitamento generalizado desses ambientes, incentivos, comunicação publicitária, desenvolvimento, administração, adequação da estrutura curricular às necessidades do mercado de trabalho, roteiros. Desse total de teses, 49 apresentaram contribuição ao turismo, numa postura pró-turística. Quatro teses apresentaram críticas ao turismo, todavia consideraram que sua contribuição é o fornecimento de subsídios ao planejamento turístico. Uma tese não indicou contribuições. Uma tese apresentou conteúdo crítico, promovendo uma

> [...] reflexão sobre a desigualdade social que o fenômeno da segunda residência encerra como manifestação das diferenças nas oportunidades de trabalho e de lazer na estância balneária do Guarujá, localizada na ilha de Santo Amaro, estado de São Paulo. Contribui para a compreensão do fenômeno do investimento em turismo e lazer, como forma de acumulação de capital, e do impacto que o fenômeno de 'segunda residência' causa sobre as populações locais[128].

Podemos considerar que, das 55 teses analisadas, apenas uma traz um aporte crítico não funcional, e não é fornecedora de subsídios para "um melhor planejamento" do turismo. As demais, ou são deliberadamente pró-turísticas – estudam o fenômeno e com o mercado procuram colaborar – ou, se tecem críticas, o fazem para ter uma mercadoria "melhor". Portanto, a comodificação da academia para os estudos do turismo no Brasil se dá desde as primeiras pesquisas desenvolvidas aqui. Desde que existem dissertações de

---

127. Conferir a lista total de teses estudadas pela autora em: Mirian Rejowski, *Turismo e pesquisa científica*, São Paulo: Aleph, 2000.
128. Roque *apud* Mirian Rejowski, *Turismo e pesquisa científica, op. cit.*, pp. 152-3.

mestrado e teses de doutorado sobre o turismo neste país, a função delas tem sido, historicamente, fornecer suporte ao turismo, não questionar intrinsecamente sua validade.

Panorama crítico dos estudos acadêmicos sobre o turismo no Brasil

Vamos conhecer um pouco do panorama dos estudos do turismo no Brasil. Ouriques, em seu *A produção do turismo: fetichismo e dependência*, afirma que no Brasil (e mesmo internacionalmente), há uma corrente de estudos do turismo que o aborda de maneira acrítica. Tal tendência de análise se mostra, para o autor, como hegemônica e revela a prevalência de modelos de análise que

> [...] não tentam verificar a complexidade de um tema; a ausência de busca da compreensão das controvérsias científicas sobre o tema; a massificação de um discurso dominante, ideologicamente pró-turístico, absorvido sem nenhuma análise em pesquisas acadêmicas; por fim, revela a reprodução desse "paradigma" dominante e não a produção de novos conhecimentos sobre o tema turismo[129].

Por mais diversa que a abordagem de tal corrente possa parecer, ela é eminentemente economicista e profundamente tocada pelo processo de comodificação que investigamos aqui.

Ouriques identifica três subdivisões dessa corrente acrítica: a corrente liberal, a corrente do planejamento estatal e a corrente pós-moderna. Por fim, o autor ainda destaca a existência de uma corrente crítica.

Nas três primeiras classes de intelectuais estudiosos do turismo no Brasil,

> [...] o problema é que o horizonte último das análises que realizam não transcende a esfera econômica, isto é, somente pensam a partir da racionalidade da economia. Por isso, tratam da natureza, da paisagem, do patrimônio histórico como *recursos* do turismo. Aliás, inclusive as "populações nativas" são encaradas como *recurso* turístico, já que são ufanistas ao elogiar o aproveitamento das "tradições culturais" pelo setor[130].

---

129. Helton Ricardo Ouriques, *A produção do turismo: fetichismo e dependência*, op. cit., pp. 69-70.
130. *Ibidem*, p. 90.

Na corrente liberal, permeada pela concepção economicista, Ouriques identifica os seguintes autores: Beatriz Lage e Paulo César Milone; Leandro de Lemos; Mario Carlos Beni; Mario Petrocchi; Luis Fernández Fúster; José Ignacio de Arrillaga; Licínio Cunha; Abdon Barretto Filho; Peter W. Williams e Alison Gill; Doris van de Meene Ruschmann e Antônio Carlos Castrogiovanni[131]. O que se destaca nessa linha de pensamento é a "presença de seus fundamentos teóricos na linguagem da maioria dos estudiosos do turismo"[132]. Esses autores são influentes enunciadores do turismo e de como a atividade deve ser realizada. Seus fundamentos trazem o arcabouço teórico da economia neoclássica (oferta e demanda, efeito multiplicador do turismo, estimativas, estatísticas, na perspectiva da compreensão do turismo como *sistema econômico*). Para Petrocchi, "tem-se demonstrado que a sobrevivência do sistema turístico se prende a um atendimento ao cliente no mínimo satisfatório, pois cliente significa mercado. E, se *tudo depende do mercado*, há necessidade de estudá-lo, conhecê-lo, saber de seus desejos e movimentos e estimar suas dimensões"[133].

A posição do autor é extremamente significativa tanto pelo que afirma quanto pelo que não afirma. Assim, escreve: "tudo depende do mercado", inclusive o cliente. A identificação total entre cliente e mercado omite a agência humana que estrutura o mercado e que não é formada apenas pelo cliente, mas pelos agentes que exploram o cliente e os objetos de seu olhar. Todavia, a afirmação do autor coloca o mercado no centro da questão: ele é personificado e considerado um ente desejante.

---

131. Cf. Beatriz Lage e Paulo César Milone, *Economia do turismo, op. cit.*; Leandro de Lemos, *Turismo: que negócio é esse?*, Campinas: Papirus, 1999; Mario Carlos Beni, *Análise estrutural do turismo*, São Paulo: Senac, 2006 (Ouriques indica a edição de 2000, aqui usamos a de 2006); Mario Petrocchi, *Turismo: planejamento e gestão*, São Paulo: Futura, 1998; Luis Fernández Fúster, *Introducción a la teoría y técnica del turismo*, Madrid: Alianza Universidad Textos, 1991; José Ignacio de Arrillaga, *Introdução ao estudo do turismo*, Rio de Janeiro: Rio, 1976; Licínio Cunha, *Economia e política do turismo*, Lisboa: McGraw Hill, 1997; Abdon Barretto Filho, "*Marketing* turístico para o espaço urbano", *in*: Antônio Carlos Castrogiovanni (org.), *Turismo urbano*, São Paulo: Contexto, 2000; Peter W. Williams e Alison Gill, "Questões de gerenciamento da capacidade de carga turística", *in*: William F. Theobald (org.), *Turismo global*, São Paulo: Senac, 2001; Doris van de Meene Ruschmann, *Turismo e planejamento sustentável: a proteção do meio ambiente*, Campinas: Papirus, 2002 (Ouriques indica a edição de 1997, aqui usamos a de 2002); Antônio Carlos Castrogiovanni (org.), *Turismo urbano, op. cit.*
132. Helton Ricardo Ouriques, *A produção do turismo: fetichismo e dependência, op. cit.*, p. 71.
133. Mario Petrocchi, *Turismo: planejamento e gestão, op. cit.*, p. 87 (grifos meus).

A natureza, por sua vez, é vista pelos autores dessa corrente como fator de produção do turismo, portanto, deve ser catalogada, conservada ou preservada, mas como recurso turístico; o Estado é visto como regulador da atividade e responsável pelo 'bom clima para os negócios'. Lembramos que, para os enunciadores hegemônicos internacionais aqui já analisados, o papel do Estado é 'pavimentar' o acesso do mercado do turismo em todos os lugares.

Outro autor dessa corrente, Castrogiovanni, se pergunta: "por que geografia no turismo?"[134]. E procura responder tal indagação, afirmando que

> [...] é latente a falta de um referencial epistemológico próprio ao turismo [...] o turismo representa uma nova ciência que ainda transita impacientemente pelo mundo das ciências da área de humanas, entre elas, a geografia. Esta, indiscutivelmente, é fundamental por oferecer o necessário tecido espacial, alicerce da grande maioria da oferta turística[135].

A associação entre a potência de conhecimento da geografia e a produção de conhecimento para o mercado é marca registrada dessa corrente de estudos. Para o autor, é impossível trabalhar o turismo sem a oferta turística. A paisagem, e tudo o mais que a acompanha, deve ser tratada como bem, recurso pronto para a apropriação capitalista, e a geografia, como conhecimento científico, deve ajudar neste processo:

> É desafiante estender a todas as paisagens geográficas os necessários atributos para adjetivá-las como turísticas, pois as *paisagens turísticas* devem dar conta das motivações dos visitantes que as contemplam ou as utilizam. Para tanto, é fundamental o pleno conhecimento/estudo dos elementos que compõem tais paisagens[136].

É pelo estudo (notadamente por parte da geografia) que o autor acredita que "todas as paisagens geográficas" podem tornar-se "paisagens turísticas", ao

---

134. Antônio Carlos Castrogiovanni, "Por que geografia no turismo? Um exemplo de caso: Porto Alegre", *in*: Susana Gastal (org.), *Turismo: 9 propostas para um saber-fazer*, Porto Alegre: EdiPUCRS, 2002, pp. 131-43.
135. *Ibidem*, pp. 131-2.
136. *Ibidem*, pp. 132-3.

atender as motivações dos visitantes. A geografia torna-se mero instrumento comodificador quando vê reduzida toda sua potência de análise ao fornecimento de dados para estudos de mercado. Por fim, o autor sentencia:

> Deve-se resgatar significações ainda marcadas nos espaços natural, social e também no espaço das memórias, desde que elas transpirem traços, signos e sinais das diferenças, evidências importantes na formação das personalidades da oferta turística local. Tais elementos transformam-se em possibilidades de criação de uma *grife*, uma referência para a sedução e o desejo de querer estar presente, de querer interagir, e de necessitar o consumo, ou seja, de apropriação – a necessidade cultural de fazer e manter o Turismo[137].

A defesa da comodificação de tudo fica bastante evidente na escrita do autor: o que for mais etéreo (significações, traços, signos, sinais de diferenças) deve ser convertido em "evidências" para a "personalidade da oferta turística local". Deve ser usado em prol da comodificação do lugar para gerar diferenciais competitivos. De posse dessas nuances – devidamente catalogadas pela geografia –, o mercado pode conferir ao lugar um valor de *grife*. Importante notar que esse termo é do léxico da moda, que buscará seduzir, despertar desejos de consumo, tudo isso com uma única função: manter o turismo – e o mercado que lhe subjaz.

Outra corrente definida por Ouriques é a do planejamento estatal. Ela tem como

> [...] principal fundamento a crença no Estado como 'provedor' em um duplo sentido: como condutor (pelo planejamento) das políticas de desenvolvimento turístico, e, principalmente, como financiador, isto é, como suporte financeiro para a expansão do setor. Em poucas palavras, é o Estado o principal agente promotor do turismo[138].

Os autores representativos são: Luzia Neide Coriolano; novamente, Doris van de Meene Ruschmann; Luiz C. Lima; Margarita Barretto; Rita de Cássia

---

137. *Ibidem*, p. 135.
138. Helton Ricardo Ouriques, *A produção do turismo: fetichismo e dependência, op. cit.*, p. 77.

Ariza da Cruz[139]; e Anderson Pereira Portuguez[140]. A introdução do livro *Do local ao global: o turismo litorâneo cearense*, de Coriolano, traz significativas considerações para a compreensão de como tal corrente de estudos do turismo se posiciona. Acompanhemos este primeiro trecho da autora:

> A importância e o significado do turismo no mundo têm crescido de forma tão expressiva que vêm dando a esta atividade lugar de destaque na política geoeconômica e na organização espacial, vislumbrando-se como uma das atividades mais promissoras para o futuro milênio. As estatísticas da Organização Mundial do Turismo (OMT) dão conta que essa atividade mobilizou no mundo [... segue lista de estatísticas]. Tudo leva a crer que no século XXI a principal atividade "industrial" será o turismo. As estatísticas do turismo são significativas e reveladoras da importância dessa atividade. Sendo uma atividade dependente do espaço, torna-se necessário que a geografia passe a analisar o turismo para explicá-lo e compreendê-lo. O Brasil vem lutando para melhor se posicionar neste mercado [...][141].

Algumas reflexões sobre esses posicionamentos são importantes:

---

139. Embora Ouriques (Cf. Helton Ricardo Ouriques, *A produção do turismo: fetichismo e dependência*, op. cit.) considere *Política de turismo e território* (Cf. Rita de Cássia Ariza da Cruz, *Política de turismo e território*, op. cit.) como partícipe da corrente do planejamento estatal, sob nossa perspectiva, a autora faz importantes críticas ao desenvolvimento do turismo no Brasil por meio da análise do Prodetur NE, que podem ser consideradas e aprofundadas para contribuir com os estudos críticos do turismo.
140. Cf. Luzia Neide Coriolano, *Do local ao global: o turismo litorâneo cearense*, Campinas: Papirus, 1998; *Idem*, "Turismo e degradação ambiental no litoral do Ceará", *in*: Amália Inês Lemos (org.); *Turismo: impactos socioambientais*, 2. ed., São Paulo: Hucitec, 1999; Doris van de Meene Ruschmann, *Turismo e planejamento sustentável: a proteção do meio ambiente*, op. cit.; Luiz C. Lima, "O planejamento regional ajuda o turismo", *in*: Eduardo Yázigi; Ana Fani A. Carlos e Rita de Cássia A. Cruz, *Turismo: espaço, paisagem e cultura*, 2. ed., São Paulo: Hucitec, 1999; Margarita Barretto, "As ciências sociais aplicadas ao turismo", *in*: Célia Serrano, Heloisa Bruhns e Maria Tereza Luchiari (org.), *Olhares contemporâneos sobre o turismo*, Campinas: Papirus, 2000; Rita de Cássia Ariza da Cruz, "Políticas de turismo e construção do espaço turístico-litorâneo no Nordeste do Brasil", *in*: Amália Inês Lemos (org.), *Turismo: impactos socioambientais*, 2. ed., São Paulo: Hucitec, 1999; *Idem*, *Política de turismo e território*, op. cit.; *Idem*, O planejamento governamental e a política de turismo: o que são e para que servem, *in*: Encontro Nacional de Geógrafos, 13, 2002, João Pessoa, *Anais*, 2002; Anderson Pereira Portuguez, *Agroturismo e desenvolvimento regional*, São Paulo: Hucitec, 1999.
141. Luzia Neide Coriolano, *Do local ao global: o turismo litorâneo cearense*, op. cit., pp. 9-10.

1. O louvor da promissora atividade turística, com especial ênfase à "política geoeconômica". Assim, política, geografia e economia estão unidas para afirmar o destaque que o turismo vem recebendo na política internacional.
2. Os dados estatísticos são corroborados pela (des)interessada e supostamente neutra palavra da OMT. E a projeção para o futuro, neste caso, é indicada pela expressão "tudo leva a crer". Tudo o quê? 'Tudo' se refere às estatísticas apresentadas. Os números obtidos pela estatística representam a realidade e a encerram. A questão qualitativa torna-se irrelevante diante de tais provas. 'Leva a crer' no quê? No futuro da indústria, numa mostra clara de que o discurso está bem afinado com a lição de casa proposta pelo WTTC e pela OMT.
3. Por fim, a argumentação reforça a importância da geografia como ciência capaz de analisar e compreender o turismo. Pela característica ampla que a geografia oferece, facilmente poderia ter sido acrescido à lista da autora o verbo "criticar". Mas não é o caso. Afinal, o Brasil luta para "se posicionar" nesse mercado; mas isso não merece crítica? Qual o custo para o Brasil de ter de entrar em tal disputa?

O texto da autora continua:

> Apesar de possuir as regiões mais ricas em biodiversidade do Planeta [...] de reunir uma portentosa coleção de praias; de oferecer clima tropical com o sol o ano inteiro; conquanto possua lugares belíssimos [...]; mesmo possuindo cidades históricas [...] e muitos pontos pitorescos [...]; embora contando com tudo isso, o Brasil ainda não conseguiu apresentar uma imagem turística sustentável e condizente com este potencial. A imagem do Brasil veiculada no exterior ainda tem por base a gritante desigualdade social, com violência urbana, desemprego, favelas, "sem-terra". Assim, o retrato positivo de suas belezas naturais, da Região Amazônica, do carnaval, *das mulatas sambistas,* não está sendo suficiente para seduzir maiores contingentes turísticos, indicando aos planejadores que a atividade turística supõe uma sustentabilidade[142].

Abrir o trecho com "apesar" enfatiza a oposição não impeditiva entre duas ideias: uma delas é a de que o Brasil possui recursos ou atrativos turísticos em

---

142. *Ibidem*, pp. 9-10.

abundância; no entanto, a segunda ideia nega a primeira: este país ainda não conseguiu "apresentar uma imagem turística sustentável e condizente". O uso da lista de argumentos em favor da ideia do Brasil como país naturalmente turístico é construído pela produção de clichês turísticos que até aqui temos investigado. Os clichês utilizados pela autora podem ser divididos em dois tipos: de natureza e de cultura. No entanto, um chama especial atenção: a referência às "mulatas sambistas"[143].

Ao mesmo tempo que a autora reclama das desigualdades do Brasil, a nosso ver, ela reforça uma delas, a da exploração da *mulher negra brasileira*, personagem que acumula uma série de dicotomias e opressões – homem/mulher, branca/negra, nacionalidades hegemônicas/brasileira –, como clichê turístico de primeira linha para vender um determinado Brasil. Qual é o retrato positivo das "mulatas sambistas" para o Brasil e, mais importante, para a construção de sua própria condição de mulheres, sobretudo negras, neste país? O que há para ser exaltado nisso? E, ainda, o verbo "seduzir" é usado no excerto pela autora: as "mulatas sambistas" não estão sendo suficientes para "seduzir" maiores contingentes turísticos. A velha associação entre a mulata e a sedução está novamente posta, agora num discurso acadêmico produzido por *uma autora* da corrente pró-turística. Será que as mulheres negras, pejorativamente chamadas de mulatas, só servem para seduzir? E nem isso estão conseguindo fazer? Opomo-nos radicalmente a esse pensamento.

A segunda ideia, qual seja, do lamento pelo Brasil ainda não ser o que "é" (um destino turístico pleno), apresenta a parte obscura, a parte fraca das dicotomias produzidas pelo discurso turístico: "gritante desigualdade social", com "violência urbana", "desemprego", "favelas", "sem-terra"... Aqui estamos analisando os discursos turísticos, não estamos afirmando que apenas o turismo provoca todas essas mazelas – em nossa perspectiva, ele gera e colabora para efetivar (e comercializar sob a forma de atrativos turísticos) os problemas existentes, produzindo os tais clichês. Desde sua origem, o Brasil é marcado por violência e desigualdade e, a nosso ver, o turismo, tal como tem sido produzido, acaba por reforçar esse quadro.

---

143. De forma alguma queremos com nossa análise atacar a 'pessoa' da autora – a qual temos em grande estima por seus serviços prestados à educação e ao turismo no Brasil –, mas desejamos mostrar como a naturalização da condição de opressão da mulher negra é radicalmente instalada em nossa cultura e se torna 'invisível'.

Importante ressaltar que todas essas mazelas que impedem que o Brasil seja o que deveria ser já se tornaram atrativos turísticos. Temos pacotes de agências explorando cada uma delas e reinserindo a vertente lucrativa desses fenômenos ao próprio capital: turismo na favela, turismo no acampamento dos "sem-terra"[144] para aprender como eles (sobre)vivem, como se vê na reportagem "Férias com o MST: Já se pode comprar pacotes de turismo para os assentamentos da reforma agrária":

> [...] O cardápio de sugestões para as próximas férias ganhou uma opção inusitada. São seis novos roteiros em fazendas nas regiões mais bonitas do Rio Grande do Sul, incluindo locações na Lagoa dos Patos e na Serra Gaúcha. A comida não tem agrotóxicos e é toda produzida nas próprias fazendas. O visitante pode conhecer as lavouras e as criações. *E, claro, pode comprar artesanato e compotas nas lojinhas*. As acomodações são despojadas, mas o preço compensa. O valor da diária começa em 40 reais e vai até 120, a mais cara com pernoite e todas as refeições incluídas. E mais, o preço do transporte de Porto Alegre até a fazenda está incluído. Tudo isso nos assentamentos do Movimento dos Trabalhadores Rurais Sem Terra (MST). Neste mês começou a funcionar em Porto Alegre *a primeira agência especializada exclusivamente em pacotes turísticos nos assentamentos*. Por enquanto, só dá para visitar os da Região Sul. No próximo verão também vão ser oferecidos pacotes para os assentamentos no Nordeste. No futuro, a ideia do projeto "MSTur", como foi batizado pelo MST, é permitir o acesso de turistas somente por meio de agências credenciadas. Os acampamentos *sempre estiveram abertos a visitantes que nunca precisaram pagar nada. O MST fez as contas e percebeu que o turismo engajado pode render um dinheirinho razoável*[145].

Para que os problemas sociais apontados pela autora sejam sanados no intuito de respaldar "a qualidade da imagem de um lugar turístico", é preciso uma "realidade local que ofereça condições viáveis para potencializar a oferta com a máxima confiabilidade"[146]. Aí, sob a perspectiva da comodificação, se dá o momento em que o social deve tornar-se *commodity* turística, num processo legitimado pela academia, para que possa merecer a atenção dos governos e

---

144. Cf. <http://veja.abril.com.br/241001/p_135.html>. Acesso em: jun. 2019.
145. *Veja*, São Paulo: 24 out. 2001, n. 1723 (grifos meus).
146. Luzia Neide Coriolano, *Do local ao global: o turismo litorâneo cearense, op. cit.*, p. 1.

do mercado. É preciso que o social contribua para "potencializar a *oferta* com a *máxima* confiabilidade". Se não for confiável, não entra no negócio – em nossos termos, não passa no teste da comodificação –, não tem atenção do mercado nem do Estado. No restante do livro, a autora tece 'críticas' às formas como o turismo 'deve' ser planejado, mas afirma a todo tempo, e é isso que nos importa, que *ele deve ser planejado*.

Acompanhemos agora um pouco das ideias de Ruschmann, outra autora da mesma corrente de estudos do turismo:

> [...] na gestão do turismo, o Estado tem as seguintes responsabilidades (OMT, 1983, p. 23):
> Assegurar o direito ao lazer e às férias para a população
> Preparar os cidadãos para o turismo
> Assegurar o desenvolvimento econômico por meio do turismo
> Assegurar o desenvolvimento sociocultural por meio do turismo
> Salvaguardar e proteger a natureza[147].

Essas responsabilidades, como a própria citação da autora apresenta, são baseadas na OMT[148]. No estudo crítico do turismo, é importante que possamos elaborar uma rede de conexão dos enunciados, e, uma vez que o contexto do turismo é essencialmente marcado pela presença do mercado, precisamos identificar como é que ele coopta outros agentes para trabalharem a seu serviço. Nesse caso, a academia exorta o Estado a "preparar os cidadãos para o turismo" – expressão forte, que merece toda atenção no contexto em que a lemos. Nesse sentido, 'preparar' significa tornar o cidadão um consumidor: é indício da comodificação do próprio cidadão. Se criticamente lidos, os objetivos propostos apontam para uma mesma direção: é preciso apresentar a ideia de que o lazer e as férias são direitos que o Estado deve assegurar à população, para em seguida introduzir a ideia de cidadania aliada ao exercício do consumo do turismo. Já vimos esse discurso na OMT e no MTUR. Esse exercício devidamente realizado pelos *cidadãos-tornados-consumidores* poderá trazer o

---

147. Doris van de Meene Ruschmann, *Turismo e planejamento sustentável: a proteção do meio ambiente*, op. cit., p. 28.
148. Infelizmente, no referido livro da autora, não há em suas referências bibliográficas nenhuma indicação de publicação relativa à fonte "OMT (1983)", sendo assim, é impossível citarmos o documento mencionado pela autora.

desenvolvimento econômico e sociocultural (a "justa recompensa" prometida pelos enunciadores hegemônicos). Por fim, o patrimônio – a natureza – deve ser 'salvaguardado' e 'protegido', mas como recurso para se tornar *commodity*. Está feita a lição de casa: a academia brasileira acriticamente recebe os enunciados da OMT e os redirige ao Estado.

Quanto ao papel da academia, para autores representativos da corrente do planejamento estatal, como Barretto, o turismo continua "sendo marginal por não ter os subsídios da academia para um planejamento adequado"[149]. A autora também defende o papel da academia como subsidiadora do planejamento para o mercado do turismo. Nesse âmbito, diversas disciplinas científicas têm sido utilizadas para melhor produzir *commodities* turísticas. Para alguns autores, "a antropologia é uma das ciências essenciais para saber como desfrutar melhor uma viagem e aproveitar seus conteúdos culturais"[150], assim como a geografia, que tem servido para mapear a paisagem turística[151]. Trata-se de um empobrecimento do uso de tais formas de produção do conhecimento, especialmente aqui nas convenientes negligências de Trigo, para com a antropologia, e de Jafari, para com a geografia. Os autores dessas correntes de estudo procuram apresentar panoramas demasiado enfraquecidos para as disciplinas que têm potencial crítico ao turismo. O resultado disso é a limitação das possibilidades de análises dos estudantes que procuram se basear em tais propostas, o que pode levar apenas à produção de estudos não críticos.

A terceira corrente é a pós-moderna, da qual Ouriques considera autores representativos: Adyr B. Rodrigues; Eduardo Yázigi; Marutschka Moesch; e Luiz Gonzaga Godoi Trigo[152]. Tal corrente é pautada "pela crítica ao turismo em massa e pelo elogio à diferenciação e/ou segmentação do mercado turístico,

---

[149] Margarita Barretto, "As ciências sociais aplicadas ao turismo", *in*: Célia Serrano, Heloisa Bruhns e Maria Tereza Luchiari (org.), *Olhares contemporâneos sobre o turismo, op. cit.*, p. 23.

[150] Luiz Gonzaga Godoi Trigo, "A viagem como experiência significativa", *in*: Alexandre Panosso Netto e Cecília Gaeta, *Turismo de experiência, op. cit.*, p. 31.

[151] Cf. Jafar Jafari, "Prefácio", *in*: Alexandre Panosso Netto e Cecília Gaeta, *Turismo de experiência, op. cit.*, p. 9.

[152] Cf. Adyr B. Rodrigues, *Turismo e geografia: reflexões teóricas e enfoques regionais*, São Paulo: Hucitec, 1999; *Idem, Turismo e espaço*, São Paulo: Hucitec, 2001; Eduardo Yázigi, Ana Fani Carlos e Rita de Cássia Ariza da Cruz (org.), *Turismo: espaço, paisagem e cultura, op. cit.*; Marutschka Moesch, "O fazer-saber turístico: possibilidades e limites de superação", *in*: Susana Gastal, *Turismo: 9 propostas para um saber-fazer, op. cit.*; Luiz Gonzaga Godoi Trigo, *Turismo e qualidade: tendências contemporâneas*, Campinas: Papirus, 1993; *Idem, A sociedade pós-industrial e o profissional em turismo*, Campinas: Papirus, 1998.

com ênfase na cultura, patrimônio histórico e natural"[153]. Quanto à educação, o posicionamento de tal corrente pode ser bem compreendido analisando-se as ideias de Trigo. Segundo ele, "o sistema educacional precisa transformar-se rapidamente para sanar suas falhas e adequar-se às exigências das sociedades e dos mercados regional e local, nessa nova fase as exigências primordiais são qualidade, competitividade e compreensão da segmentação"[154].

Para o autor, é o sistema educacional que precisa transformar-se, e, notemos, rapidamente – característica fundamental da contemporaneidade, a velocidade é condicionante para a transformação do sistema de educação. Este deve sanar aquilo que Trigo chama de "falhas". Em que o sistema educacional vigente está falhando? Falha em acompanhar a estonteante velocidade com que se move o mercado. Para que a educação possa acompanhar tal ritmo, devem ser seguidos os critérios do mercado: "qualidade", "competitividade" e "segmentação". Assim, aquilo que é falho justamente por não ser condicionado pela competição do mercado poderá formar melhores pessoas ou, mais precisamente, melhores agentes mercadológicos prontos para viverem no mundo competitivo dominado pelo mercado em suas mais diferentes formas.

O discurso dessa corrente de análise é bastante fluido e vai se atualizando. Além de usar os conceitos de turismo propriamente dito, tais autores se utilizam de alguns eufemismos como 'viagem' ou 'experiência', dando uma conotação mais poética ao ato econômico da exploração da viagem, da sociedade e do ambiente pelo turismo.

Por conta da força dos enunciados da academia brasileira que procura estudar o turismo, especialmente dos autores destas três correntes hegemônicas – a liberal, a do planejamento estatal e a pós-moderna –, para as localidades receptivas e seus moradores, o discurso do turismo confunde-se com o da esperança no desenvolvimento. Ideia esta que é corroborada por muitos autores: turismo tal qual última fronteira para se alcançar o tão almejado desenvolvimento sustentável. Quando a academia produz enunciados que promovem essa ideia, está legitimando o turismo com seu aval de conhecimento inequívoco.

Todo esse panorama da intelectualidade brasileira que aborda o turismo nos ajuda a avançar no estudo crítico sobre o tema, ao mostrar a situação atual

---

153. Helton Ricardo Ouriques, *A produção do turismo: fetichismo e dependência*, op. cit., p. 71.
154. Luiz Gonzaga Godoi Trigo, "Apresentação à edição brasileira", *in*: David Airey e John Tribe (org.), *Educação internacional em turismo*, São Paulo: Senac, 2008, pp.13-6.

da academia como a da "capitulação total da intelectualidade aos ditames do mercado, que acabam transformando a pesquisa em valores de uso e de troca capitalistas"[155].

Na análise de Ouriques, há ainda a corrente de estudos críticos ao turismo, representada por autores como: Adyr B. Rodrigues; o próprio Ouriques; Maria Tereza Luchiari; e Edvaldo Moretti. Acrescentamos à lista[156] Célia Serrano e Fabio Cascino[157], em suas críticas ao turismo e ecoturismo. Eu mesmo também estudei de maneira crítica a questão do ecoturismo e suas relações com a educação ambiental[158]. Nessa relação, poderiam ser acrescentados diversos outros autores acadêmicos – de áreas como a geografia, a antropologia e a psicologia – que se dedicaram a estudar criticamente o mercado turístico.

Turismo como ciência: disputas de poder na academia

A produção acadêmica e o estudo do turismo são modalidades enunciativas que posicionam aqueles que fazem parte de seu processo: o pesquisador na academia, o professor em sala de aula, o estudante que pesquisa, o morador do local turístico que tem a vida transformada pelo turismo, o servidor do turismo que tem sua vida atrelada à dinâmica turística, o turista, entre outros. As "modalidades enunciativas são tipos de atividade discursiva, como descrição, formação de hipóteses, formulação de regulações, ensino, e assim por diante, cada uma das quais tem associadas suas próprias posições de sujeitos"[159]. É

---

155. Helton Ricardo Ouriques, *A produção do turismo: fetichismo e dependência, op. cit.*, p. 82.
156. Sabemos que a lista é bem maior e que há vários autores estudando o turismo de perspectivas críticas. Os autores desta corrente sempre serão citados para colaborar nas análises críticas. Outros autores já foram citados em momentos anteriores deste texto.
157. Cf. Adyr B. Rodrigues, *Turismo e espaço, op. cit.*; Helton Ricardo Ouriques, *A produção do turismo: fetichismo e dependência, op. cit.*; Célia Serrano, Heloisa Bruhns e Maria Tereza Luchiari (org.), *Olhares contemporâneos sobre o turismo, op. cit.*; Edvaldo Moretti, *Pantanal, paraíso visível e real oculto: o espaço local e o global*, 192f., tese (Doutorado em Geografia), Universidade Estadual Paulista "Júlio de Mesquita Filho", Rio Claro: 2000; Célia Serrano, *Viagens à natureza: turismo, cultura e ambiente*, 4. ed., São Paulo: Papirus, 2001; Fabio Cascino, "Pensando a relação entre educação ambiental e ecoturismo", *in:* Célia Serrano, Heloisa Bruhns e Maria Tereza Luchiari (org.), *Olhares contemporâneos sobre o turismo, op. cit.*
158. Cf. Hélio Hintze, *Ecoturismo na cultura de consumo: possibilidade de educação ambiental ou espetáculo?*, 137f., dissertação (Mestrado em Ecologia Aplicada), Escola Superior de Agricultura "Luiz de Queiroz", Piracicaba: 2008; Idem, *Ecoturismo na cultura de consumo: possibilidade de educação ambiental ou espetáculo?*, Jundiaí: Paco, 2013.
159. Norman Fairclough, *Discurso e mudança social, op. cit.*, p. 68.

de suma importância compreender que, se o turismo é um movimento do mercado na contemporaneidade, todas as posições dos sujeitos dos enunciados sobre o turismo (a favor ou contra) devem se posicionar igualmente em relação ao mercado. É estratégia primeira do abuso de poder definir quem pode participar dos diversos eventos discursivos, pois "se o discurso controla mentes, e mentes controlam ação, é crucial para aqueles que estão no poder controlar o discurso em primeiro lugar"[160]. Os pesquisadores que avidamente procuram legitimar o turismo estão operando como agentes e porta-vozes do mercado. Afirmar desconhecimento disso é afirmar uma "ignorância proposital"[161] sobre tal temática. É necessário analisar criticamente o tema da condição dos acadêmicos na atualidade e de sua responsabilidade moral diante de seus objetos de estudo.

Outro ponto importante a ser considerado é que o fato de o turismo participar do discurso científico como seu objeto de estudos lhe confere a benção de, aparentemente, não ser mais um conhecimento ambíguo, impreciso, apenas um tema do senso comum. A benção da ciência é justamente a da (pretensa) precisão da informação, portanto, da confiabilidade, da credibilidade do que se tem como dado, uma vez que ela é considerada uma "instituição armada de garantias internas de imparcialidade e ausência de paixão"[162]. Cumpre salientar que não é bem assim. A ciência, como qualquer outra instituição social, está colocada num plano maior de debates, de disputas de poder. Como qualquer outra empresa humana, a ciência é repleta de egos, paixões e disputas demasiado humanas.

O turismo vem sendo transformado, ao mesmo tempo que colabora para transformar o mundo. Faz muito que essa força do capital não pode mais ser ignorada. Como indústria, o turismo movimenta trilhões de dólares, euros, ienes, libras, reais... ao redor do mundo, anualmente. Para que o dinheiro possa ser movimentado, essa indústria aciona aviões, trens, ônibus, navios que transitam pelo planeta, alterando sua natureza, poluindo, causando impactos de todo tipo. Movimenta gente também, fazendo com que pessoas se desloquem de seus domicílios e partam em busca de aventura, emoção, diversão, descanso, contemplação, bons serviços, segurança. Em seus discursos legitimadores,

---

160. Teun A. van Dijk, *Discurso e poder*, op. cit., p. 18.
161. Noam Chomsky, *O império americano: hegemonia ou sobrevivência*, Rio de Janeiro: Elsevier, 2004, pp. 48-55.
162. Zygmunt Bauman, *Modernidade e ambivalência*, op. cit., p. 209.

gera toda sorte de empregos e é tida como uma das grandes alternativas para o desenvolvimento (que, nos discursos, deve ser sempre sustentável). Essas relações complexas têm exigido cada vez mais a atenção da academia. Estudos em diversos níveis acadêmicos têm sido realizados para tentar compreender tais fenômenos: graduações, especializações *lato sensu*, pós-graduações *strictu sensu* em nível de mestrado, doutorado e mestrados profissionalizantes têm se dedicado a estudar o turismo. Autores de diversas áreas do saber – humanas, sociais e exatas – procuram estudar o turismo e suas características.

Há um debate no âmbito acadêmico que se propõe a estudar o turismo. Um de seus mais eminentes enunciadores acadêmicos no Brasil afirma o seguinte:

> [...] observa-se uma preocupação interrogativa em alguns meios acadêmicos no sentido de saber se Turismo é ciência, em que estágio de desenvolvimento se encontra e se poderia ser tratado em etapa de cientização. A verdade é que muitos teóricos [...] vêm investigando e propondo as bases de categorização epistemológica do Turismo, contribuindo todos eles para o estabelecimento de seus fundamentos científicos. No Brasil, vários estudiosos têm se debruçado sobre esse tema, contribuindo para o esforço universal de construir uma nova ciência[163].

Sua questão central pode ser assim assumida: o turismo é uma ciência? O prisma das respostas é diverso: desde um eloquente sim até a sua mais completa negação. Outros dois autores da corrente hegemônica do turismo procuram apresentar esse panorama. Para Lohmann e Panosso Netto, o debate pode ser definido assim:

> São três as correntes a respeito deste tema. A primeira diz que o turismo não é uma ciência, mas está trilhando o caminho para tornar-se uma, pois está passando pelas mesmas fases de outras ciências que surgiram no início do século XX, tais como a Antropologia e a Etnografia. A segunda corrente diz que o turismo não é e nunca será uma ciência, pois se constitui apenas de uma atividade humana, e é auxiliado pelas ciências em seus estudos. A argumentação deste grupo diz que os estudos turísticos não possuem um objeto de pesquisa claro e definido, nem um método de estudo particular, o que o inviabiliza de se tornar uma ciência. O terceiro grupo de pesquisadores diz que o turismo é uma ciência por possuir um

---

163. Mario Carlos Beni, *Análise estrutural do turismo, op. cit.*, p. 43.

corpo teórico maduro e relativamente grande; todavia esses pesquisadores ainda não conseguiram comprovar esta afirmação por meio de seus estudos[164].

Para Ada Dencker, "o turismo como objeto de estudos se constitui de um núcleo no qual as diferentes disciplinas se entrelaçam, permitindo que seja possível estabelecer um corpo de conhecimentos interdisciplinares"[165]. Ao mesmo tempo que a autora tece críticas ao "colonialismo metodológico", afirma que "a pesquisa é um elemento estratégico indispensável para a liderança dos mercados e a determinação de futuros alternativos dentro da vocação específica de cada país e em consonância com a identidade de cada um"[166]. Ou seja, ela apresenta os potenciais da pesquisa acadêmica como indispensáveis ao fortalecimento da posição do *mercado*, que, por sua vez, é um eufemismo usado para omitir a mediação conflituosa e nada *harmônica* desse ambiente, para, enfim, produzir mais *mercado*. A academia deve, segundo a autora, produzir conhecimentos que possibilitem o estabelecimento de uma posição mais forte e competitiva para o país dentro do mercado internacional do turismo. *Nesse* caso, a pesquisa do turismo deve fortalecer essa posição do mercado, ou melhor, dos agentes que se omitem sob a alcunha de *mercado*.

Proveniente da OMT, o referencial teórico usado pela autora enfatiza que "a transmissão de conhecimento é o ponto fundamental do processo educativo"[167]. Paulo Freire ensina-nos o contrário, que é justamente aí que reside um dos principais problemas para a produção de condições à autonomia do educando[168]. Nesse sentido, a pesquisa comodificadora em turismo necessita da transmissão acrítica dos saberes dos poderosos aos que nada têm. Assim, a pesquisa em turismo proposta pela autora pode ser usada como ferramenta colonizadora. Esse exemplo apresenta com clareza a questão de que a ideia de uma ciência do turismo é, antes de tudo, política. Nossa perspectiva é diametralmente oposta à da autora. Dilemas da pós-modernidade nos levam a nos posicionar contra a forma como o turismo vem sendo produzido como ciência

---

164. Guilherme Lohmann e Alexandre Panosso Netto, *Teoria do turismo: conceitos, modelos e sistemas*, São Paulo: Aleph, 2008, p. 23.
165. Ada de Freitas Maneti Dencker, *Métodos e técnicas de pesquisa em turismo*, 7. ed., São Paulo: Futura, 2003, p. 32.
166. *Ibidem*, p. 39.
167. Organização Mundial do Turismo, *Turismo internacional: uma perspectiva global, op. cit.*, p. 39.
168. Cf. Paulo Freire, *Pedagogia da autonomia: saberes necessários à prática educativa*, São Paulo: Paz e Terra, 2000.

por parte da corrente hegemônica de estudos desse tema no Brasil, reforçando nossa posição política como investigadores críticos.

Por fim, baseada na posição da OMT, a autora elenca os referenciais teóricos que devem ser usados (e, mais importante, como devem ser usados) para o estudo do turismo:

> **Psicologia** (estudo das motivações, preferências e condutas dos turistas, com base nas teorias psicossociais de motivação, personalidade e percepção).
> **Antropologia** (estuda as condições socioeconômicas-culturais que determinam a necessidade de viajar; os efeitos que a interação social provoca no comportamento das populações receptoras e a emissão de choques e as consequências culturais).
> **Sociologia** (estuda o turismo como fenômeno social em crescimento contínuo; o comportamento de grupos distintos em função da nacionalidade, da formação, da *religião*, do sexo etc.).
> **Economia** (estuda a quantificação dos efeitos econômicos do turismo; a possibilidade do turismo como fator de desenvolvimento). O emprego da análise econômica apresenta, porém, os seguintes problemas: o turismo não se constitui em um setor econômico dentro das classificações tradicionais; para efeito de análise e quantificação, está classificado dentro do setor de serviços, embora movimente os demais setores.
> **Geografia** (análise a partir da perspectiva do espaço: fluxos, redes de transporte, entorno ambiental).
> **Direito** (estuda a aproximação e a harmonização das legislações nacionais no contexto da globalização).
> **Educação** (definição dos conceitos básicos necessários à formação do profissional e à especialização, incluindo mudanças e tendências); [...]
> **Ecologia** (estuda a capacidade de regeneração dos recursos; a sustentabilidade)[169].

Da perspectiva que trabalhamos, analisando criticamente o mercado e seus agentes, é perceptível que o recorte escolhido pela autora para cada uma das contribuições utilitaristas dessas disciplinas é voltado para a legitimação do turismo. Ao mesmo tempo, a escolha do referencial por parte da OMT, corroborada pela autora em questão, destitui cada uma das disciplinas de suas armas para o estudo crítico, colocando-as absolutamente a serviço da como-

---

169. Ada de Freitas Maneti Dencker, *Métodos e técnicas de pesquisa em turismo*, op. cit., pp. 29-30.

dificação: que dizer aos estudantes de turismo que se valeram dos referenciais teóricos propostos pela autora? Será que conseguiram libertar-se do jugo desse colonialismo do mercado ou, a partir do estudo desses referenciais, passaram a (re)produzi-lo e legitimá-lo em seus estudos? Quantos estudos comodificados e comodificadores foram produzidos a partir da aceitação acrítica do conteúdo desses discursos todos que até aqui analisamos?

Na segunda corrente sobre o debate acerca da cientificidade do turismo está Boullón. Esse autor representa aqueles que defendem que o turismo não é, nem nunca será, uma ciência. Ele afirma que "nenhum daqueles que dizem que o turismo é uma ciência pôde nos explicar a que tipo de conhecimento pertenceria tal atividade"[170]. Para Boullón, "por mais que nos esforcemos, não podemos conceber a atual nem a futura existência das ciências do turismo em si mesmas, embora entendamos, sem dúvida, o turismo como fenômeno social, e acreditemos na eficiência da pesquisa social para determinar sua essência e resolver sua complexa problemática"[171].

Na obra *Planejamento do espaço turístico*, o autor apresenta argumentos sobre a não possibilidade de o turismo converter-se em ciência. Entre eles, a falta de um corpo coerente de hipóteses e de um objeto próprio[172]. Aqui, concordamos com a sua argumentação sobre a não possibilidade de o turismo tornar-se uma ciência. No entanto, nos afastamos das suas propostas para o planejamento do turismo, mantendo-nos críticos a ele da mesma forma que a outros autores que procuram legitimar o turismo, seja pela via que for.

Lohmann e Panosso Netto parecem pertencer ao terceiro grupo, quando afirmam que "o estudo do turismo, se comparado ao de outras ciências como filosofia, história, química e matemática, por exemplo, é recente. Esse é um dos motivos pelos quais muitos estudiosos e pesquisadores de outras áreas criticam-nos ao afirmarem que as pesquisas produzidas em turismo são superficiais, pouco científicas e dispensáveis"[173]. Ora, se a filosofia, a história, a química e a matemática são as "outras ciências", obviamente o turismo também é considerado uma ciência, ao menos na defesa implícita no texto.

---

170. Roberto C. Boullón, *Planejamento do espaço turístico,* Bauru: Edusc, 2002, p. 21.
171. *Ibidem*, p. 24.
172. *Ibidem*, pp. 19-28.
173. Guilherme Lohmann e Alexandre Panosso Netto, *Teoria do turismo: conceitos, modelos e sistemas,* op. cit., p. 13.

Outros autores dessa corrente, como Ansarah, acreditam que exista uma "ciência turística". Para ela,

> [...] o controle das correntes turísticas, por meio do método científico, permite-nos conhecer o número de turistas que entraram ou saíram de um país em determinada época do ano, bem como seu perfil, necessidades e desejos, a fim de adequar a oferta turística das destinações. Permite, ainda, levantar dados sobre o mercado turístico, conhecer as concorrências e os serviços aos turistas, fornecendo essas informações, após cuidadosa análise e reflexão, aos empresários que desconhecem as preferências e as próprias estruturas do mercado[174].

É por meio daquilo que a referida autora chama de método científico que as mais diversas informações sobre as "correntes turísticas" (número de turistas que entraram ou saíram, perfil, necessidades e desejos) podem ser conhecidas com a confiabilidade auferida pela 'ciência'. Trata-se de uma visão utilitarista da ciência, a qual deve fornecer instrumentos a serem utilizados pelo mercado.

Com qual finalidade? A de "adequar a oferta turística das destinações". De acordo com essa ideia, os conhecimentos produzidos pela ciência – como quer a autora – devem ser utilizados como insumos à adequação dos lugares e culturas (designados nos estudos turísticos pelo termo 'destinações') a alguma outra coisa. Todavia, essa 'outra coisa' (que o verbo adequar exige) não é afirmada no texto. Na argumentação da autora, o verbo 'adequar' fica sem seu complemento. Será mero lapso linguístico apenas ou será omissão proposital? Sabemos que as 'destinações' devem ser adequadas à 'demanda' e, portanto, ao mercado e seus agentes. Por meio das informações sobre o número de turistas e suas preferências, a ciência ajudará a adequar (tornar-se ajustado, adaptado, amoldado, conveniente ou oportuno) a vida dos moradores locais aos anseios dos turistas (demanda), e, de forma mais radical, ao anseio de lucro dos empresários do turismo.

Há, na tentativa de legitimação do turismo como ciência, a constante confusão entre esta e as pesquisas do âmbito do *marketing* (pesquisas de mercado, planos de negócios etc.). Será que a ciência pode ajudar a conhecer os desejos dos turistas? O estudo do turismo está cheio de estatísticas que procuram apre-

---

174. Marília Gomes dos Reis Ansarah, "Apresentação", *in*: Ada de Freitas Maneti Dencker, *Métodos e técnicas de pesquisa em turismo, op. cit.*, p. 5.

sentar dados sobre gostos e preferências, entre outras questões qualitativas. Será que tais estudos conseguem traduzir em números tais impressões?

No excerto analisado, a ciência deve preocupar-se apenas e tão somente em conhecer as características da demanda (turistas pagantes); a partir daí, deve fornecer dados aos empresários (agentes do mercado) para que eles formatem a oferta (formada essencialmente por gente). Nesse caso, as informações científicas servem também para munir os empresários sobre dados da concorrência, serviços aos turistas etc. Vemos que, ao menos nesse raciocínio, não há na ciência turística, defendida pelos autores que estamos analisando, nenhum interesse em saber das preferências daqueles que residem no local turístico, seus anseios, suas frustrações, para poder adaptar os turistas a essas condições. Tal ciência é possível e contribuiria para um estudo crítico do turismo. Os deslocamentos humanos e os possíveis encontros deveriam ser pensados em direção diametralmente oposta à atual. Deveriam considerar os anseios dos habitantes locais e que são apropriados pelo turismo, descolonizando assim o próprio turismo. Mas, nas atuais condições, isso se mostra praticamente impossível; é necessário, antes, pensar radicalmente uma novidade para esses deslocamentos humanos.

No entanto, a proposta feita por vários dos autores aqui analisados, de utilização desses possíveis aspectos científicos (a quantificação), está a serviço de outra coisa maior: o *planejamento do turismo*. Este (seja ele de um mercado ou do fluxo de turistas em um atrativo) deve ser pensado de maneira científica, ou melhor, deve ser racionalizado. A racionalização de um espaço para uma atividade turística é tudo, menos a manutenção da espontaneidade e fruição de qualquer possível experiência dos turistas ou de vivência dos locais. O planejamento da frequência turística é, por si só, manipulador das qualidades do lugar/povo visitado em função da aparente fruição dos turistas.

Importante salientar que quantificações não são mostras de inequívoca cientificidade, uma vez que "a informação produzida pelo ato de contar pode ser valiosa, às vezes, para ajudar a pessoa a ter uma ideia ou, ainda mais que isso, para dar apoio a uma ideia. Mas a mera atividade de contar não faz ciência"[175].

Quanto às pesquisas científicas que buscam conhecer os perfis, necessidades e desejos dos turistas, ninguém tem a menor condição de afirmar que, nesses estudos, entrevistas etc., tais turistas realmente foram sinceros ou se

---

175. Neil Postman, *Tecnopólio: a rendição da cultura à tecnologia*, São Paulo: Nobel, 1994, p. 156.

responderam de acordo com aquilo que acharam mais apropriado ao olhar do entrevistador. Não há como saber se os dados foram bem coletados, se as opções dadas nos questionários, se fossem postas de outra forma, produziriam outros resultados, e daí por diante. Não há, efetivamente, como auferir certeza absoluta a esse tipo de informação. Sabemos que esses problemas não são suficientes para desqualificar a ideia de turismo como ciência, mas eles indicam problemas graves que impedem o sonho do conhecimento preciso que o mercado busca ao tentar utilizar a chancela do conhecimento científico para sua própria legitimação.

Perguntamos: qual a finalidade das estatísticas, a não ser servirem de fontes de dados para o planejamento turístico de larga escala, procurando prever comportamentos? Como é possível prever comportamentos humanos? Outro problema é: se os dados estão sendo produzidos pelo mercado, ou por ele patrocinados, não há garantia de que interesses econômicos não deem o viés da pesquisa[176]. Nesse sentido, nos parece que os anseios científicos da autora se limitam às necessidades de estudos gerenciais para administrar o turismo.

Montejano afirma que o turismo se converte "numa disciplina técnico-científica que está estreitamente relacionada com outras disciplinas e conhecimentos científicos, dando-lhe um vínculo interdisciplinar e multidisciplinar"[177]. O autor também apresenta uma série de inter-relações entre o turismo e outras disciplinas, tais como: política, relações internacionais e direito; estatística e economia; psicologia, sociologia e antropologia; história, geografia, arquitetura, urbanismo e ambiente; jornalismo e literatura; *marketing*, publicidade e relações públicas; até mesmo medicina e religião. A inter-relação imaginada pelo autor entre turismo e religião merece destaque:

> [...] *a religião e o turismo*: a atividade turística permite não apenas algumas possibilidades de descanso, entretenimento, recreação e cultura, como também certa terapia e paz interior de caráter psicológico e, inclusive, espiritual. O turismo religioso, por exemplo, é uma das atividades que têm mais importância entre o conjunto de turistas crentes e praticantes de determinada religião[178].

---

176. Cf. Sheldon Rampton e John Stauber, *Trust us, We're Experts!*, New York: Center for Media and Democracy, 2002, pp. 199-204.
177. Jordi Montaner Montejano, *Estrutura do mercado turístico*, op. cit., p. 7.
178. *Ibidem*, p. 10 (grifos meus).

Para o autor, o turismo possibilita (mediante pagamento, e isso não é citado) uma terapia de cunho espiritual. Nesse momento, o capital vai mais longe, atinge diretamente o espírito do fiel e o transforma em *fiel-turista-devoto-do-mercado*. É por meio do mercado que agora se pode atingir a "paz interior".

Para Margarita Barretto,

> [...] a ciência do turismo está ligada aos estudos que dizem respeito à sociedade [...] abrange o estudo de impactos sociais e ambientais, e relação entre o turista e a população residente, a análise da legislação, criação de modelos matemáticos para cálculos de fluxos turísticos, pesquisa de opinião de residentes, metodologia da pesquisa aplicada ao planejamento do turismo, estudo de modelos de ensino de turismo, planejamento e criação de novos produtos turísticos (novos núcleos, eventos, pacotes, *tours*), elaboração de teorias sobre a forma como acontece o fenômeno turístico (motivações para viajar, preferências do consumidor, análise do efeito multiplicador etc.)[179].

Nesse sentido, a afirmada ciência do turismo utiliza-se de estudos sociológicos, ecológicos, de direito (e legislação), da matemática e estatística, da educação, além, é claro, de estudos econômicos. Chama a atenção a ideia da criação de "modelos matemáticos" para o cálculo de fluxos turísticos. A utilização da matemática, que ocupa um lugar central na ciência moderna, parece trazer confiabilidade aos dados. Surgem dois pontos a serem considerados sobre o conhecimento científico moderno: 1. conhecer é sinônimo de quantificar: o rigor da ciência é auferido pelo de suas medições; 2. o método científico é apoiado na redução da complexidade do mundo[180].

Outros pontos mais qualitativos também são abordados pela autora, entre eles, pesquisa de opinião com os residentes e modelos de ensino do turismo. Todas essas fontes de estudos são utilizadas pelo mercado para sua manutenção e capilarização.

Para a autora, tal ciência do turismo "está ainda em formação [e consiste] na elaboração de teorias sobre o funcionamento do fenômeno turístico e de modelos explicativos. Uma das teorias mais difundidas é a dos sistemas, adotada e divulgada, no Brasil, por Beni"[181]. O modelo teórico proposto por Mário Beni,

---

179. Margarita Barretto, *Manual de iniciação ao estudo do turismo,* Campinas: Papirus, 2001, p. 130.
180. Cf. Boaventura de Sousa Santos, *Um discurso sobre as ciências, op. cit.*, pp. 27-8.
181. Margarita Barretto, *Manual de iniciação ao estudo do turismo, op. cit.*, p. 133.

um dos autores mais importantes do estudo do turismo no Brasil, é o Sistema de Turismo (Sistur), baseado na Teoria dos Sistemas[182].

Para o autor, "o Turismo vem se firmando como ciência humana e social, ainda que seus efeitos econômicos sejam os que mais se destacam, merecendo não só a atenção de mais pesquisadores e empreendedores, como também maior e melhor tratamento estatístico"[183]. Se os efeitos econômicos são os que mais se destacam é porque eles são os que mais interessam a quem mais tem poder, pois são a representação da movimentação do dinheiro. Por certo, para as pessoas de muitas localidades apropriadas pelo turismo à revelia de sua vontade, não é o aspecto econômico que mais interessa: interessam as questões ambientais, de convivência, de respeito. Todavia, seus agentes não têm o poder de fazer com que esses temas se tornem relevantes. Beni afirma que esses efeitos não chamam a atenção somente dos pesquisadores, mas dos empreendedores. Os demais efeitos sociais, culturais, ambientais e psicológicos do movimento dos turistas ainda não ganharam atenção dessa suposta ciência, tampouco dos empreendedores, que visam ao lucro. Os estudos hegemônicos do turismo se mantêm sob a égide da quantidade, e não da qualidade.

Beni defende ainda que o objeto de estudos 'da ciência turística' é próprio, muito embora não o delimite claramente. O autor afirma ainda que as "variáveis e métodos de análise [do turismo são] tomados de empréstimo de outras ciências já consolidadas"[184].

Por fim, em sua conceituação, o autor arrisca uma estranha defesa do turismo como ciência. Para ele, a ciência turística pode ser traduzida "no conceito moderno de ciência da expressão do homem no mundo global, competitivo, e que quer se transcender rumo a uma nova visão de valores universalistas"[185].

O turismo é uma expressão do ser humano? Uma essência? Claro que não, pois a indústria turística é muito recente para ser algo próprio da natureza humana. A defesa da ideia de Beni sobre a ciência do turismo gera várias dúvidas: qual seria a expressão do homem no mundo global e competitivo? Qual a visão que esse autor tem do mundo global e competitivo? O que são "valores universalistas"? Qual seria sua nova visão?

---

182. Para um aprofundamento no Sistema de Turismo (Sistur) proposto por Beni, recomendamos o estudo da obra *Análise Estrutural do Turismo, op. cit.*
183. Mario Carlos Beni, *Análise estrutural do turismo, op. cit.*, p. 43.
184. *Ibidem.*
185. *Ibidem.*

O texto de Beni disserta sobre valores universalistas, mas estes são valores que afirmam os valores do mercado e do lucro como universais. O autor também move uma verdadeira cruzada pela legitimação do turismo como algo para além do mercado, afirmando que a relação entre turismo e lucro não se faz necessária. Acompanhemos o autor:

> No turismo, pode-se imaginar, *a priori*, que tanto a área estatal como a empresarial têm como objetivo real o lucro. O Estado espera da atividade turística o superávit no balanço de pagamentos na conta específica, em razão do ingresso de divisas, e as empresas que atuam no setor igualmente dimensionam a prestação de seus serviços em razão da lucratividade dos investimentos necessários.
> Entretanto, quando se analisam as partes do sistema, verifica-se que a medida de seu rendimento global está na razão direta da capacidade de controle de seus componentes e atividades, *e nem sempre esse rendimento está vinculado a lucro*. Ao Estado compete o investimento social não só na infraestrutura de apoio à atividade, mas também na implantação de programas de turismo socializados, com o objetivo de facilitar o acesso ao turismo das classes menos favorecidas economicamente. E esse estrato da demanda somente poderá ser atendido e viabilizado sem objetivo de lucro e recuperação de investimentos. A empresa privada igualmente terá de investir na qualificação de mão de obra e aperfeiçoamento de pessoal, sacrificando parte de seu lucro líquido[186].

No sistema imaginado por Beni, o lucro não é a finalidade última do turismo – e, portanto, nem do capitalismo, afinal de contas o turismo é uma atividade capitalista. O autor afirma que "pode-se imaginar" que o lucro seja o objetivo final daqueles que exploram o turismo. Ora, que o lucro é a finalidade última de qualquer negócio dentro do capitalismo não nos resta dúvidas, haja vista que é parte de sua estrutura de funcionamento.

O argumento usado pelo autor de que o Estado, por meio de investimentos sociais, e a empresa privada, por meio do sacrifício de *parte* de seu lucro ao qualificar mão de obra e aperfeiçoamento de pessoal, isentem o turismo de ter como objetivo final o lucro é inválido. Vejamos: segundo o autor, é justamente ao Estado que compete a infraestrutura de apoio à atividade empresarial – a isso ele chama de "investimento social", numa clara inversão do léxico. Efetiva-

---

186. *Ibidem*, pp. 24-5 (grifos meus).

mente, como podemos traduzir essa nominalização? Novamente, temos mais do mesmo (desde o WTTC até aqui, passando por todos os enunciadores): o Estado deve 'pavimentar' o caminho para o lucro privado, aportando dinheiro para que o mercado possa estruturar sua dominação sem perigo de prejuízos. Isso é a academia corroborando os enunciados dos agentes hegemônicos que querem que o Estado produza uma base segura para a ação do mercado e, na sequência, se afaste, deixando o caminho livre para os negócios e o lucro. Beni participa da corrente liberal de análises do turismo.

De acordo com a taxonomia de Ouriques, essa corrente de pensamento entende que o Estado deve promover um bom clima para os negócios[187]. É assim que Beni dá continuidade às ideias dos enunciadores hegemônicos internacionais do turismo (WTTC e OMT), os quais discursam sobre essa função para os Estados, num posicionamento neoliberal. Assim, o Estado deve dar apoio ao turismo, estabelecendo uma estrutura basilar para que o lucro das empresas de turismo possa ser conseguido 'sem riscos'. O próprio autor assinalou que os efeitos econômicos do turismo são os que mais se destacam, e agora ele pretende desvincular *atividade turística* de *lucro*. O discurso do investimento social produzirá o uso do dinheiro público para criação de infraestrutura, que facilitará a ação de operadores turísticos de toda ordem (hotéis, restaurantes, complexos de entretenimento, entre outros).

Quanto à empresa privada, afirmar que ela sacrifica parte de seu lucro líquido é um argumento injustificado, ou melhor, é a negação de que a atividade turística explorada pelo mercado tenha como finalidade o lucro. Note bem que a palavra 'sacrifício' não foi usada à toa. Para as empresas, dispor de parte de seu lucro é considerado um sacrifício. Investir na qualificação de mão de obra e no desenvolvimento de seu pessoal significa imolar parte do lucro. Todavia, isso é necessário para que o sistema prossiga. O Deus-mercado é uma entidade que exige os mais diversos sacrifícios. Mas esse sacrifício não é, de maneira alguma, a negação do lucro – tal ação (o suposto sacrifício) não nega o objetivo único do lucro, é apenas e tão somente um acidente de percurso, algo ainda necessário e que deve ser minimizado de qualquer maneira.

Até aqui apresentamos, em linhas gerais, o cenário do debate sobre a condição do turismo como ciência e os pontos de vista de alguns autores. Pude-

---

187. Cf. Helton Ricardo Ouriques, *A produção do turismo: fetichismo e dependência*, op. cit.

mos conhecer um pouco das várias vertentes que giram em torno da discussão acerca de o turismo ser ou não uma ciência. No entanto, esse debate criado entre os acadêmicos da corrente hegemônica de estudos do turismo não é central para nós.

Para Jafar Jafari, "o turismo de hoje se tornou um verdadeiro campo de investigação multidisciplinar, com seus componentes e dimensões continuamente afiados e seus muitos aspectos ocultos trazidos à tona"[188]. Nossa hipótese aqui, desdobrada das anteriormente apresentadas, é de que nem todos os assuntos vieram à tona, pois – ao menos no Brasil – há poucos trabalhos acadêmicos que façam análises críticas de problemas profundos manifestados no turismo e pelo turismo. Há poucos estudos que questionam a validade intrínseca dessa prática econômica permeada de relações de poder ou que chegam à profundidade na análise da problemática do que representa o mercado e a comodificação proposta pelo turismo. Esses temas não vieram à tona porque não interessam aos agentes do mercado. Nesse sentido, é preciso esclarecer questões mais importantes.

A disputa não aparente: a academia e a luta pela legitimação do mercado

Nossa inquietação não é se o turismo é ou não uma ciência. A discussão sobre a possibilidade de o turismo ser uma ciência é irrelevante[189], mas ela esconde algo que julgamos mais importante. O que queremos saber é: por que há o interesse (e, portanto, o debate) em legitimar o turismo como ciência? O que há de subjacente ao debate acerca de se o turismo é ou não uma ciência?

Nosso interesse aqui é mostrar os porquês de uma luta para dar o certificado de 'científico' ao turismo. O debate em si (turismo: ciência ou não?) é apenas a superfície de uma questão muito mais complexa, na qual precisaremos mergulhar de forma radical para podermos descobrir suas razões profundas, a saber:

---

188. Jafar Jafari, "Prefácio", *in:* Alexandre Panosso Netto e Cecília Gaeta, *Turismo de experiência, op. cit.*, p. 9.
189. Nosso objetivo neste livro é buscar marcas da legitimação do turismo. A discussão sobre o turismo ser ou não uma ciência deverá ser continuada a partir do prisma dos estudos críticos, no entanto, não aprofundaremos a temática mais do que já fizemos.

a necessidade moderna da legitimação do conhecimento do turismo pela ciência e a contemporânea utilização de tal fator pelo mercado para se autolegitimar.

A pretensa qualificação científica do turismo é uma poderosa arma a favor do mercado.

Anteriormente, apresentamos a hipótese de que o turismo, ao ser considerado ciência, ganharia um *status*, uma autoridade. Com a chancela científica, o turismo ficaria revestido por uma "aura de conhecimento infalível, que só a ciência pode proporcionar"[190]. A luta por tornar o turismo uma ciência é a luta para trazer o aval dessa forma de conhecimento para os estudos sobre o tema, com o intuito de legitimar o mercado que lhe subjaz. Lembrando que a ciência e o conhecimento que é produzido em seu nome são tidos (entre muitos debates contemporâneos sobre sua validade) cada vez mais em nossa sociedade como a manifestação da verdade. Isso traz a chancela que o mercado precisa para validar seus discursos e suas ações.

O aval de ciência para o turismo parece trazer em seu bojo a possibilidade da segurança de informações obtidas segundo "rigorosos princípios estabelecidos pelas ciências [... o que] produzirá fatos objetivos, teorias que podem ser testadas e conhecimento profundo"[191]. Os agentes humanos que atuam usando o nome de 'mercado' desejam que este tenha, junto a si, todas estas características: o mercado deve constituir-se mais e mais como um sistema de crenças, sistema esse que dê sentido à vida das pessoas a ele conectadas. Quer também que sua presença produza a sensação de bem-estar (paradoxal, difusa e constantemente produzida a partir de diversos mal-estares, privações e desigualdades), que seja moralmente aceito e, principalmente, que possa gozar de uma aparência de imortalidade.

Para nós, a pretensão de se transformar o turismo num campo científico próprio deve-se a três fatores fundamentais:

→ Antes de tudo, *ao volume dos negócios que a indústria do turismo representa*. Esse volume faz com que essa indústria se torne cada vez mais poderosa,

---

190. Neil Postman, *Tecnopólio: a rendição da cultura à tecnologia*, op. cit., p. 164.
191. *Ibidem*, p. 152.

e seus agentes cada vez mais influentes no processo de produção de conhecimento a respeito do tema.

→ *A necessidade de tentar impedir a análise dos objetos do turismo por outros campos do saber*, algo que pode ameaçar, e muito, a hegemonia do tratamento das informações chamadas de científicas que corroboram a indústria do turismo. Ao estabelecer o turismo como ciência própria, estabelece-se uma ciência que fala em nome do mercado. Para nós, uma anticiência.

→ *A relação entre saber e poder*, materializada na disputa pelo poder simbólico[192] por parte dos candidatos a 'cientistas turísticos'.

A luta que está sendo travada para saber se o turismo é ou não ciência é simbólica, mas se materializa no mundo que ajuda a construir. É, enfim, uma disputa de poder. Poder do mercado de produzir aceleradamente *commodities* chanceladas pela ciência, fato que tem um peso decisivo em nossa sociedade; e uma disputa de poder simbólico por parte dos próprios pesquisadores, que podem "se ver e serem vistos como cientistas, pesquisadores sem tendências ou valores, sem o peso da mera opinião"[193] ou, ainda, sem deixar claro que estão lutando por um lugar no mercado.

O *status* de pesquisador científico é algo desejável como distinção social, psicológica e, em alguns casos, financeira. Trata-se de uma busca de prestígio empreendida por muitos.

É por isso que, se a demanda for calculada de maneira científica, ela será uma informação muito mais fiável nestes tempos. É por isso que, se existirem modelos lógicos e matemáticos para cálculos de demandas, ofertas etc., esses dados serão mais bem recebidos por todos. No entanto, cumpre perguntar: quais as responsabilidades dos pesquisadores do turismo em relação à sociedade, aos resultados de seus estudos e à influência destes na vida das pessoas?

É necessário mostrar, então, como age a comodificação nesse sentido e quais seus efeitos.

Parece-nos que dois pontos são fundamentais:

1. O discurso científico é utilizado como legitimador da exploração turística, em especial de sua versão 'sustentável'

---

192. Cf. Pierre Bourdieu, *O poder simbólico*, Rio de Janeiro: Bertrand Brasil, 2010.
193. Neil Postman, *Tecnopólio: a rendição da cultura à tecnologia*, op. cit., p. 165.

A utilização do discurso científico como legitimador do turismo é uma marca da comodificação atingindo a própria academia. Por isso mesmo é que precisamos compreender que a ciência não é um conhecimento inequívoco nem descomprometido (portanto, neutro), mas antes um campo de embates. O conhecimento científico é socialmente condicionado e está sob forte ataque do mercado. A academia, chamada a esse serviço, deve corroborar o que o turismo 'é', dando-lhe o *status* de científico. No entanto, deve estar atenta a esse movimento e fazer sua autorreflexão para tentar compreender como a dinâmica da comodificação a atinge. Saber quantas pessoas entram no país, quantificar sua estada em dias para estimular seu consumo, saber quais são os principais motivos que levam algumas pessoas a fazer algumas viagens... tudo isso pode ajudar o mercado e seus empresários a tomar melhores decisões – leia-se, fazer melhores negócios. Então é para isso que todo esse conhecimento (ou, no mínimo, essa imensa quantidade de informações) está sendo gerado? O turismo como estratégia comodificadora se apropriou do discurso científico para sua autolegitimação. Assim, parece-nos que "o saber já não é para ser pensado, refletido, meditado, discutido por seres humanos para esclarecer sua visão do mundo e sua ação no mundo, mas é produzido para ser armazenado em bancos de dados e manipulado por poderes anônimos"[194]. Poderes anônimos que se ocultam em nomes como mercado, WTTC, OMT, entre tantos outros nomes fortes do turismo.

2. O empobrecimento das análises acadêmicas sobre o turismo

A dinâmica da comodificação deve simplificar as coisas. Para serem postos à venda como *commodities* ou imagens para consumo, os mais diversos entes devem ser simplificados, tornados, no caso do turismo, clichês turísticos. As complexidades dos tipos devem ser reduzidas aos estereótipos. O potencial das diversas ciências deve ser reduzido a ferramental utilitário. Exemplos não faltam: a psicologia é chamada a identificar as motivações de viagens[195]; a antropologia é convidada a identificar as melhores formas de se compreender as culturas para dominá-las pelo turismo[196]; a geografia deve apenas ler e ma-

---

194. Edgar Morin, *Ciência com consciência*, Rio de Janeiro: Bertrand Brasil, 2005, p. 120.
195. Cf. Glenn Ross, *Psicologia do turismo*, São Paulo: Contexto, 2002.
196. Cf. Luiz Gonzaga Godoi Trigo, "A viagem como experiência significativa", *in*: Alexandre Panosso Netto e Cecília Gaeta, *Turismo de experiência, op. cit.*

pear as paisagens (que o mercado pretende) turísticas[197]. O uso comodificado da ciência, ao contrário de pretenso lócus de exercício de neutralidade, é lócus de exercício de poder. Usar a ciência para justificar uma visão de mundo é igualmente um exercício de poder, é essencialmente uma ação política. Há que se afirmar: não há neutralidade nisso. A operação política de se legitimar o turismo como ciência tem por objetivo gerar a imagem do conhecimento sobre o turismo como sendo uma verdade científica, portanto, inquestionável. Seria desejável um estudo crítico da história da luta pelo reconhecimento dos conhecimentos sobre o turismo como luta de poder. É a partir da justificativa embasada em dados contidos nos estudos turísticos que milhões de reais serão empregados ou não. É por meio desses estudos que serão definidas políticas públicas que promoverão o privilégio de uns e possivelmente as mazelas de muitos. O debate se o turismo é ou não ciência é mais um eco do alarido daqueles que Marx chamaria atualmente de "filósofos-negociantes"[198], que desejam utilizar-se do discurso da ciência para legitimar a vontade comodificadora do mercado turístico na contemporaneidade. Tornar o turismo uma ciência acrítica será um grande trunfo para o mercado.

---

197. Cf. Jafar Jafari, "Prefácio", *in*: Alexandre Panosso Netto e Cecília Gaeta, *Turismo de experiência, op. cit.*
198. Karl Marx e Friedrich Engels, *A ideologia alemã. Feuerbach: a contraposição entre as cosmovisões materialista e idealista, op. cit.*, p. 36.

CAPÍTULO 3

Elementos-chave para um estudo crítico do turismo

Em uma primeira análise, a corrente hegemônica de estudos sobre o turismo leva a crer que existem dois tipos principais de agentes: os turistas e aqueles que são objetos de seu olhar[1], isto é, servidores ou atrativos turísticos. Estes últimos são aquelas pessoas que chamam a atenção dos turistas por alguma peculiaridade que pode ser tornada atrativa. No linguajar da economia do turismo, esses agentes são genericamente chamados de 'demanda' (os turistas) e 'oferta' (os demais). Sob nossa perspectiva, isso é um eufemismo para tratar aqueles que são servidos e os que servem; enfim, os que consomem e os que são consumidos (e que obtêm sua remuneração desse consumo). Há relações de poder entre a chamada demanda e a oferta no âmbito do mercado do turismo. Ao analisarmos esse tipo de relação de poder, não é difícil definir quem tem um sentimento de superioridade sobre quem, afinal podemos perceber que "são os habitantes locais que mais frequentemente devem adaptar-se aos desejos, demandas e valores dos turistas, e não a outra via"[2]. Essas relações são assimétricas "e quanto mais de perto se olha o turismo como uma atividade social, mais claramente parece que ele cria inerentemente relacionamentos de dependência"[3].

Além dos atores que introduzimos acima e que são, em geral, os mais discutidos e estudados, há outros trabalhando nos 'bastidores'. Estes não são facilmente identificados devido à sua condição opacificada. Como já dissemos

---

1. Cf. John Urry, *O olhar do turista, op. cit.*
2. G. Llewellyn Watson e Joseph P. Kopachevsky, "Interpretations of Tourism as Commodity", *Annals of Tourism Research, op. cit.*, p. 653.
3. *Ibidem.*

anteriormente, a ideia de mercado (que intermedeia a relação entre visitantes e visitados) é uma personificação que irresponsabiliza os agentes que atuam em seu nome.

Até o presente momento, pudemos ver no discurso dos mais diferentes enunciadores hegemônicos do turismo que a figura do turista é fundamental para a compreensão do que é a atividade turística. Portanto, devemos começar por perguntar:

Quem é o turista, afinal?

Para muitos autores da corrente acadêmica hegemônica,

> [...] o turista de hoje *quer mais* do que apenas alguns dias para descansar. Ele *deseja* que sua vontade e expectativas sejam atendidas, ele *busca* viagens que o façam passar por sensações ímpares, ele *quer* produtos e serviços diferenciados que lhe proporcionem uma experiência marcante, seja se hospedando em um hotel de gelo, seja provando uma comida que o *leve* a uma nova experiência sensorial marcante[4].

No excerto acima, podemos perceber que o turista é descrito como aquele indivíduo que "quer mais", "deseja" e "busca"; é aquele que afirma em primeira pessoa e dá tom e cor às discussões. Essa condição – aceita por grande parte dos autores nacionais da corrente hegemônica – não é indiscutível. Desconfiamos profundamente do entusiasmo com que muitos autores acadêmicos dessas correntes tratam a figura do turista, fortemente construída como agente e sujeito desejante do turismo.

Ele é componente fundamental da própria ideia de espaço turístico, afinal "a tomada de consciência do sujeito coletivo em relação ao espaço turístico somente se faz em presença da ação, movida pelo sujeito"[5]. Dessa forma, para aquele autor não há espaço turístico sem seu sujeito, o turista. Knafou, ao dissertar sobre a importância do turista, eleva este à condição de "primeira fonte

---

4. Marcus Vinicius Barili Alves, "Nota do editor", *in*: Alexandre Panosso Netto e Cecília Gaeta, *Turismo de experiência, op. cit.*, p. 7 (grifos meus).
5. Vander Valduga, "Sujeito turístico e espaço turístico: possibilidades teórico-metodológicas para os estudos do turismo", *Revista Turismo & Desenvolvimento (Journal of Tourism and Development)*, Aveiro: 2012, v. 1, n. 17-8, p. 482.

de turistificação" (isto é, da transformação de um lugar qualquer em um lugar turístico) de lugares e espaços, uma vez que "são os turistas que estão na origem do turismo"[6]. Para o autor, é graças aos turistas que os lugares se tornam turísticos; o mercado é a segunda fonte de turistificação dos lugares. E, por fim, a terceira fonte de turistificação é aquilo que ele chama de "planejadores e promotores territoriais". Para Fratucci, o turista é o "agente produtor central do fenômeno turístico"[7]. O que podemos notar é que, analisando essas bibliografias, o turista é recorrentemente construído como sujeito do turismo. Equivale até mesmo a dizer, como vimos em alguns autores, que é o turismo que existe por conta do turista.

Da perspectiva da análise crítica do turismo como comodificação, os turistas devem ser encarados como frutos de construtos discursivos, que se plasmam no real e que já nascem contaminados pelos códigos do mercado: os turistas são discursivamente construídos como indivíduos desejantes e consumidores e são agentes do capital.

Para a enunciadora hegemônica OMT, o conceito de turista é definido como "visitante que permaneça, no mínimo, uma noite em acomodações coletivas ou privadas no local visitado"[8]. Essa conceituação está dividida em várias categorias. A primeira delas é a de *visitante internacional*: "qualquer pessoa que viaje para um país no qual não possua residência usual e que esteja fora do seu ambiente normal, por um período que não ultrapasse 12 meses, e cujo objetivo principal da visita não seja o exercício de uma atividade remunerada dentro do país visitado"[9]. Depois, o de *visitante doméstico*: "qualquer pessoa que resida em um país e viaje para um lugar dentro dos limites do território e fora de seu ambiente usual, por um período que não ultrapasse 12 meses, e cujo objetivo principal da visita não seja o exercício de uma atividade remunerada no local visitado"[10]. Por fim, há ainda o *turista de pernoite* (que permaneça ao menos uma noite); e a pessoa que viaja por um dia (aquela que não pernoita no local

---

6. Remy Knafou, "Turismo e território: por uma abordagem científica do turismo", in: Adyr B. Rodrigues, *Turismo e geografia: reflexões teóricas e enfoques regionais*, São Paulo: Hucitec, 1996, p. 67.
7. Aguinaldo Cesar Fratucci, *A dimensão espacial nas políticas públicas brasileiras de turismo: as possibilidades das redes regionais de turismo*, 308f, tese (Doutorado em Geografia), Universidade Federal Fluminense, Rio de Janeiro: 2008. Disponível em: <http://www.bdtd.ndc.uff.br/tde_arquivos/26/DE-2009-05-28T131249Z-2005/Publico/Agnaldo%20Fractucci-Tese.pdf>. Acesso em: jun. 2019, p. 76.
8. Organização Mundial do Turismo, *Turismo internacional: uma perspectiva global, op. cit.*, p. 22.
9. *Ibidem*, p. 20.
10. *Ibidem*, p. 21.

visitado) é *excursionista*. Todas essas categorias servem para definir e identificar quem é o turista.

Dessa figura elas excluem aqueles que vão exercer uma "atividade remunerada no local visitado". Fundamental notarmos que, ao definir quem é o turista, elas definem, por exclusão, quem não são os turistas, aqueles que, por exemplo, cruzam fronteiras na tentativa de migrar, para permanecer mais de um ano e conseguir uma vida e um emprego num país que não é o seu de origem (é o caso dos migrantes e dos refugiados). Ou, enfim, qualquer pessoa que queira ficar mais de 12 meses no lugar visitado. As definições servem para deixar bem claro quem é um e quem é o outro – com o detalhe de que um é construído como espetáculo e os outros como invisibilidades[11]. Ademais, servem de apoio às estatísticas para fins de controle do mercado.

As separações entre as definições de turista e migrante são comuns no estudo do turismo, mas não são, de forma alguma, inocentes ou meramente distintivas como parecem. Turistas e seus *alter egos* são duas faces de uma mesma moeda nas fronteiras da contemporaneidade.

No âmbito dos estudos acadêmicos, Beni define os turistas como "aqueles que dispõem de condições socioeconômicas que lhes permitam consumir parte de sua poupança no gozo do lazer, durante o período de tempo em que se dedicam a viajar"[12]. Para Andrade, turista é "a pessoa que, livre e espontaneamente, por período limitado, viaja para fora do local de sua residência habitual, a fim de exercer ações que, por sua natureza e pelo conjunto das relações delas decorrentes, classificam-se em alguns dos tipos, das modalidades e das formas de turismo"[13].

Para os acadêmicos, é a noção de liberdade que está relacionada à de turista. No entanto, essa suposta liberdade é por tempo limitado, pois é necessário que o turista retorne ao seu entorno habitual, como já vimos em diversas concepções de turismo. Trata-se, pois, de um tipo de liberdade condicional e com prazo de validade definido tanto conceitual quanto legalmente.

Alguns autores são mais entusiastas. Para Petrocchi, turista é o visitante e esse "visitante é simplesmente o cliente, aquele que deve ser tratado como um

---

11. Cabe aqui nos lembrarmos do WTTC e toda sua discussão sobre o papel do Estado quando se trata dos turistas e das 'questões de soberania nacional', ou seja, os não turistas.
12. Mario Carlos Beni, *Análise estrutural do turismo, op. cit.*, p. 86.
13. José Vicente de Andrade, *Turismo, fundamentos e dimensões,* São Paulo: Ática, 1997, p. 43.

rei, pois dele vem a receita que alimenta os negócios turísticos da cidade"[14]. O rei-consumidor-turista, chamado de visitante pelo autor em questão, é aquele que "inevitavelmente começa a avaliar o sistema [turístico] no momento em que sai do avião ou do ônibus. Ele sente a temperatura, o clima, os ventos, aprecia a arquitetura da cidade, o tráfego de veículos, a beleza das construções, etc., até ter os primeiros contatos com as pessoas, ou seja, *a prestação de serviços*"[15].

A descrição do autor tem um forte efeito limitante para as possibilidades de encontro entre dois (ou mais) seres humanos: tal relação é reduzida à prestação de serviços. E as demais relações que qualquer encontro entre seres humanos pode produzir? Não é desses encontros que nascem relações de hospitalidade ou de hostilidade, de acolhimento ou de xenofobia? Da maneira como é produzida pela atual dinâmica do turismo, a forma de contato entre pessoas é hierarquizada pela prestação de serviços. Trata-se da dicotomia servidores/servidos, sendo que os primeiros devem ser construídos em função dos segundos, obedecendo à lógica espetáculos/invisibilidades. Essa forma de contato não privilegia o encontro entre as pessoas – antes, ela hierarquiza o encontro. Essa construção é chamada aqui de clichê turístico, ou seja, a forma pela qual o *outro* é produzido de maneira empobrecida e estereotipada para o consumo turístico.

O encontro entre pessoas pode ser disparador de muitas sensações perturbadoras, conflitos e desconfortos, os quais devem ser evitados ao máximo nos momentos turísticos, em função da *felicidade do cliente* – e o servidor deve se adaptar a isso. Tal relação opera de modo a hierarquizar os participantes do encontro em si (entre protagonistas e coadjuvantes), não a possibilitar o intercâmbio que poderia trazer a chance de cada partícipe conhecer o *outro* (tu) e, acima de tudo, a *si mesmo* (eu). A tarefa da crítica ao turismo é fazer com que aqueles que são tratados como objetos sejam reconhecidos como sujeitos para que possa haver efetiva troca intersubjetiva, e não mera prestação de serviços.

Numa primeira instância crítica, a descrição realizada por Petrocchi é a da comodificação das relações do turista com o ambiente e com as outras pessoas que ele encontrará. Sob a égide do turismo, o mundo não é mais percebido por um ser humano, é avaliado como uma *commodity* por um cliente; o lugar não é mais lugar, é igualmente um produto a ser avaliado; as pessoas não são

---

14. Mario Petrocchi, *Turismo: planejamento e gestão, op. cit.*, p. 51.
15. *Ibidem*, pp. 53-4 (grifos meus).

mais pessoas, são prestadoras de serviço e estão sob a avaliação daquele que as contratou: o turista.

O turista, produzido como aquele que compra, recebe e avalia a prestação de serviços, surge como um bloco hermeticamente fechado, protegido tanto objetivamente (o hotel, o *transfer*, as festas fechadas...) quanto subjetivamente: imagina-se um indivíduo fortemente delimitado por suas fronteiras vigiadas que não permite que ninguém o invada para além do serviço que se lhe deve prestar – não há troca intersubjetiva, há comércio. Essa figura é essencial para o funcionamento do mercado e da ordem estatal neoliberal vigente.

Mas nem só de definições meramente descritivas é composta a ideia de turista. Há autores que, ao mesmo tempo que descrevem o turista, tecem-lhe alguma 'crítica'. Nesses casos, o turista é:

> [...] um consumidor que busca sempre o conforto, é acomodado; quanto menos sacrifício numa viagem melhor. Adepto da lei do 'menor esforço', não quer correr riscos. Normalmente é o grande consumidor de pacotes de viagem que incluem: *transfers* (hotel-aeroporto-hotel), passeios e, às vezes, refeições. Além de tudo isso, o mais importante para o turista é um personagem muito especial, o guia, que desempenha o papel de uma verdadeira 'mãe', uma superprotetora, que cria um total elo de dependência [...] Na realidade, o turista enquadra-se numa sociedade de consumo semelhante a outras áreas do entretenimento como, por exemplo, o cinema de Hollywood, onde a pirotecnia e os efeitos especiais, os finais sempre felizes dos filmes atraem milhares de adeptos no mundo inteiro, gerando um lucro em larga escala[16].

Barbosa contribui para a descrição de turista apresentando-o como consumidor e criticando-o por conta da acomodação que isso produz em sua relação com o mundo[17]. Para ele, o turista é "acomodado", "adepto do menor esforço", "não quer correr riscos"; e, ainda, o autor o associa ao consumidor da indústria cultural tipo Hollywood, com seus "finais felizes" garantidos. Dessa forma, perfaz sua crítica à figura do turista, mostrando as características que ele julga serem problemáticas, e tece alguns juízos de valor a respeito dessa

---

16. Ycarim Melgaço Barbosa, *História das viagens e do turismo*, São Paulo: Aleph, 2002, pp. 74-5.
17. *Ibidem*.

figura. No entanto, para o mesmo autor, há outro personagem que tem mais valor: o viajante,

> [...] aquela pessoa que consome equipamentos turísticos, transportes – aviões, trens, navios, carros – e hotéis ou restaurantes, porém, faz seu próprio itinerário, preocupando-se em interagir com os lugares visitados, com a cultura local. Informa-se antecipadamente sobre os destinos, às vezes, tem senso crítico e é seu próprio guia, isto é, um grande desbravador. Dessa forma, enfrenta mais dificuldades nas viagens e corre mais riscos do que aquele que compra tudo pronto, o turista[18].

Assim, o autor propõe uma divisão entre o bom e o mau viajante. O turista é "acomodado", "grande consumidor"; já o viajante "tem senso crítico", é "um grande desbravador". O primeiro não tem valor, é inerte e, por isso, merece ser criticado; já o segundo é quem sabe como viajar – e, por isso, merece os louros do destaque positivo. A crítica de Barbosa ao turista é uma típica crítica espetacular ou pseudocrítica, pois, ao tomar o viajante como 'bom', não considera que este também caminha pelas avenidas do capital, apenas em situações diferentes. Ele reatualiza a velha disputa entre bom e mau, quando o que precisamos é ir além destes e realizar um trabalho crítico, que dê conta de contribuir para a superação desses comportamentos condicionados (em maior ou menor grau) pelo mercado.

Para Boorstin, o viajante trabalharia em algo (pois a etimologia da palavra 'viagem' remete a algo trabalhoso) e o turista é um buscador de prazer; o viajante é alguém ativo, e o turista, alguém passivo, que espera que as coisas interessantes aconteçam para ele, que tudo seja feito *para* ele e *por* ele[19].

A valorização da imagem do viajante frente à do turista tem se tornado cada vez mais recorrente nos meios acadêmicos, algo que parece ser um resgate romântico da figura do viajante – mas, ao final, afirma-o como uma nova forma de consumidor –, isso dialoga muito com o discurso do turismo de experiência. Ao mesmo tempo que enaltecem o viajante, há um menosprezo em relação ao turista. No entanto, é importante refletir sobre essa condição, pois ela representa algo importante.

---

18. *Ibidem*, p. 74.
19. Cf. Daniel Boorstin, *The Image: a Guide to Pseudoevents in America*, op. cit., p. 85.

Os turistas (ou viajantes, a terminologia aqui pouco importa) que são mais aventureiros ou grandes desbravadores são justamente aqueles que estão abrindo o caminho para as novas formas de exploração turística. Eles se comportam de maneira mais fluida, vão a lugares em que o turismo (e os turistas) ainda não chegou e, assim, desempenham o papel de 'bandeirantes' do capital, abrindo caminho para que o turismo efetivamente se instale. Depois disso, com o lugar já 'contaminado' pelos turistas menos aventureiros, é hora de procurar outras paragens ainda não contaminadas. Movendo-se novamente e novamente e novamente, esses desbravadores são consumidores vorazes e eficientes agentes de abertura de novos lugares para a exploração pelo capital. O mercado se utiliza da vontade que algumas pessoas têm de conhecer lugares 'em que nenhum outro jamais esteve', chamando-os de aventureiros, mochileiros e desbravadores, para abrir novas frentes de colonização: uma estratégia da comodificação. Essa dinâmica pode ser notada em forma de uma pequena crônica de Arrones em seu livro *Los mitos del turismo*:

> Uma vila simples e bonita, diferente das cidades modernas, tinha uma praça com uma bela fonte. Um dia, dois forasteiros chegaram e se apaixonaram pela fonte. Eles se sentaram em um banco da praça e passaram a tarde inteira observando-a. Os dois turistas foram embora e contaram aos amigos da beleza que era aquela maravilha, e seus amigos também foram cativados; alguns dias depois, um ônibus chegou. A partir daquele momento, todos os dias chegavam ondas de turistas para ver a praça e a fonte. Logo surgiu, como que por encanto, uma barraca vendendo Coca-Cola; depois, uma hamburgueria. Turistas aglomeravam-se ao redor de um guia, que em frente à fonte lhes contava uma lenda que ninguém naquela vila jamais ouvira. Mais ônibus. Mais carros. Na praça, não havia mais espaço para estacionar tantos carros e ônibus. Então o prefeito teve uma grande ideia: tirar a fonte e, em seu lugar, construir um estacionamento para os carros[20].

Então, para efeitos da análise crítica da comodificação, as classificações dos turistas apresentadas pelos autores modernos mostram apenas nuances diferentes de um mesmo tipo de processo. Cada uma delas tem sua própria função comodificadora. Cada personagem é convocado a atuar num determinado momento em prol da força do capital.

---

20. Francisco Jurdao Arrones, *Los mitos del turismo, op. cit.* (tradução minha).

Mas quais as relações entre a figura do turista e a dinâmica da comodificação? A figura do turista, como entendida na contemporaneidade, foi criada para fins de estatísticas econômicas. O atual conceito foi cunhado originariamente pela ONU, em uma convenção realizada na cidade de Nova York em 1954, com o objetivo, entre outros, de eliminar entraves para um novo e promissor mercado, o das viagens e turismo[21]. A definição de turista inicialmente proposta pela ONU é:

> [...] toda pessoa sem distinção de raça, sexo, língua e religião que ingresse no território de uma localidade diversa daquela em que tem residência habitual e nele permaneça pelo prazo mínimo de 24 horas e máximo de seis meses, no transcorrer de um período de 12 meses, com finalidade de turismo, recreio, esporte, saúde, motivos familiares, estudos, peregrinações religiosas ou negócios, mas sem proposta de imigração[22].

Devido "à preocupação com a mensuração do tamanho e natureza dos mercados turísticos"[23], foram cunhados, para fins de controles estatísticos, os termos 'visitante' e 'turista'. Ora, por que, a partir de 1968, a OMT passou a incentivar a adoção desses termos por todos os países? Porque esse é o momento histórico no qual a indústria do turismo está alçando seu voo rumo à "ordem turística global"[24] desejada pela OMT. É um momento histórico que, por conta do desenvolvimento tecnológico dos meios de transporte, do sistema de créditos, entre outras facilidades, permite um número crescente de pessoas fazendo viagens. O conceito de turista da ONU nasce como um dispositivo quantificador que busca números para alimentar a economia, portanto é correto afirmar, nessas condições, que turista é um conceito originariamente comodificador, operando para fins de controle do mercado, tornando econômicas certas ações humanas que antes não eram controladas pelo mercado.

No entanto, sabemos que comodificação não é uma dinâmica meramente econômica. É muito importante notar que o conceito de turista é comodifica-

---

21. Cf. Rui Aurélio de Lacerda Badaró, *Direito internacional do turismo: o papel das organizações internacionais no turismo*, São Paulo: Senac, 2008, p. 79.
22. Luiz Renato Ignarra, *Fundamentos do turismo*, São Paulo: Pioneira, 1998, p. 15.
23. Mario Carlos Beni, *Análise estrutural do turismo*, op. cit., p. 36.
24. Organização Mundial do Turismo, *Global Code of Ethics for Tourism*, United Nations World Tourism Organisation, 2001a, p. 4. Disponível em: <www.unwto.org>. Acesso em: jun. 2019.

dor, pois é usado para nomear um dado estatístico para o controle de fluxos de pessoas. Mas, preso ao seu significa estatístico, a ideia de turista não consegue realizar as estratégias da comodificação. Este conceito deve ser apropriado culturalmente – no mesmo movimento em que se apropria da cultura –, tornando--se um *estilo de vida* do turista: ocidental, moderno e capitalista. É o mercado que oferece as ferramentas (aparentemente) personalizadas para a produção dessa identidade de turista, e sua vantagem é que ela é complementada "por elementos de aprovação social – posto que introduzidas por meios publicitários que as pessoas parecem aprovar –, aplacando assim a agonia da busca de confirmação. A aprovação social não precisa ser negociada, uma vez que foi, por assim dizer, construída desde o começo na forma de um produto de mercado"[25].

Importante salientar que, embora o estilo de vida do turista possa parecer algo disponível a todas as pessoas, isso é uma falácia. Nem todos podem ser turistas (consumidores) e, no caso destas pessoas, "a falha em obter os bens que os outros apreciam é compelida a criar sentimentos de frustração e ressentimento"[26]. A acessibilidade ao estilo turístico de vida é um argumento de sedução, mas não é um fato, afinal "todas as mercadorias têm um preço de etiqueta, um preço nominal. Essas etiquetas selecionam o *pool* de clientes potenciais. Elas traçam fronteiras entre o realista, o fantasioso e o praticável que um dado consumidor não pode ultrapassar"[27].

Na definição da ONU, mesmo aqueles que fazem visitas por motivos familiares ou peregrinações religiosas são incluídos no conceito de turista. A partir disso, o que era visita à família ou peregrinação torna-se turismo; e o parente ou peregrino, turista. Quem ganha com isso, com esse 'estilo de vida': a estatística – pois é assim que os números do turismo como mercado tornam-se exorbitantes ao longo do tempo, assimilando todo e qualquer movimento por sobre a Terra (e, claro, no mar, nas cavernas, no céu...). A comodificação pelo turismo transforma buscas pessoais em buscas comodificadas e comodificadoras, novas mercadorias fluidas que se confundem com a própria vida das pessoas, simplesmente para aumentar as estatísticas da economia, mas tal produção discursiva acaba por se plasmar no real da vida das pessoas. Podemos especular, então: será que, se o parente que visita é o turista, o parente visitado torna-se uma espécie de atrativo turístico? Se o peregrino é o turista, o objeto

---

25. Zygmunt Bauman e Tim May, *Aprendendo a pensar com a sociologia, op. cit.*, p. 142.
26. *Ibidem*, p. 253.
27. *Ibidem*, p. 254.

de sua fé agora é atrativo turístico? Parentes e objetos de fé religiosa podem continuar sendo apenas o que eram depois de comodificados? Se o mercado coloca tudo num nível de equivalência, será que a pergunta 'compensa (custo/benefício) visitar meu parente ou meu deus?' será posta?

Cumpre mencionar que a definição da ONU para o conceito de turista termina com a reafirmação do medo da pior confusão que pode acometer o movimento turístico. O texto constrói quem é o turista, afirma que ele se desloca, mas também declara que tal deslocamento é "sem proposta de imigração". A confusão entre *turista* e *imigrante* é um grande mal-estar que deve ser evitado a todo custo pela produção discursiva do turismo.

Em nossa perspectiva de análise, o turista é uma entidade criada por um organismo ocidentalizador (a OMT/ONU); uma categoria utilizada pelos controladores estatísticos para quantificar e controlar o movimento dos indivíduos ocidentais (ou não) nas vias exploradas pelo capitalismo, para controle e incentivo da economia global/ocidental e para efeitos de incentivo à globalização hegemônica. Nesse processo irrestrito de apropriação de tudo, nem mesmo os empresários escapam:

> [...] a Organização das Nações Unidas (ONU) classificou as viagens de negócios como turísticas não por causa da natureza das viagens, mas por considerar prioritária a demanda significativa e constante dos empresários e executivos ao mercado de bens e serviços turísticos. As pessoas que viajam por motivos profissionais utilizam os equipamentos e serviços e, em seu tempo livre, usufruem das atrações como qualquer turista convencional[28].

A autora deixa claro: a apropriação nada tem a ver com a "natureza das viagens" – seja essa natureza qual for –, mas com a "demanda significativa e constante" que os homens de negócios promovem ao próprio mercado. Tudo aquilo que oferecer demanda significativa (leia-se, valor monetário significativo) deve ser incluído nas estatísticas de controle do turismo – o turismo como agente do capital mostra seus traços onívoros ocidentais, modernos e capitalista, pois a tudo deseja converter a seus códigos. Com isso, podemos compreender que a definição dos conceitos no turismo não é apenas social, fi-

---

28. Marília Gomes dos Reis Ansarah, "Turismo de negócios para altos executivos", *in*: *Turismo: segmentação de mercado,* São Paulo: Futura, 2002, p. 35.

losófica ou científica, mas *marcadamente mercadológica*. E, por fim, o que não se enquadra em tal condição deve ser mantido afastado, por isso a insistente necessidade de afastar qualquer confusão entre *turismo, migração* ou *refúgio*.

O *turismo de negócios* é uma apropriação da comodificação pelo turismo sobre o próprio trabalho. Ora, se inicialmente o turismo era composto por atividades de lazer realizadas pelas pessoas durante seu tempo livre fora do entorno habitual, com a ideia de turismo de negócios, é o próprio *neg*-ócio (a negação do ócio) que é apropriado. Já sabíamos que tudo pode virar *commodity* quando o assunto é o turismo.

Indivíduo aparentemente livre, consumidor, desterritorializado, globalizado, como podemos perceber, o turista é, efetivamente, construído como personagem para fins estatísticos e de apropriação do capital. Ele é uma forma fluida de 'energia' que se manifesta por todo o globo terrestre: é o portador/portado do capital em movimento.

A produção da ideia de turista pode ser lida também como uma produção de clichês. Por mais diversas que possam parecer, as tipologias apresentadas ao longo dos tempos nos estudos hegemônicos sobre os turistas são estereotipadas, visto que elas mais reduzem que explicam a complexidade daquele que se desloca. Mas, embora aparentemente diversas, todas elas têm ao menos uma questão em comum. Para a OMT:

> Definições padronizadas ajudam a assegurar o uso do mesmo termo ou conceito com pouco ou nenhum espaço para divergências. Isso é essencial para os fomentadores e executivos de turismo de diferentes regiões ou países quando discutem questões relativas ao tema. Além disso, definições padronizadas permitem aos planejadores usar dados comparáveis sobre os quais se baseiam decisões de negócios com maior precisão e conhecimento[29].

A produção da terminologia turística (especificamente a de turista, nesse caso) deve ser desenvolvida num ambiente que tenha "pouco ou nenhum espaço para divergências" – não é esse o melhor contexto para se produzir uma 'ordem turística mundial'? É isso o que o mercado quer, pois ele só permite que prospere aquilo que o alimenta. Para efeitos estatísticos, não pode haver lugar para o incerto, é necessário aniquilar toda e qualquer diversidade. Isso é

---

29. Organização Mundial do Turismo, *Turismo internacional: uma perspectiva global, op. cit.*, p. 18.

essencial para aqueles que estão situados nas partes altas dos organogramas do mercado do turismo: 'fomentadores', 'executivos', 'planejadores' – os agentes que se querem invisíveis ao se nominarem de mercado. Assim, esses agentes hegemônicos podem produzir "negócios com maior precisão". O negócio deve ser sempre o mais preciso, o mais racionalizado, o mais planejado – levado ao paroxismo, encontramos o problema da racionalização da vida (dos turistas, dos moradores locais, dos trabalhadores, dos pesquisadores) por meio do planejamento do turismo.

No entanto, cabe perguntar: essa precisão interessa às pessoas que vivem a vida no lugar apropriado pelo turismo, que se relacionam, que viajam, que trabalham ou mesmo que estudam o turismo? O que toda essa racionalidade do controle (racionalização?) faz desaparecer? O que se perde com toda essa taxonomia redutora? O que não se adéqua à estatística é produzido como invisibilidade? E a qualidade não sucumbe em nome da quantidade?

O que importa aqui é mostrarmos que esses tipos de definições de turistas são tomados por diversos estudiosos que, normalmente, delas partem. Sem questioná-las, produzem seus estudos, levando a ideia de turista (produzida pelos grandes enunciadores) como um *a priori,* como um pressuposto, algo dado. O que precisamos compreender é que todas essas definições que querem ser carregadas de certezas tipicamente modernas não são meras descrições do mundo, como se os autores acadêmicos ou os conferencistas da ONU simplesmente lessem o mundo e o traduzissem em palavras. Todas as descrições acima apresentadas parecem – ao menos em princípio – descrições objetivas, todavia não o são. Elas são construções discursivas, são comunicados realizados por alguém que tem a função de convencer outro alguém de algo: são tentativas de persuasão. A figura do turista é construída pelos agentes do mercado e se encarna nas pessoas que, a partir daí, passam a se tratar por turistas, passam a acreditar que são turistas, que esse é um estilo de vida etc. Assim, as pessoas passam a viver suas experiências se nominando a partir de uma nomenclatura inicialmente formulada para controles estatísticos. Com isso, podemos perceber que a comodificação, como colonização linguística efetuada pelo mercado, acaba produzindo estilos de vida que já trazem consigo os códigos do mercado e, ao afirmar tais estilos, o agente afirma o mercado. Os aspectos culturais da comodificação, notadamente o consumismo, merecem estudos atentos para que possam ser postos à luz e analisados com maior efetividade.

Turistas, quem são, onde vivem e como se alimentam...

O turista-consumidor não é um dado da natureza do mercado turístico, antes é construído como a figura central nesse processo, pois o mercado precisa constituí-lo como tal – para que ele, o consumidor, possa trabalhar para o mercado.

Aqui, vamos antecipar um tema que será retomado no capítulo 4, quando discutiremos um pouco sobre comodificação e racismo. Veremos que o consumidor é representado – entre outros vários atributos – como sendo branco.

Essa imagem é parte da publicidade do Salão do Turismo, evento do Ministério do Turismo para a apresentação dos resultados do desenvolvimento do Programa de Regionalização do Turismo em nosso país. O que nos interessa é que ela constrói o imaginário de quem são os turistas. Vejamos:

Os figurantes da imagem analisada são os turistas, comprando pacotes turísticos num supermercado. Os sujeitos compõem, aparentemente, uma família. São brancos, heterossexuais, jovens. Essa família é composta por um homem (que é o mais alto na imagem) e, ao seu lado, a esposa. Há um casal de filhos. O menino é o mais alto deles; por fim, a menina. A filha está, como Electra, junto ao pai; e o filho, edipianamente, junto à mãe. Nenhum deles é obeso. A disposição do casal hierarquiza a família de acordo com o padrão ocidental patriarcal – a altura de seus elementos é o critério dessa hierarquia. A imagem aparenta harmonia entre seus elementos. Todos estão felizes, isso fica claro em seus sorrisos.

O ambiente da imagem é o corredor de um supermercado. Um ambiente limpo, no qual tudo está em ordem, assim como o casal está em 'ordem' em sua composição (de acordo com o padrão da família patriarcal). As prateleiras possibilitam a visualização e o acesso aos diversos produtos. Há, em cada prateleira, várias caixas com produtos padronizados (praia, cachoeira, hotel fazenda, cidades históricas e cruzeiros). Os produtos estão acomodados nessas caixas, similares às de sabão em pó, e simbolizam o 'pacote' turístico, ou melhor, simbolizam a *commodity*.

Importante notar: quem segura o pacote no momento da compra é o menino, uma criança no papel decisivo do consumo da família. Sua ação é a de escolher entre os diversos pacotes disponíveis na prateleira e colocá-los no carrinho. Tudo aquilo que a família de consumidores 'deseja' está à mão. Eles podem escolher e colocar no carrinho. O processo é simples e, pelos sorrisos, prazeroso. O acesso aos produtos é irrestrito, a facilidade de 'colocá-los no carrinho' é total.

No lado direito da imagem há uma etiqueta de bagagem de viagem – típica de excursões turísticas – com os dados do evento. A imagem mostra o (super) mercado, mas o evento é organizado pelo Poder Público.

Esses estereótipos de turistas se repetem de maneira gritante na publicidade do turismo. É assim que o mercado quer que o imaginário em torno do turista seja construído: pessoas brancas, 'de bem', magras, jovens, heterossexuais, bem-sucedidas.

Os turistas e a modernidade

Ainda que Castelli, por meio de uma narrativa que se quer histórica, tente legitimar o turismo como uma atividade que sempre foi praticada pelos seres humanos, a exploração turística como a conhecemos só é possível na modernidade ocidental e capitalista[30]. Assim, Heródoto, os romanos, Marco Polo não faziam turismo na concepção atual, e Pompeia não era um centro turístico,

---

30. Cf. Geraldo Castelli, *Turismo: atividade marcante*, Caxias do Sul: Educs, 2001, pp. 11-28.

como quer o autor[31], uma vez que o propósito de suas viagens era diferente do atual: (1) da fruição do lazer da sociedade contemporânea; (2) pela relação com o trabalho, que era diferenciada da atual; (3) pela relação com o tempo, que também o era; (4) porque não havia 'agentes de viagem' lucrando, no sentido capitalista de hoje, com as viagens então realizadas. Atualmente, mediante a exploração capitalista dos mais variados lugares do mundo, o turismo conseguiu transformar o que restou de Pompeia em atrativo turístico. O tipo de abordagem desse autor é um exemplo de confusão que se procura fazer para legitimar o turismo, provocar confusão entre ele e outras formas de viagem e deslocamento, com o sentido profundo de dizer: o turismo é algo constitutivamente humano. Falácia!

O turismo é um fenômeno sociocultural moderno, histórica e socialmente constituído na, e pela, modernidade ocidental capitalista, como já vimos anteriormente. Durante toda a história da humanidade, houve diversos tipos de deslocamentos em função de várias pressões e demandas, mas nenhum teve as características do turismo contemporâneo. O desenvolvimento do turismo só pode ocorrer em proporções de massa, devido a uma nova relação qualitativa com o tempo: o chamado tempo livre da classe trabalhadora. A viagem turística é administrada pelo capital, por meio de agências de viagem, de locação de veículos, da indústria aérea, da alimentação, dos jogos e do entretenimento; ela tem como objetivo explorar o lazer e a fruição (ao menos numa primeira análise superficial); e "pressupõe tempo de evasão"[32]. O turismo é permeado pelas relações capitalistas, portanto é substancialmente diferente de qualquer outro tipo de deslocamento humano precedente; é influenciado pela modernidade e, por sua vez, ele a influencia reciprocamente. A estruturação da modernidade – conversão do tempo orgânico em tempo de produção; surgimento do tempo pseudocíclico e compensação dessa perda qualitativa da relação com o tempo pela prática da evasão; as condições de vida urbana; o ritmo das cidades; as relações de trabalho e os direitos trabalhistas – favoreceu o início das viagens turísticas com o objetivo de se buscar prazer e emoção, com vistas ao desenvolvimento pessoal e à apreciação estética[33].

---

31. *Ibidem.*
32. Renato Ortiz, *Pierre Bourdieu: sociologia*, São Paulo: Ática, 1983, p. 154.
33. Cf. Keith Thomas, *O homem e o mundo natural: mudanças de atitude em relação às plantas e aos animais (1500-1800)*, São Paulo: Companhia das Letras, 1988; Célia Serrano; Heloisa Bruhns e Maria Tereza Luchiari (org.), *Olhares contemporâneos sobre o turismo, op. cit.*; Valéria Salgueiro,

Por vezes, esse turista moderno sai em busca da autenticidade perdida de tempos anteriores pelo advento da própria modernidade. MacCannell afirma que "todos os turistas personificam a busca da autenticidade, e essa busca é uma versão moderna da preocupação humana universal com o sagrado"[34]. O turista pode comportar-se como uma espécie de peregrino contemporâneo, procurando autenticidade em outras épocas e em outros *lugares* distanciados da vida cotidiana: comportamento tipicamente moderno. Mas, obviamente, essa face não é a única do turista. Há diversos tipos de interesse, inclusive a busca de atrativos que sejam sabidamente inautênticos, como os parques temáticos: a vertigem da simulação atrai muitos turistas.

Morin lembra-nos que "a vida de férias se torna uma grande brincadeira: brinca-se de ser camponês, montanhês, pescador, lenhador, de lutar, correr, nadar..."[35]. Assim, o turista pode querer viver qualquer tipo de aventura, como a prometida por um projeto chamado *Illegal Border Crossing Park*[36]. Trata-se de um pacote turístico, vendido na fronteira entre o México e os Estados Unidos, cujo objetivo é levar turistas para vivenciar a simulação da tentativa de travessia dos imigrantes ilegais mexicanos para o território americano. O público-alvo dos pacotes é formado basicamente de jovens, e a atividade é promovida para que os turistas possam

> [...] simular a experiência de tentar cruzar a divisa entre os dois países perseguidos por falsos controladores.
> Na última semana, o jornal *The Guardian* publicou uma notícia sobre a simulação de tentativa de cruzar a fronteira com os Estados Unidos, que acontece em uma cidade mexicana, a cerca de 3 mil km da fronteira real. Para passar pela experiência, os interessados pagam cerca de R$ 25. O 'espetáculo' acontece no povoado El Alberto, um dos mais pobres da região.
> Em grupos de aproximadamente 20 pessoas, os turistas disfarçados de imigrantes ilegais se escondem atrás de arbustos e são perseguidos por 'guardas', que os

---

"Grand tour: uma contribuição à história do viajar por prazer e por amor à cultura", *Revista Brasileira de História*, São Paulo: 2002, v. 22, n. 44, pp. 289-310. Disponível em: <http://www.scielo.br/scielo.php?script=sci_arttext&pid=S0102-01882002000200003>. Acesso em: jun. 2019.

34. Dean MacCannell *apud* John Urry, *O olhar do turista, op. cit.*, pp. 24-5.
35. Edgar Morin, *Cultura de massas no século XX: o espírito do tempo, v.1: Neurose, op. cit.*, pp. 72-3.
36. Há um vídeo no Youtube (<http://www.youtube.com/watch?v=BH_Z5BEZ5ts>) que apresenta o projeto.

alertam dos perigos de tentar cruzar a fronteira. "Somos agentes federais e sabemos que estão aí", diz uma voz que se faz ouvir por meio de amplificadores. "Não tentem atravessar o rio. Não tentem atravessar o deserto. É perigoso. Fiquem no México", completa o 'fiscal'.

[...] Os que já passaram pela experiência garantem que ela se aproxima muito do real. Os falsos imigrantes podem inclusive ouvir sirenes de patrulhas e atravessar um rio. A simulação pode ser rápida, de apenas uma hora, ou chegar a seis horas, dependendo da resistência do participante.

A comunidade de El Alberto pretende transformar a simulação em uma fonte de turismo para a região, mas, por enquanto, a arrecadação ainda é pouca e precisa ser revertida para o próprio projeto. Os organizadores pretendem construir em seguida acomodações para os turistas durante a 'travessia'[37].

Nesse pacote, o turista pode 'brincar' de imigrante ilegal e 'viver toda a emoção' de ser caçado. Com certeza é um pacote que promete emoção e adrenalina, com a segurança de que 'nada vai dar errado' – típica estrutura do turismo. Segundo a reportagem, El Alberto é uma das regiões mais pobres do México. As pessoas que lá habitam estão na borda do capitalismo, e o que lhes restou foi vender a simulação de sua traumática experiência para tentar suprir a necessidade de renda. Trata-se da produção do clichê turístico, espetacularizando (esvaziando de sentido) os conflitos da imigração ilegal de mexicanos para os Estados Unidos.

Os que tiveram a oportunidade de vivenciar a experiência, de acordo com a reportagem, dizem que "ela se aproxima muito do real". Mas o que é o real? Como essas pessoas podem saber como é o real e a vida em risco? Será que alguém que efetivamente tentou cruzar ilegalmente a fronteira e não conseguiu, que foi impedido de chegar aos Estados Unidos, com toda a violência que isso representa, voltou lá e comprou o pacote para 'curtir' novamente a experiência? Somente essa pessoa poderia dizer que a simulação se aproxima do real. Os demais não podem.

Na produção do turismo, há uma grande (e propositalmente construída) confusão entre o real e o imaginário, o simulado, o espetáculo. Nesse caso em questão, há um despregamento e uma distorção do real, sua completa inversão

---

37. Disponível em: <http://noticias.terra.com.br/mundo/estados-unidos/turistas-simulam-tentativa-de-cruzar-fronteira-mexico-eua,7719803f3f40b310VgnCLD200000bbcceb0aRCRD.html>. Acesso em: jun. 2019.

para usufruto de quem está dentro do capital, explorando as emoções da situação de risco de morte de outras pessoas, que, em geral, estão fora.

O espetáculo turístico de tal pacote se realiza no empobrecimento da complexidade da situação e em sua simplificação para um consumo turístico gerador de adrenalina como fruição para o turista. Lembrando que isso é feito a partir da simulação da violência da vida daquele que lá mora: o outro. Para Wainberg, o turismo é tido como a 'indústria da diferença', mas o produto dessa indústria, para o autor, é o *estranho*: "a fronteira demarca as diferenças. O Turismo como indústria vende como produto o *estranho* [...] O estranho como produto demanda embalagem segura. O Turismo, como indústria, apresenta, por isso, graus variáveis de controle dessa interação"[38]. Em El Alberto, o estranho é vendido em uma embalagem bastante segura, a comodificação da traumática experiência da tentativa de travessia ilegal da fronteira entre Estados Unidos e México é vendida como atração e adrenalina, mas sem riscos reais para os praticantes. O que equivale a dizer que o estranho é anulado por sua embalagem turística – resultado pleno da comodificação, que reduz a complexidade dos eventos a um mínimo consumível: imagem e adrenalina para deleite daqueles que podem pagar.

> *Enfim, neste caso, o estranho é aniquilado pelo turismo. Isso produz um grave problema para aquele que se desloca (o turista), pois, com seu duplo – o estranho aniquilado –, morre também a autoidentificação do viajante, afinal só podemos nos conhecer por meio do encontro com o* outro.

Esse breve exemplo serve para mostrar que parece não haver limites morais para as explorações turísticas. Portanto, o turista é o consumidor, e tudo o mais é consumido. Afinal, para Lipovetsky, "a figura do consumidor é observada em todos os níveis da vida social, imiscui-se em toda parte, em todos os domínios, sejam econômicos ou não: ela se apresenta como o espelho perfeito no qual se decifra a nova sociedade dos indivíduos"[39]. Resta-nos perguntar ao autor: essa

---

38. Jacques Wainberg, "Anotações para uma teoria do turismo: a indústria da diferença", *in*: Susana Gastal, *Turismo: 9 propostas para um saber-fazer, op. cit.*, pp. 55-9.
39. Gilles Lipovetsky, *Felicidade paradoxal: ensaio sobre a sociedade de hiperconsumo, op. cit.*, p. 129.

sociedade dos indivíduos dá conta de tratar a todos como indivíduos? Pelo tipo da produção do turismo em El Alberto, fica evidente que não.

Os turistas "são primeiro e acima de tudo acumuladores de sensações; são colecionadores de coisas apenas num sentido secundário e derivativo"[40]. O estímulo ao consumo turístico deve ser constante e os consumidores-turistas devem estar continuamente instigados a querer mais. As consequências disso são uma produção irresponsável de um mundo que explora mazelas humanas em prol do prazer de uns poucos pagantes – mas sempre com o discurso de que essa exploração é feita em 'honra e tributo' dos explorados. Fica bastante claro que o mercado não tem preceitos morais e se utilizará de quaisquer artifícios para garantir sua reprodução.

Ser turista não é algo simples. O turista é uma figura fugidia, alguém que está só de passagem, que não se prende, que está livre para consumir aqui e ali e ir embora assim que desejar. É a figura emblemática da necessidade de não fixação pós-moderna, afinal "é deles o milagre de estar dentro e fora do lugar ao mesmo tempo"[41].

Muitos turistas vivem a ilusão de que são consumidores diferenciados dos demais, por conta das características do próprio produto turístico, que é construído discursivamente como tendo características imateriais (consome-se a experiência) e não materiais (acumulam-se coisas). No entanto, a ideia do turismo de que se pode consumir o mundo sem consumi-lo é uma mentira. A produção inicialmente discursiva do turismo transborda para o real e o modifica. Ao consumir qualquer pacote ou experiência turística, o turista se utiliza da existência das pessoas, do ambiente, e depois vai embora.

Para Beni, "o produto turístico é produzido e consumido no mesmo local e o consumidor é que se desloca para a área de consumo, portanto rigorosamente dentro do sistema [turístico]"[42]. No entanto, ao deslocar-se para dentro desse sistema de consumo turístico, o turista fica em situação de fragilidade, pois troca a sensação de segurança de seu cotidiano pela insegurança dos locais de trânsito e de destino. E é nesse momento que ele fica aos cuidados do capital: o hotel, o restaurante, o atrativo, o meio de transporte, o seguro viagem. Toda sua mobilidade está condicionada ao sistema de crédito e suas variantes.

---

40. Zygmunt Bauman, *Modernidade e ambivalência*, op. cit., p. 91.
41. *Idem, Vidas para consumo*, op. cit., p. 114.
42. Mario Carlos Beni, *Análise estrutural do turismo*, op. cit., p. 26.

Portanto, a exploração capitalista aumenta nas situações em que o turista está mais vulnerável.

Aproveitando-se dessa fragilidade, a produção do turismo procura produzir corpos docilizados que esperam pacientemente nas filas dos aeroportos, dos restaurantes, das casas de *shows*, nas ruínas da Grécia ou de Machu Picchu; que dispensam a desatenta atenção aos monólogos dos guias sobre dados históricos, geográficos, um sem-fim de informações. Se houver reclamação, será no papel de consumidor por meio dos mecanismos criados e autorizados pelo Estado e pelo mercado. Dessa forma, o rebanho de turistas segue comportado, agradecendo ao sistema a possibilidade de ali estar.

Mercado e Estado arrebanham o ser humano contemporâneo, por meio do hiperestímulo das expectativas que se formam em torno do ato de se fazer turismo, e o incitam a permanecer comportado: se comportado for, as recompensas virão. Por isso, a experiência turística tem se tornado cada vez mais a domesticação, por parte do mercado e do Estado, da vontade humana de se deslocar, de conhecer, de trocar, de se perder, de se encontrar.

Ironias da construção do turista como sujeito do turismo

Sob a perspectiva dos estudos críticos da comodificação do turismo, o turista é um consumidor como qualquer outro. Não obstante, é importante ressaltar que, na contemporaneidade, "as empresas hegemônicas produzem o consumidor, antes mesmo de produzirem os produtos. Um dado essencial do entendimento do consumo é que a produção do consumidor, hoje, precede à produção dos bens e serviços"[43]. Não foi isso que a OMT fez ao criar a categoria estatística 'turista'? Analisar isso traz problemas às atuais abordagens que querem o consumidor – e, em nosso caso específico, o turista – como sujeito atuante, que deve ser coberto de mimos. O turista é uma figura construída para uma determinada finalidade, a saber: o controle da movimentação humana por parte do mercado do turismo e a consequente movimentação financeira dos agentes que atuam em seu nome.

O turista (e o consumidor em geral), embora seja discursivamente construído como um sujeito autônomo, na verdade, não é tão autônomo assim. Pode ser livre para consumir, mas será livre do consumo? Parece-nos que não!

---

43. Boaventura de Sousa Santos, *Introdução a uma ciência pós-moderna*, op. cit., p. 48.

O consumismo não é algo instintivo, ele é, antes, histórica e socialmente construído, o que mostra a farsa sobre a qual a liberdade do consumidor é construída:

> A cobiçada liberdade do consumidor é, afinal, o direito de escolher 'por vontade própria' um propósito e um estilo de vida que a mecânica supraindividual do mercado já definiu e determinou para o consumidor. A liberdade do consumidor significa uma orientação da vida para as mercadorias aprovadas pelo mercado, assim impedindo uma liberdade crucial: a de se libertar do mercado, liberdade que significa tudo menos a escolha entre produtos comerciáveis padronizados. Acima de tudo, a liberdade do consumidor desvia dos assuntos comunitários e da administração da vida coletiva as aspirações da liberdade humana[44].

Liberdade de optar pelo que foi disponibilizado dentro de um cardápio definido anteriormente, eis aí a liberdade do consumidor. Aquilo que não foi aprovado pelo mercado não entra na lista dessa suposta liberdade e, portanto, nem existe para ser considerado. Como optar pelo que não está no cardápio? Exercitar esse simulacro de liberdade é confirmar a onipresença do mercado como verdade social absoluta e, com isso, aumentar a potência da dinâmica da comodificação. Dessa maneira, o consumidor se vê construído como alguém que tem uma liberdade fantástica, mas que, de fato, atua obedecendo compulsivamente a mandos de um poder que lhe é alheio e que se apresenta na forma de opções de exercício de autonomia.

> Agir assim é uma compulsão, um *must*[45], para os consumidores amadurecidos, formados; mas esse *must*, essa pressão internalizada, essa impossibilidade de viver a vida de qualquer outra forma, revela-se para esses consumidores sob o disfarce de um livre exercício da vontade. O mercado pode já tê-los selecionado como consumidores e assim retirado a sua liberdade de ignorar as lisonjas; mas a cada visita a um ponto de compra os consumidores encontram todas as razões para se sentir como se estivessem – talvez até eles apenas – no comando. Eles são os juízes, os críticos e os que escolhem. Eles podem, afinal, recusar a fidelidade a

---

44. Zygmunt Bauman, *Modernidade e ambivalência, op. cit.*, p. 277.
45. No sentido de "um dever, uma obrigação".

qualquer das infinitas opções em exposição. Exceto a opção de escolher entre uma delas, isto é, essa opção que não parece ser uma opção[46].

Nesse sentido, o turista pode optar por este ou aquele destino, por este ou aquele prato no restaurante, este ou aquele apartamento no hotel, mas a opção de não escolher, de não partir em viagem, de não querer o consumo turístico, parece cada vez mais ponto fora de questão. Nas sociedades contemporâneas, "não 'viajar' é como não possuir um carro ou uma bela casa. É algo que confere *status*"[47]. Claro, ao menos para a parcela das pessoas que está inserida na condição de consumidores; para os demais, resta o ressentimento de não poder.

Obviamente que a economia não domina o consumidor contemporâneo à força, ao menos não no sentido da força física, tampouco ele sucumbe tão tolamente aos apelos do mercado. Seria, então, o consumidor um ser indefeso? Não nos parece nada disso. Campbell nos mostra que "embora seja necessário reconhecer o fato óbvio de que os consumidores são influenciados em seus atos pela informação que recebem dos produtos, é provável que apenas os indivíduos mais hipersugestivos saiam precipitadamente e comprem produtos meramente por terem sido conduzidos a sua atenção"[48].

Mas o que é importante notar é que em uma "sociedade de consumo que funcione de forma adequada os consumidores buscam com todo empenho ser seduzidos"[49]. As recompensas do turismo são sempre excitantes, então por que não participar?

A cultura ocidental contemporânea é consumista e isso não se deve apenas à ação da mídia como veículo de manipulação dos consumidores por parte do mercado. Os consumidores realmente engajados desejam ser cativados, procurados, mimados pelo mercado. As mensagens emitidas pela mídia têm intenções de venda de produtos, marcas ou mesmo de estilos de vida, mas o entusiasmo dos consumidores é algo que não pode ser desconsiderado. A produção das mensagens veiculadas pela mídia é intencional, mas "como o recebimento de uma mensagem leva à criação de uma necessidade no consumidor?"[50]. A produção de subjetividade capitalística atua de diversas formas, o

---

46. Zygmunt Bauman, *Modernidade e ambivalência, op. cit.*, p. 92.
47. John Urry, *O olhar do turista, op. cit.*, p. 19.
48. Colin Campbell, *A ética romântica e o espírito do consumismo moderno*, Rio de Janeiro: Rocco, pp. 71-2.
49. Zygmunt Bauman, *Modernidade e ambivalência, op. cit.*, p. 92.
50. Colin Campbell, *A ética romântica e o espírito do consumismo moderno, op. cit.*, p. 73.

sistema é complexo e seu sucesso não é gratuito. No entanto, é vital denunciar que o sistema capitalista não produz para ninguém que não seja ele mesmo. Em virtude disso, ele sistematicamente se entrincheira "por detrás do álibi das necessidades individuais [mas,] no sistema, não há lugar para as finalidades individuais, mas só para as finalidades do sistema"[51].

Mais que simplesmente vender bens de consumo (materiais ou simbólicos), a cultura consumista tem por objetivo vendê-los para serem empregados na construção da identidade dos indivíduos. *Ser turista*, como já dissemos, é considerado parte de um estilo de vida, que compõe a marca ou estilo pessoal. Precisamos, então, lembrar que os princípios de mercado, "oferta, demanda, acumulação de capital, competição e monopolização [estão a operar também dentro] da esfera dos estilos de vida, bens culturais e mercadorias"[52]. Assim, nas sociedades contemporâneas, quando dizemos 'estilos de vida', essa nominalização já vem marcada com os códigos da comodificação – afinal, os estilos de vida estão nos catálogos, nas prateleiras e nas revistas de turismo.

Na dinâmica da comodificação, a forma econômica do mercado é cada vez mais generalizada e vai além das meras trocas monetárias, funcionando como "um modelo das relações sociais, um modelo da existência, uma forma de relação do indivíduo consigo mesmo, com o tempo, com seu círculo, com o futuro, com o grupo, com a família"[53]. A sociedade mesmo torna-se 'sociedade dos consumidores', ou seja, um ambiente existencial que

> [...] se distingue por uma reconstrução das relações humanas a partir do padrão, e à semelhança, das relações entre os consumidores e os objetos de consumo. Esse efeito notável foi alcançado mediante a anexação e colonização, pelos mercados de consumo, do espaço que se estende entre os indivíduos – esse espaço em que se estabelecem as ligações que conectam os seres humanos e se erguem as cercas que os separam[54].

Portanto, o consumismo torna-se força formadora da subjetividade da pessoa na contemporaneidade: o consumidor. Característica constitutiva desse tempo/cultura é o reflexo do atual estágio de desenvolvimento do mercado,

---

51. Jean Baudrillard, *A sociedade de consumo*, Lisboa: Edições 70, 2007, p. 65.
52. Mike Featherstone, *Cultura de consumo e pós-modernismo*, São Paulo: Studio Nobel, 1995, p. 121.
53. Michel Foucault, *Nascimento da biopolítica*, São Paulo: Martins Fontes, 2008, p. 332.
54. Zygmunt Bauman, *Vidas para consumo, op. cit.*, p. 19.

estimulando incessantemente o apetite voraz do consumidor contemporâneo, que, insistimos, trabalha a favor do mercado que o criou.

A ordem de discurso da cultura de consumo transforma o cidadão em consumidor, remodelando a participação do cidadão nos assuntos de seu interesse (e nos de sua comunidade) nos moldes da relação consumidor-mercadoria: "em lugar do cidadão formou-se um consumidor"[55]. O mercado faz tudo para confundir consumidor e cidadão, mas comodificação e cidadania são termos opostos, pois se a cidadania tem preocupações com o coletivo, com o comunal, o consumo é uma atividade, em geral, individualista.

O consumidor construído como figura central na sociedade é uma necessidade dos agentes do mercado – podemos dizer que o consumidor está a serviço destes agentes. Para a comodificação ideal, não pode haver barreiras na constituição do mercado, e a constituição da ideia de consumidor é fundamental para isso. Não há outro critério exigido no mercado a não ser a capacidade que o indivíduo tem de pagar o preço que está na etiqueta.

Dessa forma, se o que chamamos de comodificação é a colonização de âmbitos não econômicos da vida pelo mercado, é necessário que haja nesse processo um agente. Ou ao menos que alguém acredite ser esse agente e que trabalhe por isso entusiasticamente: é o caso do consumidor. A comodificação não pode se dar sem a tendência irrestrita da tentativa de criação de consumidores.

O *cidadão-tornado-consumidor* tem o mundo como um campo de objetos a serem triados, selecionados, escolhidos, comprados, usados, avaliados e descartados. Com o poder da indústria do turismo, o consumismo torna-se transfronteiriço. Todo o mundo está aí disposto na forma de um gigantesco catálogo de produtos e destinos turísticos para ser esquadrinhado, experimentado e descartado quando já não chamar mais a atenção do turista. Mas o importante é que sempre novos horizontes consumistas serão apresentados...

O consumismo, portanto, se apresenta como estruturador das sociedades contemporâneas, tendo no mercado (comodificando os âmbitos não econômicos da vida) e no consumidor (construído como agente social de destaque no processo) o campo privilegiado para sua ação. Sua imagem é onipresente na sociedade comodificada. A aparência é a de que o consumidor é, então, soberano. Ser consumidor numa cultura de consumo é viver uma constante e

---

55. Milton Santos, *O espaço do cidadão,* São Paulo: Edusp, 1993, p. 13.

conflituosa negociação de símbolos que são empregados na construção de sua imagem social como sujeito atuante ou, ao menos, no simulacro de tal sujeito.

Num movimento espiralado, quanto mais o consumidor tem a impressão de que é ele quem está no comando, mais o mercado estende seu poder capilar, "quanto mais o hiperconsumidor detém um poder que lhe era desconhecido até então, mais o mercado estende sua força tentacular; quanto mais o comprador está em situação de autoadministração, mais existe extrodeterminação ligada à ordem comercial"[56]. Este é um dos segredos mais bem guardados da sociedade de consumo em seu estágio contemporâneo: *a comodificação do consumidor* – no caso do turismo, isso é exemplar.

Por extensão, precisamos analisar aquilo que nos parece um duplo engano. Por vezes, os turistas compreendem-se como indivíduos não consumistas, pois em lugar de acumular bens materiais, preferem viajar e viver a experiência dos acontecimentos prometidos pelo mercado do turismo. Esse duplo engano se dá pois ele é um consumidor como outro qualquer e, por ser um consumidor numa sociedade de consumidores, ele também deve se comportar como uma mercadoria. Dessa forma, o suposto não consumismo do turista e, especificamente, a suposta soberania do consumidor devem ser postos em dúvida a todo momento.

Esse consumidor, que é um agente social de uma sociedade de consumo, pode acreditar que está livre para fazer suas opções, no entanto ele é livre dentro de opções preestabelecidas, ou seja, não é tão livre assim. Essa pseudoliberdade de escolha que o mercado oferece sob a forma de cardápio para consumo é fruto da "afirmação onipresente da escolha já feita na produção, e o consumo que decorre dessa escolha"[57]. A única escolha (in)consciente do consumidor é a de aceitar os termos dessa cultura ou perecer. E isso está longe de ser uma escolha num duplo sentido: o consumidor *deve* escolher entre as diversas mercadorias que lhe são oferecidas e *deve* portar-se como uma mercadoria, a fim de poder manter-se no jogo da sociabilidade. É um dever disfarçado de direito e uma heteronomia disfarçada de autonomia, e ambos se revelam aos "consumidores sob o disfarce de um livre exercício de vontade"[58]. Vimos com alguma profundidade que um dos discursos mais enfáticos sobre

---

56. Gilles Lipovetsky, *Felicidade paradoxal: ensaio sobre a sociedade de hiperconsumo, op. cit.*, p. 14-5.
57. Guy Debord, *A sociedade do espetáculo: comentários sobre a sociedade do espetáculo, op. cit.*, pp. 14-5.
58. Zygmunt Bauman, *Modernidade e ambivalência, op. cit.*, p. 92.

o turismo produzido por seus enunciadores hegemônicos é o de que ele se constitui de um *Direito Humano*.

O mercado discursa a respeito do consumidor, assim como, especificamente, o mercado do turismo discursa a respeito do turista (por vezes, os discursos são elaborados por meio dos agentes convocados a participar do processo de comodificação do viajante – notadamente, a academia e o Poder Público), colocando-o em lugar de destaque: é seu aparente reinado.

O reinado do crédito e o problema da satisfação do consumidor

A compra a crédito é uma das vias de comodificação do consumidor. Aparentemente lhe dá liberdade de comprar – como afirma o mercado –, mas também leva ao seu aprisionamento, pois é por meio do crédito que o consumidor se torna comprometido com o sistema; afinal, a compra a crédito modifica a ordem

→ trabalho a consumo dos frutos do trabalho,
→ alterando-a para uma inversa: consumo (fruto do crédito) a trabalho.

O consumo hiperacelerado deve vir em primeiro lugar. Ele não pode esperar o tempo orgânico de seu acontecimento, como fruto derivado do trabalho, como o era na sociedade de produtores[59]. O sistema de crédito representa a própria moral contemporânea. Baudrillard aponta essa questão:

> Hoje, uma nova moral nasceu: precedência do consumo sobre a acumulação, fuga para a frente, investimento forçado, consumo acelerado, inflação crônica (torna-se absurdo economizar): todo o sistema resulta disto, em que se compra primeiro para em seguida se resgatar o compromisso por meio do trabalho. Volta-se assim, com o crédito, a uma situação propriamente feudal, a de uma fração de trabalho devida antecipadamente ao senhor, ao trabalho escravo. Contudo, à diferença do sistema feudal, o nosso atua através de uma cumplicidade: o consumidor moderno integra e assume espontaneamente esta obrigação sem fim: comprar a fim de que a sociedade continue a produzir, a fim de se poder pagar aquilo que foi comprado[60].

---

59. Idem, *Vidas para consumo, op. cit.*
60. Jean Baudrillard, *O sistema dos objetos, op. cit.*, pp. 169-70.

Para Bauman, na sociedade dos produtores, o lema era a salvaguarda do dinheiro, a sua economia, no sentido da poupança. No entanto, houve uma modificação na estrutura moral do capital, que o divide em duas morais: a da poupança e a do consumo. Na primeira fase, o trabalho é um bem, e a diversão e a preguiça são indignas do ser humano. É a fase da prosperidade sem prazer. A acumulação é a regra, a poupança é a metodologia. Para que o capitalismo pudesse continuar seu desenvolvimento, seria necessária uma mudança radical na interpretação do discurso moral do próprio capital. Afinal, este, baseado no trabalho, no acúmulo, conseguido por meio da poupança que recebia os produtos da prosperidade sem prazer, tornou-se um verdadeiro freio de mão para o próprio capital. Isso porque, em seu próprio desenvolvimento, a produção alcançava e superava seus próprios limites, mas não havia quem consumisse o excedente produzido.

Foi necessária, então, a readequação do discurso moral da poupança para um novo discurso. Assim, na segunda fase, a contemporânea, a diversão e o imediatismo são os valores elevados à primeira importância, e a previdência está, definitivamente, fora de moda. O consumismo é o critério de reorganização da moral capitalista.

Ao consumidor exemplar, todos os mimos: as milhas de cartão de crédito não deixam de ser um estímulo ao bom comportamento do consumidor e são uma benção para muitos turistas. Aquele que participa ativa e entusiasticamente do jogo do consumo recebe sua recompensa, pois "o crédito é subentendido como um direito do consumidor e no fundo como um direito do cidadão"[61]. A recompensa dos programas de milhagem dos cartões de crédito ao bom consumidor é que ele pode tornar-se turista e continuar consumindo, num ciclo vicioso. Se, por acaso, o leitor, a leitora já utilizou a expressão 'converter em milhas', sabe do que estamos falando...

Com isso, o que queremos mostrar é que o objetivo do sistema capitalista aqui é o de recompensar quem mais internaliza o funcionamento de tal sistema. O turismo surge como uma das mais importantes recompensas para quem é bem-comportado e cumpre docilmente as ordens do capital.

Cumpre ressaltar, no entanto, que a satisfação dos 'desejos' e 'necessidades' do consumidor está longe de ser o principal objetivo do mercado. Pelo contrário, seu principal objetivo é a comodificação do próprio consumidor:

---

61. *Ibidem*, p. 165.

"os membros da sociedade de consumidores são eles próprios mercadorias de consumo, e é a qualidade de ser uma mercadoria de consumo que os torna membros autênticos dessa sociedade"[62]. Os membros autênticos de uma sociedade consumista devem estar atentos às possibilidades de novos e novos desejos. A satisfação, ao contrário, é algo que deve ser mantido a uma distância segura. Nessa sociedade,

> [...] para abrir caminho na mata densa, escura, espalhada e 'desregulamentada' da competitividade global e chegar à ribalta da atenção pública, os bens, serviços e sinais devem despertar desejo e, para isso, devem seduzir os possíveis consumidores e afastar seus competidores. Mas, assim que o conseguirem, devem abrir espaço rapidamente para outros objetos de desejo, do contrário a caça global de lucros e mais lucros (rebatizada de 'crescimento econômico') irá parar. A indústria atual funciona cada vez mais para a produção de atrações e tentações. É da natureza das atrações tentar seduzir apenas quando acenam daquela distância que chamamos de futuro, uma vez que a tentação não pode sobreviver muito tempo à rendição do tentado, assim como o desejo nunca sobrevive a sua satisfação[63].

O mercado anuncia sua missão, qual seja, a completa satisfação dos desejos dos consumidores: "Satisfação: a sua tranquilidade desde a escolha do destino até a volta para casa"[64] é o que avisa a propaganda turística. No entanto, o mercado usa de um artifício retórico ilusório, pois se ele conseguisse a completa satisfação de seus clientes, teria sua morte anunciada e consumada. A satisfação das necessidades dos consumidores é apenas um disfarce da sociedade de consumo, de seu mercado e sua dinâmica comodificadora. É, enfim, mais um mito.

O aspecto do consumismo de maior destaque nas sociedades ocidentais é que por parte de seus habitantes há "uma busca interminável de necessidades [...] uma insaciabilidade que se eleva de uma básica inexauribilidade das próprias carências, que se levantam sempre, como uma fênix, das cinzas de suas antecessoras"[65]. Tal processo, que parece não ter fim, torna-se novo a cada satisfação realizada, surgindo sempre e sempre com novos desejos e expectati-

---

62. Zygmunt Bauman, *Vidas para consumo*, op. cit, p. 76.
63. *Idem, Modernidade e ambivalência*, op. cit, p. 86.
64. *Viagem e Turismo*, São Paulo: Abril, mar. 2011c, p. 141.
65. Colin Campbell, *A ética romântica e o espírito do consumismo moderno*, op. cit., 2001, pp. 58-9.

vas, todos eles cuidadosamente produzidos e estimulados pelo mercado. Isso ajuda-nos a compreender o entusiasmo com que as pessoas se engajam no ritual do consumo em geral e do turismo especificamente.

Obviamente, o leitor pode objetar dizendo que as necessidades instintivas, como a alimentação, sempre se renovarão cada vez que o indivíduo tiver fome, tornando-se assim uma necessidade cíclica. Todavia, não é disso que tratamos. Estamos falando de necessidades, não apenas da sobrevivência, nem meramente instintivas. E mesmo a fome, gerando o desejo de saciá-la, pode tomar uma forma de variadas expectativas de consumo de diferentes alimentos. O segredo do consumismo não passa por um instinto (pode sim, se aproveitar dele...) e o ser humano não é 'naturalmente' consumista, afinal há comportamentos diferenciados entre sociedades e culturas distintas ao longo de toda a história da humanidade. Nas chamadas sociedades tradicionais, por exemplo, a manutenção da tradição suplanta a busca pelo novo a qualquer custo.

Um fato fundamental do comportamento do consumidor nas sociedades contemporâneas é que ele nunca fecha "realmente o hiato entre necessitar e alcançar"[66]. Nesse aspecto, o turista é um indivíduo consumista, pois parece não haver horizonte possível para a satisfação do consumo turístico, uma vez que este é sempre produzido e renovado ao final de qualquer viagem.

Mas a que se deve tal insaciabilidade nas atuais sociedades? Como ela é estimulada? A produção ininterrupta das "máquinas capitalistas"[67] procura canalizar e estimular os mais diversos desejos, cria as mais diversas expectativas e produz a sensação de mais e mais necessidades novas, promete as mais diversas satisfações e indica a si mesma como o caminho para realizá-las: essa é a fórmula secreta da felicidade divulgada a todos os ventos na pós-modernidade capitalista. No caso do turismo, o próprio cotidiano é produtor constante desse desejo de evasão, materializado no consumo turístico. Diariamente, as pessoas são estimuladas a querer evadir de seu cotidiano. O que nos leva a uma drástica reflexão sobre nosso dia a dia: se queremos evadi-lo, será ele fonte de mal-estar?

Campbell afirma que a insaciabilidade pode ser produzida de duas maneiras, afinal "os hábitos do consumo podem se alterar, como consequência ou de uma inovação no uso dos recursos, ou de uma modificação do modelo

---

66. *Ibidem*, p. 59.
67. Félix Guattari, *As três ecologias, op. cit.*, 2001.

das satisfações"[68]. A superprodução de novidades é marca do mercado em seu período atual. Pejorativamente podemos chamar esse processo de produção de 'novismos', que estão aí a reafirmar a reprodução do capital, por meio de toda sorte de novas mercadorias, especialmente *commodities* turísticas – podemos perceber isso ao analisarmos os lugares da moda do turismo, como eles surgem e desaparecem de maneira veloz. No entanto, para o autor, o segundo motivo é mais decisivo: o ponto central reside na constante modificação do modelo das satisfações.

As satisfações, no que diz respeito à exploração do turismo, devem ser igualmente produzidas, estimuladas e rapidamente modificadas. Só que boa parte do produto turístico é composta por pessoas. Como fica a situação daqueles que são os objetos do olhar do turista nesse turbilhão existencial produzido pela velocidade da constante renovação mercadológica? Como essas pessoas fazem para se tornarem *commodities* desejadas se o modelo de satisfação dos turistas muda tanto? Como adaptar a vida e o lugar de vida a essas mutantes demandas?

Alter egos *do turista: servidores e vagabundos*

Turismo é a ação ou o efeito de viajar, mas também é a atividade de quem recebe o viajante. Entretanto, esses que recebem o viajante, em geral, são construídos como meros coadjuvantes, servidores ou apêndices daquele que é o grande ator: o turista. Como afirma Andrade: "ser turista é fácil; difícil é a atividade preparatória dos que pretendem capacitar-se para exercer as tarefas que garantem um turismo de melhor nível para turistas de todos os níveis"[69]. Vejamos então quem é esse ator a quem cabe a parte de exercer as tarefas que garantirão o melhor turismo ao turista.

A identidade do turista, por si só, não é completa. Para ser o que é, o turista precisa de seu *alter ego*. Os holofotes dos estudos pró-turísticos insistem em clarear ao máximo a figura do turista. Ele faz, ele acontece, ele traz desenvolvimento, ele causa impactos. No entanto, para o deslocamento do turista ocorrer, alguém necessita estar enraizado no local para recebê-lo.

Temos defendido aqui que o turismo, como é produzido atualmente, é gerador de dicotomias. O lado construído como forte da dicotomia é o turista.

---

68. Colin Campbell, *A ética romântica e o espírito do consumismo moderno*, op. cit., p. 60.
69. José Vicente de Andrade, *Turismo, fundamentos e dimensões*, op. cit., p. 13.

O outro lado conforma-se como 'os objetos do olhar do turista'[70]. Esses são construídos a partir do mercado para serem vendidos aos turistas. São coisas, eventos, lugares, ambientes, culturas, pessoas.

Se o turista-consumidor se move para dentro do sistema de turismo, o trabalhador do turismo vive lá dentro, da mesma maneira que a comunidade que recebe o turista.

Estar rigorosamente dentro do sistema de produção-consumo do turismo (para servir) é estar enraizado no lugar. O enraizamento de quem serve coloca os trabalhadores do turismo numa situação de imobilidade (e não interessa aqui se eles trabalham em um trem, ônibus, avião ou navio – enfim, qualquer coisa que se mova). A imobilidade do trabalhador se dá no sentido de que ele (ou ela) precisa estar no lugar de consumo, por conta das características do produto turístico: produção e consumo em concomitância. Isso o enraíza, o prende. Mais que isso, devemos lembrar que a produção do turismo privilegia o deslocamento dos turistas – enfatizamos os pedidos do WTTC e da OMT para a liberação de vistos, de espaços aéreos etc. para a livre circulação dos turistas, ao mesmo tempo que convocam o Estado a manter as barreiras territoriais firmemente eretas para os demais. Lembrando que a mobilidade é a característica mais proeminente na pós-modernidade como forma de dominação: quem pode se movimentar livremente domina áreas maiores. Mas pós-modernamente ativos são apenas os turistas; os servidores, por conta de suas raízes fincadas no chão do atrativo turístico, acabam por se tornar o refugo desse mundo projetado para os turistas.

Mesmo estando lado a lado no momento da produção-consumo do turismo, turistas, servidores e moradores locais estão apartados, pois "essa sociedade que suprime a distância geográfica recolhe interiormente a distância, como separação espetacular"[71].

Na visão de Beni,

> [...] lidar com turistas pode ser um trabalho repetitivo e monótono, principalmente quando seu volume é grande. A exposição a levas contínuas de turistas acarreta o obscurecimento da identidade individual de cada visitante que passa a ser rotulado apenas como 'turista'. Uma vez que os visitantes se tornam objetos inanima-

---

70. John Urry, *O olhar do turista*, op. cit., 2001.
71. Guy Debord, *A sociedade do espetáculo: comentários sobre a sociedade do espetáculo*, op. cit., p. 112.

dos, que são tolerados pelo ganho econômico, os turistas também passam a olhar seus anfitriões apenas com curiosidade e também como objeto[72].

Em nossa perspectiva, trata-se de uma nítida inversão de ponto de vista, colocando o peso da coisificação das relações do turismo nas costas dos moradores locais, pois é somente quando eles tratam os turistas como coisas que passam a ser tratados da mesma maneira. Entendemos que, ao contrário, é a produção da imagem turística das pessoas por meio do clichê turístico que inicia tal processo. No entanto, podemos perceber que essa exploração comercial acaba por levar consumidores e produtores a uma relação social, às vezes direta, às vezes indireta. Vale ressaltar que

[...] quase todos os serviços proporcionados aos turistas têm de estar ao alcance deles no momento e no lugar em que são produzidos. Em consequência, a qualidade da interação social entre o fornecedor do serviço, tal como o garçom, o comissário de bordo ou o recepcionista do hotel e os consumidores faz parte do 'produto' que está sendo adquirido pelo turista[73].

Nas análises críticas de Urry, a relação social que nasce do contato entre os turistas e os servidores é parte do produto adquirido pelo turista. Em nossa perspectiva, isso significa a comodificação da relação entre as pessoas do turista e de seus servidores, uma vez que ela é parte do produto vendido. Só que, no entanto, essa relação tem peculiaridades, pois a ideia de turismo como atividade proposta a partir da oposição entre tempo de trabalho e tempo de lazer se dá apenas no universo do turista (este está em seu momento de descanso e de fruição). Para o servidor ou morador local que se envolve com o turismo, trata-se de trabalho – a maneira pela qual esses agentes recebem o dinheiro para sua (sobre)vivência. E, assim, aquele que serve no turismo se torna parte das *commodities* vendidas por ele.

O fornecedor-mercadoria fica atrelado ao equipamento ao qual trabalha, seja ele um balcão de hotel ou restaurante, um ônibus, um avião, um elevador de uma torre qualquer, um quiosque de venda de produtos 'nativos', uma tirolesa. A partir dos movimentos diariamente repetidos, sua vida profissional

---

72. Mario Carlos Beni, *Análise estrutural do turismo, op. cit.*, p. 307.
73. John Urry, *O olhar do turista, op. cit.*, p. 63.

torna-se mero apêndice da condição à qual está atrelada, que pode ser um equipamento, um serviço, um horário etc. Embora os movimentos possam parecer mais livres, essa liberdade está longe de ser satisfatória. E, além disso, fornecedores e consumidores estão, de certa forma, unidos, pois os produtos e serviços turísticos têm uma característica de "fixidez espacial [...] boa parte da produção de serviços envolve uma proximidade espacial entre os produtores e os consumidores do serviço em questão"[74].

Esse campo de disputas organiza a existência de uma dualidade, a saber, *nós* e *eles*. Assim: o turista perfaz o grupo do *nós* e os locais são *eles*. Para evadir o *nosso* cotidiano, *queremos* conhecer o cotidiano *d'eles*. Como *eles* vivem? No entanto, essa divisão, por vezes, é posta de maneira a reforçar a ideia de uma superioridade do *nós* (consumidores) em relação a *eles* (consumidos). Nessa dinâmica, esse *nós* é enaltecido, em detrimento do *eles*: *nós* somos modernos, turistas, descolados, viajantes, descobridores, exploradores – levamos o desenvolvimento e o emprego; *eles* são exóticos, atrasados, diferentes, não modernos, lentos, selvagens, ignorantes (em relação a *nós*). Há, claro, o rumo contrário no turismo, quando um turista do Sul visita o Norte, para 'ver como é que as coisas realmente funcionam'. Nota-se aí também a presença da necessidade da confirmação dos "pré-conceitos" que *nós* temos sobre *eles*.

A produção dessa ideia atinge diretamente o lugar 'turístico' que será transformado por uma estrutura (infra e super) para atendimento ao turista (transporte, alimentação, serviços de maneira geral, estadia, atrativos). Importante ressaltar que nessas estruturas estão irremediavelmente coladas as figuras humanas que atuam do outro lado da moeda: os trabalhadores-mercadoria do turismo.

Os atrativos do turismo são produzidos para o consumo do turista e o turista é produzido pela indústria turística para ser seu agente. O encontro marcadamente econômico propiciado pelo turismo torna figurantes de um espetáculo aqueles que se encontram. Se o leitor ou a leitora não concorda que o encontro turístico é marcadamente econômico, basta retirar esse elemento e perguntar se aqueles que servem o turista permaneceriam na relação apenas pela 'alegria de servir'. Para as pessoas que vivem do turismo, apresentar-se como atrativo turístico, dia após dia, é uma tarefa enfadonha, como Krippendorf já notara:

---

74. *Ibidem*, p. 96.

[...] ninguém leva em consideração o que deve sentir a população autóctone ao ser 'descoberta' dez, vinte, cem vezes, ao ser observada e questionada até nos assuntos mais íntimos. As caravanas de turistas que passam também não imaginam o quanto podem transtornar o equilíbrio emocional, religioso, cultural, econômico e ecológico das regiões visitadas e de suas populações[75].

Podemos chamar isso de "relações humanas funcionalizadas"[76], notadamente marcadas por sorrisos comodificadamente 'sinceros', pela 'cordialidade' e a 'amabilidade' da *commodity*: "Você pode ir e voltar quantas vezes quiser. Nossos sorrisos estarão sempre aqui"[77] é o que afirma a publicidade de uma rede de hotéis. É como se dissessem: "Sorria turista (e apresente seu cartão de crédito)! E nós sorriremos de volta para você" – trata-se da "mística da solicitude" de Baudrillard[78].

Na pós-modernidade, a liberdade de escolha é fator de estratificação social. O turismo afirma (espetáculo) a liberdade de escolha do turista (dentro do cardápio de possibilidades disponibilizado pelo mercado) e, ao afirmá-la, nega (invisibilidade) a mesma diversidade de 'escolhas' ao trabalhador do turismo – ou melhor, deixa sempre o horizonte do desemprego como possibilidade.

Não queremos aqui idealizar o morador local. Sabemos que há disputa de poder durante o encontro entre os turistas, os moradores locais e os servidores do turismo. Sabemos igualmente que, como o turista está fragilizado num ambiente desconhecido, ele também está à mercê de quem detém o capital simbólico do lugar. É dessa forma que temos vários estudos[79] apontando a não autenticidade de muitas atratividades turísticas, em especial das manifestações culturais. Ao perceber que as pessoas de fora (os turistas) vêm para ver algo da comunidade, muitas pessoas do lugar se aproveitam disso e criam rituais, artesanatos, danças, histórias como simulação turística "apenas para ganhar dinheiro". Mas não é essa uma forma de reação à dominação proposta pela comodificação do turismo?

---

75. Jost Krippendorf, *Sociologia do turismo: para uma nova compreensão do lazer e das viagens*, op. cit., p. 63.
76. Cf. Jean Baudrillard, *A sociedade de consumo*, op. cit., p. 174.
77. *Viagem e Turismo*, op. cit., jun. 2011f, n. 188, p. 33.
78. Cf. Jean Baudrillard, *A sociedade de consumo*, op. cit., p. 168.
79. Para mais informações, cf. Peter Burns, *Antropologia do turismo: uma introdução*, São Paulo: Chronos, 2002.

O MERCADO DO TURISMO COMO RELAÇÃO SOCIAL

Vimos anteriormente que o mercado é discursivamente construído por seus agentes, num esforço de, a partir dessa construção, irresponsabilizarem-se pelos atos que executam em nome de tal alcunha. Dessa forma, ele é apresentado por seus agentes como um ente neutro e harmônico que intermedeia necessidades entre compradores e vendedores. Especificamente em nosso tema, o mercado do turismo é descrito por autores da corrente hegemônica de estudos do turismo como sendo:

> [...] a interação da demanda e da oferta de produtos relacionados com a execução e operacionalização das atividades que envolvem bens e serviços de viagens e afins. Esse mercado pode ser considerado como uma vasta rede de informações de modo que os agentes econômicos – consumidores e produtores – troquem informações e tomem decisões sobre a compra e a venda dos diferentes bens e serviços a sua disposição. A linguagem ou a forma de comunicação que estes agentes no turismo usam para o entendimento é feita por meio dos preços de seus bens e serviços, que se constituem no principal mecanismo de todo sistema de mercado[80].

Para os autores acima, o mercado do turismo é, então, uma interação entre dois elementos: *demanda* e *oferta* de produtos relacionados com viagens e afins. Na "rede", metáfora usada para descrever o funcionamento do mercado, operam basicamente dois agentes econômicos: consumidores e produtores. Estes trocam informações e tomam decisões sobre compra e venda. Enfim, negociam entre si. Essa rede tem um idioma próprio, o preço, aqui entendido como o valor pedido pela oferta (nesse caso, os produtores) e pago pela demanda – os consumidores. É perceptível uma aparente harmonia na descrição dos autores ou, se preferirem, nenhum conflito, apenas interação, negociação. No entanto, oferta e demanda são nominalizações que omitem os agentes (e seus objetos) a lutar no mercado do turismo. O eufemismo 'preço' substitui o verdadeiro idioma universal falado por esse ambiente social: o dinheiro e a pergunta 'quanto vale?'. Os autores, todavia, não abordam uma questão importante, a saber, quem é que tem o poder de definir tal idioma, quem é que define

---

80. Beatriz Lage e Paulo César Milone, "Fundamentos econômicos do turismo", in: *Turismo: teoria e prática,* São Paulo: Atlas, 2000, p. 29.

esse mecanismo, que é o principal do sistema do mercado. O mercado é um campo de disputas e tem, portanto, vencedores e perdedores. Os vencedores são os que dão as coordenadas para o funcionamento do mercado, ao passo que os perdedores permanecem no jogo que (e quando) lhes é facultado permanecer. Nesse sentido, a harmonia do mercado é forjada por meio do artifício do silêncio. Não há referências aos confrontos ou às imensas disparidades de poder, somente às negociações.

Outro conceito: Sistema Turístico

Para a OMT, o sistema turístico é formado por demanda, oferta, espaço geográfico e operadores de mercado[81]. A demanda é formada por turistas, viajantes e visitantes, "um agregado de personalidades e interesses com diferentes características sociodemográficas, motivações e experiências". Demanda turística é "a quantidade de bens e serviços turísticos que os indivíduos desejam e são capazes de consumir a dado preço, em determinado período de tempo"[82]. Já a oferta turística é o outro lado: "o conjunto de produtos turísticos e serviços postos à disposição do usuário[83] turístico num determinado destino para seu desfrute e consumo"[84]; é "a quantidade de bens e serviços turísticos que as empresas são capazes de oferecer a dado preço, em determinado período de tempo"[85]. A oferta turística pode ser dividida em três categorias: atrativos turísticos, equipamentos e serviços turísticos, e infraestrutura de apoio turístico[86]. O espaço geográfico de um sistema turístico é a "base fixa na qual tem lugar a conjunção ou o encontro entre a oferta e a demanda e em que se situa a população residente, que se não é em si mesma um elemento turístico, é considerada um importante fator de coesão ou desagregação, conforme é levado em conta ou não na hora de planejar a atividade turística"[87].

O léxico que define os campos do debate do mercado do turismo é comodificador. Procura tratar tudo sob os auspícios do mercado. Dessa forma,

---

81. Cf. Organização Mundial do Turismo, *Introdução ao turismo, op. cit.*, p. 40.
82. *Ibidem*, p. 56.
83. Não nos esqueçamos de Milton Santos: "em lugar do cidadão formou-se um consumidor, que aceita ser chamado de usuário" (Milton Santos, *O espaço do cidadão, op. cit.*, p. 13).
84. Organização Mundial do Turismo, *Introdução ao turismo, op. cit.*, p. 43.
85. Beatriz Lage e Paulo César Milone, *Economia do turismo, op. cit.*, p. 72.
86. *Ibidem*, pp. 72-4.
87. Organização Mundial do Turismo, *Introdução ao turismo, op. cit.*, p. 39.

pessoas, culturas e lugares são afirmados a partir de um sentido econômico. Vejamos o exemplo dos excertos anteriores.

Do lado da demanda surgem palavras como 'turistas', 'viajantes', 'visitantes', 'personalidades', 'interesses', 'motivações', 'experiências', 'indivíduos', 'desejam', 'capazes' – todas pertencentes a um léxico que humaniza a demanda – a demanda é o 'consumidor', estruturalmente construído como o sujeito-rei do consumo e do turismo, por conseguinte. Do lado da oferta temos: 'produtos', 'serviços', 'postos à disposição', 'destino', 'quantidade', 'bens', 'empresas', 'preço', 'atrativos turísticos', 'equipamentos' e 'serviços turísticos', e 'infraestrutura de apoio turístico'. Léxico que desumaniza a contrapartida da demanda – notemos o requinte da expressão: "postos à disposição do usuário turístico [...] para seu desfrute e consumo". Fica evidente como a realidade do lugar turístico acaba sendo construída por esses referenciais (lembremos, da OMT). E onde vai aparecer gente do lado da oferta? Vejamos.

O espaço geográfico é tornado "base fixa" para o encontro entre oferta (desumanizada) e demanda (humanizada na figura do turista). Nesse espaço pode haver gente; as pessoas que moram no lugar (em qualquer lugar) que é apropriado pelo turismo passam a ser chamadas de "população residente", mas percebamos como é que são tratadas no texto: a oração "que se não é em si mesma um elemento turístico" quer dizer que há a possibilidade de a população residente *ser* (ou não) um elemento turístico *em si mesmo*. Dessa forma, o texto pretende dizer que pode haver em qualquer população um caráter turístico intrínseco, essencial, algo da natureza. Trata-se de uma naturalização, afinal sabemos que nada é turístico 'em si', não há – como muitos querem – uma natureza turística. O turismo é uma invenção do mercado, da Modernidade e do Ocidente (recente na história da humanidade), não pode ser considerado um traço humano natural. A população residente de um lugar, sua cultura e seu próprio lugar, uma vez que despertem qualquer interesse dos agentes do mercado do turismo, terão de se postar frente a essa demanda (ou seja, negociar com essa exigência – se lembrarmos que demandar também significa exigir), sendo tratados como elemento agregador ou desagregador, dependendo da 'boa vontade' da comunidade em colaborar com sua própria exploração por parte do turismo. Una-se a isso, a gigantesca diferença de poder de barganha entre as partes.

Outros elementos importantes para a compreensão do mercado do turismo são os operadores de mercado: "Empresas e organismos cuja principal função é *facilitar* a inter-relação entre a oferta e a demanda. Aqui se encontram as agências de viagens, as companhias de transporte regular e aqueles órgãos públicos e privados que, mediante seu trabalho profissional, *são artífices* da organização e/ou promoção do turismo"[88].

Importante reconhecermos que toda relação comercial se dá – em última instância – entre pessoas. Toda relação comercial é uma relação social; por mais que isso seja negado, por mais que *pessoas jurídicas* deem a impressão de realizarem negócios entre si, é humano o fundamento último de todas as relações que se dão no ambiente existencial chamado mercado do turismo.

No mercado de trabalho em geral, assim como no do turismo, "um relacionamento humano nasce de cada transação comercial"[89] que acaba por ligar, de maneira direta, as pessoas. Portanto, o mercado do turismo constitui-se de relações sociais, fato esse constantemente evitado pela maioria das pessoas por ser algo que incomoda.

Ao final das contas, esses agentes exploram ("facilitam", no eufemismo da OMT) encontros entre pessoas: umas no lugar de vendedores, atravessadores, representantes etc., comercializando os entes convertidos em mercadorias, e outras como compradores. Mas essa relação social vai além, pois os entes a serem comercializados, aqueles que se tornaram *commodities* – chamados pelo mercado do turismo e por seus representantes de oferta turística –, são sempre compostos por seres humanos, sua cultura e seu lugar – insistimos em dizer isso: são vidas humanas.

A relação social chamada mercado do turismo pode materializar-se nas mais diversas formas. A ocupação geográfica desse mercado variará tanto quanto as possibilidades dessa relação o permitam. O alcance das telecomunicações, a capilaridade da internet e a abrangência dos meios de transporte velozes permitem que o globo seja permeado por uma imensa rede de relações mercantis. Nos tempos atuais, com a interligação planetária praticamente realizada, já podemos falar em mercado global. Para o turismo isso é fundamental, afinal este só pode se desenvolver plenamente na modernidade, período histórico em que se dão os avanços de maneira mais expressiva. Podemos dizer, então, que o mercado do turismo é um mercado global e o desejo da OMT de produzir uma "ordem turística mundial" ganha impulso com isso.

---

88. Organização Mundial do Turismo, *Introdução ao turismo, op. cit.*, p. 39 (grifos meus).
89. Zygmunt Bauman, *Vidas para consumo, op. cit.*, p. 23.

A partir daí, localmente essa relação social chamada *mercado do turismo* pode se plasmar em diferentes tipos de construções: uma lanchonete, uma casa de *shows*, um parque de diversões, um restaurante, um hotel, uma agência de viagens ou um *site* de agência de viagens, uma igreja que cobra ingressos de turistas, um pesque-pague, entre tantas outras formas. Todas elas têm algo em comum: são lugares onde ocorrem trocas mercantis. Por meio da estrutura física[90] desses espaços, são unidos o proprietário do negócio (mesmo que não fisicamente), os clientes, que são chamados de turistas, e os servidores (aparatos que facilitam a troca mercantil, elos entre o proprietário do negócio capitalista e os clientes). Os turistas consomem as mercadorias/serviços oferecidos no local pelo proprietário do negócio por intermédio do trabalho dos servidores e pagam por eles. Então há uma ideia/forma/metodologia-mercado que incorpora essas construções e as torna sua materialização.

Mas nem só em áreas comerciais *stricto sensu* materializa-se o mercado do turismo. Sua metodologia expande-se e impregna residências, praças, monumentos, ruas e avenidas, locais de estadia e trânsito. A natureza é transformada em *commodity* pelo mercado do turismo por meio das atividades ecoturísticas[91]. A cultura de um lugar é tornada *commodity* (mercadoria fluida de consumo fácil) pelo turismo. Os substratos natural e social dos mais diferentes lugares, quando impregnados pelos valores do mercado do turismo e por sua metodologia, tornam-se sua parte integrante, produzindo híbridos a partir destes. Dito de outra maneira, na comodificação pelo turismo, o mercado amplia sua ação colonizadora, pois lugares e sociedades que simplesmente *eram* de acordo com suas tradições e valores sociais passam a *ser* pontos de compra e venda de bens, de prestação de serviços, de trocas mercantis, enfim: são encharcados pelos valores do mercado e passam a reproduzi-lo. Isso poderá trazer alterações profundas para a vivência do lugar, pois a produção da realidade local se dará a partir dos híbridos entre os valores locais e os do mercado. Um não viverá sem o outro. Pior, o mercado continuará a se reproduzir independentemente daquele lugar, já o lugar poderá perecer caso o mercado 'se retire',

---

90. Há também o chamado mercado "virtual", que dispensa um ponto fixo: ele pode ser acessado a partir de qualquer lugar que tenha acesso à internet, plugado ou sem fio.
91. Cf. Helio Hintze, *Ecoturismo na cultura de consumo: possibilidade de educação ambiental ou espetáculo?*, 137f, dissertação (Mestrado em Ecologia Aplicada), Escola Superior de Agricultura "Luiz de Queiroz", Piracicaba: 2008; *Idem, Ecoturismo na cultura de consumo: possibilidade de educação ambiental ou espetáculo?*, Jundiaí: Paco, 2013.

o que traz para os habitantes locais o problema da incessante luta contra sua própria obsolescência – não é justamente essa dependência dos turistas um dos maiores desafios do chamado Turismo Rural?

Mas esses fenômenos de apropriação são manifestações superficiais de algo mais profundo e problemático. E é nisso que temos insistido até aqui, o turismo funciona como uma forma profunda de produção de subjetividade capitalista, atuando num só bloco: "produtivo-econômico-subjetivo"[92].

Um exemplo fictício, mas elucidativo: a partir do momento que, no caso do turismo, a casa de uma senhora, hipoteticamente chamada de dona Nair, numa Chapada-qualquer-do-Brasil, se torna um ponto de recepção de turistas, ela passa a ser tudo, menos a casa da dona Nair, em seu sentido tradicional. Por quê? Pois, uma vez tornada atrativo turístico, dona Nair sucumbe à comodificação e é tornada mais uma *commodity*, que obviamente se deseja vendável. Tornar-se desejável e vendável no mercado significa entrar na disputa com vários outros lugares-mercadorias e pessoas-mercadorias. Nesse processo, seu sotaque, sua casa e comida, seu 'bem receber', entre tantas outras características, são tornados igualmente *commodities* e entram na dinâmica do mercado: nos jogos entre a oferta e a demanda, na concorrência capitalista, na produção de obsolescência, na possibilidade da descartabilidade. Como *commodity*, dona Nair deverá lutar constantemente com suas *commodities*-concorrentes. Essa constante movimentação do mercado faz com que o lugar seja permanentemente modificado. Dona Nair deverá obedecer a essa dinâmica ou perecer como *commodity*. A constante transformação do lugar--*commodity* é a fachada para a imobilidade da forma-mercadoria. Dona Nair passará a receber turistas, o que significa que o mercado e seus operadores passarão a intermediar uma relação social entre ela (que é ofertada) e os turistas (que a demandam). Capturada pela máquina de produção de subjetividade capitalista, ela também passará a lutar, finalmente, contra seu descarte por sua própria obsolescência.

---

92. Félix Guattari, *As três ecologias, op. cit.*, p. 32.

O LIXO SIMBÓLICO DO TURISMO: O DESCARTE COMO CARACTERÍSTICA DO CONSUMISMO

> *Uma vez que as coisas são jogadas fora,*
> *ninguém mais quer pensar nelas.*
> ÍTALO CALVINO

O sucesso da colonização de praticamente todas as manifestações da vida pelo mercado é característico destes tempos nas sociedades modernas ocidentais (ou ocidentalizadas). Mas o sucesso do consumismo não pode se dar sem um importante fator: a produção de lixo. Essa é mais uma regra do mercado: produzir tudo o que produz para ir diretamente para o lixo, o quanto antes isso for possível. Afinal, seria fisicamente impossível para a sociedade de consumidores amontoar todas as compras que os indivíduos fazem. Subjetivamente também não, e isso aponta para a necessidade do entendimento de que não é apenas de bens materiais que estamos falando e nem mesmo do lixo físico que resulta de seu descarte. O consumo simbólico é igualmente produtor de descarte e lixo simbólicos. O descarte deve ser realizado para que novas *commodities* possam circular no mercado. Não apenas realizado, mas estimulado a qualquer custo, uma vez que "a sociedade de consumidores é impensável sem uma florescente indústria de remoção do lixo"[93].

O mecanismo de obsolescência programada atua no sentido da imensa e ininterrupta produção de bens materiais ou de serviços: "por uma astúcia da razão mercantil, o que é particular da mercadoria gasta-se no combate ao passo que a forma-mercadoria caminha para sua realização absoluta"[94]. Esse é o motivo pelo qual, ao mesmo tempo que a produção vai se tornando obsoleta, ela vai se renovando, tornando-se *uma-outra-a-mesma*. Esse movimento dá força ao mercado como relação social e base da sociedade contemporânea. A pseudodesvalorização das mercadorias e o descarte de mercadorias pontuais apenas reforçam a sua forma essencial e o espetáculo tira daí sua continuidade (lembrando, sempre e sempre produzindo invisibilidades).

Portanto, podemos dizer que o atual arranjo social em função do consumo, longe de se estruturar para a satisfação dos desejos de seus participantes, é

---

93. Zygmunt Bauman, *Vidas para consumo, op. cit.*, p. 31.
94. Guy Debord, *A sociedade do espetáculo: comentários sobre a sociedade do espetáculo, op. cit.*, p. 44.

antes estruturado na produção e estímulo ao desejo do 'desejar': num termo, produção de subjetividade capitalista (ou consumista). Desejar deve ser a chama que não se apaga; a satisfação é momentânea e deve ser desencorajada ao máximo, para que o motor do capitalismo não esfrie. O desejo deve apenas desejar os novos desejos; o capitalismo sabe disso e está estruturado nesse sentido. Assim, a produção do turista como indivíduo autônomo é preponderante. Esse indivíduo 'autônomo' é quem trabalha alegremente para que o capital possa se perpetuar.

A sociedade contemporânea, por meio dos discursos e da ação do mercado, é marcada pela promessa da felicidade, fundamento último destes tempos e dádiva terrena (não é mais necessário esperar pelo céu e a vida ulterior – os paraísos são vendidos na Terra pelo ecoturismo[95]). O consumo é a conduta social e o caminho rumo à realização da felicidade. O agente do processo é o indivíduo, o consumidor, o turista. As sociedades contemporâneas se autoproclamam como as únicas detentoras dos meios para a sua realização, na seguinte equação: quanto mais desejos, mais possibilidades de satisfação. Estas se dão por meio do mercado, dizem seus *experts*. Quanto mais satisfações realizadas, mais felicidade. O que nunca fica esclarecido é que um desejo não satisfeito significa frustração. Então, a satisfação é, paradoxalmente, produtora de felicidade (para quem pode consumir) e frustração (aos que não podem). O que também não fica claro é que cada satisfação realizada traz consigo o gérmen da insatisfação. No ritmo alucinante da sociedade atual, isso se torna um turbilhão existencial. Por meio do mercado, a pós-modernidade nas sociedades contemporâneas torna-se uma constante apologia ao absurdo do consumo praticamente sem fronteiras e à negação de suas consequências, tornando 'uma vida feliz' – leia--se, uma vida plena de consumo – em seu valor mais característico, seu valor supremo. Para compreendermos melhor esse turbilhão existencial promovido pelo mercado é necessário encararmos a questão do tempo.

Reflexões sobre tempo pseudocíclico e produção de subjetividade capitalista

Pense nisso: quando te dão um relógio de presente estão lhe dando um pequeno inferno florido, uma corrente de rosas, um calabouço de ar. Você não ganha só o re-

---

95. Helio Hintze, *Guia de turismo: formação e perfil profissional*, São Paulo: Roca, 2007.

lógio... Dão-lhe, não sabem – o terrível é que não sabem – dão-lhe um novo pedaço frágil e precário de ti mesmo, algo que é seu, mas não é seu corpo, que você deverá atar a seu corpo com sua correia como um bracinho desesperado pendurado em seu pulso. Eles te dão a necessidade de dar-lhe corda todos os dias, a obrigação de dar-lhe corda para que siga sendo um relógio, eles te dão a obsessão de olhar para o relógio nas janelas de joalheiros, no anúncio no rádio, no serviço telefônico... não estão dando-lhe um relógio, você é que é o presente, oferecem a ti para o aniversário do relógio.

Julio Cortázar

Nossa hipótese para o tema do tempo é a de que o turismo é um agente disseminador do tempo pseudocíclico das sociedades modernas, ocidentais e capitalistas. Para Debord, o tempo pseudocíclico é o *"disfarce consumível do tempo-mercadoria da produção"*[96]. Por meio da produção (e efetivo consumo) do turismo, o tempo moderno, ocidental e capitalista é levado a todo o planeta. Ao analisarmos o tempo, percebemos que ele tem, em si, os traços da comodificação, ou seja, essa categoria fundamental para a compreensão do turismo já está contaminada com os códigos do capital. Ao estudarmos criticamente o turismo, temos que ter em consideração que a máxima 'tempo é dinheiro' deve ser tomada como algo que merece investigação crítica e radical.

Um breve exemplo para nos guiar. A edição 159 da *VT*[97] traz uma reportagem intitulada "Barganha do Caribe – *Los Roques* por 20 mil milhas". A reportagem mostra como o cliente de cartões de crédito pode se utilizar de milhas (recompensas pelo uso do cartão e pelo bom comportamento do consumidor) para ir conhecer o arquipélago em questão. 17 meses depois, na edição 188[98] foi apresentada "A nova *Los Roques*", a praia de *Boca del Toro*, no Panamá. Para uma praia que levou milhões de anos para ser como é atualmente, 17 meses nos parecem um período demasiado curto para sua obsolescência.

É pela troca de mercadorias aparentemente modificadas, mesmo que essencialmente as mesmas, que funciona a acumulação do capital (não nos esqueçamos, obviamente, do descarte do material ou da experiência tornados obsoletos). Dessa maneira, 17 meses após *Los Roques* ser 'descoberta' pelos tu-

---

96. Guy Debord, *A sociedade do espetáculo: comentários sobre a sociedade do espetáculo, op. cit.*, p. 104.
97. Cf. *Viagem e Turismo, op. cit.*, jan. 2009a, n. 159, pp. 84-9.
98. *Ibidem*, jun. 2011f, n. 188, p. 50.

ristas leitores da revista, é necessário que a *commodity* seja substituída (especialmente no imaginário do consumidor) por outra mais nova, mais excitante e, principalmente, ainda não degradada pelo próprio consumo turístico. Podemos conferir isso no texto sobre a 'nova' *Los Roques*, que "ainda não foi descoberta pelo turismo de massa. Aqui faz sentido a expressão praias virgens"[99]. Mas o turista deve apressar-se, pois a *commodity* turística é rapidamente tornada obsoleta devido ao próprio uso. Vamos nos lembrar dos aventureiros, dos viajantes, são eles que estão sendo convocados a inaugurarem essa praia, depois deles... o turista. Que podemos depreender desse exemplo?

As pessoas que viveram nas sociedades anteriores às modernas tinham sua vida e costumes, de certa forma, regidos pelo tempo da natureza, eram fortemente condicionados por um tempo cíclico. A luz do sol regia o dia e este era o tempo de trabalho. Os ciclos da natureza (e suas inevitáveis variações e repetições) regiam as vidas das pessoas. O dia, a noite, a estiagem, a chuva, o nascimento da semente... Esses elementos condicionavam a vida e suas mitologias.

O tempo dos ciclos da natureza não é mais o que conduz a vida das pessoas nas sociedades atuais. Esse tempo cíclico reconhecido pela experiência que cria vida deve desaparecer em favor do tempo linear, característica da produção das sociedades capitalistas. O que agora vigora nas sociedades ocidentais é o tempo pseudocíclico, esse "disfarce consumível do tempo-mercadoria da produção. [Tempo este que] não só se baseia nos traços naturais do tempo cíclico mas também cria novas combinações homólogas: o dia e a noite, o trabalho e o descanso semanais, a volta do período de férias"[100].

Esse tempo é uma sucessão contínua de intervalos equivalentes. As noções de dia, semana, mês e ano são convenções criadas a partir desses intervalos e coordenam todas as atividades da vida. Elas servem para muitas coisas, desde controlar o tempo da produção em uma fábrica até os compromissos diários, como uma aula, um atendimento médico ou a distribuição do tempo de permanência nos atrativos turísticos em um pacote de viagens. O trabalho também é conformado nessa cronologia, mesmo que o horário de uma pessoa seja mais flexível, ele ainda está submetido aos ditames do controle do tempo.

Embora haja a sensação de um avanço e uma ciclicidade no passar do tempo do relógio – afinal, o relógio sempre volta a zero hora –, este não é um tempo

---

99. *Ibidem.*
100. Guy Debord, *A sociedade do espetáculo: comentários sobre a sociedade do espetáculo*, op. cit., p. 104.

cíclico, senão um tempo pseudocíclico[101]: o tempo do relógio forja o avanço de um tempo que escoa, a passagem do tempo que não volta. Um tempo falsamente cíclico é um tempo que cria sua própria ciclicidade: "o espetáculo, como organização social da paralisia da história e da memória, do abandono da história que se erige sobre a base do tempo histórico, é a falsa consciência do tempo"[102].

O tempo cíclico, como dissemos, é aquele que nasce da experiência humana direta em relação aos ciclos da natureza. Esses ciclos da natureza se repetem independentemente da vontade humana. O tempo pseudocíclico é falsamente vivido, pois se trata de um "tempo desvalorizado, a inversão completa do tempo como 'campo de desenvolvimento humano'"[103]. É um tempo falsamente produzido pelo movimento repetitivo do cronômetro, que deve apenas apresentar sua equivalência quantitativa. É ele o responsável pelo esvaziamento do presente, produzindo uma angústia que, por sua vez, é geradora da vontade de consumo. Essa angústia produzida encontra na atuação do mercado (sempre a produzir novidades – *Los Roques* x *Boca del Toro*) seu motor sem-fim: o consumismo. Para isso, precisa produzir lixo: 17 meses depois, *Los Roques* (e sua gente, cultura e ambiente) é superada por *Boca del Toro* para o consumo acelerado do turismo[104]. A imagem espetacular mostra, de fato, uma pseudossuperação, afinal a forma-mercadoria permanece, o que é trocado é apenas sua posição geográfica, sua língua, seus costumes, sua gente...

E, como o mercado está sempre a produzir 'novismos', os consumidores estão sempre a esperar o novo. Ora, esperar constantemente pelo novo é desconsiderar o tempo presente que fica suspenso até a próxima pulsação de tal mecanismo espetacular[105]. É isso que produz o esvaziamento do presente, num movimento tautológico.

O tempo da produção capitalista é linear, é o tempo do mercado, no qual o consumo surge como complemento da produção em sentido amplo. Nesse tempo, há uma contínua demanda pelo novo a superar o que está se realizando. Em um movimento incessante de busca pela inovação, o mercado atualmente

---

101. *Ibidem*, p. 108.
102. *Ibidem*, p. 103.
103. *Ibidem*.
104. Notemos que isso não significa que a praia 'descartada' pela publicidade não vá mais receber turistas, o que queremos mostrar é a força da produção da novidade.
105. Guy Debord, *A sociedade do espetáculo: comentários sobre a sociedade do espetáculo*, op. cit.

condiciona toda produção a seu imediato exaurimento. Essa é a razão de sua sobrevivência. Por isso, a constante e aparente renovação das *commodities*.

Nas sociedades contemporâneas, a tendência da acelerada substituição das *commodities* encontra-se disseminada capilarmente, encharcando todos os âmbitos da vida, que, doravante, passam a ser regidos por ela ou, ao menos, ter de com ela negociar. Essa tendência do capital invade e procura colonizar a todos, de maneira indistinta: eis aí seu segredo, seu motor perpétuo que atua em todas as direções. Um tempo pseudocíclico deve então surgir para acalentar a necessidade de ciclicidade. Para Debord,

> [...] o tempo pseudocíclico consumível é o tempo espetacular, tanto como tempo do consumo das imagens, em sentido restrito, como imagem do consumo do tempo, em toda a sua extensão. O tempo do consumo das imagens, meio de ligação de todas as mercadorias, é o campo inseparável em que se exercem plenamente os instrumentos do espetáculo, e o objetivo que estes apresentam globalmente, como lugar e como figura central de todos os consumos particulares[106].

Esse tempo, que é o tempo da produção capitalista, deve ser acelerado a todo custo. Ou, melhor dizendo, a relação das sociedades contemporâneas com o tempo é a da vivência da compressão da relação entre tempo e espaço (duas categorias fundamentais para a compreensão do turismo). É imperativo que a produção acelere, e para tanto, é necessário que nada mais obedeça a seu ritmo temporal natural. Devem, ao contrário, obedecer ao ritmo da produção que é, em última instância, o do lucro.

No mercado (e em especial no mercado do turismo), o tempo também é uma mercadoria a ser vendida. Ela compõe outras mercadorias, tornando-se seu constitutivo essencial. Esse mercado

> [...] orienta-se para a venda de blocos de tempo 'todos equipados', cada um constituindo uma única mercadoria unificada, que integrou um certo número de mercadorias diversas. Por isso, na economia em expansão dos 'serviços' e dos lazeres pode aparecer a expressão 'pagamento com tudo incluído' para o hábitat espetacular, os pseudodeslocamentos coletivos das férias, as assinaturas do consumo cultural e a venda da própria sociabilidade sob a forma de 'conversas animadas' e

---

106. *Ibidem*, p. 105.

de 'encontros com personalidades'. Essa espécie de mercadoria espetacular, que evidentemente só pode existir em função da penúria das realidades correspondentes, também aparece entre os artigos que promovem a modernização das vendas, e pode ser paga a crédito[107].

Na esteira do turismo, é o tempo linear que controla o horário dos aviões, trens, navios, barcos, táxis e outros meios de transporte. Esse tempo 'ocidental', controlado com muito préstimo, é tratado de maneira arrogante como 'mundial' – o que não deixa de ser uma metonímia. É esse tempo que é levado para os quatro cantos do planeta e para as mais diversas culturas, arrebentando por dentro seus tempos particulares. Os diferentes tempos de festas, rituais, encontros, que anteriormente marcavam o tempo cíclico, tendem a se transformar em tempo pseudocíclico no palco do turismo, afinal de contas a vida do turista é condicionada pelo tempo linear e ele não pode esperar o tempo do 'outro' acontecer.

Uma vez que a forma como as pessoas experienciam o tempo foi tocada pelo capital, essa forma subjetiva/objetiva de relação com a realidade torna-se basal para todas as outras formas de relação. Vejamos.

Tempo livre como tempo do capital

Analisemos agora o adjetivo 'livre', que compõe o conceito de 'tempo livre', categoria fundamental para a análise crítica do turismo: esse adjetivo é indicativo da liberdade que tal tempo tem em relação aos constrangimentos que o outro tempo, o do trabalho, possui. O tempo de trabalho é um tempo que não pertence ao trabalhador, é tempo de constrangimentos, pois o trabalhador submetido ao trabalho não pode fazer exatamente o que quer.

O tempo de trabalho (tempo vivido, portanto) de uma pessoa não lhe pertence, pertence a seu empregador. O tempo de trabalho existe como tempo constrangido por essa realidade. Não obstante, ao se afirmar constrangido, ele afirma também que o que está 'lá fora', a saber, o tempo livre, é tempo de não constrangimento. Porém, o que aparentemente está lá fora se mostra mais como simulacro de não constrangimento. Claro que há um diferencial fundamental na obrigatoriedade dos dois tempos: o primeiro comprometido com a

---

107. *Ibidem*.

produção; o segundo, com o consumo. No tempo de trabalho, produz-se. No tempo livre, pode-se nada fazer ou pode-se fazer qualquer coisa, até mesmo trabalhar ou estudar. O tempo livre é um tempo espetacularmente afirmado como não constrangido justamente porque é seu contrário. É tempo de consumo, irmão siamês do tempo da produção. Sendo tempo liberado do trabalho, torna-se tempo obrigatório para fruição e consumo capitalista, portanto é tempo igualmente constrangido pelas forças produtivas, que, como sabemos, não tiram férias[108].

Para que haja a possibilidade do chamado tempo livre, é necessária inicialmente a expropriação do tempo realmente vivido. É-nos hoje praticamente impossível pensar numa vida longe dos constrangimentos do tempo de trabalho, da mesma forma que é impossível um tempo livre realmente livre do 'constrangimento' do consumo. Claro, para a parcela da humanidade que está incluída nesse processo, pois há aqueles que estão colocados do lado de fora, aguardando – quem sabe – sua vez de participar da festa. Portanto, "o aparente desdobramento em tempo de trabalho e tempo de lazer – inaugurando este a esfera transcendente da liberdade – constitui-se um mito"[109].

Para Debord, "o tempo irreversível da produção é antes de tudo a medida das mercadorias. Assim, o tempo que se afirma oficialmente em toda a extensão do mundo como o tempo geral da sociedade significa apenas os interesses especializados que o constituem: é um mero tempo particular"[110].

O tempo das mercadorias é o tempo que está a reger praticamente tudo na contemporaneidade. Assim, mesmo que seus conteúdos sejam diferenciados, *tempo de trabalho* e *tempo livre* são, em suma, um *continuum*. A oposição espetacular do tempo livre em relação ao tempo de trabalho, comumente mostrada nos estudos sobre o turismo, constitui outro mito. Assim, o tempo de consumo é o mesmo da produção e "revela-se como tal, na medida em que se reduz a simples parêntese 'evasivo' no ciclo da produção [...] O lazer é forçado na medida em que, por detrás da aparente gratuidade, reproduz fielmente todos os constrangimentos mentais e práticos do tempo produtivo e da cotidianidade escravizada"[111].

---

108. Cf. Jean Baudrillard, *A sociedade de consumo, op. cit.*
109. *Ibidem*, p. 163.
110. Guy Debord, *A sociedade do espetáculo: comentários sobre a sociedade do espetáculo, op. cit.*, p. 101.
111. Jean Baudrillard, *A sociedade de consumo, op. cit.*, p. 164.

Temos então a constituição do tempo livre como mercadoria. O tempo tornado mercadoria, cronometrado e empacotado, pode ser trocado por qualquer outra mercadoria ou por dinheiro, por exemplo. Assim, o sistema capitalista tende a homogeneizar, ou seja, reduzir tudo a um denominador comum – a saber, o dinheiro. Dessa maneira, o "tempo constitui uma mercadoria rara, preciosa e submetida às leis do valor de troca"[112]. Compra-se tempo, vende-se tempo, tempo de trabalho e tempo de lazer, "todo o tempo consumível da sociedade moderna vem a ser tratado como matéria-prima de novos produtos diversificados que se impõem no mercado como empregos socialmente organizados do tempo"[113]. No caso de nossas análises, o turismo.

O tempo no qual ocorrem as atividades do turismo é tempo de consumo, pois o próprio tempo livre é comprado como mercadoria durante um ano de trabalho. A partir do momento no qual a pessoa comprou o tempo que vai usar, o tempo existencial do consumo turístico é um tempo-mercadoria comprado como qualquer outra coisa.

Pensemos no deslocamento: uma pessoa pode optar por fazer turismo utilizando um avião ou um ônibus como meio de transporte. Cada um deles comprimirá a relação espaço-tempo de maneira diferente, sendo que o avião provavelmente levará o turista mais rapidamente a seu destino. Esse meio de transporte (o avião) é mais caro que o ônibus, pois economiza tempo do turista, que poderá investi-lo melhor, já estando no destino escolhido. Há casos em que o uso do avião apresenta uma relação custo x benefício melhor que a do ônibus. Dessa forma, o tempo livre assemelha-se a uma mercadoria.

As férias são um direito previsto aos trabalhadores por meio da Constituição Federal[114]. O tema é disciplinado pela Consolidação das Leis do Trabalho[115]: "Art. 129: Todo empregado terá direito anualmente ao gozo de um período de férias, sem prejuízo da remuneração"[116]. Em geral[117], as férias de um trabalha-

---

112. *Ibidem*, p. 162.
113. Guy Debord, *A sociedade do espetáculo: comentários sobre a sociedade do espetáculo, op. cit.*, pp. 104-5.
114. Cf. Brasil, Constituição Federal. 1998. Disponível em: <http://www.planalto.gov.br/ccivil_ 03/constituicao/constituicao.htm>. Acesso em: jun. 2019.
115. Brasil, Consolidação das Leis do Trabalho. 1977. Disponível em: <http://www.planalto.gov.br/ccivil_03/decreto-lei/del5452.htm>. Acesso em: jun. 2019.
116. *Ibidem*, 1977.
117. Dizemos "em geral", pois a matéria que versa sobre os diferentes arranjos nas diferentes relações trabalhistas das férias é algo complexo, e não é nosso interesse imediato o aprofundamento nesse tema. Obviamente que pesquisadores das áreas do direito, da sociologia, entre outros, podem rea-

dor podem ser gozadas após 12 meses (estendendo-se pelo período de até 23 meses) consecutivos de trabalho com vínculo empregatício com a empresa. Durante o período pseudocíclico de um ano de trabalho, o valor de 1/12 avos do salário desse empregado é recolhido mensalmente pelo empregador para fins de compor o valor que ele receberá a título de férias. Ao sair de férias, o empregado normalmente recebe, além de seu salário, 1/3 a mais sobre esse valor[118]. As férias do trabalhador são um direito conseguido apenas a partir de seu próprio trabalho – isto é, só pode tirar férias aquele que trabalha e faz uso do seu tempo de vida, submetendo-se às leis do mercado. Assim, ao final do período atrelado ao trabalho, o empregado recebe um valor que lhe permitirá ficar durante um período de tempo determinado (chamado de férias) longe dos constrangimentos do trabalho. Esse tempo[119] é chamado de tempo livre.

A prioridade de decisão do período no qual o empregado poderá tirar suas férias é, de fato, do empregador, como redigido pelo artigo 136 do capítulo IV do título II da Consolidação das Leis do Trabalho[120]: a "época da concessão das férias será a que melhor consulte os interesses *do empregador*"[121]. Assim, o tempo livre das férias é

> [...] propriedade privada do veraneante, objeto e bem por ele ganho com o suor do ano, por ele possuído e de que frui à maneira do que sucede com os restantes objetos – não sendo capaz de se desapossar dele para o dar e sacrificar (como o objeto nos presentes), para o destinar à disponibilidade total, ausência de tempo que constituiria a verdadeira liberdade. Está cravado ao 'seu' tempo como Prometeu ao rochedo, preso ao mito prometeico do tempo como força produtiva[122].

---

lizar o aprofundamento devido nessa questão, propondo, assim, novos estudos críticos. Maiores informações podem ser obtidas em: <http://www.planalto.gov.br/ccivil_03/decreto-lei/Del1535.htm#cap>. Acesso em: jun. 2019.

118. Consultar Constituição Federal, em seu artigo 7º: "São direitos dos trabalhadores urbanos e rurais, além de outros que visem à melhoria de sua condição social"; inciso XVII: "gozo de férias anuais remuneradas com, pelo menos, um terço a mais do que o salário normal". Disponível em: <http://www.planalto.gov.br/ccivil_03/constituicao/constituicao.htm>. Acesso em: jun. 2019.
119. Há outras formas de tempo livre, como o fim do dia, o final de semana, feriados e a própria aposentadoria.
120. Cf. Brasil, Consolidação das Leis do Trabalho. 1977, *op. cit.*
121. O texto original da CLT é alterado pelo decreto-lei n. 1.535, de 15 de abril de 1977. Disponível em: <http://www.planalto.gov.br/ccivil_03/decreto-lei/Del1535.htm#cap>. Acesso em: jun. 2019.
122. Jean Baudrillard, *A sociedade de consumo, op. cit.*, p. 164.

No entanto, ao final do período de férias, o empregado deve se reapresentar ao trabalho e a seus constrangimentos.

Na cultura de consumo, o tempo é elevado ao posto de um dos bens mais desejados, "a procura deste bem tão específico iguala a de quase todos os outros tomados em conjunto"[123]. O tempo pseudocíclico da mercadoria é condicionado ao cronômetro da produção do capital. Tem-se tempo? Se sim, é porque o tempo é uma propriedade, foi adquirido.

Para Baudrillard, "vivemos numa época em que os homens jamais conseguirão perder tempo suficiente para conjurar a fatalidade de passarem a vida a ganhá-lo"[124]. Dessa forma, a aceitação acrítica da ideia de tempo livre apresenta sérios problemas, pois:

este tempo efetivamente não é livre, não é autônomo, uma vez que ele só tem existência quando afirmado pela ausência do tempo de trabalho. Por ser tempo de consumo (assim como o tempo de produção), está atrelado à apropriação capitalista. É, em última instância, uma mercadoria.

Há autores que estudam o turismo a partir de uma visão acrítica do significado das férias – e ignoram as componentes capitalistas do *continuum*:

tempo de trabalho... a ...tempo livre (férias)

Para esses autores, as férias são "tempo livre não trabalhado e remunerado – [que] oferecem ao homem a possibilidade de aperfeiçoar-se em todos os aspectos – culturais, esportivos, recreativos e turísticos"[125]. Em sua apaixonada defesa das férias capitalistas (e, por conseguinte, de todo o aporte capitalista de produção de subjetividade), Montejano acredita que "as férias permitem o conhecimento recíproco dos homens, o desenvolvimento da personalidade, a redução das distâncias entre as classes e as raças humanas, pôr fim ao isolamento dos povos e favorecer o desaparecimento dos preconceitos"[126]. Sim, elas

---

123. *Ibidem*, p. 160.
124. *Ibidem*, p. 164.
125. Jordi Montaner Montejano, *Estrutura do mercado turístico, op. cit.*, p. 53
126. *Ibidem*, p. 61.

podem vir a representar tudo isso! Mas de acordo com o que estamos procurando mostrar aqui, sua concretização realizará concomitantemente o mercado. É contra isso que precisamos lutar e buscar brechas para a produção do novo.

Tempo livre como metáfora comodificadora

A partir do estudo de Lakoff e Johnson[127], é possível trabalharmos uma linha de argumentação sobre a forma como a produção discursiva do turismo é elaborada partindo da metáfora do tempo livre como 'recurso finito' e como 'capital'.

Isso vai ajudar a abrir um dos pressupostos básicos do turismo para análise crítica e levá-lo às suas raízes. Segundo os autores, as metáforas são mais que meros floreios linguísticos e têm função estruturadora em nossa forma de pensar e agir. Quanto ao tempo, afirmam que "em nossa cultura é um bem valioso. É um recurso limitado que usamos para alcançar nossos objetivos"[128]. E prosseguem dizendo que, em nossa cultura, tempo é dinheiro de muitas formas[129]. Um exemplo citado pelos autores é o das taxas diárias de hotel, que são a equivalência plena entre tempo e dinheiro, afinal uma diária é o valor cobrado pelo empreendimento hoteleiro pelo uso de uma de suas acomodações por um período (normalmente de 24 horas) por parte daquele que se hospedou. Mas essa reflexão pode se ampliar e ser aplicada em praticamente todo o movimento do turismo: os assentos de aviões, ônibus ou quaisquer outros meios de transporte são cobrados de acordo com a relação tempo e dinheiro; os ingressos em atrativos turísticos, a mão de obra dos profissionais, entre tantas outras formas de relação entre turismo, tempo e dinheiro.

As relações entre tempo e dinheiro são relativamente novas "na história da humanidade e não existem em todas as culturas. Elas surgiram nas modernas sociedades industrializadas e estruturam profundamente nossas atividades cotidianas básicas"[130]. Estruturam de maneira semelhante às práticas turísticas, quando as pessoas estão longe de seu cotidiano e lugar de residência. Assim, quando um indivíduo 'faz turismo', ele concebe e age como se o tempo fosse um bem precioso. Dessa forma, "compreendemos e experienciamos o

---

127. Cf. George Lakoff e Mark Johnson, *Metáforas da vida cotidiana, op. cit.*, pp. 50-2.
128. *Ibidem*, p. 51.
129. *Ibidem*.
130. *Ibidem*.

tempo como algo que pode ser gasto, desperdiçado, orçado, bem ou mal investido, poupado ou liquidado"[131].

Os autores apresentam três conceitos metafóricos sobre o tempo: *tempo é dinheiro*; *tempo é um recurso limitado*; *tempo é um bem valioso*[132]. São conceitos metafóricos, "uma vez que estamos usando *nossas experiências cotidianas com dinheiro* como recursos limitados e bens valiosos para conceptualizar o tempo"[133]. Há uma relação de implicação entre os três conceitos: *tempo é dinheiro* implica que *tempo é um recurso limitado*, que, por sua vez, implica que *tempo é um bem valioso*[134].

A partir dessas metáforas é que pensamos e agimos frente às nossas várias concepções de tempo. O turismo utiliza-se do tempo como insumo básico. Os textos do Poder Público e dos acadêmicos são ricos na incidência do uso dessas metáforas, notadamente, da ideia de tempo livre, como vimos. Obviamente que essas metáforas não dão conta de toda a amplitude do significado de tempo, mas destacam características suas em detrimento de outras. O léxico que gira em torno da ideia de tempo tem potencial comodificador e tem sido amplamente usado na produção discursiva do turismo, nesse sentido comodificando a experiência da percepção da passagem do tempo, que no turismo ganha *status* de primeira grandeza.

Dessa maneira, ao apresentarmos a categoria *tempo* para o turismo como uma categoria plena de potencial comodificador, queremos dizer que a dinâmica da comodificação age no mais profundo basilar da experiência das pessoas no turismo (tanto turistas como aqueles que são os objetos de seu olhar). O que vem a partir daí está contaminado por seus códigos.

O QUE É UM ATRATIVO TURÍSTICO?

Até aqui falamos muito em 'atrativo turístico', matéria essa que – a partir de agora – passa a receber nossa melhor atenção. A comodificação pelo turismo transforma tudo aquilo que toca em valores de trocas para o negócio turístico. Beni afirma que, para se compreender o que é turismo, é necessário conhecer

---

131. *Ibidem*.
132. *Ibidem*, pp. 49-52.
133. *Ibidem*, p. 51.
134. *Ibidem*, p. 52.

os "objetos do turismo"[135]. Para o autor, os bens turísticos são todos "os elementos subjetivos e objetivos ao nosso dispor, dotados de apropriabilidade, passíveis de receber um valor econômico, ou seja, um preço"[136].

Para os autores da corrente hegemônica de estudos do turismo, atrativo turístico é "todo lugar, objeto ou acontecimento de interesse turístico que motiva o deslocamento de grupos humanos para conhecê-lo"[137]. Semelhante é a conceituação do Ministério do Turismo, que considera atrativos turísticos como "locais, objetos, equipamentos, pessoas, fenômenos, eventos ou manifestações capazes de motivar o deslocamento de pessoas para conhecê-los"[138]. Há várias categorias de atrativos turísticos: atrativos naturais; culturais; atividades econômicas; realizações técnicas, científicas e artísticas; eventos programados[139]. Eles podem ser tangíveis ou intangíveis. Assim, praticamente qualquer coisa pode ter atratividade para o mercado do turismo: relevo, vegetação, acontecimentos históricos, eventos programados, datas especiais (ou tornadas especiais), manifestações culturais em geral, religião, artesanato, alimentação, danças, festas. De fontes de águas límpidas a prédios *hightech*, de pores do sol ao fundo dos oceanos, de cavernas a imensas áreas verdes. Escavações, mineradoras, monumentos, museus, exploração agrícola. Possivelmente, qualquer coisa na superfície do planeta ou dentro da crosta terrestre pode tornar-se atrativo turístico.

Se a problemática ambiental rende bons atrativos turísticos, o social também não fica de fora da apropriação. O livro *Gringo na laje: produção, circulação e consumo da favela turística*[140] apresenta a apropriação das características da favela pelo turismo. Esse estudo mostra que "a pobreza turística – uma pobreza emoldurada, anunciada, vendida e consumida com um valor monetário definido no mercado do turismo – emerge como fenômeno global"[141]. Esse li-

---

135. Mario Carlos Beni, *Análise estrutural do turismo, op. cit.*, pp. 37-9.
136. *Ibidem*, p. 38.
137. *Ibidem*, pp. 331-57.
138. Brasil, Programa de Regionalização do Turismo – módulo operacional n. 7 (Roteirização Turística), Brasília: Ministério do Turismo, 2007b, p. 28. Disponível em: <http://www.turismo.gov.br/export/sites/default/turismo/o_ministerio/publicacoes/downloads_publicacoes/modulox20operacional_7_roteirizacao_turistica.pdf>. Acesso em: jun. 2019.
139. *Ibidem*, pp. 27-8.
140. Cf. Bianca Freire-Medeiros, *Gringo na laje: produção, circulação e consumo da favela turística*, São Paulo: FGV, 2009.
141. *Ibidem*, p. 28.

vro pode ser considerado como um aporte crítico, segundo o conceito que aqui temos defendido.

O turismo de favela, ou Favela *Tour*, é uma das manifestações da cultura de consumo que produz atrativos turísticos a partir de problemas sociais. A ideia do pacote que vende a favela como *commodity* turística é "ir lá ver como é que 'eles' vivem". Leiamos o trecho a seguir:

> O Favela *Tour* custa R$ 65 por um passeio de três horas pelas favelas da Rocinha e Vila Canoas. Existem aproximadamente 600 favelas no Rio. A da Rocinha é a maior favela do Brasil. E lá você conhecerá a escola Para Ti, o centro de artesanato, a informática (mantidos com recursos do Favela *Tour*), e visitará também trabalhos de outras comunidades. Completamente seguro, o *tour* muda a reputação das favelas, normalmente ligada à violência e pobreza. Se você realmente quer conhecer o Brasil de verdade, e não o Brasil das novelas, essa é uma opção pra se levar em conta[142].

Algumas considerações são importantes:

1. o Favela *Tour* custa R$ 65,00 por pessoa (à época da reportagem) – custo relativamente baixo para turistas estrangeiros. Quem quiser conhecer melhor o estilo de vida dos moradores da favela deve fazer esse aporte;
2. o atrativo turístico é a Rocinha: (a) tal favela não é uma mera favela, é a *maior* do Brasil – assim tem de ser o atrativo, senão não vale a pena ser visitado: nem todos vão se dispor a conhecer a segunda maior favela do país. O atrativo turístico deve procurar ser sempre 'mais' naquilo que ele se propõe (é proposto) a ser; (b) esse atrativo é uma metonímia do que é a Rocinha, um recorte autorizado para o turismo – é a parte espetacular da produção do turismo. Ele mostra uma parte na intenção de fazê-la confundir-se com o todo. Obviamente, oculta as demais partes, tornando-as invisíveis. Fazendo isso, o pacote simplifica uma realidade hipercomplexa como a da Rocinha;
3. por intermédio do pacote, o turista conhecerá a escola de informática, mantida pelo Favela *Tour*; a própria agência mantém seu programa as-

---

142. Disponível em: <http://spintravel.blogtv.uol.com.br/2007/09/23/favela-tour-subindo-o-morro--da-rocinha>. Acesso em: jun. 2019.

sistencialista no local, e o turista acaba contribuindo para que (algumas) crianças da favela possam ter acesso à informática ao comprar o pacote comercializado pela agência;

4. o *tour* é "completamente seguro", e essa segurança patrocinada pelo Favela *Tour* tem a capacidade de mudar a imagem da favela – com clara referência à reputação de violência e pobreza. Esse é um ótimo exemplo do recorte metonímico do clichê turístico, pois muda a reputação da favela, exibindo uma *parte planejada e ordenada*;

5. o Favela *Tour* afirma oferecer um passeio pelo Brasil "de verdade", não "das novelas". Isso significa que, no imaginário dos agentes da empresa, o turismo apresenta a realidade do lugar, e não um recorte metonímico e estetizador;

6. o *site* do Favela *Tour* tem versões em inglês, espanhol e francês. Há indicação de "falamos italiano" também. Não há versão em português. É um programa destinado à clientela internacional.

A ideia de *atrativo turístico* é central no estudo crítico da apropriação de praticamente todas as coisas pela dinâmica da comodificação por meio do turismo, até mesmo elementos que compõem a estrutura do turismo e que poderiam ser secundários, como meios de transporte (trens, navios etc.), alimentação (que também se torna mercadoria a ser consumida) e meios de hospedagem (como os *resorts*, que são, por excelência, atrativos turísticos).

Normalmente, o atrativo turístico é a ressignificação de alguma coisa. Todavia, há exceções, pois o atrativo pode ter sido construído exclusivamente para o turismo. São exemplos disso os parques temáticos, os já mencionados *resorts* etc.

Qualquer coisa pode tornar-se atrativo turístico, eventualmente até mesmo o turista. A *VT*[143] traz uma reportagem sobre a praia do Pipa e os turistas estrangeiros que lá frequentam. Esses turistas, devido a suas características – pele extremamente clara, uso de 'biquinão' ou mesmo calça jeans –, transformam-se em atrativos turísticos (são objetos do olhar de outras pessoas), pois naquelas condições figuram como exóticos.

Outro tema de relevância para o atrativo turístico é a questão da autenticidade. As perguntas "O que é autêntico? O que é típico?" têm suscitado discussões teóricas de grande monta. Aqui, basta-nos lembrar que o que o turista

---

143. Cf. *Viagem e Turismo, op. cit.*, abr. 2009d, n. 162, pp. 70-7.

busca é, muitas vezes, algo 'típico'. Mas esse algo típico, por vezes, é a fabricação de um imaginário (via de regra mutilado em relação à sua complexidade original): a vida rural típica, o caiçara típico, o quilombola, o inglês típico, o romantismo típico de Paris, o hambúrguer típico norte-americano etc., clichês turísticos, enfim. No caso do turismo em seu atual estágio de desenvolvimento, a produção do típico toma proporções de verdadeira indústria.

O que qualquer coisa precisa para se tornar um atrativo turístico?

Como vimos, nas sociedades contemporâneas, o capitalismo avança em todas as direções, e a dinâmica de apropriação do mercado, a comodificação, apossa-se de praticamente todas as instâncias. Apossa-se

> [...] tanto da abundância, quanto dos prejuízos. A influência do meio urbano e industrial faz aparecer novas raridades: o espaço e o tempo, a verdade, a água e o silêncio... Determinados bens, outrora gratuitos e disponíveis em profusão, tornam-se bens de luxo acessíveis apenas aos privilegiados, ao passo que os bens manufaturados ou os serviços são oferecidos em massa[144].

Tornar 'prejuízos' em vendedores de produtos turísticos é uma especialidade do mercado do turismo, fato que recebe a devida chancela de alguns estudiosos. Beni comenta que

> [...] quanto aos bens subjetivos ou imateriais não apropriáveis, de difícil valoração, como o ar puro, o mar, as belezas naturais, é indubitável que estão hoje adquirindo, como nunca, altos valores econômicos devido aos conglomerados urbanos sempre crescentes e às dificuldades de fruição, por todos, de um estilo de vida natural. Sua apropriabilidade traduz-se na sua capacidade de utilização coletiva[145].

Embora o autor afirme que a apropriabilidade traduza-se por "utilização coletiva", no produto turístico ocorre o contrário, uma vez que, como atividade comercial, como mercado, o turismo é uma atividade que, via de regra, deve ser remunerada – apenas esse fator já é motivo para refutarmos a ideia de uti-

---

144. Jean Baudrillard, *A sociedade de consumo, op. cit.*, p. 56.
145. Mario Carlos Beni, *Análise estrutural do turismo, op. cit.*, p. 38.

lização coletiva. A utilização dos bens turísticos não é coletiva – esse 'coletivo' é uma metonímia. Trata-se mais da invasão do espaço público por iniciativas privadas. Quanto mais escasso o bem, mais valorado fica. Quanto mais poluído o ar da cidade de São Paulo, mais caro o ar puro das Chapadas do Brasil. Quanto mais valorado, mais caro; quanto mais caro, mais seleto e entregue a um público cada vez mais reduzido, elitizado. Essa dinâmica é um dos impactos do turismo que normalmente são evitados por muitos acadêmicos.

Portanto, nem só da produção de bens materiais vive o capitalismo contemporâneo, aliás, ele caminha para uma produção cada vez mais expressiva de signos, de imagens de consumo, e o turismo é estratégia privilegiada para esse movimento. A apropriação e a produção de novas *commodities* a partir da ideia de turismo são frenéticas. Portanto, cabe perguntar: o que qualquer coisa precisa para ser um atrativo turístico? Praticamente tudo pode virar atrativo para o turismo, bastando mostrar-se potencialmente como uma nova fonte de lucros para o capital.

Beni apresenta uma avaliação e hierarquização do atrativo turístico. Para o autor, a avaliação é

> [...] o processo que permite definir a importância atual e futura de um atrativo em relação a outros de características homogêneas. Para avaliar é preciso reunir um conjunto de fatores que permitam captar as qualidades e valores específicos que possui cada atrativo, em função de sua natureza e dos elementos que exercem influência ou podem influenciar seu aproveitamento turístico. A análise desses fatores deverá ser efetuada sob a ótica estritamente turística[146].

É importante que haja estudos que analisem essa hierarquia dos atrativos turísticos a partir da análise do discurso da formação dos clichês em revistas, por exemplo. Investigações críticas sobre como são construídos os atrativos turísticos no nível do discurso, como são usadas as palavras que os descrevem: palavras positivas para os atrativos localizados em lugares nobres, modernos, e depreciativas para os demais? Será que destinos ocidentais são privilegiados em detrimento de outros? Vejamos um exemplo:

A reportagem "Apocalipse? Não. – Conhecer o sudeste asiático, com seus templos, temperos e costumes, é uma experiência inesquecível. Adriana Setti

---

146. *Ibidem*, p. 419.

ensina a driblar as pequenas armadilhas que podem aparecer no caminho"[147] apresenta o Oriente de uma maneira pejorativa, tanto nas imagens exibidas quanto no texto que aborda o turismo sexual com meninas asiáticas como algo engraçado e natural. A estratégia de apresentação do Oriente como não Ocidente, portanto, um lugar cheio de "pequenas armadilhas" que merece um guia de sobrevivência, é uma estratégia de "desqualificação [para a] produção de inferioridade"[148] *d'eles* – neste caso, os orientais.

Um discurso fortemente produzido pelos estudiosos da corrente hegemônica de estudos do turismo é o de que ele "estimula os países a proteger suas civilizações e heranças culturais, como as operações de salvamento realizadas em consequência dele, sob os auspícios da Unesco, como nos casos de Machu Picchu, no Peru, e de Ouro Preto, em Minas Gerais"[149]. Hoje em dia, lugares como Machu Picchu – resto de uma civilização dizimada pela ocidentalização (cristianização) do mundo – podem ser explorados por turistas e explicados por guias de turismo, falando simultaneamente todas as línguas do mundo: invasões bárbaras legitimadas pela comodificação e que são tidas como a última chance de sobrevivência dos lugares por elas apropriadas. Dessa forma, pelos discursos oficiais, tornados atrativos turísticos, a cultura, o patrimônio e a natureza têm mais chance de salvação – mas, como *commodity*. A única chance que têm de não perecerem totalmente é a de serem comodificados e entrarem para a esteira dos produtos do capital. De qualquer outra forma, morrerão. Nesse ponto específico, o papel dos governos é o de pavimentar o caminho para a comodificação, por meio da valorização de patrimônios e sua conversão em patrimônios turísticos – como vimos sendo exortado desde nosso primeiro enunciador hegemônico, o WTTC.

O simples fato de um patrimônio de um país ser indicado para patrimônio cultural ou natural mundial funciona como "uma intensificação excepcional dos objetos selecionados, conferindo-lhes uma tal aura de exemplaridade, singularidade e insubstituibilidade que estes adquirem o estatuto verdadeiramente fundamental de qualidade de vida na terra"[150]. E, no caso do turismo, isso eleva seu preço de mercado. O discurso da proteção revela-se como cola-

---

147. *Viagem e Turismo, op. cit.*, abr. 2009d, n. 162, p. 104.
148. Boaventura de Sousa Santos, *A gramática do tempo: para uma nova cultura política, op. cit.*, p. 82.
149. Mario Carlos Beni, *Análise estrutural do turismo, op. cit.*, p. 92.
150. Boaventura de Sousa Santos, *A gramática do tempo: para uma nova cultura política, op. cit.*, pp. 76-7.

borador de um discurso de aumento de valor de mercado do bem protegido. O patrimônio é protegido, mas não como patrimônio da humanidade, e sim como *commodity*: novamente a invasão do público pelo privado. Além do que, Santos também aponta para o processo de "ocidentalização da lista do patrimônio mundial"[151], apresentando números que mostram que a Europa tem sido beneficiada na escolha de tais distinções ao longo dos últimos anos.

Um panfleto sobre "Iguassu-Misiones – uma viagem de sentidos e sentimentos" faz a propaganda das Missões Brasileiras e apresenta o "Sítio arqueológico de São Miguel Arcanjo" como patrimônio da humanidade; mostra também Santa Ana e San Ignácio Miní, na Argentina; a Redução Jesuítica de Jesus e Santíssima Trindade, no Paraguai; e, por fim, os parques ecológicos e as Cataratas do Iguaçu, em Foz do Iguaçu. Todos eles patrimônios da humanidade. Todos eles chancelados e, por conta disso, valorizados como produtos turísticos que "valem a pena visitar", o que significa aumento no preço de mercado. No mesmo panfleto, há referências aos "Sítios arqueológicos – Patrimônios *nacionais* de São Lourenço, São Nicolau e São João Batista". Curiosamente, o tamanho da letra e a localização da informação no papel são diferenciados: letra reduzida em relação à letra que divulga os patrimônios mundiais e colocada ao lado de pequenas fotos. O destaque do panfleto é para os patrimônios mundiais. Como São Lourenço, São Nicolau e São João Batista conseguiram apenas a chancela de patrimônio nacional, a esses três lugares restou uma proporção desigual frente aos atrativos chancelados mundialmente. A comodificação utiliza-se desse tipo de valorização, e o *marketing* produz a imagem que cabe a cada um dos destinos de acordo com sua hierarquia.

O discurso da proteção ao patrimônio por meio da turistificação também está enraizado no movimento do turismo moderno de tornar aquilo que é visitado mais belo, mais forte, mais intenso e sensacional que o original, mais--ruína-que-a-ruína-original. Assim, ficará melhor na foto que o turista vai levar para casa. Esse processo de verdadeira falsificação das coisas tem sido basal no planejamento contemporâneo do turismo. É a produção da ruína--ficção, do índio-ficção, da comida-típica-ficção, da festa-ficção, entre tantas outras ficções. Por ser fugaz, efêmero e fragmentado, o turismo não possibilita o conhecimento do local, ele faz desse apenas seu cartaz. Esse mundo vendi-

---

151. *Ibidem*, pp. 78-9.

do pelo turismo é estranhamente original, é um simulacro de realidade, uma hiper-realidade, enfim.

Chegamos a um dos pontos centrais de nossas análises. Acreditamos que o atrativo turístico é uma forma excelente da apropriação capitalista das coisas. Mas quais são as implicações quando algo é tornado um atrativo turístico? Veremos como isso se dá por meio de diversos exemplos. Como o turismo se apropria da natureza e dos saberes e fazeres das mais diversas culturas? Ouriques nos dá pistas desse processo:

> No turismo, o fetichismo da mercadoria é potencializado. A natureza parece ser dotada intrinsecamente de finalidade turística. Isto é, praias e montanhas acabam se transformando "naturalmente" em objetos de consumo turístico. Os bens culturais modificam-se e metamorfoseiam-se em mercadorias "turísticas" pelo simples fato de serem prédios antigos, castelos, praças, fortes e presídios. Não é por possuírem essa forma que são apropriados pelo turismo. São apropriados pelo turismo, porque foi construída, socialmente, a ideia de que esses são objetos passíveis de ser consumidos turisticamente por meio de visitas rápidas e filmados ou fotografados para ser mostrados[152].

A naturalização da comodificação pelo turismo é uma das estratégias da própria dinâmica e tem sido fortemente incentivada por muitos acadêmicos. Para eles, é importante que a comodificação, uma dinâmica social e historicamente localizada, torne-se natural, pois isso ajuda o processo a passar despercebido, dificulta sua análise crítica e esconde suas reais dimensões.

O atrativo turístico e a racionalidade do shopping center

Uma das racionalidades que permitem uma perspectiva de compreensão crítica do planejamento do atrativo turístico é a do *shopping center*. Os dois elementos, *shopping centers* e atrativos turísticos, "oferecem um ambiente controlado, física e espiritualmente seguro, para um mundo de vida alternativo no qual a alegria de escolher não é poluída pelo medo do erro, uma vez que só

---

152. Helton Ricardo Ouriques, *A produção do turismo: fetichismo e dependência, op. cit.*, pp. 60-1.

há 'escolhas racionais' à disposição – qualquer opção tem sua adequação de antemão garantida"[153].

Os atrativos turísticos devem ser tematizados, e têm sido planejados e desenvolvidos a partir de "símbolos nítidos, estereotipados e fáceis de identificar"[154]. Ao proceder assim, esse planejamento empobrece a realidade do lugar para poder gerar sua atratividade. É uma ação metonímica, que promove 'partes' que interessam ao consumo em detrimento de 'partes' que devem ser ocultadas ou neutralizadas, se possível. Os especialistas no planejamento turístico, assim como os do *shopping center*, planejam seus atrativos à maneira de um "projeto inteiramente racionalizado, o qual, por ser racionalmente planejado, não contém mistérios ou armadilhas, e, assim, se proclama melhor – mais simples, seguro e transparente – do que o mundo deixado para trás das grossas paredes e dos portões operados eletronicamente"[155].

Portanto, o ambiente do atrativo turístico deve ser meticulosamente controlado. A espontaneidade dos passantes deve ser a menor possível, embora o leque de opções programadas dê a impressão de alguma liberdade. Se é possível correr, entrar na água, gritar é porque isso tudo já é permitido de antemão. Se há 'mistérios' ou 'armadilhas' no lugar, eles são cuidadosamente planejados (tal como vimos no atrativo turístico de El Alberto, no México, o qual simula a tentativa de travessia ilegal para os Estados Unidos); se são cheios de 'surpresas', mesmo estas são cuidadosamente programadas. Nesses espaços segregados e segregadores, a "divertida experiência de cair na farra, de se deixar levar, de ser irracional pode ser desfrutada com segurança. Mesmo a catástrofe é um conceito num jogo engenhosamente projetado pelos especialistas e conduzido de acordo com regras que impedem que ele escape ao controle"[156].

Essa racionalidade afirma que, se a espontaneidade dos turistas deve ser controlada, a dos servidores deve ser muito mais. Estes devem ter seus movimentos controlados e atrelados aos do atrativo turístico, seja ele qual for. A sua espontaneidade deve ser a menor possível.

Assim como o *shopping center*, o atrativo turístico também não vende apenas mercadorias. Dessa maneira, ao desfrutarem de um atrativo turístico, os turistas estão consumindo muito mais que isso. Nesses lugares, cuidadosamente

---

153. Zygmunt Bauman, *Modernidade e ambivalência, op. cit.*, pp. 237-8.
154. *Ibidem*, p. 238.
155. *Ibidem*.
156. *Ibidem*.

planejados pela racionalidade do mercado turístico (moderno e ocidental), os turistas consomem antes, e acima de tudo, "um estilo de vida alternativo, um mundo no qual o controle e a responsabilidade são entregues aos especialistas – e entregues de bom grado, alegremente, uma vez que a rendição é recompensada com o conforto de estar do lado certo. [O que os turistas consomem] é o projeto do mundo planejado pelo especialista"[157].

Os técnicos e especialistas tudo sabem, e sua sabedoria deve produzir o mundo perfeito para desfrute do turista. Ao vivenciar suas experiências nos atrativos turísticos, os turistas estão consumindo o padrão ocidental de experiências planejadas, ordenadas por um poder que lhes é desconhecido, mas, ao que parece, pouco lhes interessa qual seja. Esse mundo perfeito só o é, no entanto, porque está protegido pelas

> [...] espessas e impenetráveis paredes fortemente guardadas dentro das quais se encerra [... por] vigias eletrônicos, alarmes contra roubo, e entradas e saídas estreitas que se fecham sozinhas separam essa utopia miniaturizada do resto do mundo, abandonado a sua confusão aparentemente inextirpável. [Esses lugares planejados], prodígios de harmonia e perfeição são agora oferecidos como entretenimento – para os passeios de domingo e o desfrute da família[158].

Nesse sentido, procurar compreender se o turista considera esse tipo de lugar real ou falsificado pouco importa. O que importa é que "todo mundo sabe que a realidade jamais será como eles"[159].

O *shopping center* é o exemplo de um espaço planejado para o consumo, mas é interessante entender que mesmo esses espaços podem se tornar e, geralmente, se tornam atrativos turísticos. Isso produz um movimento circular: os atrativos turísticos são presididos pela racionalidade do *shopping center* e, em sua 'vingança' contra seu antecessor, dele se apoderam. A racionalidade do *shopping center* que subjaz ao planejamento dos atrativos turísticos possibilita também a construção de diferentes espaços de confinamento.

---

157. *Ibidem*.
158. *Ibidem*, p. 239.
159. *Ibidem*.

O ESPETÁCULO DO CONFINAMENTO DESEJADO E SUAS SOMBRAS

O turismo tem sido insistentemente construído por seus enunciadores hegemônicos como um *direito de todos*. Essa construção discursiva, todavia, mais limita que amplia a compreensão da realidade. Temos procurado demonstrar que a prática das atividades turísticas é, de fato, *privilégio de poucos*, e que sua produção e exploração causam *mazelas para muitos*. A existência de lugares turísticos nos quais apenas pessoas seletas podem entrar é mais uma prova factual disso.

Um momento a sós – quase!

O desejo e a possibilidade de acesso a esses lugares são aqui nomeados 'confinamento desejado'. Como toda ação do planejamento do turismo, a produção desse tipo de lugar acessível a poucos gera uma consequência direta: um tipo especial de confinamento para muitos outros, que aqui chamaremos de 'confinamento invertido'. As contradições e desigualdades decorrentes da dinâmica entre confinamento desejado *versus* confinamento invertido são produtos diretos dos espetáculos e das invisibilidades da produção do turismo.

Lugares de confinamento desejado são lugares seletivos. Em geral, os critérios para a seleção que define quem pode entrar, permanecer e sair desses lugares são estabelecidos pelo mercado. O mais forte desses critérios é, sem dúvida, o poder aquisitivo do pretendente ao confinamento desejado. Mas outras restrições, tais como gênero, cor de pele, religião, apresentação de traços físicos ou psicológicos peculiares, idade etc., podem igualmente operar como critérios para a seleção dos que podem entrar, permanecer e sair desses espaços.

Os cartões pós-modernos e suas senhas de acesso permitem a entrada e a saída das pessoas autorizadas aos lugares de confinamento desejado. Nesse sentido, o cartão de crédito é exemplar. Claro, é o lastro desse tipo de cartão que define onde seu portador pode entrar, quanto tempo pode ficar e, eventualmente, quando precisa sair. Ele garante ao seu portador uma espécie de evasão invertida: uma fuga para dentro. O turista quer e precisa fugir do mundo conturbado e sua fuga agora se dá pela entrada. Ao entrar no confinamento desejado, ele sai do mundo... Inversamente nesse movimento, o turista sai do ambiente aberto, perigoso e pouco seleto do espaço público no qual precisa travar contatos diretos com outros seres humanos, muitas vezes desagradáveis, para o confinamento desejado, selecionado e seguro da área VIP, na qual é atendido por seres humanos aprovados para estarem ali, mas sob a condição de prestadores de serviços.

Fuja de tudo, vivencie tudo!

No lado espetacular da moeda do confinamento desejado brilha quem é aprovado nos critérios de acesso e permanência. Esses lugares são aqueles nos quais seletas pessoas podem entrar, se confinar e sair *porque querem*, ou melhor, *porque podem* e *têm condições* para isso. Ao contrário de outras formas de confinamento[160], nas quais as pessoas devem ficar dentro porque são obrigadas, internadas ou presas, os lugares de confinamento desejado são ansiados por *muitos*, mas acessados por *poucos*.

No turismo de alto luxo, os *resorts* são bons exemplos. Há lugares praticamente impossíveis de serem acessados. O acesso a esses lugares é fisicamente limitado e fortemente controlado. Só podem entrar aqueles que possuem as credenciais adequadas. Lugares como os *resorts* são "concebidos para serem autossustentáveis e, para tanto, obedecem a um rígido modelo de gestão, internacionalmente padronizado. Oferecem ao visitante todo tipo de serviço de que ele possa necessitar, de modo que se torne desnecessário qualquer contato seu com o exterior do estabelecimento"[161].

O confinamento desejado faz parte de um

> [...] mundo pós-moderno de alegre confusão [e] tem suas fronteiras cuidadosamente guardadas por mercenários [...] Os *playgrounds* dos felizes consumidores são cercados por muros grossos, vigias eletrônicos e cães de guarda com dentes afiados. A tolerância polida aplica-se apenas àqueles que têm permissão de entrar. De forma que o ato de traçar a linha entre o interior e o exterior parece não ter perdido nada de sua violência e potencial genocida[162].

A produção dos lugares de confinamento desejado gera sua necessária contrapartida, o confinamento invertido daqueles que não apresentaram condições para o acesso: é o invisível lado da moeda.

É fundamental compreendermos: a criação dos lugares de confinamento desejado cria as condições para que exista o confinamento invertido.

---

160. Das quais a prisão é a forma de confinamento forçado por excelência.
161. Rita de Cássia Ariza da Cruz, *Política de turismo e território*, op. cit., p. 136.
162. Zygmunt Bauman, *Modernidade e ambivalência*, op. cit., p. 275.

Ao se criar o espetáculo, *necessariamente* cria-se a invisibilidade[163]. Isso não é apenas no sentido físico, no 'estar separado da massa', mas igualmente no sentido simbólico dessa separação, no *status* de poder estar separado da massa, de ser pretensamente único ou, no mínimo, bastante selecionado. O estudo crítico desses lugares e de suas dinâmicas de acesso é significativo para a compreensão das lutas pela apropriação do espaço. No planejamento dos espaços turísticos de confinamento desejado, o "capital permite manter à distância as pessoas e as coisas indesejáveis ao mesmo tempo que permite aproximar-se de pessoas e coisas desejáveis"[164]. Assim, o capital traz para aqueles que possuem dinheiro inúmeras possibilidades de ocupar espaços mais seletos, ao mesmo tempo que os que não possuem capital devem ser alijados. Esses despossuídos devem ficar presos a um lugar – ou melhor, nesses casos, fora de um lugar –, ficam presos do lado de fora, inversamente confinados.

A grande maioria da humanidade não tem credenciais de acesso para se confinar nos *resorts* de luxo espalhados pelo mundo ou em qualquer outro lugar desse porte. É o vagabundo, o *alter ego* do turista, quem está preso do lado de fora. Agora, estar fora é apenas uma aparente liberdade – quem anda livremente por aí e não tem condição de entrar nos lugares de confinamento desejado está, de fato, preso do lado de fora. Portanto, os lugares de confinamento desejado são segregadores.

No entanto, entre os que podem acessar livremente esses lugares privilegiados e os que não podem, estão os que lá trabalham. Esses podem entrar *e devem sair* de acordo com os critérios e horários preestabelecidos pela gerência. Seu trânsito é controlado e seu acesso é limitado a determinados espaços (cozinhas, almoxarifados, banheiros, áreas de manutenção) de acordo com as funções que desempenham. Há também atualmente em muitos *resorts* a política de receber, em determinados horários e em locais pré-autorizados, as pessoas das comunidades que os circundam, geralmente para a venda de seu artesanato – que é o que restou como símbolo consumível de sua cultura. Esse movimento de entrada, permanência e saída é completamente controlado pelos responsáveis pelo acesso e permanência dos *estranhos*. De fato, essas comunidades não circundam os *resorts*, afinal, normalmente, estavam lá antes deles. São os *resorts* que se instalam nos lugares ao redor das comunidades.

---

163. Ao longo do texto, temos insistido em fazer essa marcação, pois ela é a dinâmica que buscamos apresentar como aquela que é transversal a toda produção turística espetacular.
164. Pierre Bourdieu, "Efeitos de lugar", *in*: *A miséria do mundo*, Petrópolis: Vozes, 1997, p. 164.

Considerar que as comunidades estão ao redor dos *resorts* é uma inversão da realidade que diminui a responsabilidade desse tipo de empreendimento e de seus empreendedores.

A dinâmica da produção de ambientes de confinamento desejado (*resorts*, hotéis, acampamentos educacionais, festas privadas, boates fechadas, entre tantos outros) não se limita ao turismo. Ela está igualmente presente nos condomínios, *shoppings centers*, hospitais particulares, no automóvel particular, nas universidades públicas, cuja chave de acesso é distribuída de forma bastante desigual neste país, nas escolas particulares, entre muitos outros lugares. Até mesmo no mundo virtual, pois quem não tem acesso ao Wi-Fi (conexão sem fio) está fora da comodidade do acesso remoto e desplugado da internet.

Quem não tem o convite VIP (oferecido aos fiéis usuários de poderosas bandeiras de cartão de crédito) para entrar nos lugares do turismo elitizado fica confinado fora da sala especial do aeroporto, fora do camarote da festa ou fora do cordão do Carnaval, se não comprou o abadá. Para quem está dentro, o espetáculo; para quem está fora do cordão, resta o empurra-empurra e o cassetete da polícia: a invisibilidade e a violência, enfim.

CAPÍTULO 4

A construção da "vocação natural" do Brasil para o turismo

Até agora, pudemos analisar como, em diversos momentos, a comodificação opera na construção do turismo. Com a análise crítica de diversos discursos, percebemos a condição privilegiada que o turismo tem como agente de produção de subjetividade capitalista por meio da comodificação. Deixado a seu desígnio, o mercado procurará converter a todos em consumidores e a tudo (e todos) em *commodities*. Lembremos que, na sociedade contemporânea, para se tornar consumidor é necessário, anteriormente, com efeito, submeter-se aos ditames da mercadoria. Assim funciona a sociedade consumista. Não obstante, é preciso entender que o mercado tem a fome de converter todos em consumidores, mas nem todos conseguem ser apropriados. Alguns ficam à mercê 'apenas' do papel de mercadorias, outros, ainda, são postos de lado, tornados invisíveis nessas relações de poder.

Este capítulo dedica-se a desenvolver um estudo crítico sobre a produção de um clichê turístico especial: a contraditória construção discursiva da natural vocação turística do Brasil. Ao apresentar um exemplo de estudo crítico que procura explorar a metodologia até aqui desenvolvida, o presente capítulo traz elementos para a compreensão dos desafios que a comodificação produz e enfrenta no complexo campo de relações de poder, que é a sociedade brasileira. Em nossas análises, vamos apresentar a produção dos espetáculos ao mesmo tempo que desvelaremos algumas invisibilidades que são próprias da constituição dos espetáculos.

A hipótese que aqui procuraremos explorar é a de que

a construção espetacular de certa identidade brasileira para consumo turístico funda-se na invisibilização da efervescência identitária brasileira. O racismo à brasileira é parte constitutiva de tal processo.

O próprio título deste capítulo traz esta ambiguidade e ironia. Sabemos que não se pode, efetivamente, 'construir' algo 'natural'. A naturalização é um produto do pensamento que interpreta os papéis e relações sociais existentes como sendo dados da natureza, ao invés de serem produtos de embates sociais e históricos. É importante frisar que a naturalização é "um processo mental interpretativo que não cria a desigualdade ou qualquer outro fenômeno e nem é sua causa, sendo, no máximo, uma ideologia ou representação que a reproduz e reforça"[1]. Mas precisamos nos proteger da ideia de que a naturalização é (um mero) processo de pensamento, do mundo das ideias, antes ela "age sobre uma realidade concreta, real, existente, invertendo ela, transformando-a, no plano das ideias, de algo constituído social e historicamente em algo natural"[2].

Por meio da produção do clichê turístico, os agentes que operam o mercado querem fazer do Brasil lugar para o turismo e do povo brasileiro, um povo idealmente turístico, ou melhor, um produto turístico dotado de uma identidade nacional espetacularizada para consumo nacional e internacional. A tentativa de se 'turistificar' o Brasil e o povo brasileiro é a de colocá-los sob o jugo – necessariamente empobrecedor – do império do mercado mundial, o qual a tudo coloca num plano de equivalência. Esse processo de construção da vocação natural do Brasil e do brasileiro para o turismo é – assim o desejamos mostrar – um processo racista.

Cabe-nos, então, breve digressão sobre o tema da raça e do racismo.

Raças e racismo

A luta contra o racismo abriga validade étnica e normativa de caráter universal. A superação desta mazela somente poderá ter como grande vencedora toda a humanidade. – Relatório anual das desigualdades raciais no Brasil 2009-2010

1. Nildo Viana, "Naturalização e desnaturalização: o dilema da negação prático-crítica", *in*: *Revista Espaço Livre*, jan.-jun. 2013, v. 8, n. 15. Disponível em: <https://redelp.net/revistas/index.php/rel/article/view/51/46>. Acesso em: ago. 2020.
2. *Ibidem.*

Temos tentado mostrar como o turismo é uma manifestação que, para ser criticamente analisada, precisa ser lida a partir de suas estruturas fundantes – a Modernidade, o Ocidente e o capital.

Isto posto, cabe apresentarmos a hipótese de que

> *o turismo hegemônico tem sido produzido estruturalmente de maneira racista, afinal suas três estruturas fundantes (a Modernidade, o Ocidente e o capital) são constituídas a partir da ideia de raças e de sua taxonomia em superiores e inferiores, ou seja, o racismo.*

A Europa ocupa posição central nessas estruturas, a partir do movimento do 'colonialismo' realizado pelos países desse continente. O colonialismo, para Mbembe, foi um processo de universalização, o movimento de inscrição dos colonizados na Modernidade[3]. O termo 'universalização' a que Mbembe se refere é significativo para nosso trabalho; ao longo do desenvolvimento deste livro, pudemos conferir essa mesma 'fome' de universalização nos enunciadores hegemônicos do turismo que desejam uma 'ordem turística mundial' (OMT), ou na potente frase do WTTC em seu *Tourism for tomorrow*: "é essencial que nosso planeta, nosso povo e nossos lucros estejam todos alinhados para o futuro da nossa indústria"[4]. Uma indústria que a tudo deseja converter aos códigos do capital; a insaciabilidade, o contínuo movimento de expansão e domínio do colonialismo estão vivos e presentes na forma como o turismo contemporâneo é produzido por seus agentes hegemônicos.

A ideia de raça[5] como referência a distintas categorias de seres humanos é um fenômeno da Modernidade que remonta aos meados do século XVI[6]. Nesse período,

> a raça emerge como um conceito central para que a aparente contradição entre a universalidade da razão [do projeto iluminista] e o ciclo de morte e destruição

---

3. Achille Mbembe, *Crítica da razão negra*, 2.ed., Lisboa: Antígona, 2017.
4. Disponível em: <www.wttc.org>. Acesso em julho de 2020.
5. A construção da ideia de raça é longa e não temos condições de fazer uma digressão consistente desse movimento em nosso livro. Indicamos a obra de Michael Banton para quem quiser se aprofundar no tema: Michael Banton, *A ideia de raça*, Lisboa: Edições 70, 2015.
6. Silvio Almeida, *Racismo estrutural*, Coleção Feminismos Plurais, São Paulo: Sueli Carneiro; Pólen, 2019, p. 24.

do colonialismo e da escravidão possam operar simultaneamente como fundamentos irremovíveis da sociedade contemporânea. Assim, a classificação de seres humanos serviria [...] como uma das tecnologias do colonialismo europeu para a submissão e a destruição de populações das Américas, da África, da Ásia e da Oceania[7].

Notamos que, no movimento da "aparente contradição", estão postos os termos os quais aqui perseguimos: o espetáculo, na condição da universalidade da razão do projeto iluminista, e a invisibilidade, no ciclo de morte e destruição do colonialismo e da escravidão. A ideia de raça é o ponto de contato entre os dois termos mutuamente excludentes (razão e destruição/escravidão). É essa ideia que permite à razão descarrilhar-se em racionalismos e cumprir sem consciência ética alguma o genocídio de quem não foi construído como inexistente! É a raça que permite a construção do *outro* como um "objeto intrinsecamente ameaçador, do qual é preciso proteger-se, desfazer-se, ou que, simplesmente, é preciso destruir devido a não conseguir assegurar o seu controlo total" [8].

Essa "aparente contradição" é fundante da cultura brasileira e da formação da subjetividade de seu povo. Cumpre-nos mostrar como ela se manifesta no desenvolvimento do turismo.

Raça, igualmente, é fundante do Ocidente, em sua

> ávida necessidade de mitos destinados a fundar o seu poder, o hemisfério ocidental considerava-se o centro do globo, o país natal da razão, da vida universal e da verdade da Humanidade. [...] O Resto [ou seja, aquilo que não é Ocidente] – figura, se o for, do dissemelhante, da diferença e do poder puro do negativo – constituía a manifestação por excelência da existência objectal. A África, de um modo geral, e o Negro, em particular, eram apresentados como símbolos acabados desta vida vegetal e limitada[9].

O Ocidente, para dizer de si mesmo – para fundar-se e, porque não, para elogiar-se –, precisou inventar o seu 'outro', o seu 'negativo', e a ideia de 'raça'

---

7. *Ibidem*, p. 28.
8. Achille Mbembe, *Crítica da razão negra, op. cit.*, p. 26.
9. *Ibidem*, p. 28.

cumpriu e cumpre bem esse papel. Mesmo movimento da Modernidade, afinal são indissociáveis na perspectiva que ora construímos.

No sentido do capital, foi a "expansão econômica mercantilista e a descoberta do novo mundo [que] forjaram a base material a partir da qual a cultura renascentista iria refletir sobre a *unidade* e a *multiplicidade da existência humana*"[10] – este momento da história da Europa poderia ter sido um momento de abertura para outras culturas, que são apenas diferentes das europeias, mas foi construído como momento de dominação da Europa sobre outras culturas. Não é mera questão econômica que forja o racismo, mas uma questão cultural e de exercício de poder.

O olhar da filosofia moderna sobre esse movimento de expansão comercial contribuiu para transformar "o europeu no *homem universal* (atentar ao gênero aqui é importante) e todos os povos e culturas não condizentes com os sistemas culturais europeus em variações menos evoluídas"[11]. A partir disso, pode-se instituir a comparação entre os povos, situando os europeus como civilizados e os demais como 'inferiores', primeiramente 'selvagens' e depois 'primitivos'. Ou seja, a ideia de raça novamente operando como conceito-chave para fazer a taxonomia e classificar os seres humanos!

As dicotomias modernas não se encerram no par COLONIZADOR <> colonizado. Outras dicotomias agem subterraneamente na constituição de vários discursos na contemporaneidade, que subjazem aos discursos turísticos. Para identificar algumas delas, lembrando o que Almeida nos pedia agora a pouco: precisamos atentar para o gênero do excerto "o europeu no *homem universal*", pois neste caso é realmente do 'homem' que se trata. Tomemos como base a irônica definição de maioria proposta por Félix Guattari e Gilles Deleuze:

> *"homem-branco-masculino-adulto-habitante das cidades-falante de uma língua padrão-europeu-heterossexual qualquer"*[12].

Esse 'homem' se pretende universal, representante 'natural' da espécie humana, e vai procurar constituir-se a si mesmo como elite simbólica. Ele se quer

---

10. Silvio Almeida, *Racismo estrutural*, op. cit., pp. 24-25.
11. *Ibidem*, p. 25.
12. Gilles Deleuze, Félix Guattari, *Mil platôs, capitalismo e esquizofrenia*, São Paulo: Editora 34, 1997.

classe dominante. Chamar esse grupo de maioria não tem conotação numérica, afinal aqueles que são chamados de minorias – ou seja, aqueles que foram 'minorizados' – podem ser (e normalmente são) mais numerosos. A conotação é de poder. Assim, por meio desse equívoco terminológico, o "macho ocidental adulto e educado"[13], ou seja, aqueles que são menos numerosos, não obstante, mais poderosos, assumem a condição de maioria e tornam-se o par dominante de qualquer dicotomia, mostrando aí a parte como sendo o todo. Aparecer como maioria (mesmo não sendo) dá a esse grupo e seu poder nada além de uma aparência de legitimidade. Aqueles que são suprimidos de sua condição real de maioria reaparecem sob a condição de 'outro' (o termo dominado da dicotomia), as assim chamadas minorias. Desta forma:

→ A mulher é o outro do homem;
→ O preto, o pardo, o amarelo, o indígena[14] são os outros do branco;
→ O feminino é o outro do masculino;
→ Crianças, adolescentes e idosos, os outros do adulto;
→ Os sem-terra, os caiçaras, os ribeirinhos, os moradores do campo, das favelas, da rua, os outros dos habitantes das cidades;
→ Falantes de línguas 'não padrão', incultos, analfabetos são os outros dos falantes de língua padrão;
→ Latino-americanos, africanos, indígenas, orientais, outras etnias distintas, os outros do europeu (e do norte-americano);
→ Quaisquer outras expressões da sexualidade humana são o outro da heterossexualidade.

Essas diversas dicotomias não encerram o quadro de possibilidades de desigualdades. Outras tantas podem ser encontradas por outras pesquisas críticas. E, mesmo nessas condições apresentadas, pode haver intersecções. Um exemplo: as (1) mulheres, (2) negras, de (3) sexualidade 'divergente' da que se quer padrão vivem o sobrepeso de serem submetidas – concomitantemente – a diferentes tipos de desigualdades. Mas para nosso trabalho todas merecem estudos críticos detidos, pois elas estão diretamente ligadas a vários desafios a

---

13. Alain Touraine, *Crítica da modernidade*, Rio de Janeiro: Vozes, 1994, p. 10.
14. Esses são os termos que definem as cores das pessoas no Censo 2010 do IBGE no Brasil.

serem vencidos pelos que têm o turismo como meio de vida, ou, ainda, como objeto de pesquisa.

Durante nossas diversas análises, conferimos que o lado fraco das dicotomias, via de regra, torna-se objeto do turismo, ou seja, seus atrativos. Assim, ao analisarmos criticamente a estrutura dos discursos que promovem a espetacularização de culturas para o turismo, podemos encontrar esses elementos sendo apresentados como atrativos turísticos: turismo na favela, a exploração da mulher e da criança, o turismo que começa a explorar o imenso continente africano, o turismo rural, a exploração do turismo na América Latina, entre tantas outras formas de exploração. As relações de dominação são múltiplas e se sobrepõem nos tempos pós-modernos. Portanto, as frentes de enfrentamento também são múltiplas. Os limites de nosso trabalho não nos permitem mapear e explorar cada um desses territórios, mas urge a elaboração de tais investigações, pois acreditamos que elas possam revelar estruturas de poder em diversas relações turísticas.

Temos aqui uma brevíssima reflexão que nos ajuda a construir a base do racismo moderno, ocidental e capitalista. Como dissemos, nossa hipótese é de que tal base funda as práticas da construção dos discursos que legitimam o turismo hegemônico; basta um olhar na frenética busca do turismo pelo 'bom selvagem' e pelo 'primitivo conservado' (ou ainda, figuras como a do 'paraíso', tão recorrentes no ecoturismo) para podermos compreender como a ideia de raça (e a de racismo) é arraigada no imaginário turístico.

Modernidade, Ocidente e capital, essas três instâncias criam-se a partir da mítica da raça superior europeia (e norte-americana) e da inferioridade do resto do globo. A ideia de raça aplicada à humanidade existe, mas apenas como uma mitologia, para fundar uma taxonomia (e claro, toda uma infindável série de violências): o racismo.

Para fins de nossas análises, entendemos racismo como "uma forma sistemática de discriminação que tem a raça como fundamento, e que se manifesta por meio de práticas conscientes ou inconscientes que culminam em desvantagens ou privilégios para indivíduos a depender do grupo racial ao qual pertençam"[15].

Racismo é "um conjunto de atitudes, crenças e práticas que é usado para justificar o tratamento superior de um grupo racial ou étnico e o tratamento in-

---

15. Silvio Almeida, *Racismo estrutural*, op. cit., p. 32.

ferior de outro grupo racial ou étnico"[16]. É uma forma de ideologia que "sempre atua no sentido de fundamentar a concepção de que alguns grupos de pessoas portadoras de determinadas formas físicas e étnicas são naturalmente superiores às outras, portadoras de outras aparências e culturas"[17]. O racismo age "no sentido da fundamentação [aparentemente] ética das relações assimétricas de poder entre o grupo beneficiário da discriminação e os prejudicados por estas práticas"[18]. O racismo é uma forma de dicotomia da modernidade; uma relação plena de disputas injustas de poder.

O racismo é, também, um processo de desumanização, pois de acordo com suas taxonomias (usando a ideia de raça como parâmetro), retira seres humanos da sua condição de dignidade, de acordo com os critérios que o poder vigente demanda. Ele naturaliza diferenças socialmente construídas e coloca aqueles que são subjugados na condição de inferiores. Sobre isso, leiamos Mbembe,

> Ao reduzir o corpo e o ser vivo a uma questão de aparência, de pele ou de cor, outorgando à pele e à cor o estatuto de uma ficção de cariz biológico, os mundos euro-americanos em particular fizeram do Negro e da raça duas versões de uma única e mesma figura, a da loucura codificada. Funcionando simultaneamente como categoria originária, material e fantasmagórica, a raça tem estado, no decorrer dos séculos precedentes, na origem de inúmeras catástrofes, e terá sido a causa de devastações físicas inauditas e de incalculáveis crimes e carnificinas[19].

O racismo pode ser individual, institucional e estrutural. O nível estrutural diz da ordem social vigente, a qual é racista em sua normalidade. Na sociedade brasileira, o racismo é inerente à ordem social, é-lhe constitutivo. As instituições (família, escola, igrejas, mercado, Estado, mídia, turismo e tantas outras) acabam por reproduzir a ordem estrutural. Falar em racismo institucional significa dizer que "a imposição de regras e padrões racistas por parte da instituição é de alguma maneira vinculada à ordem social que ela visa resguardar"[20]. O

---

16. Diana Kendall, *Sociology in Our Times,* Wadsworth: Belmont, 1999, p. 257.
17. Marcelo Paixão et al., *Relatório anual das desigualdades raciais no Brasil – 2009-2010,* Rio de Janeiro: Garamond Universitária, 2010, p. 21.
18. *Ibidem.*
19. Achille Mbembe, *Crítica da razão negra, op. cit.*, p. 11.
20. Silvio Almeida, *Racismo estrutural, op. cit.*, p. 47.

racismo institucional é um "viés inerente a instituições sociais e que raramente é percebido pelos membros do grupo majoritário"[21]. Isto pode se desdobrar em questionamentos interessantes sobre o turismo: será que aqueles que se envolvem com a produção hegemônica do turismo não conseguem perceber sua estruturação racista por serem parte de seu grupo majoritário?

No nível individual, o racismo manifesta-se pelo preconceito e a discriminação[22]. Tal nível está intrinsecamente produzido pelos níveis institucional e estrutural. Analisar o racismo apenas do ponto de vista individual traz mais problemas que soluções:

> Afinal de contas, quando se limita o olhar sobre o racismo a aspectos comportamentais, deixa-se de considerar o fato de que as maiores desgraças produzidas pelo racismo foram feitas sob o abrigo da legalidade e com o apoio moral de líderes políticos, líderes religiosos e dos considerados 'homens de bem'[23].

Preconceito é uma predisposição psicológica que um indivíduo tem para com aquele que não lhe é igual em termos econômicos, fenotípicos ou culturais. Preconceito racial é o "juízo baseado em estereótipos acerca de indivíduos que pertençam a um determinado grupo racializado, e que pode ou não resultar em práticas discriminatórias"[24].

O preconceituoso vê no outro atributos negativos em função das possíveis diferenças. Mesmo que não manifesto, o preconceito afasta os sujeitos da relação[25]. Já a discriminação social, étnica e racial

> [...] corresponde a uma prática individual e institucional de determinadas pessoas, agindo em nome pessoal ou à frente de instituições que, diante de outros indivíduos portadores de descritivos distintos aos seus em termos econômicos, culturais ou físicos, pelas razões já comentadas, os preterirão no acesso às oportunidades para a aquisição de ativos econômicos e imateriais, bem como aos direitos individuais ou coletivos[26].

---

21. Robert Brym *et al.*, *Sociologia, sua bússola para um novo mundo*, São Paulo: Thomson, 2006, p. 226.
22. Marcelo Paixão *et al.*, *Relatório anual das desigualdades raciais no Brasil – 2009-2010, op. cit.*, p. 21.
23. Silvio Almeida, *Racismo estrutural, op. cit.*, p. 37.
24. *Ibidem*, p. 32.
25. Marcelo Paixão *et al.*, *Relatório anual das desigualdades raciais no Brasil – 2009-2010, op. cit.*, p. 21.
26. *Ibidem*.

Para Almeida, o racismo é sempre estrutural, afinal "ele é um elemento que integra a organização econômica e política da sociedade [fornecendo] o sentido, a lógica e a tecnologia para a reprodução das formas de desigualdade e de violência que moldam a vida social contemporânea"[27]. Para esse autor: "A sociedade contemporânea não pode ser compreendida sem os conceitos de raça e de racismo"[28] – o turismo também não, acrescentamos.

Por ora, sigamos. Mais à frente falaremos da sistemática negação do racismo no Brasil. Agora, cumpre-nos apresentar mais elementos para a construção de nossas análises. Oferecemos, ao leitor e à leitora, o homem cordial, para que possamos entender um pouco sobre o brasileiro que o turismo deseja comercializar.

O HOMEM CORDIAL

Acompanhemos as ideias de Sérgio Buarque de Holanda e seu homem cordial. Afirma o autor: "já se disse, numa expressão feliz, que a contribuição brasileira para a civilização será de cordialidade – daremos ao mundo o 'homem cordial'"[29].

Holanda empresta a expressão "homem cordial" de Ribeiro Couto e a utiliza em seu sentido "exato e estritamente etimológico, com a intenção de eliminar juízos éticos e intenções apologéticas"[30] do uso da palavra 'cordial' como sinônimo de 'bondade', ou ainda, 'homem bom'. O verbete 'cordial' tem sua etimologia no latim medieval *cordialis*, que significa "relativo ao coração"[31] e que, por sua vez, deriva de cor(d)-, *cordis*, "coração como sede da alma, da inteligência e da sensibilidade"[32]. Para Sérgio Buarque de Holanda, essa cordialidade, "estranha, por um lado, a todo formalismo e convencionalismo social, não abrange, por outro, apenas e obrigatoriamente, sentimentos positivos e de *concórdia*. A inimizade pode ser tão *cordial* como a amizade, visto que uma e outra nascem do *coração* e procedem, assim, da esfera do íntimo, do familiar, do privado"[33].

---

27. Silvio Almeida, *Racismo estrutural, op. cit.*, pp. 20-1.
28. *Ibidem*, p. 20.
29. Sérgio Buarque de Holanda, *Raízes do Brasil*, São Paulo: Companhia das Letras, 1997, pp. 141-51.
30. *Ibidem*, pp. 204-5, n. 6.
31. Antônio Houaiss e Mauro de Salles Villar, *Dicionário Houaiss da língua portuguesa, op. cit.*, p. 837.
32. *Ibidem*, p. 835.
33. Sérgio Buarque de Holanda, *Raízes do Brasil, op. cit.*, pp. 204-5, n. 6.

Nesse sentido, Holanda prossegue seu pensamento sobre o homem cordial dizendo que sua

> lhaneza no trato, a hospitalidade, a generosidade, virtudes tão gabadas por estrangeiros que nos visitam, representam, com efeito, um traço definido do caráter brasileiro, na medida, ao menos, em que permanece e fecunda a influência ancestral dos padrões de convívio humano, informados no meio rural e patriarcal[34].

Ou seja, são valores de uma certa perspectiva eurocêntrica da cordialidade vista aqui pelos estrangeiros, quando, de fato, "seria um engano supor que essas virtudes possam significar boas maneiras, civilidade. São antes de tudo expressões legítimas de um fundo emotivo extremamente rico e transbordante"[35]. Ainda para o autor,

> [...] na civilidade há qualquer coisa de coercitivo – ela pode exprimir-se em mandamentos e em sentenças. Entre os japoneses, onde, como se sabe, a polidez envolve os aspectos mais ordinários do convívio social, chega a ponto de confundir-se, por vezes, com a reverência religiosa. Já houve quem notasse esse fato significativo, de que as formas exteriores de veneração à divindade, no cerimonial xintoísta, não diferem essencialmente das maneiras sociais de demonstrar respeito. Nenhum povo está mais distante dessa noção ritualística da vida do que o brasileiro. Nossa forma de convívio social é, justamente, o oposto da polidez[36].

Portanto, a cordialidade à qual nos referimos na companhia de Holanda não pode, de maneira alguma, ser reduzida às ideias de 'homem bom', 'bondade', 'civilidade', 'boas maneiras', mas antes como a forma do convívio social do brasileiro, algo carregado de emoção, algo que vem diretamente do coração, em franca oposição ao conceito de polidez (característica de algo polido, liso, que recebeu um verniz).

Já tal polidez, assim como ela se dá no convívio social, em especial aquele de talho eurocêntrico,

---

34. *Ibidem*, pp. 146-7.
35. *Ibidem*.
36. *Ibidem*.

> [...] é, de algum modo, organização de defesa ante a sociedade. Detém-se na parte exterior, epidérmica do indivíduo, podendo mesmo servir, quando necessário, de peça de resistência. Equivale a um disfarce que permitirá a cada qual preservar inatas sua sensibilidade e suas emoções [...] Armado dessa máscara, o indivíduo consegue manter sua supremacia ante o social. E, efetivamente, a polidez implica uma presença contínua e soberana do indivíduo[37].

De diversas maneiras, os agentes que produzem os discursos que buscam legitimar o turismo procuram constituir essa polidez, esse verniz que tem como objetivo proteger o turista (esse indivíduo-fortaleza-inatingível que circula pelo mundo) das diversas formas de contato. Os demais (ou seja, aqueles que não são turistas – os "vagabundos", no dizer de Bauman[38] –, os que são apropriados pelo turismo como atrativos ou para serem servidores) devem ser 'construídos' por essa polidez, de maneira a suplementar este indivíduo consumidor, o turista. Veja bem, dissemos suplementar e não complementar, pois ele – o turista –, em si, já é autossuficiente. Isso é a "prestação de serviços" que vimos em Petrocchi[39]. A polidez impede a invasão, a troca, a contaminação e mantém a segurança daquele que 'apenas' consome o que vê, toca, come, respira, mas sempre bem protegido nessas interações...

Os que se encarregam da produção do turismo procuram converter os servidores ou atrativos turísticos vivos em homens cordiais, mas pervertidos de seu sentido etimológico, transformando-os em homens (e mulheres) educados, polidos, lisos, envernizados, prontos para receber [bem] o turista: enfim, prestadores de serviços higienizados e de boas maneiras. Nesse sentido, a efetiva cordialidade brasileira deve vir embalada num pacote seguro para a proteção dos turistas. Não obstante a essa tentativa de produção da cordialidade pervertida da prestação de serviços do turismo, no homem cordial

> [...] a vida em sociedade é, de certo modo, uma verdadeira libertação do pavor que ele sente em viver consigo mesmo, em apoiar-se sobre si próprio em todas as circunstâncias da existência. Sua maneira de expansão para com os outros reduz o indivíduo, cada vez mais, à parcela social, periférica, que no brasileiro

---

37. *Ibidem*, p. 147.
38. Zygmunt Bauman, *Modernidade e ambivalência, op. cit.*
39. Cf. Mario Petrocchi, *Turismo: planejamento e gestão, op. cit.*

– como bom americano – tende a ser a que mais importa. Ela é antes um viver nos outros[40].

Ao contrário do homem cordial de Holanda, o brasileiro transformado em prestador-de-serviços-mercadoria ou em atrativo-turístico-vivo é despido de sua característica mais cordial: a disponibilidade para o encontro – um paradoxo, pois o turismo deveria ser encontro, mas sem mediação esse encontro pode ser perigoso para os que nele se envolvem...

É essa potência para o encontro, para esse 'viver nos outros' (essa 'cordialidade', enfim) que podemos oferecer como uma das chaves conceituais para produzirmos outros tipos de encontros que não os turísticos como vêm sendo produzidos atualmente.

O desenvolvimento da cordialidade em seu sentido fraco, ou seja, de mercado, é a perversão da cordialidade em seu sentido forte, ou seja, da perigosa abertura para o encontro com o outro, com o diferente.

Isto posto, vamos explorar alguns exemplos da espetacularização da cordialidade brasileira para sua produção como atrativo turístico. Vamos apresentar e analisar como o MTUR procura construir e legitimar o Brasil como um país de "vocação natural"[41] para o turismo[42]. Entre as tantas características que são invocadas para fazer do Brasil um produto turístico de primeira ordem, o discurso sobre a "mistura de nossas raças"[43], ou seja, o uso da diversidade étnica e 'racial' brasileira como diferencial para o produto turístico 'Brasil', será foco de nossas investigações.

O PNT 2007-2010 afirma que "o turismo ajuda a fortalecer a identidade do povo"[44] brasileiro. Esse discurso visa construir uma identidade espetacular deste povo e é amplamente apoiado em sua construção daquilo que chamamos de mito da democracia racial brasileira.

---

40. Sérgio Buarque de Holanda, *Raízes do Brasil, op. cit.*, p. 147.
41. Brasil, Plano Nacional do Turismo 2003-2007, *op. cit.*, p. 4.
42. Os demais PNTs não falam mais em vocação e seus textos vão ficando cada vez mais voltados ao turismo como negócio.
43. Brasil, Plano Nacional de Turismo 2003-2007, *op. cit.*, p. 3.
44. Brasil, Plano nacional do turismo 2007-2010, *op. cit.*

Vamos desenvolver o estudo crítico dos textos do Poder Público, a partir da leitura de excertos do discurso do então presidente Lula no Plano Nacional do Turismo 2003-2007. Então, daqui para frente, vamos fazer várias referências a esse texto em especial. Nesse caso, o documento é do Ministério do Turismo, mas o produtor textual é o próprio presidente da República, que se apresenta como autor do texto. Esse texto foi escolhido pois é um marco, afinal trata-se do primeiro PNT e de um discurso produzido com mais elementos que podem nos ajudar a entender o mito da democracia racial. Procuraremos mostrar como esses agentes constroem seus discursos apropriando-se da diversidade de etnias que compõe sua ideia de Brasil, ao mesmo tempo que empobrecem a riqueza e a complexidade da cordialidade brasileira.

Brasil-Turismo: a pseudoidentidade nacional e a perversão do homem cordial

O discurso comodificador que procura produzir a 'vocação natural' turística brasileira está fortemente baseado na consideração do Brasil como um 'país mestiço'. Mestiço, do latim tardio *mixticius*, significa alguém que é filho de pais de "raças"[45] diferentes. Tal mestiçagem é justamente a ideia considerada como o grande diferencial para a produção discursiva que dará forma e conteúdo à *commodity*-Brasil. Confiramos inicialmente um trecho do discurso do então presidente Lula na abertura do PNT 2003-2007[46]:

> O Brasil indubitavelmente é um lugar único pela sua riqueza natural, cultural, econômica e histórica. Isto faz de nosso país um espaço maravilhoso com inúmeros atrativos turísticos, tendo na diversidade nosso instrumento principal de sua potencialização. É inegável a nossa vocação para o turismo. Dispomos de todas as condições para cativar nossos visitantes – praias, florestas, montanhas, rios, festivais, culinária diferenciada, parques nacionais, cidades históricas e a tradicional hospitalidade brasileira, assim como os equipamentos, as empresas, e a qualidade dos serviços já encontrados em muitas regiões do país. Receber bem é o traço marcante do nosso povo. A mistura de nossas raças gerou uma gente alegre,

---

45. Cf. Antônio Houaiss e Mauro de Salles Villar, *Dicionário Houaiss da língua portuguesa, op. cit.*, 2001.
46. Este é o primeiro grande documento do turismo que busca construir um Plano Nacional para a atividade. Confira a íntegra do discurso presidencial no *site* do MTUR: <www.turismo.gov.br>.

solidária, onde todos se encontram nas diferenças, num ambiente de convivência pacífica. Somos um país de todos [...] A vocação natural do nosso país deve ser transformada em fonte permanente de riqueza, através do turismo[47].

Esse trecho procura construir a condição do Brasil como um país único, detentor de grande diversidade ambiental e cultural. De acordo com tal elaboração discursiva, essa condição dá ao país a consequente e indubitável "vocação natural" para o turismo. Cabe lembrar que a ideia de vocação tem algo de religioso, é um chamamento para a vida religiosa, para o sacerdócio. É, igualmente, uma disposição natural e espontânea, que dá a direção para alguém no sentido de realizar uma atividade. É, enfim, uma tendência, uma predisposição, uma propensão natural a algo. Vocação tem algo de inato, ou seja, que já nasce com... enfim, a missão do texto é mostrar que o Brasil nasceu destinado ao turismo! Nossa missão, por outro lado, é mostrar que a coisa não é bem assim.

O advérbio indubitavelmente, qualificando o verbo ser/'é' na frase 'o Brasil é', e o adjetivo inegável, funcionando como tema marcado[48] da oração "é inegável a nossa vocação para o turismo", fundamentam a produção da naturalidade dos temas em questão e da impossibilidade de sua negação ou de dúvidas a seu respeito. Percebam que inegável é posto na abertura[49] da frase analisada. A proeminência informacional[50] de inegável (vindo em primeiro lugar na oração, invertendo sua ordem 'natural') reforça a apresentação da impossibilidade de negação da condição de 'vocação para o turismo. Por fim, procura construir a vocação do Brasil para o turismo como um dado da natureza – artimanhas linguísticas do processo de naturalização.

---

47. Brasil, Plano Nacional do Turismo 2003-2007, *op. cit.*, pp. 3-4.
48. "Fazer dos elementos temas marcados é uma forma de pô-los em primeiro plano", cf. Norman Fairclough, *Discurso e mudança social, op. cit.*, p. 228.
49. "Sempre vale a pena observar o que é posto inicialmente nas orações e nos períodos, porque isso pode jogar luz sobre pressupostos e estratégias que não são tornados explícitos" nos textos analisados (Norman Fairclough, *Discurso e mudança social, op. cit.*, p. 228).
50. O estudo dos temas (marcado no exemplo ora analisado) trata de "uma dimensão textual da gramática da oração dedicada aos modos pelos quais os elementos da oração são posicionados de acordo com a sua proeminência informacional" (Norman Fairclough, *Discurso e mudança social, op. cit.*, p. 221). Formas ativas ou passivas de organização das frases constroem sujeitos ativos ou passivos (objetos). Isso também pode nos ajudar a entender significados políticos, ideológicos e culturais nos textos analisados.

No mesmo fragmento, são apresentadas as "condições para cativar nossos visitantes". Vejamos: os clientes, os consumidores, os turistas nacionais e estrangeiros que aqui virão são chamados de visitantes, desvinculando-os discursivamente dos atos de consumo que aqui vêm fazer. À sua disposição estão "praias, florestas, montanhas, rios, festivais, culinária diferenciada, parques nacionais, cidades históricas", todas as formas que podem ser apropriadas pela dinâmica da comodificação e tornadas *commodities* para o consumo, ou diferenciais da *commodity*-Brasil. Retomando a questão de visitantes: interessante notar que o texto usa 'visitantes', e não turistas, consumidores ou clientes. Esse eufemismo produz uma sensação de proximidade com quem vem consumir o produto turístico brasileiro (o povo, o lugar, a cultura), afastando – ao menos no discurso presidencial – as relações de consumo que se dão no turismo. O visitante sempre inspira cuidados especiais. O texto apela para a hospitalidade, uma vez que trata o cliente pagante como visitante, afinal culturalmente fomos educados a receber bem quem nos visita... Essa hospitalidade esperada pelos estrangeiros é uma das formas da construção turística pervertida da cordialidade do Brasil, ao menos na visão mercadológica (moderna, ocidental eurocêntrica/norte-americana e capitalista) do turismo.

É a "tradicional hospitalidade brasileira" que merece destaque no texto (e, portanto, em nossa análise). Ela é construída pelo texto como um dos traços marcantes do povo brasileiro. Tal ideia surge a partir do discurso sobre o Brasil ser um país 'mestiço', no qual houve uma mistura de 'raças' e que, justamente por isso, saberá receber pessoas (leia-se, consumidores – sim, porque os refugiados são, igualmente, pessoas, mas têm tido historicamente tratamento diferente, ou seja, hostil) de todas as raças ou etnias. O texto busca construir a ideia de que é justamente essa mistura que acaba por produzir um povo que é 'alegre e solidário'. As diferenças produzidas nesse pretenso ambiente de convivência pacífica tornam-se o ponto de encontro dessa gente. Tais características, "a mistura de nossas raças" e o "ambiente de convivência pacífica", são o 'diferencial de mercado' necessário para a comodificação do Brasil para o turismo – ou seja, o esforço discursivo para a construção dessa suposta harmonia desses elementos é, de fato, um argumento de *marketing*.

Necessário perguntar:

→ O que é 'ser alegre' num país em que, segundo dados da Organização Mundial da Saúde – OMS[51], 11.548.577 pessoas, ou seja, 5,8% da população, sofre com a depressão?

→ O que significa exatamente 'solidário', sabendo-se que, "em 2010, 6% da população do país morava em aglomerados subnormais"[52] e que em 2019 esse número subiu para 7,82%[53]?

→ O que significa 'convivência pacífica' num país onde o número de homicídios, 'apenas' considerando-se o item 'morte causada por arma de fogo', cresceu 502,80% entre 1980 e 2010, totalizando 670.946 mortes neste período?[54] E onde, só em 2017[55], 47.510 pessoas foram mortas por armas de fogo?

As expressões 'nosso país', 'nosso instrumento', 'nossa vocação', 'dispomos', 'nossos visitantes', 'nosso povo', 'todos se encontram', 'somos' presentes no discurso presidencial reforçam a ideia de "país de todos", a partir do uso constante da primeira pessoa do plural e de seus respectivos possessivos.

No trecho analisado é o presidente da República quem está discursando. Todavia, seu discurso não é o de um governante distante. Por meio das palavras proferidas no excerto, o texto constrói sua proximidade com o povo brasileiro:

---

51. Dados de 2017 do relatório *Depression and Other Common Mental Disorders: Global Health Estimates, Geneva: World Health Organization, 2017.* Disponível em: <https://apps.who.int/iris/bitstream/handle/10665/254610/WHO-MSD-MER-2017.2-eng.pdf;jsessionid=B579BA124F0705A4D-FC5D7B2AA7BD192?sequence=1>. Acesso em: ago. 2020.
52. "O conceito de aglomerado subnormal foi utilizado pela primeira vez no Censo demográfico 1991 e possui certo grau de generalização de forma a abarcar a diversidade de assentamentos irregulares existentes no País, conhecidos como: favela, invasão, grota, baixada, comunidade, vila, ressaca, mocambo, palafita, entre outros" (Instituto Brasileiro de Geografia e Estatística, *Censo demográfico 2010: aglomerados subnormais. Primeiros resultados*, Rio de Janeiro, 2011. Disponível em: <http://biblioteca.ibge.gov.br/visualizacao/periodicos/92/cd_2010_aglomerados_subnormais.pdf>. Acesso em: jun. 2019). Aglomerado subnormal, enfim, é uma nominalização utilizada para se referir ao lado fraco da dicotomia, aquele que é (produzido como) invisível, ou se preferirem, cordial.
53. Disponível em: <https://www.ibge.gov.br/geociencias/organizacao-do-territorio/tipologias-do-territorio/15788-aglomerados-subnormais.html?=&t=o-que-e>. Acesso em: ago. 2020.
54. Cf. Julio Jacobo Waiselfisz, *Mapa da violência 2013: mortes matadas por armas de fogo*, Faculdade Latino-Americana de Ciências Sociais, Centro de Estudos Latino-Americanos, 2013. Disponível em: <http://www.mapadaviolencia.org.br/pdf2013/ MapaViolencia2013_ armas.pdf>. Acesso em: jun. 2019.
55. Tabela 8.1 do Atlas da Violência. Disponível em: <https://www.ipea.gov.br/atlasviolencia/arquivos/downloads/6537-atlas2019.pdf> com base no MS/SVS/CGIAE – Sistema de Informações sobre Mortalidade – SIM. O número de homicídios na UF de residência foi obtido pela soma das seguintes CIDs 10: X93- X95, ou seja: óbitos causados por agressão por disparo de arma de fogo. Elaboração Diest/Ipea e FBSP. Acesso em: ago. 2020.

presidente e povo (e o leitor) formam um *nós*. O uso reiterado de 'nosso/nossa' e a flexão dos verbos na primeira pessoa do plural fazem com que desapareçam as distâncias entre o presidente e o povo; fazem também desaparecer (ao menos no texto) as divisões profundas que marcam a sociedade brasileira. Esse é o contexto no qual é construído o discurso presidencial.

A expressão 'um país de todos' foi utilizada na logomarca do Poder Público durante a 'era Lula':

Logotipo Brasil – Um país de todos.

Dessa maneira, então, o Brasil é apresentado como um país de indubitável vocação turística. No último trecho do excerto citado, há uma ordem dada pelo presidente da República em tom imperativo: "a vocação natural do nosso país *deve ser* transformada em fonte permanente de riqueza, *através do turismo*"[56]. Especificamente, esse enunciado do fragmento tem força especial: é um ato de fala que tem força de ordem[57]. A ordem para a comodificação do Brasil parte do próprio Estado em sua figura de máxima representação, o presidente; a ferramenta escolhida é o turismo[58]. A vocação deve ser transformada em fonte permanente de riqueza. Essa riqueza adjetivada por permanente nos leva à ideia da sustentabilidade. Interessante notar também que é utilizado o eufemismo riqueza para significar as benesses que o turismo poderá trazer ao Brasil. A ferramenta turismo foi escolhida justamente porque para o MTUR, "o turismo, pela natureza de suas atividades e pela dinâmica de crescimento dos últimos dez anos é o segmento da economia que pode atender de forma mais completa e de maneira mais rápida os desafios colocados"[59]. Podemos perceber a essa altura, com certa insistência e clareza, que o argumento usado é, na quase to-

---

56. Brasil, Plano Nacional do Turismo 2003-2007, *op. cit.* (grifos meus).
57. Cf. Norman Fairclough, *Discurso e mudança social, op. cit.*, p. 111.
58. O art. 180 da Constituição Federal diz: "A União, os Estados, o Distrito Federal e os Municípios promoverão e incentivarão o turismo como fator de desenvolvimento social e econômico".
59. Brasil, Plano Nacional do Turismo 2003-2007, *op. cit.*, p. 4.

talidade das vezes, econômico. Discurso impregnado pelos genes do mercado, reproduzindo-o quando o Estado procura resolver seus problemas e desafios colocados. Aqui insistimos em mostrar os 'acordos' que mercado e Estado fazem para se apoiar mutuamente, no sentido de ampliarem sua dominação. Os discursos mais repetitivos de todos os enunciadores são os de que o turismo é fonte de emprego e renda. Pouco ou nada se fala dos lucros obtidos pelas gigantescas empresas globais que movimentam o setor.

A certeza do MTUR sobre essa vocação natural turística, expressa nas palavras do discurso do presidente da República anteriormente analisado, se dá por conta de o país ser "único". E ser único – para quem é uma *commodity* – é primordial nas disputas do mercado. Na construção da ideia que ora analisamos, a diversidade de "raças" é uma das características marcantes do país, algo que tem o poder de torná-lo único: "a mistura de nossas *raças* gerou uma gente alegre". E é dessa fusão que nascem as pretensas hospitalidade e cordialidade brasileiras, diferenciais de mercado fundamentais para a vocação natural do país para o turismo. O conceito de raça apresentado tem profundas implicações no Brasil-Turismo.

Raças e cores no Brasil

Se o Instituto Brasileiro de Geografia e Estatística (IBGE) trabalha a partir do conceito de raça, é importante lembrar – como mostramos anteriormente – que tal conceito é um construto social, e não biológico; e que ele "possibilita a criação e a manutenção de desigualdades sociais"[60]. Insistimos: "a raça não existe enquanto facto natural físico, antropológico ou genético. A raça não passa de uma ficção útil, de uma construção fantasista ou de uma projecção ideológica cuja função é desviar a atenção de conflitos antigamente entendidos como mais verossímeis"[61]. Com Almeida afirmamos que "não há nada na realidade natural que corresponda ao conceito de raça"[62]. Assumimos aqui que este conceito faz parte de um discurso que deve ser fortemente combatido, sempre que for usado no sentido de aprisionar corpos em estereótipos.

---

60. Robert Brym *et al.*, *Sociologia, sua bússola para um novo mundo*, op. cit., p. 219.
61. Achille Mbembe, *Crítica da razão negra*, op. cit., pp. 26-7.
62. Silvio Almeida, *Racismo estrutural*, op. cit., p. 31.

O IBGE coordena e realiza o Censo[63], estudo estatístico referente à população brasileira. Para trabalhar 'etnias', o IBGE constrói um tratamento estatístico a partir dos termos 'cor ou raça'. O próprio IBGE absorve a ideia de raça em sua conceituação e produz informação a partir dela. Para Osório, no esforço de taxonomia do IBGE as "classificações da humanidade em raças, portanto, devem ser entendidas como representações da diversidade humana"[64].

De acordo com tal pesquisa, há no Brasil certa diversidade de cores ou raças: branco, preto, pardo, amarelo e indígena. Sabemos as dificuldades que o trabalho do IBGE (dificuldades típicas de qualquer trabalho que queira traduzir em números as questões humanas) enfrenta para conseguir abarcar a diversidade de tons de cor de pele das pessoas deste país. A medida do Censo do IBGE é imprecisa, é um controle estatístico metonímico e, portanto, esconde mais que revela os inúmeros conflitos que a questão cor/raça tem no Brasil. No entanto, utilizaremos o IBGE como fonte de dados oficial que – dentro do possível – balizará nosso estudo. Nesse sentido, os dados do Censo 2010 são apresentados resumidamente na tabela abaixo:

População brasileira residente por cor ou raça (Ano: 2010)

A população residente total é de 190.755.799 pessoas. Destas se autodeclararam:	Brancas: 91.051.646 (47,73%) Pretas: 14.517.961 (7,61%) Pardas: 82.277.333 (43,13%) Amarelas: 2.084.288 (1,09%) Indígenas: 817.963 (0,43%) Sem declaração: 6.608 (0,003%)

Fonte: IBGE, *Censo demográfico 2010*.

---

63. A tese de doutorado que dá origem a este livro foi defendida em 2013 com dados do Censo de 2010. Por conta da pandemia da Covid-19, o Poder Público brasileiro adiou o Censo que se realizaria em 2020 para 2021, por questões sanitárias. Assim, nesta edição, utilizamos a base do Censo original, ou seja, 2010, e acrescentamos os dados parciais das projeções realizadas no ano de 2019. (Instituto Brasileiro de Geografia e Estatística, *Censo demográfico 2010: população residente, por cor ou raça, segundo o sexo e os grupos de idade*, Rio de Janeiro, 2010. Disponível em: <http://www.ibge.gov.br/home/estatistica/populacao/censo2010/caracteristicas_da_populacao/tabelas_pdf/tab3.pdf>. Acesso em: jun. 2019.)
64. Rafael Guerreiro Osorio, "A classificação de cor ou raça do IBGE revisitada", *in*: José Luis Petruccelli e Ana Lucia Saboia (org.), *Estudos e análises: informação demográfica e socioeconômica 2: características étnico-raciais da população – classificações e identidades*, IBGE - Instituto Brasileiro de Geografia e Estatística, 2013, p. 85. Disponível em <https://biblioteca.ibge.gov.br/visualizacao/livros/liv63405.pdf>. Acesso em: ago. 2020.

Os dados apresentados evidenciam que as pessoas que se autodeclararam com a cor branca, no ano de 2010, já não representavam a maioria numérica da população, pois 99.704.153 (52,263%) declararam-se como não brancas. Somados, pretos e pardos totalizaram 96.795.294 pessoas, ou seja, 50,74% da população brasileira.

Segundo dados do IBGE[65], nos anos de 2012 e 2019 a população brasileira, entre pretos, pardos e brancos, estava assim composta:

População brasileira residente por cor ou raça (Anos: 2012 e 2019)

2012	2019
46,6% (branca)	42,7% (branca)
7,4% (preta)	9,4% (preta)
45,3% (parda)	46,8% (parda)

Fonte: "Características gerais dos domicílios e dos moradores 2019"[66].

Ou seja, a participação da população declarada de cor branca reduziu e, em 2019, temos que a população negra (9,4% preta + 46,8% pardos) totaliza 56,2% da população brasileira, contra 42,7% da população branca.

Nesta obra, nos referiremos a pretos e pardos por meio do termo 'população negra'. Sabemos que as designações genéricas são sempre empobrecedoras daquilo que designam, portanto, quando falamos em negro, preto, pardo, raça é importante que fique claro que falamos e lutamos pela dignidade de corpos e subjetividades – de seres humanos, enfim! Importante: usamos a nomenclatura do Censo em nosso trabalho, pois ela é a forma pela qual o Estado apresenta dados sobre sua população, no entanto, não concordamos com sua taxonomia de cores.

Se o discurso do Brasil turístico é criado sobre o pressuposto da mistura de raças, cabe-nos perguntar:

→ Como diversos meios de comunicação se apropriam da diversidade de cores de pele dos cidadãos e cidadãs do Brasil para criar os discursos que querem tornar este país um produto turístico cordial?

---

65. Informativo "Características gerais dos domicílios e dos moradores 2019". Disponível em: <https://biblioteca.ibge.gov.br/visualizacao/livros/liv101707_informativo.pdf>. Acesso em: ago. 2020.
66. *Idem.*

- Qual é o tratamento dado às pessoas cuja cor da pele é branca?
- E as demais cores do 'arco-íris' de epidermes do povo do Brasil – as não brancas[67] –, como são tratadas?
- Haverá diferença nesse tratamento?
- Afinal, de maneira mais pontual: que papel brancos e negros cumprem na comunicação do turismo?

Por questões de limites e foco deste trabalho, nos ateremos a procurar pistas do tratamento dado às populações negras (pretos e pardos) e brancas. No entanto, nosso objetivo é instigar a inquietude acadêmica e não acadêmica frente à produção comodificada do turismo; portanto, é necessário provocar outros investigadores sociais a procurar pistas destas produções em outras frentes. Assim, para além da questão de etnias, é possível desenvolver estudos sobre outros temas relevantes. Algumas questões que podem nortear outros tantos trabalhos:

- Como a imagem da mulher (em geral, e a brasileira, em especial) é produzida para o consumo do turismo? Qual a representação do feminino na produção do turismo?
- Quais os efeitos da produção da imagem dos indígenas pelo turismo?
- E das crianças, adolescentes e idosos?
- Como é construída a ideia dos sem-terra, dos moradores do campo e das favelas? Quais aspectos são constitutivos de sua produção como atrativos turísticos?
- De que forma é produzida a imagem para consumo turístico dos latino-americanos, africanos, orientais e outras etnias distintas do europeu e do norte-americano?
- Como a complexidade da temática da multiplicidade de expressões da sexualidade humana é produzida para consumo turístico?
- Que estereótipos são acionados para empobrecer este incômodo (ao menos para a sexualidade hegemônica) assunto?

---

67. O simples uso de 'não-brancas' já mostra a hegemonia da pele branca como sendo a referência da naturalidade, da normalidade, e que para as outras peles – não hegemônicas – resta a necessidade da negação a partir do termo forte da dicotomia – BRANCO <> não branco.

A negação do racismo no Brasil: o mito da democracia racial

Ambivalência característica de um Brasil crescentemente metarracial no seu pendor para sobrepor considerações de origens e situações especificamente raciais de brasileiros e de brasileiras seus característicos socioantropológicos, seus modos já nacionalmente brasileiros, e tendentes a metarraciais, de sorrir, de andar, de conviver.

GILBERTO FREYRE

Se, a partir do discurso presente no primeiro Plano Nacional de Turismo, enunciado pelo então presidente da República, o Brasil vive num ambiente de convivência racial pacífica – ou metarracialidade como o quer Freyre[68] –, isso acalenta o que aqui chamamos de 'mito da democracia racial'. No entanto, é preciso declarar que no Brasil as desigualdades são gritantes; este país não pode ser considerado democrático, sob essa perspectiva.

Citando outros exemplos mundiais, historicamente o regime de racismo nos Estados Unidos da América, um país cuja sociedade foi moldada por conflitos raciais e "os negros foram subjugados à escravidão"[69], foi aberto e declarado, a discriminação racial foi oficializada. Na produção imagética do negro norte-americano,

> [...] os Afro-americanos são retratados como submissos, cantando, dançando e resignados a seu 'devido lugar' na plantação dos 'bons e velhos dias'. Os fotógrafos de cartões postais muitas vezes escolhem personagens estereotipados e os fotografam realizando atividades estereotipadas. Estas imagens de escravos contentes, abençoados com uma despreocupação e vontade de servir, também eram comuns em *shows*, literatura, teatro e no incipiente cinema do mesmo período[70].

No Brasil, o mesmo problema se reapresenta. Só que, ao contrário dos Estados Unidos, aqui reina o mito da democracia racial, pois – por ação do trabalho do poder hegemônico – faz-se crer não existir "nenhuma modalidade de uma

---

68. Cf. Gilberto Freyre, *Modos de homem & modas de mulher*, Rio de Janeiro: Record, 1987.
69. Michael Omi, "In Living Color: Race and American Culture", *in*: Ian Angus e Sut Jhally, *Cultural Politics in Contemporary America*, New York/London: Routledge, 1989, p. 114.
70. Wayne Martin Mellinger, "Toward a Critical Analysis of Tourism Representations", *Annals of Tourism Research*, 1994, v. 21, n. 4, p. 766 (tradução minha). Disponível em: <http://www.academia.edu/989676/Toward_a_Critical_Analysis_of_Tourism_Representations>. Acesso em: jun. 2019.

resistência aberta, consciente ou organizada, que [coloque] negros, brancos e mulatos em posições antagônicas e de luta"[71]. Não obstante, os dados apresentados por Paixão *et al.*[72] demonstram a não existência de uma democracia racial no país. O que existe é muita desigualdade e racismo.

Historicamente, houve no Brasil o estabelecimento de um 'registro branco' produzido no "apagamento ou na detração da figura do negro nos espaços de representação simbólica – assentamentos históricos, manifestações artísticas e produções acadêmicas e culturais – em favor de uma valorização da imagem do branco"[73]. Esse registro é estabelecido a partir da dicotomia:

BRANCO SUPERIOR <> negro inferior

E, assim, como modelo de representação, o branco torna-se a encarnação daquilo que é positivo e o negro é seu 'outro'. Para Mbembe, o negro é produzido como aquele "que vemos quando nada se vê, quando nada compreendemos e, sobretudo, quando nada queremos compreender. Em qualquer lado onde apareça, o Negro liberta dinâmicas passionais e provoca uma exuberância irracional que tem abalado o próprio sistema racional[74].

Comentando Florestan Fernandes[75], Brym *et al.*[76] afirmam que, no Brasil, o mito da democracia racial tem três planos distintos:

> [...] primeiro, o mito atribuía ao negro a responsabilidade por suas condições de vida (se o negro não ascendia socialmente é porque era incapaz ou irresponsável); segundo, isentou o branco de qualquer responsabilidade pela situação; terceiro, deu novo impulso ao modo de analisar as relações raciais a partir de elementos exteriores e com base em aparências [... portanto] o negro não tem problemas no Brasil; pela índole do brasileiro, não existem distinções raciais no Brasil; não exis-

---

71. Florestan Fernandes, *A integração do negro na sociedade de classes*, São Paulo: Dominus/Edusp, 1965, v. 1, p. 196.
72. Cf. Marcelo Paixão *et al.*, *Relatório anual das desigualdades raciais no Brasil – 2009-2010, op. cit.* – essa foi a fonte original de nossas pesquisas.
73. Carlos Augusto de Miranda e Martins, *Racismo anunciado: o negro e a publicidade no Brasil 1985--2005*, 2009, 114f, dissertação (Mestrado em Comunicação), Universidade de São Paulo, São Paulo: 2009, p. 50.
74. Achille Mbembe, *Crítica da razão negra, op. cit.*, p. 11.
75. Cf. Florestan Fernandes, *A integração do negro na sociedade de classes, op. cit.*, p. 199.
76. Cf. Robert Brym *et al.*, *Sociologia, sua bússola para um novo mundo, op. cit.*

tem desigualdades de oportunidades para os diferentes grupos raciais; o negro está satisfeito com sua condição social[77].

As ideias de Santos[78] ajudam na leitura desse mito como uma forma de pensamento abissal. O mito da democracia racial é a fonte produtora da linha invisível divisória entre BRANCOS <> negros no Brasil. Essa lógica de classificação social é assentada na "monocultura da naturalização das diferenças"[79]: as hierarquias são naturalizadas na distribuição da população. Nos termos deste estudo, a classificação dita – incorretamente – racial é preponderante. Podemos perceber nesta naturalização uma inversão, afinal a "relação de dominação é consequência e não causa dessa hierarquia"[80]. A produção do negro como o lado fraco da dicotomia e como sendo invisível é realizada sob "a forma de inferioridade insuperável porque natural. Quem é inferior, porque é insuperavelmente inferior, não pode ser uma alternativa credível a quem é superior"[81]. No Brasil, o racismo, entre muitos outros pontos, está também fundado nesse processo abissal.

O mito da democracia racial é fruto também da separação consumada pelo espetáculo da cultura moderno-ocidental, pois este "não é um conjunto de imagens, mas uma relação social entre pessoas, mediada por imagens"[82].

O discurso presidencial anteriormente analisado, quando apela para a ideia da mistura de raças que gera uma gente alegre e solidária, é construído com base numa "retórica positiva sobre como somos tolerantes e como estamos orgulhosos de viver numa nação multicultural"[83]. Ele cria a ideia de haver uma 'tolerância racial,' na qual o encontro de todos se dá justamente na diferença e na pacífica convivência, reforçando o mito da democracia racial brasileira[84], portanto, ao menos sob nossa perspectiva, se equivoca profundamente, reproduzindo em seu discurso uma mentira.

---

77. *Ibidem*, p. 229.
78. Cf. Boaventura de Sousa Santos, *Renovar a teoria crítica e reinventar a emancipação social*, São Paulo: Boitempo, 2007.
79. *Idem*, "Para uma sociologia das ausências e uma sociologia das emergências", *Revista Crítica de Ciências Sociais*, Coimbra: out. 2002, v. 63, p. 247.
80. *Ibidem*.
81. *Ibidem*.
82. Guy Debord, *A sociedade do espetáculo: comentários sobre a sociedade do espetáculo, op. cit.*, p. 14.
83. Teun A. van Dijk, *Racismo e discurso na América Latina, op. cit.*, p. 19.
84. Cf. Florestan Fernandes, *A integração do negro na sociedade de classes, op. cit.*

O ambiente 'racial' brasileiro não é nada pacífico, e nos anos de 2020 estamos a viver a explosão desta questão. Ao conferirmos, por exemplo, os dados sobre homicídios, podemos perceber a discrepância entre a situação de brancos, pretos e pardos. Para isso, vamos analisar o item "5. VIOLÊNCIA CONTRA NEGROS" do Atlas da Violência 2019[85]. Numa consulta a seus números, "verificamos a continuidade do processo de aprofundamento da desigualdade racial nos indicadores de violência letal no Brasil, já apontado em outras edições" – palavras do próprio Atlas.

O documento aponta que, em 2017, 75,5% das vítimas de homicídios foram indivíduos negros (pretos ou pardos). A taxa de homicídios por 100 mil negros foi de 43,1, enquanto a taxa de não negros (brancos, amarelos e indígenas) foi de 16,0. Podemos perceber que, proporcionalmente às respectivas populações, para cada indivíduo não negro vítima de homicídio em 2017, 2,7 negros foram mortos.

No período entre 2007 e 2017 – ou seja, uma década –, a taxa de homicídios contra negros cresceu 33,1%, já a de não negros apresentou um crescimento de 3,3%. Se considerarmos apenas a variação no último ano, enquanto a taxa de mortes de não negros apresentou relativa estabilidade, com redução de 0,3%, a de negros cresceu 7,2%.

Tomemos um exemplo necessário, o do estado de Alagoas, onde a desigualdade racial dos homicídios fica evidenciada. A última edição do Atlas já havia apontado que esse estado apresentava a maior diferença na letalidade entre negros e não negros. Contudo, este fosso foi ampliado ainda mais em 2017, quando a taxa de homicídios de negros superou em 18,3 vezes a de não negros. De fato, é estarrecedor notar que a terra de Zumbi dos Palmares é um dos locais mais perigosos do país para indivíduos negros, ao mesmo tempo que ostenta o título do estado mais seguro para indivíduos não negros (em termos das chances de letalidade violenta intencional) – a taxa de homicídios de não negros é igual a 3,7 mortos a cada 100 mil habitantes deste grupo.

Repetimos: a taxa de homicídios de negros é 18,3 vezes superior à de não negros. Assim o Atlas conclui o parágrafo sobre o estado do Alagoas: "em termos de vulnerabilidade à violência, é como se negros e não negros vivessem em países completamente distintos".

---

85. Disponível em: <https://www.ipea.gov.br/portal/index.php?option=com_content&view=article&id=34784>. Acesso em: ago. 2020.

O Atlas da Violência nada mais faz que trazer os números que nos mostram a invisibilidade, ou seja, a ocultação da "continuidade do processo de profunda desigualdade racial no país"[86] 'alegre' e 'mestiço' que o turismo deseja fabricar, empacotar e vender...

É exatamente isso que estamos demonstrando aqui. Portanto, se apresentamos, antecipadamente, a invisibilidade, os números da mortífera desigualdade entre BRANCOS <> negros, vamos, agora, visitar os espetáculos do turismo:

Exposição "Alagoas é Muito Mais" mostra atrativos turísticos do estado[87]

Notícia publicada em 11 de agosto de 2016, informa que "A Sedetur lançará, na próxima sexta-feira (12), a 1ª edição da exposição "Alagoas é Muito Mais", onde serão expostas 16 fotos que mostrarão a cultura e o povo alagoano sob uma nova perspectiva".

Assim, cultura e povo alagoano são transformados em atrativos turísticos. Lembremos, então, de como se dá o processo.

Primeiramente, atua a razão metonímica: a cultura e o povo são limados de todos os seus inconvenientes, por exemplo, o de ser um estado cuja letalidade dos negros é 18,3 vezes maior que a dos brancos[88].

---

86. Disponível em: <https://www.ipea.gov.br/portal/index.php?option=com_content&view=article&id=34784>. Acesso em: ago. 2020.
87. Disponível em: <https://turismoempauta.tur.br/destinos/exposicao-alagoas-e-muito-mais-mostra-atrativos-turisticos-do-estado>. Acesso em: ago. 2020.
88. Os dados do Censo 2010 apontam para a população de Alagoas assim dividida: total = 3.120.494 pessoas; população de brancos = 986.326; população negra = 2.082.972 – sendo que pretos = 205.154 e pardos = 1.877.818 –, ou seja, a população negra chega a mais de 65% da população residente no estado.

Depois de 'higienizada' (ou seja, limpa de sua face indesejada), a 'cultura' agora já passada pela razão metonímica é apresentada como uma de suas 'partes' (o espetáculo para consumo do turismo) a representar o 'todo' (a cultura em si), ao mesmo tempo que apaga as outras partes (a violência contra o corpo negro – a invisibilidade), e está pronta para ser consumida.

Realmente o *slogan* da exposição – "Alagoas é muito mais" – parece estar correto e pode ser o mote de nosso trabalho. Ele poderia ser usado num esforço de reinserir as partes que foram limadas pelo processo de comodificação da cultura e do povo de Alagoas. Isso mostra os desafios do homem cordial quando é pervertido pelo turismo.

Agora, analisemos o imaginário de como é o turista que visita o estado de Alagoas. Produzidas pelo *site* Visite Alagoas[89], estas imagens são reveladoras.

Depois de o estado de Alagoas estar devidamente comodificado, o mercado precisa desenhar os turistas ideais para que sejam seus clientes: turistas brancos, famílias de pessoas com o estereótipo padrão escolhido para alimentar o imaginário do consumo turístico – bem-sucedidas, magras, jovens, heterossexuais. Esses turistas brancos são os que – assim espera o mercado – vão consumir a imagem espetacular da cultura e do povo (negro) de Alagoas. Precisamos ressaltar aqui a completa inversão existencial que isso significa: o apagamento da violência existente contra o corpo negro (os homicídios apresentados são uma parte dessa violência), para poder vender este mesmo corpo negro, sua

---

89. Esse *site* é uma realização da ABIH – Associação Brasileira da Indústria de Hotéis – com patrocínio do Sebrae e apoio do Maceió Convention. Disponível em: <https://visitealagoas.com/>. Acesso em: ago. 2020.

arte transformada em pseudoarte e sua história transmutada em pseudo-história para os turistas brancos imaginados pelo mercado como sendo consumidores ideais desse espetáculo de horrores. A experiência efetiva do turista que se desloca por Alagoas é uma vivência do falsificado espetacular, um desfile por caminhos criados à custa do apagamento do sofrimento de quem lá vive e morre no mundo do invisível-turístico.

Até aqui pudemos ver que o encontro das raças no Brasil não se mostra tão pacífico assim, como quer o discurso presidencial analisado. A ideia de tolerância racial no Brasil é um mito a ser combatido, se efetivamente houver o desejo de mudança real na situação de intolerância que vive o país. Sabemos que estamos longe de ter abarcado todas as formas de violência e de produção de invisibilidade. Há muito que se pesquisar, investigar e produzir sobre esses temas. Nosso esforço aqui é o de apresentar estas possibilidades e munir novos pesquisadores, comunidades locais, entre outros atores, de algumas ferramentas para que eles possam pensar o fenômeno turístico (e a si mesmos) de maneira mais crítica.

Nuances do problema racial no Brasil – o colorismo

É também importante observar o fenômeno do 'colorismo' (ou pigmentocracia), que é a produção de preconceito e discriminação de acordo com o *dégradé* das diferentes pigmentações da pele das pessoas, quanto mais negro, maior é a tendência a sofrer o racismo.

> [...] a expressão 'mais branca' para indicar que sobretudo na América Latina não é simplesmente uma questão de branco *vs.* não branco[,] mas uma escala mais sutil de ser mais ou menos de aparência europeia, africana ou indígena. Estar próximo ao fenótipo europeu – ou seja, parecer 'mais branco' – tende a ser associado a mais prestígio e mais alto *status* e correlacionado com mais poder e uma melhor posição socioeconômica e cultural[90].

O Brasil é composto por um sem-fim de tons de pele e lutar contra a discriminação racial é um dever de todos nós, independentemente do quanto de

---

90. Teun A. van Dijk, *Racismo e discurso na América Latina*, op. cit., p. 24. Texto em nota de rodapé nos originais do autor.

melanina temos em nossos corpos. A vitória contra o racismo em todas as suas formas e expressões é uma vitória da humanidade[91].

O discurso do presidente Lula apresentado no PNT 2003-2007, construído sobre a base do mito da tolerância racial no Brasil, é documento primeiro para a elaboração da imagem turística deste país. Mas não é apenas o discurso presidencial que procura construir o Brasil como o país da 'diversidade', da 'alegria' e do 'encontro pacífico' entre (des)iguais.

O discurso comodificado da tolerância racial para consumo turístico é a construção da tolerância do mercado. Para Bauman, essa tolerância

> [...] não leva à solidariedade: ela *fragmenta*, em vez de unir. Serve bem à separação comunitária e à redução dos laços sociais a um verniz superficial. Ela sobrevive enquanto continua a ser vivida no mundo aéreo do jogo simbólico da representação e não transborda para o reino da coexistência diária graças ao expediente da segregação territorial e funcional. Mais importante, essa tolerância é plenamente compatível com a prática da dominação social. Pode ser pregada e exercida sem medo, porque reafirma mais do que questiona a superioridade e o privilégio do tolerante: o outro, sendo diferente, perde o direito a um tratamento igual – com efeito, a inferioridade do outro é plenamente justificada pela diferença[92].

Essa tolerância esconde e dispara novas dicotomias, nos pares:

COLONIZADOR TOLERANTE <> colonizado tolerado
BRANCO TOLERANTE <> negro tolerado

E, portanto...

TURISTA TOLERANTE <> visitado tolerado

De uma perspectiva oposta, o turista é, por vezes, tolerado pelo visitado, por conta das contribuições econômicas que o primeiro pode trazer ao segundo.

---

91. Em um congresso em Portugal, na Universidade de Aveiro, fui questionado por um dos presentes sobre o porquê de eu – homem branco – me envolver com a luta contra o racismo. Para meu interlocutor, não havia sentido em minha adesão à luta contra o racismo, já que este "não é problema seu", segundo palavras dele. Reitero aqui que a luta contra o racismo é uma luta de todos nós e eu, na condição de pessoa privilegiada por ter uma aparência valorizada pelo sistema social, uno-me com todas as forças a este combate.

92. Zygmunt Bauman, *Modernidade e ambivalência, op. cit*, p. 292.

Essa tolerância não é fruto, todavia, de uma opção, mas provavelmente por falta dela. O turista donatário é a nova versão do mesmo colonizador de sempre. Ele é ocidental, se considera superior, é ele quem dá, quem traz, quem realiza, quem salva. A 'salvação' chega por ele. Essa salvação é o mantra mais repetido pelos grandes enunciadores do turismo.

A Marca Brasil – o paradigma da sensação na comodificação turística

Vamos analisar outro documento: A *Marca Brasil* – um instrumento para a "difusão e promoção do Brasil como destino turístico no mercado nacional e internacional. Ela deverá ser utilizada em ações de promoção no Brasil e no exterior"[93]. Foi desenvolvida por "um grupo de *designers*, profissionais de *marketing* e publicitários"[94]. Esses profissionais são os agentes diretamente ligados à comodificação: são seus mentores. Esta marca comodificada/comodificadora é o símbolo não linguístico da *commodity*-Brasil.

BRASIL

Sensacional!

Logo da Marca Brasil (2010).

O símbolo é composto por uma série de sobreposições de formas irregulares curvas e coloridas. Ao centro, a palavra "Brasil"; e abaixo, centralizada na imagem, a palavra "Sensacional!": palavra-chave escolhida pelos homens da

---

93. Brasil, Manual da Marca Brasil, Brasília: Ministério do Turismo, 2010, p. 5. Disponível em: <http://www.turismo.gov.br/export/sites/default/turismo/multimidia/logotipos_marcas/galeria_arquivos_logotipos_marcas/m_brasil_nova_manual_1.pdf>. Acesso em: jun. 2019.
94. *Ibidem*, p. 4. As demais citações desta análise são do mesmo documento, ano e página.

publicidade do Poder Público. Ela representa o próprio 'paradigma da sensação' em uma sociedade excitada que precisa causar (e viver) sensações a todo custo, pois "as sensações estão a ponto de se tornar as marcas de orientação e as batidas do pulso da vida social como um todo"[95]. Na luta com outras *commodities*-destinos-turísticos-mundiais, o Brasil precisa sobressair-se e atrair os olhos dos consumidores (estrangeiros e internos), mas não apenas atrair os olhos, ele precisa disparar-lhes o pulso, fazê-los suar de emoção! Se sua imagem não causar a mais intensa sensação, isso pode ser-lhe prejudicial, pois

> [...] tudo o que *não* está em condições de causar uma sensação tende a desaparecer sob o fluxo de informações, praticamente não sendo mais percebido, então isso quer dizer, inversamente, que o rumo vai na direção de que apenas o que causa uma sensação é percebido. A percepção do que causa uma sensação converte-se na percepção *tout court*, o caso extremo da percepção em instância normal. Por certo, estamos apenas no princípio dessa tendência, mas a pressão econômica da concorrência global cuida para que ela se acelere[96].

A necessidade de causar sensação em seus consumidores, digo, turistas, é a marca da globalização-de-cima-para-baixo, na qual o 'globalismo localizado' se utiliza dos "tesouros nacionais, lugares e cerimônia religiosos, artesanato e vida selvagem"[97] para produzir novas *commodities* e colocá-las à venda no mercado mundial. Como efeito da globalização, os locais precisam levar ao máximo seus traços originais, aqueles que os diferem do resto do mundo, para torná-los diferenciais competitivos no mercado mundial: via de regra, isso acaba por distorcer tais traços originais. Fazendo isso, tornam-se parte da roda viva do mercado mundial e de sua dinâmica – é o plano de equivalência que nos fala Guattari[98].

O conceito da Marca Brasil foi constituído a partir de cinco metáforas:

---

95. Christoph Türcke, *Sociedade excitada: filosofia da sensação*, Campinas: Editora Unicamp, 2010, p. 14.
96. *Ibidem*, p. 20.
97. Boaventura de Sousa Santos, "Para uma concepção multicultural dos direitos humanos", *Contexto Internacional*, jan./jul. 2001, v. 23, n. 1, p. 438. Disponível em: <http://www.boaventuradesousasantos.pt/media/pdfs/Concepcao_multicultural_direitos_humanos_ContextoInternacional01.PDF>. Acesso em: jun. 2019.
98. Félix Guattari, *As três ecologias, op. cit.*

a) alegria;
b) sinuosidade/curva (da natureza, do caráter do povo);
c) luminosidade/brilho/exuberância;
d) encontro de culturas/mistura de raças;
e) a questão moderno/competente.

No entanto, perceberemos que para cada metáfora declarada parece haver uma metonímia que a integra, de maneira oculta. Analisemos a íntegra do texto do conceito da Marca Brasil:

> Nada representa tão bem o Brasil quanto a curva.
> A sinuosidade das montanhas, a oscilação do mar, o desenho das nuvens, das praias.
> A alegria de nosso povo é carregada de subjetividade, e a subjetividade é curva, assim como a objetividade é reta. A curva envolve e aconchega, é receptiva. Quem vem ao Brasil sente-se imediatamente em casa.
> O Brasil também é um país luminoso, brilhante e colorido. Conta-se que os astronautas que circundaram a Terra observaram que o Brasil é o lugar mais luminoso do planeta. Mito ou realidade, sabemos que o Brasil tem uma energia especial, que atrai e fascina os visitantes.
> É um país alegre. É comum ouvir dos estrangeiros que o brasileiro está sempre em festa!
> E esta capacidade de estar alegre mesmo quando há dificuldade é algo que impressiona.
> A condição de ponto de encontro de raças e culturas faz do Brasil um país "mestiço", no que se refere à força e à resistência daquilo que é híbrido. A contribuição de cada um que por aqui aporta passa a fazer parte de nosso patrimônio, cultural e afetivo. Somos uma terra porosa e generosa 'onde em se plantando tudo dá'.
> Talvez por tudo isso o Brasil seja um país moderno, no sentido mais atual que esta palavra possui: um país com grande poder de adaptação, em constante mutação. Mas se o Brasil deve dizer que é um país alegre, hospitaleiro e exuberante, deve também mostrar que é sério e competente.
> Que tem estrutura e seriedade na hora em que é necessário[99].

---

99. Brasil, Manual da Marca Brasil, *op. cit.*, p. 4.

Analisemos brevemente duas questões:

b) sinuosidade/curva (da natureza, do caráter do povo);
c) luminosidade/brilho/exuberância.

Para a comodificação, "nada representa tão bem o Brasil quanto a curva. A sinuosidade das montanhas, a oscilação do mar, o desenho das nuvens, das praias". Segundo a Marca Brasil, a curva é, por metáfora, a imagem do país e, nesta imagem, apenas os atributos da 'natureza' brasileira interessam: as montanhas, o mar, as nuvens e as praias (aí está uma metonímia que oculta aquilo que em nossa natureza, em sua inevitável relação com a sociedade, não é merecedor de atenção do consumidor, como desmatamentos, problemas socioambientais diversos etc.).

Fim da era da exclusividade do par sol/praia: a comodificação do Brasil, por meio de sua 'marca', mostra agora outros atributos, invade o interior, o Pantanal, a Amazônia, o sertão nordestino. Outrora, o Brasil fora representado pela 'curva' da mulher brasileira[100]. Atualmente, a exploração da figura da mulher ainda é bastante presente. Para Gilberto Freyre, "a grande número de mulheres brasileiras, a miscigenação pode-se sugerir ter dado ritmos de andar e, portanto, de flexões de corpo, suscetíveis de serem considerados afrodisíacos. Atente-se nesses ritmos, em cariocas miscigenadas [...] Os ritmos de andar da miscigenada brasileira chegam a ser musicais, na sua dependência de formas ondulantes"[101].

Em seguida, o conceito apresenta o Brasil como um país luminoso, brilhante e colorido. Os astronautas ao circundarem a Terra viram que este país é o lugar mais luminoso do planeta. O texto afirma "mito ou realidade, sabemos que o Brasil tem uma energia especial, que atrai e fascina os visitantes". Chama especialmente atenção a indiferença quanto a ser mito ou realidade: pouco importa à instância comodificada ser mito ou realidade; que seja preferencialmente mito, pois para a comodificação é preferível "a representação à realidade, a aparência ao ser [... assim,] o cúmulo da ilusão fica sendo o cúmulo

---

100. Cf. Louise Prado Alfonso, *Embratur: formadora de imagens da nação brasileira*, 139f, dissertação (Mestrado em Antropologia), Instituto de Filosofia e Ciências Humanas, Universidade Estadual de Campinas, Campinas: 2006. Disponível em: <http://repositorio.unicamp.br/jspui/bitstream/REPOSIP/ 279143/1/Alfonso_LouisePrado_M.pdf>. Acesso em: jun. 2019.
101. Gilberto Freyre, *Modos de homem & modas de mulher*, op. cit., p. 61.

do sagrado"[102]. No conceito da Marca Brasil não interessa saber se é mito ou se é realidade, mas interessa-nos falar sobre a indiferença aos dois: o mito e a realidade. A comodificação produz constantemente mitologias, no entanto, essas mitologias intervêm em nossa forma de pensar e em nossa realidade – sabemos: o verbo se faz carne...

Agora, por questões de nosso foco, analisemos pormenorizadamente os itens que dizem respeito à manutenção do mito da democracia racial no Brasil:

a) alegria;
d) encontro de culturas/mistura de raças;
e) a questão moderno/competente.

Em primeiro lugar, "a alegria do povo brasileiro!". O discurso comodificador da Marca Brasil apresenta em dois momentos distintos a insistente associação entre o povo brasileiro e a alegria. Retomemos o trecho:

> A alegria de nosso povo é carregada de subjetividade, e a subjetividade é curva, assim como a objetividade é reta. A curva envolve e aconchega, é receptiva. Quem vem ao Brasil sente-se imediatamente em casa [...] É um país alegre. É comum ouvir dos estrangeiros que o brasileiro está sempre em festa![103].

Comodificação da alegria e da festa, de um sentimento e de uma manifestação social. Alegria e Festa! O que significa um país que está sempre em festa, se essa palavra perde o sentido original por conta da pseudociclicidade do tempo da modernidade e torna-se "um giro acelerado de múltiplas festividades"[104]? Por conta da ação do tempo pseudocíclico, há um esvaziamento do sentido da festa como dispêndio luxuoso da vida, como momento cíclico da comemoração de um povo, por qualquer que seja o motivo. O calendário festivo comodificado é, por excelência, uma pseudorrepetição de eventos programados pelo próprio capital. "Sempre em festa"; e o que dizer do nosso dia a dia, do chacoalhar no coletivo nas horas de deslocamento para o trabalho?

A simbologia 'alegre' das formas e cores da Marca Brasil opera metonimicamente quando abstrai as problemáticas sociais gravíssimas que o país vive,

---

102. Guy Debord, *A sociedade do espetáculo: comentários sobre a sociedade do espetáculo*, op. cit., p. 13.
103. Brasil, Manual da Marca Brasil, op. cit., p. 4.
104. Guy Debord, *A sociedade do espetáculo: comentários sobre a sociedade do espetáculo*, op. cit., p. 106.

seus problemas sociais que nem de perto deixam seu povo alegre. É disso que se trata todo este nosso trabalho, mostrar que sempre que os discursos do turismo produzem espetáculos, eles produzem algum tipo de invisibilidade.

Para darmos corpo a estas análises, vamos investigar um material produzido pela Imprensa Oficial do Rio de Janeiro sobre esse estado. O encarte analisado traz o símbolo ⓡ. Nele, a sigla da unidade da federação Rio de Janeiro está dentro de um círculo, fazendo referência ao ® de Marca Registrada. A associação entre o logo do Rio de Janeiro e o da Marca Registrada é um bom exemplo da colonização discursiva da comodificação, fazendo com que esse estado se torne uma marca (mercadoria) registrada de uma série de sentimentos e sensações. O encarte é composto pelos seguintes temas: Alegria, Paz, Paixão, Estilo, Energia (nestes, são utilizadas imagens de pessoas); e, Beleza e Inovação (nos quais são usadas imagens de arquitetura de padrão ocidental e burguês etc.). Em cada um desses temas, o ⓡ aparece, associando a ideia de que eles são marca registrada do estado.

Alegria. Marca Registrada do Rio de Janeiro

Vamos analisar a 'alegria' enquanto 'marca registrada' do estado do Rio de Janeiro. Observemos a imagem e, a seguir, o texto do encarte:

Associação entre negro, alegria e futebol em folheto sobre o estado do Rio de Janeiro.

Alegria é a melhor coisa que existe e no Rio de Janeiro já é parte da paisagem. Lugar que inventou a Bossa Nova, revelou o samba e globalizou o carnaval. Nenhum outro estado foi tão cantado, fotografado, ou mesmo abençoado com um povo tão amável e disposto a sorrir. O Rio de Janeiro é, na verdade, um estado de espírito. E começa uma nova década querendo ser mais feliz do que nunca[105].

Essa página da publicidade sobre o estado do Rio de Janeiro é formada pela associação – antiga e reincidente – entre a imagem do corpo negro, o tema da alegria e do futebol. O turista que vem ao Brasil (neste caso específico, ao Rio de Janeiro) busca essa alegria e essas associações. A expectativa é gerada pelo clichê, agora ela precisa ser confirmada, consumida, fotografada. Lembremos que o clichê, ao mesmo tempo que mostra algo (espetáculo), oculta algo (invisibilidade). Portanto, de acordo com nossas leituras, a metáfora declarada da alegria esconde uma metonímia: a redução da complexidade do todo (sociedade complexa, hierarquizada e profundamente desigual e violenta) a uma parte (alegria do negro boleiro). Da mesma maneira, ao se afirmar que a alegria "já é parte da paisagem", tenta-se abstrair os problemas que o Rio de Janeiro vive e que não são motivos de alegria: o racismo, por exemplo, especialmente sua negação e silenciamento.

A imagem a seguir também mostra um homem negro com a expressão de alegria:

Homem negro expressando alegria em folheto sobre o estado do Rio de Janeiro.

105. Folheto, Imprensa Oficial do Estado do Rio de Janeiro.

Temos nos dedicado a apresentar os espetáculos e a desvelar as invisibilidades. Vamos analisar um panorama das desigualdades dos negros em relação aos brancos neste país que o turismo quer vender como sendo de gente mestiça e feliz. Os dados a seguir são da Agência de Notícias[106] do IBGE, publicados em novembro de 2019[107]. Aqui apresentamos dados amplos que dão uma ideia da situação das desigualdades em nosso país. Desigualdades essas que não deixam todo mundo feliz, em especial aqueles que sofrem com elas.

Escolaridade (2018):
- No Brasil, pretos ou pardos conformam maioria da população brasileira (55,8%) e, sendo 50,3% dos estudantes de ensino superior da rede pública, permaneceram sub-representados;
- Entre a população preta ou parda de 18 a 24 anos que estudava em 2018, 55,6% estão no ensino superior;
- O percentual de brancos da mesma faixa etária é de 78,8%.

Taxa de analfabetismo (2018):
- Brancos = 3,9%;
- Pretos/pardos = 9,1%.

Um panorama do mercado de trabalho (2018):
Pretos ou pardos representavam
- 64,2% da população desocupada;
- 66,1% da população subutilizada.

Quanto às ocupações informais
- 34,6% dos trabalhadores brancos;
- 47,3% de pretos ou pardos.

---

106. Disponível em: <https://agenciadenoticias.ibge.gov.br/agencia-sala-de-imprensa/2013-agencia-de-noticias/releases/25989-pretos-ou-pardos-estao-mais-escolarizados-mas-desigualda-de-em-relacao-aos-brancos-permanece> e <https://biblioteca.ibge.gov.br/visualizacao/livros/liv101681_informativo.pdf>. Acesso em: jun. 2020.
107. Nota do IBGE: "As análises desse estudo estão concentradas somente nas desigualdades entre brancos e pretos ou pardos, devido às restrições estatísticas impostas pela baixa representação dos indígenas e amarelos no total da população brasileira quando se utilizam dados amostrais".

Taxa de subutilização (variando o grau de instrução, há diferenças significativas)[108]
- População branca = 18%;
- População preta/parda = 29%.

O rendimento médio mensal (2018):
- Pessoas brancas ocupadas (R$ 2.796,00);
- Pessoas pretas ou pardas ocupadas (R$ 1.608,00).
  (Nota: brancos com nível superior completo ganhavam por hora 45% a mais do que os pretos ou pardos com o mesmo nível de instrução.)

Distribuição de cargos gerenciais (2018):
- 68,6% são ocupados por pessoas brancas;
- 29,9% são ocupados por pessoas pretas ou pardas.

Distribuição de renda (2018):
- Pretos ou pardos representam 75,2% do grupo formado pelos 10% da população com os menores rendimentos;
- Ao mesmo tempo, formam apenas 27,7% dos 10% da população com os maiores rendimentos.

Pessoas abaixo da linha da pobreza (2018):
- Inferior a US$ 5,0/dia = Brancos 15,4% / Pretos ou pardos = 32,9%
- Inferior a US$ 1,9/dia = Brancos 3,6% / Pretos ou pardos = 8,8%

Qualidade dos domicílios (2018):
- 44,5% da população preta ou parda vive em domicílios com a ausência de pelo menos um serviço de saneamento básico;
- Entre os brancos, esse percentual é de 27,9%.

Representatividade política (dos pretos ou pardos) (2018):
- 24,4% dos deputados federais;
- 28,9% dos deputados estaduais;
- 42,1% dos vereadores eleitos.

---

108. Soma das populações subocupada por insuficiência de horas, desocupada e força de trabalho potencial (IBGE).

Esses dados são do estudo *Desigualdades sociais por cor ou raça no Brasil*, que faz uma análise das desigualdades entre brancos e pretos ou pardos, ligadas ao trabalho, à distribuição de renda, à moradia, à educação, à violência e à representação política (acesse a publicação completa e o material de apoio para mais informações[109]). Ou seja, é muita desigualdade, e não podemos aceitar que o país seja vendido como um lugar alegre por conta da nossa 'forjada' natureza mestiça e pacífica.

E por falar em pacífica, vamos analisar o segundo ponto do encarte que busca construir as marcas registradas do Rio de Janeiro. Antes, porém, é necessário consultarmos um dado importante, que é ponto fundamental para entendermos as diferenças radicais que são escondidas pelo mito da democracia racial: a violência.

Taxa de homicídios por 100 mil jovens de 15 a 29 anos (2017):
- Pretos ou pardos, chegou a 98,5;
- Jovens pretos ou pardos do sexo masculino, a taxa foi 185,0;
- Brancos 34,0[110].

Podemos perceber que corpos pretos e pardos são os mais atingidos pela violência. Em todos os grupos etários, a taxa de homicídios de corpos pretos e pardos superou a dos brancos. Vamos ao segundo item que é marca registrada dos espetáculos e das invisibilidades do discurso legitimador do turismo no Brasil.

Paz. Marca Registrada do Rio de Janeiro

Outro assunto que é tratado nas sombras projetadas pela alegria brasileira é a questão da violência. Esse problema social de primeira grandeza no país tem

---

109. Fonte: Estudos e Pesquisas – Informação Demográfica e Socioeconômica – n. 41. Disponível em: <https://biblioteca.ibge.gov.br/visualizacao/livros/liv101681_informativo.pdf>. Acesso em: jun. 2020.
110. Aqui há ainda um dado alarmante e revelador: a violência contra o homem preto/pardo totaliza 185,0 contra 63,5 de homens brancos e 10,1 de mulheres pretas/pardas. O que nos ajudaria a empreender estudos críticos sobre as diferentes violências, mas em especial a violência contra o corpo negro masculino. Fonte: Estudos e Pesquisas – Informação Demográfica e Socioeconômica – n. 41. Disponível em: <https://biblioteca.ibge.gov.br/visualizacao/livros/liv101681_informativo.pdf>. Acesso em: jun. 2020.

uma amplitude que abraça praticamente todo o território: violência doméstica, no trânsito, no campo, nas disputas por terra, nas ruas da cidade, nas favelas, violência nas salas de aula, na TV, entre muitos outros lugares.

O Brasil é um país constitutivamente desigual, não é alegre nem pacífico no que diz respeito a muitos temas. É o próprio relatório *Desigualdades sociais por cor ou raça no Brasil* que afirma:

> Entre as formas de manifestação dessas desigualdades, a por cor ou raça ocupa espaço central nesse debate, pois envolve aspectos relacionados às características do processo de desenvolvimento brasileiro, que produziu importantes clivagens ao longo da história do País.

Essas "importantes clivagens" são simplesmente negadas pelo discurso legitimador do turismo que busca construir a nossa vocação turística natural de país mestiço e, por isso, alegre.

Além do que, a violência é tema fundamentalmente ligado ao turismo – e, no caso do Brasil, um grande problema para a comodificação, pois muitos turistas estrangeiros temem vir ao Brasil justamente por conta da violência (a violência que poderia ser realizada contra eles, é claro – e, ainda, no imaginário do estrangeiro essa violência tem sua cor no Brasil). Ela mostra-se especialmente como um entrave quando se fala no produto turístico Rio de Janeiro, na Cidade Maravilhosa – outra metonímia –, talvez o principal dos destinos turísticos do Brasil.

Tal questão – a violência no Brasil, em especial aquela decorrente do controle de regiões pobres, favelas etc. por conta do chamado crime organizado – aparece no mesmo encarte sobre o Rio de Janeiro. Todavia, ela não é apresentada na forma de um problema social, mas numa página dedicada à paz. Essa parte do encarte utiliza-se novamente da figura do corpo negro: a imagem a seguir apresenta a palavra "PAZ" em letras grandes e brancas acompanhada do símbolo ®, afirmando que "PAZ" é marca registrada do Rio de Janeiro. Mostra ainda o corpo de um menino negro empinando uma pipa em lugar descampado e alto, dando a impressão de estar 'no morro'. Eis a imagem e o texto do encarte:

Imagem de menino negro simbolizando paz em folheto do estado do Rio de Janeiro.

Paz. É muito mais que uma palavra. É um sentimento coletivo. Um desejo que acompanha a humanidade através dos tempos, embora a história da humanidade seja feita de tantas guerras. Pelo menos aprendemos que viver em paz vale a pena. No Rio de Janeiro, a paz já não é mais um sonho impossível. É uma boa noite de sonho e uma mãe com esperança. Com as UPPs – Unidades da Polícia Pacificadora, já libertamos quase 1 milhão de moradores em comunidades que eram dominadas pelo crime organizado. A paz é uma conquista de todos, que vai chegar para todos[111].

O texto apresentado trata basicamente da paz e a ela se refere nas expressões: 'muito mais que uma palavra', 'sentimento coletivo', 'desejo'. Ele assume que a paz é um desejo da humanidade e que ela é o contrário de guerra, a partir da conjunção 'embora' localizada no trecho "embora a história da humanidade seja feita de tantas guerras". Generalizando, na sequência, que a guerra é parte da história da humanidade. Tal afirmação traz para um segundo plano a ideia de que não há 'guerra' apenas no Rio de Janeiro.

"No Rio de Janeiro, a paz já não é mais um sonho impossível". Dupla negação, "já não é" nega "um sonho impossível", que é igualmente negativo. Equivale a dizer: é um sonho possível.

111. Folheto, Imprensa Oficial do Estado do Rio de Janeiro.

Leiamos a principal frase do encarte: "Já libertamos quase 1 milhão de moradores em comunidades que eram dominadas pelo crime organizado". Num primeiro movimento, podemos perceber a perspectiva do discurso (e do agente do discurso) quando analisamos o verbo 'libertar' na conjugação em primeira pessoa do plural 'nós' em sujeito oculto: 'libertamos'. Essa oração transitiva é construída na forma 'sujeito-verbo-objeto' e indica uma ação dirigida, na qual "um agente age em direção a um objetivo"[112]. A despeito da voz ativa da oração, seu agente é omitido: "já libertamos". A pergunta "Quem?", feita a 'libertamos', nos revela um sujeito que se mostra de duas maneiras:

→ Como aquele que utilizou as Unidades da Polícia Pacificadora (UPPs) para promover a libertação – notem que não é a UPP que liberta, ela é mero instrumento. Saber que a UPP é instrumento já nos traz o sujeito que se oculta atrás dela;
→ A segunda maneira de percebermos tal sujeito é analisá-lo como sendo aquele que comunica a ação da libertação, produzindo o encarte analisado: a Imprensa Oficial do Estado do Rio de Janeiro.

Ambas as análises nos levam ao mesmo sujeito: o estado do Rio de Janeiro ou, se preferirem, o ESTADO. É revelado aí o lado forte da dicotomia, aquele que define seus termos, quem coordena a polícia que 'liberta' e a imprensa que comunica – em ambos os casos o sujeito da (or)ação. Aquele que, ao discursar, se constrói como libertador ("já libertamos") e como agente comunicador da libertação. O uso do 'nós' em sujeito oculto em nada é neutro. Dizer 'nós libertamos' cria uma ligação entre a força estatal e aquele que lê o encarte.

Do outro lado da dicotomia estão 'eles'. Mas eles quem? Os que são qualificados de acordo com o vocabulário (e as imagens) escolhido pela parte dominante (ocultada pela omissão do sujeito, mas revelada pela análise aqui elaborada), chamados de 'comunidades', que 'eram dominados' e já foram 'libertados'; numa palavra, aqueles não têm ação própria e sofrem a ação proposta por outrem. Podemos notar o uso constante de nominalizações afastando processos complexos que se dão neste ambiente nada pacífico que é a sociedade brasileira. Na metonímia da imagem, quem sofre a ação são os corpos negros: foram libertados. Esse discurso organiza-se numa transitividade que, como vi-

---

112. Norman Fairclough, *Discurso e mudança social, op. cit.*, pp. 223-4.

mos, é um processo relacional marcado por um processo de ação[113] de um sujeito (omitido) em relação a um objeto (neste caso, declarado). É dessa forma que percebemos como o discurso se autonomiza, se transforma em sujeito e acaba por sujeitar as pessoas.

A partícula 'já' (utilizada como advérbio, em "já libertamos"), significando 'a esta altura', valoriza o número apresentado da libertação: "quase 1 milhão de moradores em comunidades que eram dominadas pelo crime organizado", mas indica que ainda há mais a serem libertados.

Até aqui, pudemos conferir o uso da imagem do corpo da criança negra no encarte sobre o estado do Rio de Janeiro. No mesmo encarte, as imagens seguintes apresentam duas outras palavras: 'estilo' e 'energia'. A partir daqui o discurso perfaz substancial mudança.

Estilo. Marca Registrada do Rio de Janeiro

> Seja qual for sua praia, seja qual for sua tribo, seja qual for sua língua, o Rio de Janeiro entende o seu jeito. Pois é o lugar que tem um jeito único. Onde célebres e anônimos se movem ao som de uma mesma batida. Tem gringo no samba, princesa no *funk*, tem o sambista da Vila que é amigo do roqueiro americano lá em Duas Barras. De janeiro a janeiro, viva essa alma de bamba que o Rio tem[114].

Mulher representando o estilo do Rio de Janeiro em folheto do estado.

113. Cf. *Ibidem*, p. 221.
114. Folheto, Imprensa Oficial do Estado do Rio de Janeiro.

Seja lá qual for sua praia, tribo ou língua, o Rio de Janeiro te entende, acolhe e recebe. A imagem da mulher magra e branca simboliza o 'estilo' e se associa ao texto, que apresenta a tolerância à diversidade de estilos e tribos, e ao bem receber, como vimos: a "tradicional hospitalidade brasileira" é marca registrada do Rio de Janeiro, segundo o encarte, reforçando de maneira indireta a ideia de "país de todos". Portanto, neste caso, a tolerância à diversidade é um atributo do Rio de Janeiro representado pela mulher magra e branca. Essa imagem não é à toa, ela constrói a figura da classe dominante branca da humanidade que "se representa diante do mundo e lhe é superior"[115]. Além disso, constrói a si mesma como tolerante à diversidade. Aliás, é importante ressaltar que diversidade aqui é afirmada 'a partir' do referencial da mulher magra e branca, que acolhe o diferente, seja ele qual for, em qualquer estilo. O 'acolhimento' do Rio é feminino. Importante refletir com Bauman e May sobre os estilos de vida, o neotribalismo e sua relação com o mercado: "o tratamento de nossos problemas está cada vez mais privatizado, tal como a formação de nossas identidades individuais [...] Somos habilmente assistidos nessa tarefa, pois há uma abundância de modelos à nossa escolha e logo muitos mais surgirão. Eles vêm completos, com tudo aquilo exigido para montá-los: são genuínos 'identikits' faça você mesmo"[116].

A pseudodiversidade das tribos é posta em xeque quando percebemos que são todas elas mediadas pelo mercado. Mas será que todas as tribos (aqui especificamente tribos que se dividem por conta de seus traços de cor da pele característicos) têm o mesmo espaço na construção simbólica do mercado? Nossa hipótese é de que não!

Prosseguindo nossa análise, o mesmo encarte apresenta o tema 'energia'. E, com isso, chegamos ao ponto alto do elogio ao estado do Rio de Janeiro.

Energia. Marca Registrada do Rio de Janeiro

Cultura vibrante, economia dinâmica, população conectada. O maior produtor de petróleo do Brasil e o lugar com mais esportistas por metro quadrado. O Rio de Janeiro não se cansa, não foge à luta, não desanima, nos últimos anos foi o esta-

---

115. Guy Debord, *A sociedade do espetáculo: comentários sobre a sociedade do espetáculo*, op. cit., p. 23.
116. Zygmunt Bauman e Tim May, *Aprendendo a pensar com a sociologia*, op. cit.

do que mais atraiu investimentos no país e tem uma impressionante carteira de projetos para a próxima década. O Rio de Janeiro voltou a sonhar. E a realizar[117].

Nadador representando a energia do estado em folheto sobre o Rio de Janeiro.

A 'energia' é representada por um homem branco nadando no oceano. A energia do estado é masculina. O encarte mostra o Rio de Janeiro que tem "cultura vibrante, economia dinâmica, população conectada". É a branca face do estado que 'mais produz', que tem 'mais' esportistas, que 'não' se cansa, que 'não foge à luta', que 'mais' atrai investimentos, que sonha, realiza e se desenvolve. A imagem do homem branco desafiando o oceano mostra toda essa virilidade, dinâmica e ousada. Uma questão curiosa é que na etimologia de 'virtude' encontramos *virtus* = "força corpórea; ânimo, valor; bravura, coragem; força de alma, energia; boas qualidades morais; mérito"[118], que nos remete – como origem –a *Vir(i) Virilis* = 'viril'; "homem, varão, por oposição à mulher"; "relativo ao ou próprio do homem, do varão, masculino, varonil; másculo"; que, por extensão, significa "dotado de coragem, energia, vigor; destemido, forte"[119].

Temos com Bourdieu que

---

117. Folheto, Imprensa Oficial do Estado do Rio de Janeiro.
118. Antônio Houaiss e Mauro de Salles Villar, *Dicionário Houaiss da língua portuguesa, op. cit.*, pp. 2869-70.
119. *Ibidem*, p. 2869.

A virilidade, em seu aspecto ético mesmo, isto é, enquanto quididade *(virtude essencial)* do *vir, virtus*, questão de honra, princípio da conservação e do aumento da honra, mantém-se indissociável, pelo menos tacitamente, da virilidade física, através, sobretudo, das provas de potência sexual que são esperadas de um homem que seja realmente um homem[120].

O núcleo da potência do *homem universal* é a equação virilidade = virtude e seus desdobramentos, aqui podemos perceber que o único associado a essa questão foi o homem branco. Além de racista, a produção desse encarte é machista e falocêntrica.

No texto do encarte, a expressão "não foge à luta" é uma clara remissão ao Hino Nacional Brasileiro: "verás que um filho teu não foge à luta". Intertextualidade manifesta[121] que reforça a construção do povo carioca (brasileiro, portanto) como povo forte e lutador. Com um detalhe que não nos pode passar – perdão pelo trocadinho – em branco: o 'povo' é representado pelo 'homem branco' nadando.

Esse texto do encarte é todo construído na forma ativa e positiva. Isso pode ser percebido analisando os termos 'vibrante', 'dinâmica', 'conectada', 'maior produtor', 'mais esportistas por metro quadrado', 'mais atraiu investimentos', 'tem uma impressionante carteira de projetos para a próxima década', 'sonhar', 'realizar'. Mesmo quando a forma de construção das orações é precedida por um 'não', o negativo também é negado, o que torna a frase positiva ('não se cansa', 'não foge à luta', 'não desanima'). Ora, 'cansar', 'fugir' e 'desanimar' são verbos depreciativos, pois indicam diminuição de potência. Essa diminuição é negada pela face branca, masculina, portanto, viril do Rio de Janeiro.

Em síntese, ao analisar os textos sobre:

1. "Alegria", representada pelo negro sorridente, boleiro e despreocupado, mostrando a face carioca amável, sorridente, receptiva, artística.
2. "Paz", representada pela criança negra (o uso da criança não é de modo algum inocente, é antes poderosa metáfora sobre o futuro), em que paz é "uma noite sem medo", "uma mãe com esperança", e no qual se afirma "[nós] já libertamos", "comunidades que eram dominadas", "crime organizado".

---

120. Pierre Bourdieu, *O poder simbólico, op. cit.*, 2010, p. 27.
121. Cf. Norman Fairclough, *Discurso e mudança social, op. cit.*, pp. 152-5.

Comparando-os com os textos sobre:

3. "Estilo", figurado por uma mulher magra e branca que representa a receptividade feminina do Rio de Janeiro a todas as tribos, discursando sobre a tolerância pós-moderna mediada pelo mercado.
4. "Energia", representada pelo homem branco, nadando e desafiando o oceano, numa metáfora de virilidade, que produz, desenvolve e não foge à luta.

Podemos, como forma de finalizarmos estas análises, traçar um pequeno paralelo entre a Marca Brasil e o encarte sobre o Rio de Janeiro. Para tanto, analisemos um último ponto da Marca Brasil. Em seu discurso, ela não deseja banalizar o país e, fazendo como que uma *mea culpa*, afirma: "mas se o Brasil deve dizer que é um país alegre, hospitaleiro e exuberante, deve também mostrar que é sério e competente. Que tem estrutura e seriedade na hora em que é necessário"[122].

O texto da Marca Brasil afirma que, para os estrangeiros, "o brasileiro está sempre em festa" (em parte, isso é construído na produção das imagens dos corpos negros no encarte do Rio de Janeiro – alegria, festa, futebol, Carnaval, paz), mas deve ser visto como um país sério: "ordem e progresso!" (em parte, isso se inscreve, da mesma maneira, nas imagens dos corpos brancos no encarte – estilo, tolerância, energia, desenvolvimento). A língua portuguesa, por meio do uso da conjunção adversativa 'mas', é acionada para salvar o Brasil de parecer um país alegre demais (representado pelos corpos negros nas imagens analisadas) e pouco moderno/competente (socorrido pelas imagens dos corpos brancos nas imagens analisadas).

A publicidade sobre o Rio de Janeiro tem como objetivo mostrar que o estado é "belo, alegre, inovador, apaixonado, vencedor [enfim, é] um Rio de Janeiro de todos nós"[123]. Para tanto, quando o tema é alegria, despreocupação, carência e problema social, utiliza-se da imagem do corpo negro; e quando o tema é estilo (tolerância, hospitalidade) e energia (vencedor, desenvolvimento) utiliza-se de imagens de corpos brancos.

A construída mistura de raças, pela qual o Poder Público federal brasileiro tanto quer produzir a imagem do Brasil como um "país de todos", produz ao

---

122. Brasil, Manual da Marca Brasil, *op. cit.*, p. 4 (grifo meu).
123. Folheto, Imprensa Oficial do Estado do Rio de Janeiro.

mesmo tempo um país no qual cada um tem seu lugar muito bem definido. Nessa estruturação da imagem do Brasil, fica clara a construção dos grupos 'nós' e 'eles'. 'Eles' são alegres; 'nós', competentes...

A construção do endogrupo 'nós' dá – a todo o momento – qualificações positivas: tolerância, desenvolvimento, agentes da liberdade; o próprio texto toma o leitor como 'nós' – ele é dirigido a determinado grupo étnico: os brancos.

O exogrupo 'eles' – os negros – é construído na condição pejorativa e de objeto das ações beneficentes do endogrupo 'nós' – os brancos. Dessa maneira, a diferença e a diversidade são construídas e apresentadas pela mídia analisada.

Embora o presente livro tenha sido limitado à questão étnica, as considerações sobre gênero (masculino e feminino) estão presentes na construção dos estereótipos analisados. A figura do homem representa a energia, o desenvolvimento, a produção; a figura da mulher representa o acolhimento, a tolerância. Ainda: a imagem da criança que representa o futuro 'em paz' depois de os corpos negros terem sido, novamente, libertos pelos brancos. Percebemos também que não há idosos, deficientes físicos ou qualquer outro tipo de imagem que fuja a um 'certo padrão estético ocidental' no encarte. Mas isso não nos compete analisar aqui. Fica a possibilidade da produção de novos e diferentes estudos a esse respeito.

Até aqui, utilizamos um material publicitário estatal sobre o Rio de Janeiro. O problema analisado não é um fato isolado deste estado. Aliás, é importante ressaltar que o uso do material com o nome do estado do Rio de Janeiro não implica em nenhum tipo de posicionamento pessoal deste autor, mas antes é a abertura para uma constatação que possivelmente se estenda por todo o território nacional e para fora dele, quando o Brasil é 'vendido' no exterior para a atração de turistas estrangeiros. É necessário desvelar tais práticas para que tenhamos uma sociedade realmente emancipada, democrática, pluralista e solidária, não apenas iludida pela tolerância proposta pelo mercado.

Algumas considerações parciais

A espetacularização da cultura para consumo turístico se dá por meio da abstração/apagamento conveniente dos conflitos, na (re)produção do mito da democracia racial brasileira. A comodificação utiliza-se do reforço desse mito para produzir a *commodity*-Brasil como celeiro de sociodiversidade e hospitalidade. O problema racial no Brasil é inegável, mas silenciado e transformado em vantagem competitiva para o turismo – característica típica do universo do mercado. Eis a comodificação operando. Ao transformar as grandes diferenças sociais existentes no país em *commodity*, a comodificação deve simplificar essas relações, apresentando-as como, simplesmente, harmônicas.

(Neo)tribos são uma ideia do mercado[124]. Elas produzem a laminação da diferença, mostrando-a como pseudodiferenciação. Esse passo desdobra-se na conversão de toda possível diferença humana em *commodity* e, sobretudo nos casos analisados, em diferencial competitivo para a *commodity*-Brasil, reduzindo de forma brutal toda a subjetividade de um povo numa *commodity* não conflituosa por excelência. A produção da *commodity*-Brasil despolitiza o palco de múltiplos conflitos que é o Brasil, torna lisa uma superfície que é rugosa.

A comodificação fabrica o clichê, que toma a parte (o espetáculo, aquilo que merece ser mostrado) pelo todo (a complexidade da realidade) e lança à invisibilidade (ou seja, às sombras) os elementos que não interessam (as diferenças e seus conflitos inerentes, enfim, a Política da Vida) ao consumo fluido. A comodificação acaba por causar uma 'reação metafórica', que faz com que as pessoas que representam uma determinada cultura sejam postas e repostas como metáforas de si mesmas: somos um país alegre, hospitaleiro e tolerante – devemos nos alegrar e tolerar a vinda dos turistas-consumidores (e seus dólares) para cá.

Quando algo é comodificado, deve ser simplificado. Um conceito, uma ideia ou pessoa, quando transformados em *commodity*, são apenas o cartaz de si mesmos: simulacros, simulações, espetáculos... A comodificação opera pela inevitável superficialização daquilo sobre o que ela age e se utiliza do discurso para tanto.

O tratamento simbólico que esses discursos dão às diferentes representações de brancos e negros é, para nós, um tratamento racista, pois corpos negros são apropriados pelos discursos analisados no sentido de reafirmar sua condição subalterna na sociedade racista brasileira. O Estado tem responsabilidade nisso, pois, na busca por tornar o Brasil algo consumível, apela para a produção de uma 'aparência' de diversidade harmônica e de respeito a essa diversidade. Todavia, esse movimento reforça estereótipos, oculta a violência e não constrói cidadania.

---

124. Cf. Zygmunt Bauman e Tim May, *Aprendendo a pensar com a sociologia*, op. cit.; Félix Guattari, *As três ecologias*, op. cit.

Estudo crítico da produção do clichê turístico

Até aqui, analisamos os discursos do Poder Público que buscam criar um 'país mestiço de todos'. Vamos procurar conhecer agora como o mercado, por meio de uma mídia 'especializada' em turismo, se apropria desses discursos. Para a *commodity*-Brasil ser 'sensacional' como quer a Marca Brasil, ela deve ser produzida a partir da ideia de 'boa convivência' que a diversidade étnica do povo brasileiro gera; é necessário explorar essa face da diversidade social e cultural do Brasil como 'diferencial' para o turismo. No entanto, o produto precisa ser superficialmente exótico, ao mesmo tempo que é ocidentalizado, algo do tipo que caberia no *slogan*: "Turista: conheça o exotismo brasileiro, mas sem sair de seu espaço de segurança".

Essa construção é impossível, porque é ambivalente e os componentes da ideia são mutuamente excludentes. Esse ponto é fundamental para a divulgação na mídia do turismo no Brasil, para o mundo e para os próprios brasileiros.

A mídia deve ocupar lugar de objeto de pesquisa de destaque em qualquer estudo, que se pretenda crítico, sobre o turismo. A comunicação turística examinada produz dicotomias, pois organiza seu discurso a partir da premissa *nós* x *eles*. Pelo que vimos até aqui, e respeitando os limites deste estudo, parece-nos que o discurso midiático do turismo necessita enfocar as características positivas do *nosso* grupo (endogrupo – o grupo do falante, escritor, consumidor, turista) e as supostas peculiaridades do *outro* grupo (exogrupo – os exóticos que merecem ser visitados, vistos, contemplados). O grupo *nós* é o sujeito cartesiano; o grupo *eles* é seu objeto. Mas é importante notar que as "estruturas discursivas polarizadas desempenham um papel crucial na expressão, na aquisição, na confirmação e, portanto, na reprodução da desigualdade social"[125]. A comunicação do turismo, por meio das publicidades ou qualquer outra forma de comunicação de massa, necessita produzir e reforçar a separação entre *nós* e *eles* para que *eles* se tornem interessantes o suficiente para serem algo do desejo do consumo de *nós*: algo que cause sensação no consumidor! Outras frentes deste tema devem ser exploradas em outros estudos críticos sobre a comunicação do turismo.

Essa é uma das estratégias da comodificação turística: a criação discursiva de uma 'comunidade imaginária de consumo', na qual é despertada uma

---

125. Teun A. van Dijk, *Racismo e discurso na América Latina*, op. cit., p. 14.

virtual relação de pertencimento entre seus pretensos participantes. Na dicotomia *nós/eles*, *nós* é o lado forte, que cria, dispara e oculta a relação, que determina (por meio do exercício de seu poder) como deve ser o mundo. É esse grupo (*nós*) que produz o vocabulário que descreve e conforma a identidade do outro grupo (*eles*). Isso tudo não se dá sem lutas, é claro, e aqui nos posicionamos, nitidamente, contra a hegemonia contemporânea da construção dos discursos do turismo.

O discurso (racista) construindo mundos

Durante a tese de doutorado que dá origem a este livro, eu me propus a apresentar e desdobrar as hipóteses iniciais de um estudo sobre supostas práticas racistas na comunicação do turismo. O foco desse estudo foi nas diferenças de representação dos papéis de corpos brancos e corpos negros, por parte de uma revista de turismo[126]. Vou reproduzir aqui uma breve síntese do estudo, pois considero seus resultados ainda relevantes. A tabela abaixo apresenta os totais de publicidades analisadas. Elas traziam imagens de casais, casais com crianças, um dos pais com crianças, apenas crianças e grupos de amigos, divididos entre brancos (B) e negros (N).

Análise das publicidades[127]

Edição	Casais		Casais com crianças		Um dos pais com crianças		Crianças		Grupos de amigos	
	B	N	B	N	B	N	B	N	B	N
159-164	28		25		8		26	1	14	1
171-176	35		19		5		31		11	1
183-188	20	2	22		5	1	28	3	8	2

126. Revista brasileira da Editora Abril S/A (circulação nacional), publicada em parceria com o *site* www.viajeaqui.com.br e o Guia Quatro Rodas. O *corpus* de análise foi constituído de três blocos de edições: ano 2009 – edições 159 a 165; 2010 – 171 a 176; 2011 – 183 a 188. A revista estava, até o fechamento das análises realizadas, em sua edição de número 188, portanto, foram analisadas aproximadamente 10% de suas publicações.
127. Buscando a imagem do turista representada pela revista, procuramos analisar: imagens de publicidades com casais; casais com crianças; um dos pais com crianças; apenas crianças; e grupos de amigos. Analisamos também as seções nas quais os leitores podem enviar suas fotos de viagem – seção "Viajantes" em suas divisões: "Eu fui", "Acabei de chegar"; seção "Colecionadores de viagens" e a seção "Gente" – e, por fim, a equipe de colaboradores da revista.

Totais	83	2	66	0	18	1	85	4	33	4
Geral	85		66		19		89		37	

Resumo das publicidades analisadas

Casais (85 imagens)			
Brancos		Negros	
Imagens	%	Imagens	%
83	97,65	2	2,35
Casais com crianças (66 imagens)			
Brancos		Negros	
Imagens	%	Imagens	%
66	100,00	0	0,0
Um dos pais com crianças (19 imagens)			
Brancos		Negros	
Imagens	%	Imagens	%
18	94,74	1	5,26
Crianças (89 imagens)			
Brancos		Negros	
Imagens	%	Imagens	%
85	95,51	4	4,49
Grupos de amigos (37 imagens)			
Brancos		Negros	
Imagens	%	Imagens	%
33	89,19	4	10,81

Totalização das imagens analisadas

Imagens analisadas = 296 (100%)	
Imagens de brancos = 285 (96,28%)	Imagens de negros = 11 (3,72%)

Durante 18 meses, analisamos, ao todo, 296 imagens. A assimetria entre ocupar 3,72% (11) das imagens de turistas em publicidades com a utilização de corpos negros e 96,28% (285) com a de brancos mostra que o acesso a ativos imateriais e formas simbólicas de representação do mundo está sendo negado aos primeiros.

Portanto, não há engano possível na análise dos números apresentados: nas publicidades analisadas, o turista é quase exclusivamente representado como uma pessoa branca (um indivíduo, uma família, sujeitos, enfim) e os negros são relegados a quase total invisibilidade. O discurso que produz a invisibilidade do corpo negro é um discurso ideologicamente racista e, portanto, "atua no sentido de justificar moralmente o preconceito, a discriminação e as situações crônicas de desigualdade verificadas entre as pessoas fenotípica e culturalmente diferentes"[128].

Na análise das imagens das publicidades que representam os turistas, a posição fenotípica dos corpos brancos é privilegiada. O turista-consumidor é quase exclusivamente representado por pessoas 'mais' brancas, em relação aos corpos negros, em todas as categorias de turistas pesquisadas, sem exceção. Nesses casos, há uma representação do branco como 'naturalmente' turista, representante 'natural' da figura do consumidor.

Já "no caso dos afrodescendentes, o fenótipo atua como um capital humano às avessas"[129]. Nesse sentido, a solução encontrada pela mídia que comodifica tudo para consumo turístico é barrá-los, bani-los, outorgando-lhes a invisibilidade. Esse discurso eugenista sobre o turismo deixa claro que no Brasil a 'cor' da pele das pessoas não é mero acidente[130], sendo antes o contrário: é fruto de uma histórica luta de poder que se confunde com a própria história do "país de todos".

Nesse sentido, perguntamos:

→ O que desvela essa invisibilidade?
→ Quais são as dimensões simbólicas de tal constatação?
→ Qual o motivo do tratamento desproporcional na representação de corpos brancos e negros como turistas, figurando o branco no papel do protagonista-turista em sua quase totalidade?
→ Por que há tão poucos corpos negros ocupando a posição de turistas nas publicidades?

---

128. Marcelo Paixão et al., *Relatório anual das desigualdades raciais no Brasil – 2009-2010*, op. cit., p. 21.
129. *Ibidem*, p. 23.
130. Cf. Antonio Sérgio Alfredo Guimarães, "Como trabalhar com 'raça' em sociologia", *Educação e pesquisa*, São Paulo: 2003, v. 9, n. 1, pp. 93-107. Disponível em: <http://www.scielo.br/pdf/ep/v29n1/a08v29n1>. Acesso em: jun. 2019.

→ Como essa invisibilidade dialoga com o discurso do Poder Público brasileiro, que diz que o Brasil é um país mestiço?
→ Será que a mídia apresenta 'apenas' uma leitura do que é a realidade ou ajuda a construí-la?
→ Por que as operadoras, hotéis, empresas de turismo em geral que promovem seus produtos contratam poucos modelos negros?

Mesmo com a apresentação dos dados com diferenças gritantes no espaço dado aos corpos brancos e corpos negros, a invisibilidade de corpos negros no papel de turista é algo de difícil apreensão, pois "a ideologia racista adestra os olhos e a mente de toda a sociedade para a aceitação acrítica da coincidência verificada entre as hierarquias de classe e as hierarquias étnicas e raciais"[131]. O que eu quero dizer com isso? Que mesmo durante meu estudo, eu demorei cerca de 18 meses para poder intuir a invisibilidade dos corpos negros, uma vez que não estou incluído nem física, nem simbolicamente no grupo oprimido – minha condição privilegiada de pesquisador branco não me ajudou nisso. Foi com o auxílio de Urry que eu pude ver o invisível:

> Outra categoria social se encontra parcialmente excluída das férias convencionais: os negros britânicos. O material de divulgação produzido pelas companhias mostra que os turistas são brancos. Simplesmente não existem fisionomias negras entre os que partem de férias. Se não existem rostos não brancos nas fotografias, presume-se que eles são os 'nativos exóticos' a serem contemplados[132].

No Brasil há muita desigualdade, e a ideologia racista que configura o discurso turístico fica exposta ao analisarmos sua comunicação. Neste país, a cultura dos estudos críticos do turismo é incipiente, ainda mais quando se trata de questões referentes ao racismo. Há gravíssimos problemas envolvidos nesse delicado assunto, entre os quais, sua negação e invisibilização. Nossa intenção é ajudar a construir novos conhecimentos e práticas de um estudo crítico e emancipatório sobre o turismo.

---

131. Marcelo Paixão *et al.*, *Relatório anual das desigualdades raciais no Brasil – 2009-2010*, op. cit., p. 21. Mesmo como pesquisador, perceber a invisibilidade dos negros não é tarefa fácil, pois os preconceitos, estereótipos e invisibilidades também contaminam as imaginações de nossa 'neutra' ciência. Sistematizar o olhar com critérios apropriados envolve conhecimento social e autoconhecimento.
132. John Urry, *O olhar do turista*, op. cit., p. 190.

Quanto aos corpos negros, constatamos que eles foram tratados com:

a) invisibilidade no papel de turista[133];
b) espetacularização no papel de servidores ou atrativos turísticos.

Os corpos negros não foram totalmente excluídos do consumo, mas colocados em condição subordinada numa hierarquia racista dos consumidores. Em nossos estudos das imagens analisadas[134], os corpos negros apareceram como servidores do turismo, povos exóticos, alegres e carentes sociais.

Servidores subalternos em tarefas repetitivas – algo típico de muitas profissões do turismo

Ao apropriar-se do discurso do desenvolvimento turístico local, a comodificação se apropria das pessoas (especialmente as negras neste estudo) por meio da utilização da sua força de trabalho. As populações que residem no lugar turístico são usadas como mão de obra, via de regra, não criativa, repetitiva, restando a esses moradores locais os papéis de limpeza, atendimento ao público, garçom etc. A forma abissal de pensamento que produz e radicaliza distinções entre os modernos ocidentais capitalistas e seus 'outros', no domínio do conhecimento que permeia o turismo, utiliza os habitantes locais que detêm conhecimentos sobre o lugar como guias[135], por exemplo.

Por que há uma marcada aparição de negros como servidores no turismo nas imagens analisadas? Nossa hipótese é de que a produção da imagem do corpo negro como servidor do turismo não está relacionada apenas à renda, mas está além, é uma disputa simbólica[136]. Há sinais de um novo colonialismo, reiterando o papel do colonizador branco sobre os povos não europeus colonizados, em especial os negros: "os mercenários mudaram de armas, os

---

133. Nesse sentido, afirmamos que o Brasil se encontra na mesma situação da Inglaterra da década de 1990 (Cf. John Urry, *O olhar do turista, op. cit.*), se analisarmos as representações de famílias com crianças representadas na *VT*. Recordando: 100% das imagens retratam pessoas brancas.
134. Não nos foi possível colocar as imagens das reportagens da revista, por conta dos direitos autorais, então, aqui apresentamos esta síntese meramente textual e descritiva. Quem tiver interesse pode acessar o *site* do estudo e conferir os originais: <https://www.teses.usp.br/teses/disponiveis/91/91131/tde-04102013-164505/pt-br.php>. Acesso em: jun. 2020.
135. Boaventura de Sousa Santos e Maria Paula Meneses (org.), *Epistemologias do Sul, op. cit.*, p.35
136. Pierre Bourdieu, *O poder simbólico, op. cit.*.

comerciantes de métodos, os profetas de mensagem, mas os fantasmas são os mesmos"[137]. Bauman e May refletem sobre o tema:

> Os grupos mantidos em posição inferior por restrições 'atributivas' em geral são também empregados em trabalhos mal remunerados, de modo que não conseguem arcar com os estilos de vida destinados àqueles que tiram proveito de seu trabalho. Nesse caso, o caráter atributivo da privação permanece oculto. As desigualdades visíveis são explicadas como resultado de menos talento, diligência ou perspicácia dos membros do grupo despossuído; não fosse por seus defeitos inatos, eles poderiam ser bem-sucedidos como qualquer um. Tornar-se como aqueles que eles devem invejar e desejam imitar estaria dentro de seu alcance se atuassem sobre seus desejos[138].

Podemos traduzir "restrições atributivas" neste estudo como restrições devidas à cor da pele, ou seja, o racismo. Os grupos mantidos em posição inferior são aqueles construídos (pelos dominantes) como inferiores, como o lado fraco da dicotomia. E as "restrições atributivas" sobre as quais os autores dissertam são aquelas que o lado forte da dicotomia cria, elabora, discursa; e posteriormente, segrega, bane e agride. São vocabulário e imagens definidoras da realidade do 'outro', daquele que está do 'outro lado'. É essa elaboração que permanece oculta e protegida pela própria dicotomia. Esse discurso se inscreve e se efetiva no mundo, pois as pessoas desses grupos são empregadas (um dado da realidade social) em trabalhos que não as remunera o suficiente para que possam 'ser' ou ao menos 'parecer' com os que estão do outro lado da linha abissal, o lado aceito, existente, visível. O insucesso da parte fraca é construído como responsabilidade única e total dela mesma. Isso é realizado num primeiro momento via discurso, mas tem sua consequente efetivação social, se plasma na realidade, torna-se cicatriz no corpo de quem sofre essa radical forma de opressão.

Os papéis estereotipados dos negros nas reportagens analisadas reforçam o que Tania Regina Pinto[139] chama de 'profissão lazer', associando a imagem dos negros frequentemente ao lazer dos brancos.

---

137. Serge Latouche, *A ocidentalização do mundo: ensaio sobre a significação, o alcance e os limites da uniformização planetária, op. cit.*, p. 19.
138. Zygmunt Bauman e Tim May, *Aprendendo a pensar com a sociologia, op. cit.*, p. 256.
139. Tania Regina Pinto, "Negro, profissão lazer", *Revista São Paulo em Perspectiva*, São Paulo: 1988, v. 2, n. 2, pp. 61-3.

Povos calorosos, exóticos, erotizados, incultos, 'lindos' e primitivos

Se há "restrições atributivas" quanto à comunidade que recebe o turista ou mesmo sobre as 'pessoas que devem ou não figurar na cena turística', quando não há como evitar as referências à sociedade local, estas são "racionalizadas ou romantizadas"[140]. Elas são tratadas metonimicamente, tomando uma parte como o todo e apresentando uma característica (um traço, uma peculiaridade – via de regra, inofensiva e moralmente aceita ou que represente bem o cinismo da moral patriarcal) como sendo a totalidade da complexidade daquele povo, assim: os negros são exóticos, os balineses são amáveis, as brasileiras são sensuais, os americanos são patriotas, as suecas são loiras, os bolivianos são atrasados... As realidades desses povos são descomplexificadas pelo clichê turístico. Quem detém o poder de escolher qual característica (qual parte) será tomada como aquela que constituirá a imagem fictícia do todo?

A situação de muitos dos corpos negros oferecidos para consumo pelo turismo é a de que eles "encontram-se 'sexualizados' [...] não é por 'estarem mais perto da Natureza', mas por serem escravos e explorados"[141]. Sem sombra de dúvidas há aqui uma sobreposição da opressão que se utiliza da raça à opressão que se utiliza do gênero como parâmetro discriminatório. A mulher negra é alvo das piores apropriações para o consumo do turismo.

O neocolonialismo surge com força no estereótipo de que o corpo negro é ex-ótico, ou seja, de fora; afinal, quem é o 'dentro'? Quem é o 'centro' que faz com que o corpo negro seja ex-cêntrico? O branco colonizador, o de estereótipo europeu ou norte-americano. Assim é que o clichê turístico constrói a descrição do corpo negro como sendo povo caloroso, ou seja, sexualizado; exótico, ou seja, estranho; inculto, ou seja, não detentor da cultura europeia; primitivo, ou seja, alijado do desenvolvimento que a humanidade europeia e seus descendentes representam.

---

140. Robert A. Britton, "The Image of the Third World in Tourism Marketing", *in: Annals of Tourism Research*, July/Sept. 1979, v. 6, n. 3, p. 323.
141. Jean Baudrillard, *A sociedade de consumo, op. cit.*, p. 146.

Alegres, bons de bola, de samba, cheios de crendices

A produção da imagem do corpo negro no Brasil associada ao turismo é reincidente: Carnaval, futebol, música e religiosidade.

O olhar moderno sobre aquilo que ele mesmo considera como 'culturas subalternas' (aqui as culturas negras), com seus mitos, crenças, 'irracionalidades', conforma suas manifestações culturais em *commodities* para exibição em simulações e simulacros[142]. Estas já não são nem verdades nem mentiras, apenas falsificações espetaculares[143]. Esse processo reduz a experiência do turista que busca, em grande parte do tempo, a confirmação de estereótipos[144].

Em 2002, Bignami apresentou uma pesquisa que apontava os principais estereótipos do Brasil. Eram eles: o Brasil paraíso; o lugar do sexo fácil; o Brasil do brasileiro; o país do carnaval; o lugar do exótico e do místico[145]. Isso, em nada mudou.

O clichê turístico, por conta de sua característica metonímica, produz a redução da complexidade, a padronização, a rotulação e a generalização sobre aquilo que ele age. Com isso, as pessoas (ou lugares, animais, coisas, paisagens) acabam por se tornar metáforas de si mesmas, simulacros[146], falsificações espetaculares[147], pois são representações daquilo que deveriam ser. Assim, são criados povos calorosos, exóticos, amáveis, atrasados... Ou seja, sempre prontos para serem apropriados, para servirem aos turistas.

Carentes sociais

A revista analisada fez uma campanha (em 2010) para pedir ajuda humanitária ao Haiti (medicamentos, água engarrafada, alimentos, dinheiro, prestação de serviços) após os terremotos que abalaram a ilha: para pedir ajuda humanitária *e* para divulgar as belezas da ilha do Haiti (para o consumo de turistas) – o *slogan* da reportagem era: "Isto também é o Haiti", mostrando um surfista rastafári de costas e uma praia com areias brancas e águas azuis transparentes.

---

142. Jean Baudrillard, *Simulacros e simulação*, Lisboa: Relógio d'Água, 1991.
143. Guy Debord, *A sociedade do espetáculo: comentários sobre a sociedade do espetáculo, op. cit.*
144. Robert A. Britton, "The Image of the Third World in Tourism Marketing", *op. cit.*
145. Rosana Bignami, *A imagem do Brasil no turismo*, São Paulo: Aleph, 2002, pp. 110-21.
146. Jean Baudrillard, *Simulacros e simulação, op. cit.*
147. Guy Debord, *A sociedade do espetáculo: comentários sobre a sociedade do espetáculo, op. cit.*

Martins aponta a estereotipagem do negro como 'carente social'. Para o autor, esse estereótipo é uma espécie de "releitura, ou uma atualização, da imagem oitocentista do escravo dependente, tido como incapaz de integrar-se ao mundo dos brancos e sobreviver sem a tutela de seu senhor"[148].

Na contemporaneidade é

> [...] pela doação e não pela espoliação (ou a pilhagem [...]) que o Centro se acha investido de um poder extraordinário de dominação. Ora, essa lógica asfixiante da doação funciona para todos os componentes da cultura no sentido amplo e não somente para os bens 'culturais' em seu sentido restrito[149].

Assim, a revista estudada retrata como o mercado promove uma nova ideia de solidariedade, um novo ativismo, cujo ator principal é o turista engajado que, por intermédio do mercado, colabora com causas distantes, desterritorializadas e sem significado pessoal para ele: fruto da condição pós-moderna. E, claro, insinua a ideia do Haiti como destino turístico e usa a figura do surfista negro para mostrar que, para além de terremotos, o Haiti é um paraíso turístico, que pode e deve ser consumido: fruto da comodificação de praticamente tudo.

O verniz superficial de que nos lembra Bauman[150] é a representação dos laços sociais por meio de uma relação estereotipada de antemão apresentando o termo fraco da dicotomia como sendo 'carente', e o lado forte 'doador'. Como toda dicotomia, a própria relação justifica a dominação social do termo forte (aqui o turista, o leitor da revista que lê, sensibiliza-se e ajuda) sobre o termo fraco – recebedor da ação, sujeito passivo do processo, construído como objeto da (do)ação solidária do turista. A intenção é a construção de uma consciência tranquila para o leitor-consumidor-possível-turista.

Reduzidos a atrativos turísticos, os corpos negros têm também reduzida sua humanidade, são 'animalizados', ou, como afirmam Mowforth e Munt[151], 'zooificados'[152] para saciar a curiosidade consumista dos turistas. Frente a essas

---

148. Carlos Augusto de Miranda e Martins, *Racismo anunciado: o negro e a publicidade no Brasil 1985-2005*, op. cit., p. 88.
149. Serge Latouche, *A ocidentalização do mundo: ensaio sobre a significação, o alcance e os limites da uniformização planetária*, op. cit., p. 31.
150. Zygmunt Bauman, *Modernidade e ambivalência*, op. cit.
151. Martin Mowforth e Ian Munt, *Tourism and Sustainability: New Tourism in the Third World*, op. cit., p. 246.
152. Tradução livre para '*zooification*'.

demandas, acreditamos que o discurso do encontro com o 'outro', tão promovido pelo turismo, carece de sentido. Eis nova pista para o neocolonialismo do turismo reapresentando a 'fome' de universalização do movimento europeu sobre o 'resto' do planeta.

Perguntamos: serão essas as únicas condições simbólicas (e materiais) de corpos negros? Eles foram (e são) alvos de todo tipo de apropriação e de expropriação – isso desde o colonialismo. Agora é a vez do mercado do turismo, por meio da comodificação, atualizar essa violência e se apropriar dos corpos negros, sua expressão, cultura, religião para produzir mais e mais *commodities*, mas sempre os mantendo presos no calabouço das aparências[153]. Para tanto, as imagens dos negros têm sido representadas a partir de traços estereotipados. O discurso que comunica o turismo configura o mundo à sua imagem, tentando reunir e conformar na mensagem a vida de quem vive e trabalha no lugar turístico e as expectativas de quem vai viajar. Portanto, essas vidas, lugares e expectativas não são mais simples fenômenos naturais ou sociais, mas produtos de uma elaboração discursiva industrial. Essas vidas, lugares e expectativas não serão mais o que eram antes em seu sentido tradicional. A retórica visual do *marketing* cria e reforça significados[154] que influenciam pensamentos e ações e se plasmam na realidade, constituindo-a.

O turismo e sua comunicação são fenômenos fortemente calcados na comodificação, como "colonização de ordens de discurso institucionais e mais largamente da ordem de discurso societária por tipos de discurso associados à produção de mercadoria"[155]. Trata-se de uma comodificação racista que, curiosamente, despreza o potencial dos negros como consumidores de lazer e turismo. Mas nem de longe nossa crítica se limitaria a essa questão. O ponto aqui é o do reconhecimento da humanidade e da dignidade desses corpos. Assim, podemos perceber que, "apesar das reivindicações em contrário, as privações orientadas pelo mercado e aquelas etnicamente embasadas acabam por se sobrepor"[156], especialmente no Brasil.

---

153. Achille Mbembe, *Crítica da razão negra, op. cit.*
154. Cf. Adriana Campelo; Robert Aitken e Juergen Gnoth, "Visual Rhetoric and Ethics in Marketing Destinations", *Journal of Travel Research*, jan. 2011, v. 50, n. 1, pp. 3-14. Disponível em: <http://jtr.sagepub.com/content/50/1/3.full.pdf+html>. Acesso em: jun. 2019.
155. Norman Fairclough, *Discurso e mudança social, op. cit.*, p. 255.
156. Zygmunt Bauman e Tim May, *Aprendendo a pensar com a sociologia, op. cit.*, p. 256.

Para os leitores das revistas de turismo, elas são pontos de referência: "é sempre uma fonte de inspiração e sonhos que tem me dado ótimas dicas de viagem para fazer com a família", diz uma leitora. Outro leitor escreve: "Minhas viagens começam nas páginas da revista". Ainda uma terceira pessoa relata que a revista "é minha parceira de viagens reais e imaginárias. Ela traz exatamente aquilo que eu quero saber"[157].

Impossível não lembrar Debord, que afirma que o espetáculo é "a afirmação onipresente da escolha *já feita* da produção, e o consumo que decorre dessa escolha"[158]. Ao escolher as imagens que serão apresentadas em seus veículos de comunicação, a mídia sabe que "se uma imagem visual funciona, pode criar instantaneamente um mundo que consumidores potenciais, produtores e produtos podem conjuntamente ocupar antes que os leitores possam ler a linguagem da publicidade"[159]. Essa comunidade imaginária de consumo, ao menos na produção do consumo turístico, está carregada de 'genes' comodificadores (e) racistas.

Como podemos constatar nos depoimentos apresentados, as revistas (e tantas outras fontes de informação), com suas publicidades e reportagens, são fonte de inspiração e sonhos para os leitores/consumidores – essas mídias ajudam a construir mundos; são parceiras de viagens reais e imaginárias (isso nos recorda as considerações de Beni[160] sobre as potencialidades do turismo); e trazem as informações que o leitor (acredita que) deseja saber. Só que as informações que emanam dessas fontes têm sido produzidas a partir da invisibilidade e estereotipagem dos negros e de tantas outras minorias não analisadas neste trabalho, mas que merecem estudos detidos.

Torna-se inevitável perguntar:

→ Que tipo de inspiração e quais sonhos são comunicados?
→ Quais mundos são sugeridos ao imaginário dos leitores?
→ Quais expectativas do mundo as mídias lhes antecipam?
→ Essas sugestões e expectativas estariam contaminadas por racismo?

---

157. Depoimentos colhidos na seção "Caixa de entrada" de diversas edições da revista *Viagem e Turismo*, da Editora Abril.
158. Guy Debord, *A sociedade do espetáculo: comentários sobre a sociedade do espetáculo*, op. cit., pp. 14-5.
159. Norman Fairclough, *Discurso e mudança social*, op. cit., p. 259.
160. Cf. Mario Carlos Beni, *Análise estrutural do turismo*, op. cit.

Será interessante um estudo crítico da percepção sobre os meios de comunicação que forjam o mundo turístico para consumo por parte dos leitores. Esse estudo deverá propor uma reflexão sobre a potência da fotografia que "inverteu os escopos da viagem, que antes visavam ao encontro com o estranho, com o pitoresco, com o não familiar"[161], para uma situação na qual muitas pessoas vão em busca da confirmação dos clichês produzidos pela mídia (pelo Estado, pela academia e por tantas outras fontes que ainda precisam ser identificadas e exaustivamente criticadas).

É preciso denunciar a invisibilidade simbólica/estereotipação a que são submetidos grupos minoritários (nesse caso os negros, mas sabemos que há outros), pois isso resulta de uma problemática mais ampla, que é a da dificuldade de sua expressão cidadã, de uma comunicação justa, de uma ruptura com o imaginário racista e com um profundo sistema de dominação. Há uma naturalização dessas condições e isso traz mazelas para aqueles que são vítimas de tal forma de racismo – ao mesmo tempo que permanecem 'invisíveis' aos que são privilegiados nessas relações.

O turismo tem seu discurso formado a partir do encontro com o outro. Mas o outro está tão deformado e estereotipado (conformado em clichês), que o encontro não se dá, dá-se um pseudoencontro, simulacro, espetáculo; dá-se consumo. O olhar do turista é produzido por um viés – a nosso ver – notadamente racista, não de forma aberta, por exemplo, em ofensas ou discriminações explícitas presentes na comunicação do turismo, mas por conta da invisibilidade e da estereotipação. A invisibilidade é uma forma de violência das mais elaboradas do racismo.

Essas hipóteses apresentadas nos levam a indícios de uma nova forma de colonialismo. Vimos lá no início deste capítulo que o colonialismo foi uma forma de universalização, de incorporação (para a desdiferenciação ou eliminação do outro) imposta pela Europa nos movimentos da construção da Modernidade, do Ocidente e do capital.

Se a comunicação é uma forma de conhecimento, e ela o é, e se a comunicação turística está fortemente condicionada pela invisibilidade e estereotipação dos negros, então há aí uma manifestação do novo colonialismo que analisamos, e ele se chama ignorância ou, se preferirem, racismo.

---

161. Marshall Mcluhan, *Os meios de comunicação como extensões do homem,* São Paulo: Cultrix, 2006, p. 224.

Leiamos Santos: "a ignorância é o colonialismo e o colonialismo é a concepção do outro como objecto e consequentemente o não reconhecimento do outro como sujeito"[162]. As linhas abissais e suas distinções radicais estão fortemente presentes na produção e no consumo do turismo, mas são de difícil apreensão imediata. Urge um estudo crítico que dê conta de detectá-las, denunciá-las e propor novas e emancipadas configurações. Portanto, é necessário que haja estudos críticos que deem conta de provocar o desmantelamento da retórica do racismo[163] e da forma como se entende (ou se produz o entendimento) o outro.

É, também, no outro tornado mercadoria, ou seja, comodificado, que percebemos como a capilarização da ordem econômica nos diversos âmbitos da vida espetaculariza pessoas, transformando-as em atrativos turísticos (imagens, mercadorias) para consumo[164]; ou as relega à invisibilidade, ao silêncio, à ausência não dialética[165] e, portanto, à privação e morte simbólica. Dessa maneira, mantém uma elite simbólica branca no papel de consumidor e os demais – no caso deste estudo, os negros – no papel de consumidos.

A produção simbólica do turismo (e dos atores do turismo), por via das mais diversas mídias, age como instrumento de dominação. Essas mídias estão a serviço da cultura dominante que – em todas as direções – produz a si mesma como verdade social.

Todavia, esse movimento é praticamente invisível aos olhos privilegiados, desavisados e/ou criticamente despreparados. Não podemos reduzir a carência desse olhar aos leitores dessas mídias, pois acreditamos que muitos pesquisadores do turismo e da comunicação não enxergam (ou não querem enxergar) tais questões. É essencial passarem a enxergá-las, para, a partir disso, por consequência óbvia e compromisso científico, questioná-las, enfrentá-las, colocá-las a público, jogar-lhes luz e ajudar a construir um mundo menos enviesado, menos violento e, portanto, mais saudável.

A ciência não é e não pode ser descomprometida com a produção de outros mundos com mais dignidade para todos os seres humanos. O turismo não é e não deveria ser descomprometido com a produção de outros mundos com

---

162. Boaventura de Sousa Santos, "Para uma sociologia das ausências e uma sociologia das emergências", *Revista Crítica de Ciências Sociais, op. cit.*, p. 30.
163. Mark McPhail, *The Rhetoric of Racism,* Maryland: University Press of America, 1994.
164. Guy Debord, *A sociedade do espetáculo: comentários sobre a sociedade do espetáculo, op. cit.*
165. Boaventura de Sousa Santos, *Renovar a teoria crítica e reinventar a emancipação social, op. cit.*

mais dignidade para todos os seres humanos. O mesmo vale para os marqueteiros e jornalistas que participam do processo de criação da comunicação no turismo.

Neste sentido, Bourdieu aponta que as ideologias

> [...] servem interesses particulares que tendem a [se] apresentar como interesses universais, comuns ao conjunto do grupo. A cultura dominante contribui para a integração real da classe dominante (assegurando uma comunicação imediata entre todos os seus membros e distinguindo-os das outras classes); para a integração fictícia da sociedade no seu conjunto, portanto, à desmobilização (falsa consciência) das classes dominadas; para a legitimação da ordem estabelecida por meio do estabelecimento das distinções (hierarquias) e para a legitimação dessas distinções. Este efeito ideológico, produ-lo [sic] a cultura dominante dissimulando a função de divisão na função de comunicação: a cultura que une (intermediário de comunicação) é também a cultura que separa (instrumento de distinção) e que legitima as distinções compelindo todas as culturas (designadas como subculturas) a definirem-se pela sua distância em relação à cultura dominante[166].

No caso dos corpos negros, não é um tratamento metonímico (de sinédoque) que recebem? Da parte ao todo: a cor é usada para resumir toda a complexidade da pessoa (e do grupo) e a trava num estereótipo histórico e socialmente construído no Brasil. Por essa metonímia, 'negro', no sentido de cor da pele (preto; pardo), não é 'apenas' a cor da pele, mas é a mentira espetacular da raça e a história invisibilizada da opressão desse povo. A cor, neste caso, o 'negro', representa a parte fraca (dominado) da dicotomia BRANCO <> negro, relegando-a à condição horizontalmente assimétrica e verticalmente hierárquica, no sentido da inferioridade em relação à parte forte da dicotomia: o BRANCO.

É contra isso que produzimos este estudo, no intuito de abrir possibilidades de mais e mais pesquisas serem realizadas na direção da produção de emancipação dos corpos aprisionados pelos estereótipos produzidos pelo clichê turístico.

---

166. Pierre Bourdieu, *O poder simbólico, op. cit.*, pp. 10-1.

CAPÍTULO 5

Turismo: aquele que não queremos e possibilidades de sua superação

Ah, mas como eu desejaria lançar ao menos numa alma alguma coisa de veneno, de desassossego e de inquietação. Isso consolar-me-ia um pouco da nulidade de ação em que vivo. Perverter seria o fim da minha vida. Mas vibra alguma coisa com as minhas palavras? Ouve-as alguém que não só eu?
                                BERNARDO SOARES, fragmento do *Livro do desassossego* (aforismo 65)

O turismo, como forma de viajar e aproveitar as férias, é uma atividade banal para muitas pessoas. Para muitos dos que se envolvem profissionalmente com a atividade turística, ela é uma forma de ganhar a vida. Não obstante, a aparente normalidade dessa atividade omite uma imensa rede de relações sociais e de poder que não se mostra facilmente, ou melhor, que é francamente omitida. O fato de o turismo ser encarado como algo banal por parte do senso comum é fruto de uma produção intencional de seus enunciadores hegemônicos globais e locais. Estes assumiram para si a missão de legitimar a exploração dessa atividade econômica até as últimas fronteiras e consequências sociais, morais ou éticas. Procuramos, até aqui, levantar alguns dos véus que escondem as relações que aí se dão. No entanto, tantas outras relações ainda não foram explicitadas, por isso convidamos outros pesquisadores a se unirem a este trabalho, continuando-o, superando-o.

Em nível global, o WTTC e a OMT concentram todo o poder de fogo, que lhes é atribuído pelos agentes de mercado que representam, na legitimação do turismo como única forma inteligente de deslocamento, de lazer, de crescimento econômico e de geração de empregos. O discurso neoliberal desses enunciadores é uma grande ameaça à democracia e ao ambiente.

Em âmbito nacional, o Ministério do Turismo aposta suas fichas no crescimento quantitativo que o turismo pode trazer para o país e coloca-o como uma das chaves para a geração de emprego, a redução das desigualdades sociais e da pobreza. Mas, por meio de discursos aparentemente democráticos, pudemos perceber uma forma de banalização do mercado, que se instala nas políticas públicas desse Ministério para a área em questão. No caso do turismo, Estado e mercado operam em múltiplos acordos. Em território nacional, a missão do Estado mostra-se como a de pavimentar o acesso do capital extraterritorial global, garantindo-lhe a segurança no sucesso de sua estada em 'solo' nacional.

Por sua vez, a mídia participa do processo da produção de subjetividade capitalista e, por um lado, trabalha arduamente para a confirmação do turismo como algo 'legítimo' e 'desejado' – atuando assim na produção de espetáculos. Por outro, não discute efetivamente os profundos problemas do turismo, não abre um debate democrático a respeito das mazelas da atividade – criando assim invisibilidades.

Enquanto isso acontece, uma parte da academia brasileira se dedica a estudar o turismo e está preocupada em legitimar essa atividade capitalista como sendo algo 'para além do capital'. Por meio de diversas elaborações discursivas, muitos acadêmicos estão atuando em favor aberto ao turismo, ao mercado e a seus agentes, mascarando os reais problemas que a submissão ao capital trouxe, traz e trará às culturas e ambientes sujeitados a seus ditames. A máxima 'se bem planejado o turismo é o máximo' esteve e está em voga em diversos meios acadêmicos. A crítica a esse movimento ainda é desarticulada e pulverizada, mostra-se apequenada e inócua frente ao desafio. Mas é preciso que esta se (re)conheça, se revigore, se rebele e procure gerar conhecimento emancipador.

Por tudo isso, o panorama atual da produção hegemônica do turismo não é visto nesta tese nem como positivo nem como desejável, portanto inaceitável. Ao longo deste livro, foram apresentados muitos problemas a serem enfrentados. Lembrando Guattari, "o que condena o sistema de valorização capitalista é seu caráter de equivalente geral, que aplaina todos os outros modos de valorização, os quais ficam assim alienados à sua hegemonia"[1]. Frente a isso, "por todos os meios possíveis, trata-se de conjurar o crescimento entrópico da

---

1. Félix Guattari, *As três ecologias*, op. cit., p. 51.

subjetividade dominante"[2] que atualmente permeia a produção do turismo, assim como dos demais fenômenos sociais contemporâneos.

A problemática dessa 'equivalência geral' – que aqui pode ser lida como mais uma tentativa de universalização – deve ser considerada no momento em que promovemos um estudo crítico do turismo e contra ela é que devemos lutar. É nesse campo de batalhas que estamos entrando quando estudamos os modos capitalistas de conversão de culturas, tradições, ideias, pessoas, lugares, entre outras manifestações, em atrativos turísticos – aqui chamados de *commodities*-turísticas; no aplainar das mais diversas instâncias da vida em função das intenções econômicas. Assim, insistimos que a cultura, a sociedade e o ambiente estão em diálogo, mas que há uma força hegemônica que os pressiona no sentido da produção de mais capital. Fato este que, em vez de possibilitar o 'novo', cria esse sistema tautológico (que constantemente justifica a si mesmo como verdade absoluta e única maneira de se deslocar na contemporaneidade) que, por sua vez, bloqueia inúmeras possibilidades de sociedades mais justas, da produção de diferenças, de sociedades e culturas diferentes não hierarquizadas, de agrupamentos sociais solidários, comunitários e econômicos diferentes e seus correspondentes e diversificados modos de produzir e operar equidade e justiça.

Assim, a crítica aqui elaborada procurou mostrar os problemas da atual forma como o turismo tem sido pensado, elaborado, comunicado, comercializado e consumido. Os discursos analisados plasmam-se no real, mas há de haver contradiscursos que nos possibilitem as aberturas para o novo. Precisamos lavrar este solo para que novas raízes possam nele se acomodar.

Contradições sistêmicas do turismo

Na produção discursiva hegemônica do turismo na contemporaneidade, em seus espetáculos e nos bastidores com suas invisibilidades, estão escondidas pesadas contradições sistêmicas. Sendo o discurso algo que se plasma no real, essas contradições caminham em acelerado ritmo para impasses que já vêm sendo sentidos, embora veementemente negados por todos os seus enunciadores hegemônicos. Aqui apresentamos três. A primeira delas pode ser chamada de 'condição ecológica do turismo', que aponta para o poder de

---

2. *Ibidem*, p. 54.

modificação que o turismo tem sobre os lugares e pessoas. Dela se desdobra uma segunda contradição sistêmica, a 'heteronomia do lugar turístico': esta se apresenta como dominação e precisamos combatê-la. Por fim, há outra contradição entre 'o direito ao turismo e as condições de suporte do planeta'.

A condição ecológica do turismo

O turismo tem a característica intrínseca de alterar totalmente, ou seja, 'ecologicamente', os lugares e culturas. A ecologia estuda as interações. Sob a perspectiva crítica dos estudos do turismo, afirmar a condição ecológica do turismo é demonstrar que, quando ele encampa um lugar, ele produz uma "mudança significativa [que] gera uma mudança total"[3]. Ao ser instalado em um lugar, o turismo muda todas as relações sociais e com a natureza, os sistemas de trocas, as dimensões simbólicas e não simbólicas. Em suma, quando o turismo toma conta de um lugar, ele muda tudo. Ele muda a concepção que as pessoas têm de si próprias, das relações sociais (humanas, enfim) que lá se desenrolam e das relações das pessoas com aquele ambiente. Além disso, produz novas relações com aqueles que vêm de fora: os novos turistas ou os que buscam emprego.

Daí nasce a característica 'ecológica' de sua influência. A conversão de um lugar/cultura aos códigos do capital para exploração do turismo não pode ser encarada como mera soma (ou subtração) de elementos. Não se trata de simples equação: o mesmo lugar e as mesmas pessoas *mais* a prática do turismo, *mais* a presença dos turistas e das estruturas que são consideradas necessárias para sua recepção. Ao tornar qualquer lugar turístico, a atividade capitalista procura assumir o 'poder' sobre sua gente e seus ambientes – fazendo dele um lugar diferente, com gente diferente –, que deverão ser planejados, racionalizados e ordenados para usufruto do mercado e de seus agentes.

Sob seu jugo, as pessoas e os lugares não conseguem ficar imunes ao ambiente competitivo do mercado global ao qual passam a estar sujeitos. Lembramos que 'estar sujeito a' é diferente de 'ser sujeito de' – ou seja, a forma passiva da primeira expressão é a falta de autonomia gerada pelo poder do turismo. Eles entram na dinâmica mundial de exploração do turismo com sua tendência acelerada de produção, comunicação, circulação e descarte de mercadorias fluidas.

---

3. Neil Postman, *Tecnopólio: a rendição da cultura à tecnologia*, op. cit., p. 27.

As reflexões importantes a serem feitas sobre a condição ecológica nada têm a ver com perguntas sobre quanto se pode lucrar ou perder economicamente com a atividade, mas sim são expressas pela questão:

> *como o turismo muda a concepção das relações das pessoas com o lugar, com as outras pessoas e consigo mesmas?*

A partir da condição ecológica do turismo, podemos refletir que cada impacto positivo do turismo – que os estudiosos da academia brasileira têm se esforçado para destacar – trará sempre consigo um impacto negativo em potência e em realização. Por exemplo, o impacto positivo mais alardeado pelos enunciadores hegemônicos, a geração de empregos, é intrinsecamente marcado pela condição ecológica do turismo. Assim, uma maior geração de empregos por conta do turismo gerará uma maior, consequente e direta dependência da atividade capitalista e, portanto, maior sujeição à dinâmica do mercado global. Esse é um claro impacto negativo que se causa ao se realizar o impacto 'positivo' da geração de empregos. A geração de empregos e renda (espetáculo) gera a dependência da atividade e da vinda dos turistas (invisibilidade).

Vamos explorar um pouco melhor este exemplo: no sentido da geração de empregos pelo turismo, a sazonalidade (diferença de movimentação dos turistas entre a alta e a baixa temporada) pode apresentar-se como um problema para a garantia e segurança daqueles que 'vivem' do turismo. Muitos autores da corrente hegemônica apresentam tentativas de solução para esse impacto negativo do turismo. No entanto, essas soluções acabam por disparar novos problemas. No caso de crises de emprego no 'setor', Cruz[4] afirma que "uma possibilidade de superar essa limitação do mercado de trabalho em turismo somente pode ser alcançada com a eliminação da sazonalidade dos fluxos"[5]. Essa ação – eliminar a sazonalidade dos fluxos para promover mais emprego – pode trazer outros problemas: intensificar o fluxo de turistas, que é sazonal, é torná-lo constante e 'uniformemente' distribuído durante o ano todo. Só que isso sobrecarrega a estrutura do lugar, a capacidade de regeneração da natureza, a vida das pessoas que não terão um descanso da vinda dos turistas, haja vista que a presença constante de pessoas em fluxos passageiros é estressante

---

4. Cf. Rita de Cássia Ariza da Cruz, *Política de turismo e território*, op. cit.
5. *Ibidem*, p. 151.

para o lugar, para a cultura de seu povo e para a subjetividade dos indivíduos. Uma curiosidade etimológica que pode nos ajudar a refletir: sazonalidade tem sua raiz em 'saz-', um elemento de composição – antepositivo, do latim *satìo,ónis*, que expressa a 'ação de semear'. Ora, semear é uma ação que exige tempo para retorno, descanso da terra e muitos outros cuidados. Prolongando-se a ação turística durante o ano todo, o 'cansaço' do lugar (das pessoas) vai trazer seus problemas, vemos isso nas manifestações antiturismo.

Ora, ainda explorando o exemplo da sazonalidade, as prometidas geração, manutenção e garantia de empregos por parte do turismo estão diretamente ligadas à presença do turista, sem esta, aquelas não se concretizam.

Um exemplo histórico recente, com o advento dos megaeventos internacionais no Brasil – Copa do Mundo 2014 e Olimpíadas 2016 – houve uma 'promessa' de vinda de turistas. À época, isso gerou empregos na construção e reforma de estádios, na ampliação de aeroportos, entre tantas outras obras – o Estado chamou para si essas obrigações. Obviamente, isso gerou lucros para construtoras, entre outras empresas capitalistas. No entanto, esses empregos foram temporários e não deram garantia de sua continuidade aos profissionais envolvidos. A partir do momento que as obras foram concretizadas, a manutenção da geração de novos empregos (e da continuidade desses empregos) deveria depender diretamente da presença, e não mais da 'promessa' da presença, dos turistas. Ao longo do tempo, após o encerramento dos megaeventos, os estádios (para citar um único caso) tornaram-se (em sua maioria) elefantes brancos. Isso sem falar no festival de notícias de corrupção que veio à tona depois dos eventos.

A condição ecológica mostra como estão interligadas todas as ações e reações do turismo e de seus agentes. Naquilo que é complexo, não há fio que possa ser puxado sem que se afete todos os demais fios do tecido em questão. Dessa forma, precisamos desdobrar outra característica intrínseca ao turismo: a heteronomia capitalista do lugar turístico.

A HETERONOMIA CAPITALISTA DO TURISMO

Num primeiro sentido, heteronomia significa "sujeição a uma lei exterior ou à vontade de outrem, ausência de autonomia"[6]. Quem é heterônomo tem as

---

6. Antônio Houaiss e Mauro de Salles Villar, *Dicionário Houaiss da língua portuguesa*, op. cit., p. 1523.

leis sobre sua conduta recebidas de outro, de fora. É o contrário de autônomo. Da perspectiva da análise crítica da condição ecológica do turismo, os discursos de que as 'comunidades locais' podem se 'apoderar' do turismo enfrentam sérias dificuldades. Do ponto de vista do poder de controle que as pessoas do lugar turístico (tanto as pessoas comuns quanto seus representantes no Poder Público) têm sobre a chegada e estada dos turistas, isso pode até funcionar. É possível 'dimensionar' o número de pessoas que chegam, seus fluxos, fazer-lhes controles de chegada e de estadia, impor-lhes taxas, criar capacidades de carga para controle de visitas.

Mas o problema está localizado no outro lado da moeda: é praticamente impossível qualquer controle sobre a vinda dos turistas, ou seja, controlar a intenção das pessoas de outros lugares de virem ao lugar turístico. As pessoas do lugar turístico não têm controle sobre as consequências da atividade da indústria do turismo. Isso não está dentro do âmbito de poder da 'comunidade'. É um poder que lhes é estranho, alheio, heterônomo, enfim.

Vamos explicar melhor: desde o início desta obra, vimos que, no discurso hegemônico legitimador do turismo como atividade econômica, este depende dos turistas. Por exemplo, a crise de 2008 afetou a Europa e os Estados Unidos e, portanto, atingiu diretamente o Caribe, uma das regiões do globo mais intensivamente turistificadas. A crise nesses dois centros emissores de turistas afetou o 'polo receptivo do negócio'. Polo receptivo do negócio é uma nominalização usada para dizer, por metonímia, que o Caribe, sua gente, seu ambiente, a complexidade de suas relações sociais, econômicas e políticas se resume a um 'negócio' capitalista, no caso, o turismo. Assim, podemos compreender que o Caribe turístico não é uma região economicamente autônoma, pois não dispõe de meios para controlar o fluxo dos turistas que lá vão (no sentido da intenção desse fluxo em visitar o Caribe, e não a Europa internamente, por exemplo). Ao contrário, essa região é dependente desses fluxos de turistas estrangeiros e, portanto, da movimentação da indústria do turismo; ou seja, é heterônoma. A ausência de turistas estrangeiros, por sua vez, por conta das economias de seus países estarem em crise (ou por qualquer tipo de retaliação econômica, ou mesmo por qualquer problema ambiental), pode secar a fonte dos 'recursos' econômicos que o turismo poderia gerar para a região. Que poder tem o Caribe de reverter tal situação e fazer com que os turistas norte-americanos e europeus lá voltem? A hegemonia que trata do assunto apontará o pesado investimento em *marketing* e mais facilidades de pagamento como forma de atrair os turistas. Fora isso, o Caribe não tem nenhum poder de controle sobre a situação: é impotente, é heterônomo.

Essa impotência não é um 'privilégio' do Caribe, é uma situação que poderá acontecer em qualquer lugar que se envolva com a atividade do turismo, porque a heteronomia é uma característica intrínseca ao capital e, portanto, ao turismo – atividade capitalista.

Nesse sentido, não há como haver plena autonomia econômica para um lugar que se pretenda turístico, este sempre dependerá das conexões a serem feitas com outros lugares do planeta. A heteronomia é, portanto, uma característica desdobrada da condição ecológica do turismo e é constitutiva dessa atividade.

Obviamente, isso não é uma regra que pode ser estendida indistintamente a todos os países do globo; lembremos que precisamos evitar a busca de totalidades, que mais limitam que explicam os fenômenos sociais na pós-modernidade. Países centrais para o turismo, como a França, a Espanha, os Estados Unidos, entre outros, têm muito mais condições de suportar a heteronomia. Possuem mais instrumentos de poder econômico, que podem atenuar até mesmo problemas externos. Mas é importante saber que mesmo esses países, dentro de suas características únicas, estão sujeitos a tal dinâmica. Interessante notar como nesses lugares 'desenvolvidos' o fenômeno da turismofobia se dá com mais força: muitos dos polos que mais recebem turistas (países, regiões, cidades) estão se rebelando contra o intenso afluxo de milhões de pessoas por ano e dizendo não ao turismo da forma como vem sendo explorado.

Mas a condição de heteronomia se mostra como uma contradição fundamental da produção do turismo. Dessa forma, os argumentos a favor da exploração do turismo como possibilidade de autonomia econômica para os lugares e as culturas enfrentam graves problemas. Na atividade econômica do turismo, os turistas, que são construídos como seus agentes principais (mas são o veículo que faz o dinheiro circular), vêm de fora do lugar turístico – isso é parte da própria enunciação hegemônica do que 'é' turismo. Portanto, a fonte de recursos prometida pelos agentes de mercado que exploram a atividade não está sob o poder das pessoas do lugar turístico, e isso é um fato que não pode ser ignorado.

Para qualquer comunidade, o turismo é como um rio. Ele pode trazer água, mas, se seu curso for cortado na fonte (e não importa o motivo), a comunidade ficará sem sua 'água'. Quem decide se haverá 'água' ou não, não é a comunidade, mas um poder que lhe é externo. Some-se a isso que a indústria turística é global e extraterritorial e pode mudar-se de um canto a outro do planeta sem muito vínculo com os territórios que explora. Aliás, no caso do turismo, isso é até muito bem-visto e chamado de 'abertura de novos mercados'. Por isso mesmo, o otimismo com os casos locais de sucesso do turismo deve ser olhado com ceticismo, balanceado com a visão da problemática da submissão desses lugares à dinâmica global do mercado e da heteronomia que ele traz consigo como marca indelével. Quanto maior o sucesso, maior pode vir a ser a dependência.

Dessa forma, em vez de ser um libertador, como seus enunciadores hegemônicos querem nos fazer acreditar, o turismo é um colonizador, pois gera a dependência externa de um poder extraterritorial e fluido. As perguntas "E se os turistas não vierem mais?" e "O que podemos fazer para os turistas virem/voltarem aqui?" abrem uma série de perigosas indagações e constatações.

Por conta da heteronomia intrínseca ao capital e ao turismo, o sentido da vida do lugar é regulado de fora, pela dinâmica fora de controle do mercado global, por meio de seus vários estrategistas, a partir de uma posição que escapa ao controle da população local e de grande parte dos governos locais. Logo, longe de ser uma atividade que leva à autonomia, ela conduz à heteronomia; em vez de produzir liberdade, gera dependência. Assim, o turismo é constitutivamente *colonialista*, pois traz consigo a contradição sistêmica da heteronomia do lugar turístico que, por conta de sua condição ecológica, traz o seguinte dilema:

> *quanto mais engajamento com o turismo um lugar possa ter,*
> *maior a dependência de um poder estranho lhe é imposta.*

Diante das análises até agora empreendidas, cabe-nos insistir que, sob nossa perspectiva, a maneira como o turismo vem sendo produzido contemporaneamente remete-o a seu próprio fim.

A impossibilidade da continuação da exploração do turismo nos padrões atuais: a contradição entre direito ao turismo e condições de suporte do planeta

A continuidade da produção, exploração, consumo e, principalmente, da expansão ilimitada do turismo é impossível nos presentes moldes, ao menos, sem ser catastrófica. Tal produção é forjada sobre outra contradição sistêmica fundamental, a qual procuramos mostrar durante todo o texto desta obra: *a contradição entre direito ao turismo e condições de suporte do planeta.*

Os organismos mundiais aqui estudados (WTTC e OMT), que atuam como legitimadores do turismo, representantes das empresas e dos agentes que lucram com esse tipo de exploração capitalista, são unânimes quando procuram construir discursivamente o turismo como *direito de todos*. Eles querem estender esse direito, que se mostrou, em nossas análises, como um *dever de consumo*, ao maior número possível de pessoas; eles querem mais turismo, mais movimento de pessoas ao redor do globo, mais oferta, mais demanda; querem que tudo vire recurso para a exploração capitalista do turismo, pois, para eles, tudo pode ser atrativo ao turismo; lutam, enfim, para gerar mais mercado, mais lucro – desejam que tudo se alinhe em prol da indústria do turismo. No entanto, procuramos demonstrar que nem todas as pessoas podem efetivamente tornar-se consumidores, então, o turismo apresenta-se, de fato, como *privilégio de uns*. Mas, perseguindo o discurso de turismo como *direito de todos* e caminhando nessa direção para a banalização do turismo e, consequentemente, do mercado que lhe subjaz, mais turistas significa mais consumo e, igualmente, mais pressão sobre as culturas e ambientes. Da maneira como vem sendo produzido atualmente, significa mais desigualdade de oportunidades entre os que se envolvem com a atividade, mais exploração do mundo sob a forma de atrativos turísticos, por meio da 'fabricação seriada' de turistas que querem sempre mais, ao lado da necessária geração de refugo – mais 'vagabundos' que não têm para onde ir. Em suma, a produção do turismo significa *mazelas para muitos*. Assim, o turismo, efetivamente, não contribui com a diminuição do fosso social, mas para reafirmá-lo, para reafirmar a superioridade de quem tem sobre quem não tem e deve aguardar a oportunidade de servir, em troca de dinheiro, como empregado ou como atrativo turístico a quem tem possibilidades... Simplesmente aceitar isso e, pior, tecer loas a essa produção de discrepâncias sociais e de degradação ambiental é – para nós – imoral. Portanto, imorais são todos os que, sabendo dessas condições, são com elas coniventes e não as enfrentam.

Mas se, porventura, todos os seres humanos ascenderem à condição de turistas (ou seja, concretizarem a fantasiosa expressão 'turismo como direito de todos'), pegarem suas bagagens e saírem pelo mundo afora, com base nas tecnologias atuais, o planeta Terra não tem condições físicas de suporte para tal movimento. Seguindo o presente ritmo de sua produção e expansão, e consultando prospecções do mercado por meio dos enunciados do WTCC, em 2028 haverá dois bilhões de turistas circulando ao redor do planeta[7]; os danos sociais e ambientais causados pela atual movimentação já são, a nosso ver, irreversíveis, nos números projetados serão ainda piores. É impossível conciliar a emissão de carbono dos voos, por exemplo, com a mínima conservação ambiental planetária, agravando ainda mais o problema do aquecimento global. Isso apenas no sentido do transporte aéreo, mas há toda uma necessidade de 'recursos' e providências ambientais para garantir a estada dos turistas em seus destinos: água, comida, saneamento básico, segurança, transporte terrestre, entre tantos outros elementos.

Assim, a realização da ideia de turismo como *direito de todos* significa a geração de danos irreversíveis às culturas e à natureza do planeta, ou seja, um mal que precisa ser combatido.

Por seu turno, o Ministério do Turismo, em seu recente Plano Nacional do Turismo 2018-2022[8], tem como *slogan* mais do mesmo: "mais emprego e renda para o Brasil". Vamos comparar suas metas com as do Plano 2013-2016:

Comparativo entre os Planos Nacionais de Turismo 2013-2016 e 2018-2022

Metas 2013-2016[9]	Metas 2018-2022[10]
Meta 1. Aumentar para 7,9 milhões a chegada de turistas estrangeiros ao país.	Meta 1. Aumentar a entrada anual de turistas estrangeiros de 6,5 para 12 milhões.
Meta 2. Aumentar para US$ 10,8 bilhões a receita com o turismo internacional até 2016.	Meta 2. Aumentar a receita gerada pelos visitantes internacionais de US$ 6,5 para US$ 19 bilhões.
Meta 3. Aumentar para 250 milhões o número de viagens domésticas realizadas até 2016.	Meta 3. Ampliar de 60 para 100 milhões o número de brasileiros viajando pelo país.

---

7. Cf. "By 2028, International Tourist Arrivals are Forecast to Total 2,094,210,000". Disponível em: <https://www.wttc.org/-/media/files/reports/economic-impact-research/regions-2018/world 2018.pdf>. Acesso em: jun. 2019.
8. Brasil, Plano Nacional do Turismo 2018-2022, Brasília: Ministério do Turismo, 2015. Disponível em: <http://www.turismo.gov.br/2015-03-09-13-54-27.html>. Acesso em: jun. 2019.
9. *Idem*, Plano Nacional do Turismo 2013-2016, Brasília: Ministério do Turismo, 2013, pp. 35-8. Disponível em: <http://www.turismo.gov.br/export/sites/default/turismo/noticias/todas_noticias/ Noticias_download/ PNT_2013-2016.pdf>. Acesso em: jun. 2019.
10. Brasil, Plano Nacional do Turismo 2018-2022, *op. cit.*, pp. 48-53.

Meta 4. Elevar para 70 pontos o índice médio de competitividade turística nacional até 2016.	Meta 4. Ampliar de 7 para 9 milhões o número de empregos no turismo.
Meta 5. Aumentar para 3,6 milhões as ocupações formais no setor de turismo até 2016.	

'Aumentar' e 'ampliar' – léxicos que já conhecemos dos outros planos, indicando que a busca pelo aumento da influência do mercado em todos os âmbitos da vida segue inalterada. Já o dissemos, mas cabe afirmar novamente: cada vez mais o MTUR promove um discurso que levará as mais diversas localidades e culturas brasileiras a enxergarem-se como 'recursos' para o mercado do turismo. O PNT 2018-2022 continua na busca por acelerar a dominação do capital em todas as vias possíveis. Por questões de limites desta obra, não podemos analisar o PNT por inteiro, mas há uma análise que não pode ser deixada de lado. Ao dissertar sobre as metas do plano, o texto traz o seguinte fragmento: "Ressalta-se ainda que elas [as metas] serão factíveis a partir do momento em que gargalos como as medidas de facilitação de viagens – seja por meio de vistos eletrônicos ou pelo aumento do número de voos – ou o aumento dos investimentos para promoção nacional e internacional forem sanados"[11].

É nítido como o Ministério faz bem a lição de casa proposta pelo WTTC ao discursar sobre a necessidade de facilitação das viagens, naquilo que vimos sobre o *freedom to travel* x *freedom to trade* – aqui o texto praticamente repete as palavras exortadas pelo organismo internacional e condiciona a conversão das metas em fatos para a liberação de vistos ou aumento de voos. Vamos às metas e às suas dificuldades em se tornarem "fatos":

A primeira meta tem uma curiosidade: se em 2013 o objetivo era o de alcançar 7,9 milhões de turistas, é curioso perceber que em 2018 parte-se de 6,5 milhões, ou seja, o objetivo anterior não foi alcançado... e a meta agora torna-se mais audaciosa.

A meta dois também segue o mesmo padrão, desejava-se 'aumentar' para US$ 10,8 bilhões a receita com o turismo internacional até 2016. No plano seguinte (2018-2022), parte-se de US$ 6,5 bilhões, ou seja, nova meta não alcançada... e a ousadia continua, agora a ideia é disparar para US$ 19 bilhões.

11. *Ibidem*, p. 48.

Na meta 3, o mesmo se dá no primeiro plano comparado: aumentar para 250 milhões o número de viagens domésticas realizadas até 2016; e no segundo plano a meta é ampliar de 60 para 100 milhões o número de brasileiros viajando pelo país. Ou seja, nem a metade da ousadia do plano anterior. Ficamos aqui nos questionando, baseados em que os técnicos do Ministério do Turismo formulam tais prospecções?

Por fim, a última meta parece ter sido atingida: o novo plano propõe um real aumento nos empregos gerados. É claro que aqui não vamos questionar a qualidade desses empregos...

Se lidas a partir das contradições sistêmicas expostas, as ações do Ministério estão acelerando a marcha para o abismo, um salto mortal, tanto no sentido social quanto no ambiental, afinal, a condição ecológica do turismo torna seus impactos negativos impossíveis de serem previstos a partir dos gigantescos números até agora apresentados; ao tornar o turismo tão representativo para a economia local, devemos lembrar que sua heteronomia aumentará a dependência do país para com os fluxos de turistas prometidos pelas metas dos planos nacionais de turismo, além disso, o aumento da exploração do turismo (especialmente do internacional) no Brasil, a partir do discurso do direito ao turismo, poderá trazer mais mazelas para aqueles que têm sua vida explorada por esse mercado.

No âmbito das dialéticas globais x locais, podemos perceber que cada vez mais,

> [...] a liberdade política do Estado é incansavelmente erodida pelos novos poderes globais providos das terríveis armas da extraterritorialidade, velocidade de movimento e capacidade de evasão e fuga; a retribuição pela violação do novo estatuto global é rápida e impiedosa. De fato, a recusa a participar do jogo nas novas regras globais é o crime a ser mais impiedosamente punido, crime que o poder do Estado, preso ao solo por sua própria soberania territorialmente definida, deve impedir-se de cometer e evitar a qualquer custo[12].

A Política Nacional de Turismo no Brasil é uma prova dessa condição. A exploração de tudo pelo turismo transformará o país num imenso catálogo de

---

12. Zygmunt Bauman, *Modernidade líquida*, op. cit., p. 212.

atrativos turísticos com toda a possibilidade de problemas que temos procurado apontar até aqui.

O problema da desregulamentação do mercado, do livramento de todos os 'empecilhos' que ainda procuram manter controles sobre sua ação é uma ameaça à democracia, aos Estados-nação democraticamente estabelecidos e, portanto, ao povo.

A forma como o turismo vem sendo produzido pelo Ministério também gera problemas para a cidadania. Os cidadãos, sujeitos de direitos, tornados consumidores, lutam mais para sua afirmação no espaço social como indivíduos e consumidores que como cidadãos propriamente ditos. Lembremos que a produção discursiva quando trata do turista, trata-o de maneira bastante individualizada, como cliente único, como 'rei', como alguém que merece ter uma experiência memorável, só que o planeta Terra não tem condições de dar 7 bilhões de experiências únicas e memoráveis sem ser plenamente ameaçado. Bauman nos lembra que

> [...] é preciso batalhar pela autonomia se quisermos que a diversidade signifique mais do que variedade de estilos de vida negociáveis, uma fina camada envernizada de modas cambiáveis destinadas a encobrir a condição uniforme de dependência face ao mercado. Deve-se lutar acima de tudo pelo direito de assegurar a diversidade comunitária, não a individual; uma diversidade que deriva de uma forma de vida comunitariamente escolhida e servida[13].

O uso propositalmente equivocado da palavra 'democracia' para levar o controle do mercado a todas as pessoas, culturas e lugares é uma das estratégias de relexicalização da dinâmica da comodificação que merece ser combatida; portanto, merece estudo crítico detido e profundo.

No Brasil, assim como no mundo todo, o estudo do turismo vem ganhado grande fôlego nos últimos anos. Pesquisadores de praticamente todos os cantos do planeta têm se preocupado com a temática. Um dos grandes motivos que já apontamos para essa 'preocupação' é que o turismo é uma gigantesca indústria e isso tem motivado muitas 'pesquisas'. Em nível nacional, há uma forte tendência legitimadora do turismo. A 'ignorância proposital'[14] da acade-

---

13. *Idem, Globalização: as consequências humanas, op. cit.*, p. 290.
14. Noam Chomsky, *O império americano: hegemonia ou sobrevivência, op. cit.*, pp. 48-55.

mia, ou seja, aquela ignorância que não é 'natural', mas produzida *como* ignorância, tem colaborado, e muito, com tal tendência. Mesmo quando os autores da corrente hegemônica de estudos do tema discursam aparentemente de maneira crítica sobre questões sociais ou ambientais, a metodologia que embasa seus discursos é de caráter econômico. Mas discursar sobre o turismo é discursar sobre uma atividade econômica que, como vimos, altera profundamente os ambientes e a cultura os quais encampa. Quanto ao atual padrão de grande parte das reflexões acadêmicas brasileiras sobre o turismo, Debord nos adverte que

> [...] o indivíduo que foi marcado pelo pensamento espetacular empobrecido, *mais do que por qualquer outro elemento de sua formação,* coloca-se de antemão a serviço da ordem estabelecida, embora sua intenção subjetiva possa ser o oposto disso. Nos pontos essenciais, ele obedecerá à linguagem do espetáculo, a única que conhece, aquela que lhe ensinaram a falar. Ele pode querer repudiar essa retórica, mas vai usar a sintaxe dessa linguagem. Eis um dos aspectos mais importantes do sucesso obtido pela dominação espetacular"[15].

Por um lado, não bastam as boas intenções dos pesquisadores que estão procurando defender a ideia de turismo, é necessário que estes revisem essencialmente sua condição no campo de disputas ao qual pertencem. Muitos professores e estudantes em todo o país estão procurando desenvolver 'melhores práticas' para o turismo, mas há condições subterrâneas que eles não têm conseguido enxergar. E, é preciso reafirmar, essas condições afetam toda sua atuação em pesquisa e na educação.

Por outro lado, a relação entre a corrente hegemônica de estudos sobre o turismo no Brasil e o imperativo econômico que busca legitimar essa atividade se estreita a olhos vistos. Nessa corrente de estudiosos do turismo, "o pensamento científico escolheu pôr-se a serviço da dominação espetacular"[16]. Para nós, não se trata de pensamento científico, mas de uma pseudociência produzida para legitimar o mercado. E os conhecimentos sobre o turismo no Brasil têm sido produzidos, de acordo com as análises realizadas neste livro, no sentido de se legitimar a prática turística. Entendemos que "quando a todo-

---

15. Guy Debord, *A sociedade do espetáculo: comentários sobre a sociedade do espetáculo*, op. cit., p. 191.
16. *Ibidem*, p. 197.

-poderosa economia enlouqueceu – *e os tempos espetaculares são exatamente isso* –, ela suprimiu os últimos vestígios da autonomia científica, tanto no plano metodológico quanto no plano das condições práticas da atividade dos 'pesquisadores'"[17]. Isso tem reflexos claros na produção acadêmica legitimadora do turismo no Brasil, como pudemos verificar.

A ciência a serviço do capital e de sua ação unidirecional em busca do lucro torna-se instrumento de legitimação, assim, "já não se pede à ciência que compreenda o mundo ou o torne melhor. Pede-se que ela justifique instantaneamente tudo o que é feito"[18]. A produção de trabalhos acadêmicos que visam criar, desenvolver, melhorar as *commodities* turísticas é grande. Ao analisarmos essas ações, não podemos chegar a outra consideração que não a de que "tão estúpida neste terreno quanto em todos os outros, que ela explora com a mais nociva irreflexão, a dominação espetacular derrubou a árvore gigantesca do conhecimento científico com a finalidade única de talhar uma matraca"[19].

As alternativas ao modelo neoliberal proposto para o turismo parecem não existir e são mesmo produzidas como tal. Isso é justamente o que esse poder quer que seja aceito como verdade. Essa é uma ideia artificial, sedutora e redutora. O estudo acadêmico que tenta legitimar o turismo está recheado dessa imobilidade e procura gerar mais mercado, ao invés de, eminentemente, questioná-lo. A crítica a esse modelo de estudos do turismo existe, mas, de forma geral, está desarticulada; parece até estar imobilizada.

Os autores das correntes hegemônicas, que aqui analisamos, acreditam que os estudos do 'setor' devem ter como objetivo primeiro "o de encontrar mecanismos que possibilitem a todos os seres humanos a prática do turismo de forma ética, aliada à preservação ambiental, distribuição justa de renda, integração social e enriquecimento cultural"[20]. Nas condições atuais isso é um absurdo. Como vimos, esse objetivo traz uma pesada contradição sistêmica. A realização das prescrições desses autores é equivalente à produção de danos irreversíveis a todo o planeta Terra, seus lugares e suas culturas. A exploração do mercado do turismo é impossível de ser estendida a todos os seres humanos sem que cause danos – irreversíveis, nos parece – à nossa presença neste planeta. E, na continuidade da tentativa de se expandir indefinidamente o mercado

---

17. *Ibidem*.
18. *Ibidem*, pp. 197-8.
19. *Ibidem*.
20. Alexandre Panosso Netto, *Filosofia do turismo: teoria e epistemologia*, São Paulo: Aleph, 2005, p. 154.

do turismo – como quer a academia nacional legitimadora da atividade –, não haverá ética, preservação ambiental, distribuição justa de renda, nem integração social ou enriquecimento cultural; haverá, sim, desigual concorrência, degradação ambiental, graves problemas de concentração de renda, exploração social e nivelamento cultural tomado por baixo, haja vista que as culturas e ambientes serão comodificados, por meio dos clichês turísticos.

A mídia, como dissemos, participa de todo o processo como um ator fortemente colonizado pelo mercado. Sua forma de produzir e comunicar o turismo apresenta problemas com racismos, sexismos e etnocentrismos, problemas que se apresentam tanto na ordem subjetiva quanto na objetiva, tanto para turistas quanto para os objetos de seu olhar. A produção do 'outro' é, via de regra, estereotipada e empobrecedora. Os clichês elaborados pela mídia mais reforçam problemas que apresentam possibilidades de sua superação, mais limitam a compreensão que possibilitam o entendimento e o contato. Dessa forma, a mídia tem atuado como ferramenta de *marketing* a favor do mercado. Não discute efetivamente os problemas do turismo. Se os discute, é do ponto de vista espetacular/invisível que procuramos denunciar neste livro. Não abre um debate democrático a respeito das mazelas da atividade. Apresenta apenas aventura e *glamour*, gerando novas expectativas e desejos de consumo. Participa fortemente da produção de subjetividade capitalista e opera para a confirmação do turismo com algo 'legítimo'. E disso tudo retira muitos lucros. Assim fazendo, apenas reforça desigualdades e injustiças.

Compreendemos que a forma como o turismo tem sido produzido não é mais possível, nem mesmo desejável. E não se trata mais de propor 'melhores práticas' a esse padrão de produção. Trata-se de afirmar que fazer turismo no padrão contemporâneo não ajuda a construir um mundo melhor, pois, da maneira como ele vem sendo feito, é produtor de empobrecimento e desperdícios de experiência. Ao tratar tudo como atrativo turístico, impossibilita contatos, promove cegueiras, afasta ligações entre as pessoas, explora e prejudica muitos para privilégio e gozo de poucos. O capital, por meio das atividades do turismo, está estendendo seu domínio aos mais diversos âmbitos e situações. Apontamos aqui três categorias básicas que nos ajudarão na compreensão da intensa produção de subjetividade capitalista realizada no planejamento e na comunicação do turismo: o espaço, o tempo e a linguagem.

- *O planejamento espetacular do espaço*, sua ordenação para a materialização das dinâmicas do mercado – a transformação do espaço em espaço *da mercadoria* –, provocando todo tipo de discrepância de tratamento entre quem tem e quem não tem;
- *O tempo* que é cooptado pela produção do capital, tornando assim a relação das pessoas, com o 'passar' de suas vidas, algo comodificado, notadamente na ideia de tempo livre, fundamental ao turismo;
- *O uso da linguagem* que, por meio do léxico do mercado, cada vez mais estabelece quem somos e nossa identidade; como nos comunicamos e nos relacionamos com os outros; como estabelecemos nossas crenças, inteligimos o mundo e agimos sobre ele.

A primeira epígrafe desta obra chamou a atenção para nosso objetivo de 'denunciar a mediocridade', 'não dar trégua' ao mercado, e contra ele 'lutar constantemente'. A isso nos dedicamos e para isso convidamos outros pesquisadores.

Até aqui procuramos mostrar a dinâmica da comodificação e as inúmeras relações de poder que a acompanham. Não tivemos – já sabíamos disso ao início do trabalho – condições de resolver todos os problemas ou sequer listá-los exaustivamente, nem foi essa a nossa intenção. Assuntos importantes foram apontados, mas não puderam ser devidamente aprofundados. Diante disso, se desdobra a necessidade de continuarmos empreendendo estudos efetivamente críticos ao turismo.

O que queremos aqui é também estimular outros pesquisadores a empreenderem seus próprios estudos críticos sobre o tema – esse, sim, foi nosso grande objetivo desde o início. Nesse âmbito, o turismo (o mercado, a produção discursiva, o *marketing*, o planejamento, a economia, entre tantos outros possíveis objetos de análise) deve ser encarado como objeto de estudos multidisciplinar privilegiado por parte das ciências sociais e das humanidades para a compreensão crítica da atuação do mercado na contemporaneidade. Assim, os estudiosos da sociologia, da ecologia, os filósofos, historiadores e antropólogos, aqueles que se dedicam às ciências políticas e jurídicas etc. devem empreender estudos críticos ao tema em questão.

A ideia de turismo como ciência autônoma deve ser fortemente combatida, pois é uma estratégia falaciosa do mercado, de seus agentes e de sua estrutura legitimadora para que o potencial crítico das ciências sociais e das demais ciências seja neutralizado e, assim, não incomode os desígnios daqueles que só têm a ganhar com a exploração do mercado e suas injustiças. Uma ciência do turismo será uma ciência a serviço do capital.

Precisamos procurar por fissuras nos discursos pró-turísticos para elaborarmos estudos que realmente venham a sacudir a montanha de lugares-comuns que vem sendo fabricada pelo mercado e sua estrutura de legitimação, relexicalizando, confundindo, empobrecendo os saberes do senso comum, da ciência e da filosofia, e reduzindo as possibilidades efetivas da paz, da produção de encontros saudáveis não hierarquizados, da democracia, e da cidadania. Para que possamos ter tudo isso, é preciso que nos ocupemos mais em produzir estudos que "ajudem as pessoas a viver com alguma medida de compreensão e dignidade"[21]. Nossa intenção aqui é claramente definida por Bauman, quando ele fala sobre as 'utopias iconoclastas'. Nesse sentido, a necessidade de se empreender estudos críticos ao turismo é a necessidade de

> [...] desconstruir, de desmistificar e, em última instância, de desacreditar os valores da vida dominante e suas estratégias de tempo, através da demonstração de que, contrariamente às crenças atuais, em vez de assegurarem uma sociedade ou vida superior, constituem um obstáculo no caminho de ambas[22].

Atualmente, as formas pelas quais o turismo tem sido pensado, estudado, planejado, comunicado, executado e consumido mais bloqueiam que possibilitam uma sociedade emancipada. Não podemos nos conformar e nos confortar com essa situação. Antes, é necessário desconforto, desassossego e incômodo. As perguntas que devem ser feitas não estão sendo feitas. Ninguém precisa se preocupar com a resposta se a pergunta for feita de maneira incorreta, superficial ou acrítica. Urge a proposição de novas perguntas e novos enfrentamentos.

Quanto aos agentes do mercado, não podemos ser inocentes e acreditar que eles, por conta própria, abrirão mão dos lucros que podem vir com a exploração dos lugares e pessoas do turismo, mesmo com as consequentes mazelas que isso tem causado a tantos. Os autores, pesquisadores, professores e estudantes, procurando tomar mais consciência de que a ciência é um campo político,

---

21. Neil Postman, *Tecnopólio: a rendição da cultura à tecnologia*, op. cit., p. 164.
22. Zygmunt Bauman, entrevista a Dennis de Oliveira. Dennis de Oliveira, "A utopia possível na sociedade líquida", op. cit., pp. 14-8.

precisam declarar verdadeira guerra ao que está acontecendo. O Poder Público realmente comprometido com seu povo procurará produzir condições de efetivas trocas para as pessoas e anseios do povo, e não formatar o povo para atender às exigências da exploração de um mercado extraterritorial. A mídia pode abrir campo para um debate realmente democrático em torno das consequências que a exploração turística pode trazer para aqueles que com ela se envolvem. As comunidades que vêm sendo exploradas pelo turismo precisam se emancipar, reinventar sua condição no mundo, lutar contra esse inimigo que se lhes apresenta. E, ao menos em nosso entendimento, não se entregar totalmente à sua turistificação, pois isso lhes subtrairá a autonomia.

É necessário que todos nós procuremos "reapreciar a finalidade do trabalho e das atividades humanas em função de critérios diferentes daqueles do rendimento e do lucro"[23].

Havíamos falado na heteronomia capitalista do turismo, mas aqui precisamos falar em heteronomias, no plural, a fim de apresentarmos as ambiguidades que o termo carrega. A exploração pós-moderna da polissemia da palavra heteronomia nos permite buscar chaves para outras possibilidades.

Buscando outra heteronomia

Tal problemática, no fim das contas, é a da produção da existência humana em novos contextos históricos.

Guattari

Gosto de ser gente porque, mesmo sabendo que as condições materiais, econômicas, sociais e políticas, culturais e ideológicas em que nos achamos geram quase sempre barreiras de difícil superação para o cumprimento de nossa tarefa histórica de mudar o mundo, sei também que os obstáculos não se eternizam.

Freire

A vida é o que fazemos dela. As viagens são os viajantes. O que vemos, não é o que vemos, senão o que somos.

Fernando Pessoa

---

23. Félix Guattari, *As três ecologias*, op. cit., p. 42.

Na contemporaneidade, a heteronomia do turismo descrita há pouco (a da dependência econômica externa) se mostra aparentemente como vencedora. Não obstante, há outra heteronomia. Visitemos Nietzsche:

> O mel, segundo Heráclito, é a um tempo amargo e doce, e o próprio mundo é um vaso de mistura que tem de ser continuamente agitado. Da guerra dos opostos nasce todo vir-a-ser: as qualidades determinadas, que nos aparecem como durando, exprimem apenas a preponderância momentânea de um dos combatentes, mas com isso a guerra não chegou ao fim, a contenda perdura pela eternidade[24].

Essa ambiguidade da palavra 'heteronomia' – assumida plenamente na condição contemporânea da pós-modernidade – pode mostrar-se como uma das chaves de ingresso para possíveis produções do novo com relação aos deslocamentos humanos sobre a Terra. Assim, heteronomia tem *também* outro sentido: 'heter(o)-' (diferente)[25] + '-nomos' (território, província, distrito)[26] significa 'um território diferente'. Ora, um território diferente do habitual *deveria ser* justamente o lócus do turismo: o outro. Entendamos território aqui como lugares, pessoas, culturas, outros territórios existenciais, de subjetividade com os quais as pessoas (fora de seu cotidiano) podem vir a se confrontar. Esse sentido da heteronomia se antagoniza profundamente ao que foi, por nós, há pouco explorado – o da sujeição a uma lei exterior: dependência externa econômica do outro.

Isto posto, queremos defender que a própria heteronomia pode se voltar contra a dominação espetacular/invisível do turismo. Aqui podem se abrir possibilidades para o novo, o diferente, para encontros diferentes, para o reconhecimento do outro e o autorreconhecimento, afinal "cada um só existe no e pelo olhar do outro"[27]. Então, exploremos o potencial dessa polissemia pós-moderna para apontarmos uma série de possibilidades de aberturas, novas hipóteses, em fragmentos na forma de aforismos que nos ajudem a elaborar

---

24. Friedrich Nietzsche, "A filosofia na época da tragédia grega", *in*: José Cavalcanti de Souza, *Os pré-socráticos: fragmentos, doxografia e comentários*, Coleção Os Pensadores, São Paulo: Abril Cultural, 1978, p. 104.
25. Antônio Houaiss e Mauro de Salles Villar, *Dicionário Houaiss da língua portuguesa, op. cit.*, p. 1522.
26. *Ibidem*, p. 2025.
27. Michel Maffesoli, *Notas sobre a pós-modernidade: o lugar faz o elo*, Rio de Janeiro: Atlântica, 2004, p. 27.

novas pistas e vias de apreensão dos encontros das pessoas em trânsito fora do seu lugar de residência.

Frente ao desejo de universalização e totalidade imposto na questão da produção da equivalência geral do sistema capitalista urge usarmos as fragmentações pós-modernas como arma contra-hegemônica. Tal sistema totalitário apresenta brechas internas e rachaduras externas e é nelas que precisamos atirar para produzirmos novidades contra esse mesmo sistema.

Se a Modernidade, o Ocidente e o sistema capitalista apostam no in-divíduo, na pós-modernidade, é pelo reconhecimento do 'dividual' que devemos lutar. A construção do in-divíduo, pelas instâncias acima citadas, é uma aposta numa ruptura do estar-com-os-outros. In-dividualizados operamos como consumidores e é isso que o mercado quer, assim ele mantém refém aquele que acredita ser uno e estar só. Mas é justamente isso que é a base de sustentação do mercado. No entanto, retomemos Holanda e seu homem cordial. Neste,

> [...] a vida em sociedade é, de certo modo, uma verdadeira libertação do pavor que ele sente em viver consigo mesmo, em apoiar-se sobre si próprio em todas as circunstâncias da existência. Sua maneira de expansão para com os outros reduz o indivíduo, cada vez mais, à parcela social, periférica, que no brasileiro – como bom americano – tende a ser a que mais importa. *Ela é antes um viver nos outros*[28].

Essa cordialidade brasileira, que é "um viver nos outros", mostra-nos pistas de que a heteronomia, este outro território, pode ser também uma arma na luta contra o in-divíduo solitário. Pode ser mais, tornar-se um elogio ao 'vagabundo-dividual', ou seja, romper com o mito do in-divíduo como aquele que não se divide, que é uno, e afirmar que "aquilo que se reputa como indivisível, o indivíduo é, antes de mais nada, fragmentado"[29]. Por essa via, podemos procurar diminuir a resistência do indivíduo ao encontro, à troca intersubjetiva rumo às vagabundagens pós-modernas: para poder marcar encontros existenciais com o *outro* (o outro ser humano, o outro lugar, a outra cultura, o outro tempo...), encontros consigo mesmo. Queremos provocar "fusões e confusões de diversas ordens, que não deixam de lembrar o mito Dionisíaco"[30]. Essas possibilidades, hoje, ao nosso ver, estão sendo bloqueadas pela atual produção do

---

28. Sérgio Buarque de Holanda, *Raízes do Brasil*, op. cit., p. 147.
29. Michel Maffesoli, *Notas sobre a pós-modernidade: o lugar faz o elo*, op. cit., p. 91.
30. *Ibidem*, p. 27.

turismo. Contra esse bloqueio precisamos investir energia em "novas práticas sociais, novas práticas estéticas, novas práticas de si na relação com o outro, com o estrangeiro, com o estranho"[31];

Duas reflexões se fazem necessárias: uma sobre o 'indivíduo', outra sobre o 'estranho'. Para refletirmos sobre as fragmentações do indivíduo, acompanhemos Morin[32]:

> Pode-se dizer também que todo indivíduo, mesmo aquele reduzido à mais banal das vidas, constitui um cosmo. Contém a multiplicidade interior, as personalidades virtuais, uma infinidade de personagens quiméricos, uma poliexistência no real e no imaginário, o sono e a vigília, a obediência e a transgressão, o ostensivo e o secreto, efervescência larvar em suas cavernas e abismos insondáveis. Cada um contém galáxias de sonhos e de fantasias, impulsos indomáveis de desejos e de amores, abismos de infelicidade, vastidões de indiferença gelada, abrasamentos de astros em fogo, avalanches de ódio, extravios idiotas, clarões de lucidez, tempestades de demência... Cada um contém uma solidão inacreditável, uma pluralidade extraordinária, um cosmo insondável [...] Cada um contém a multiplicidade e inúmeras potencialidades mesmo permanecendo um indivíduo sujeito único[33].

É preciso rebeldia frente às demandas impositivas do aprisionamento de toda a subjetividade e potência a uma ideia nociva de indivíduo. É justamente esse empobrecimento brutal que leva as pessoas dessa cultura ao consumo como forma de existência. Esvaziados de si, resta-lhes (resta-nos?) consumir. Que vingue, então, uma energia rebelde: a "genealogia do espírito rebelde remete-nos, primeiro, a uma revolta contra uma concepção estática de indivíduo"[34].

E quanto ao 'estranho'? Quem é ele? Quem está habilitado a dizer o que é e o que não é estranho? No atual contexto da produção do turismo, o estranho é discursivamente construído de maneira a se apresentar protegido e ser vendido em "embalagem segura"[35]. Vimos isso o tempo todo nos exemplos apresentados, mas, explorando as ambiguidades da heteronomia turística, vemos que

---

31. Félix Guattari, *As três ecologias, op. cit.*, p. 55.
32. Cf. Edgar Morin, *O método 5: a humanidade da humanidade*, Porto Alegre: Sulina, 2007.
33. *Ibidem*, pp. 93-5.
34. Michel Maffesoli, *Notas sobre a pós-modernidade: o lugar faz o elo, op. cit.*, p. 92.
35. Jacques Wainberg, "Anotações para uma teoria do turismo: a indústria da diferença", *in*: Susana Gastal, *Turismo: 9 propostas para um saber-fazer, op. cit.*, 2002.

[...] há, porém, uma genuína oportunidade emancipadora na pós-modernidade, a oportunidade de depor as armas, suspender as escaramuças de fronteira empreendidas para manter o estranho afastado, desmontar o minimuro de Berlim erigido diariamente e destinado a manter distância, separar. Essa oportunidade não se acha na celebração da etnicidade nascida de novo e na genuína ou inventada tradição tribal, mas em levar à conclusão a obra do "desencaixe" da modernidade, mediante a concentração no direito de escolher a identidade de alguém como a única universalidade do cidadão e ser humano, na suprema e inalienável responsabilidade individual pela escolha – e mediante o desnudamento dos complexos mecanismos administrados por estado ou tribo e que têm em mira despojar o indivíduo dessa liberdade de escolha e dessa responsabilidade. A unicidade humana depende dos direitos do estranho, não do problema sobre o que – o estado ou a tribo – está habilitado a decidir quem são os estranhos[36].

As "escaramuças de fronteira" cuidadosamente empreendidas para manter o estranho em embalagem segura são o clichê turístico. Aqui, há uma possível chave contra essa violência que busca, a todo custo, aprisionar a subjetividade cambiante das pessoas e culturas num estático emblema para consumo, um cartaz representado por expressões do tipo 'nosso povo é assim!' – e esse 'assim' é sempre "Sensacional!". Por meio do efetivo 'desencaixe' moderno, cada um deve ter o direito de assumir para si a identidade que lhe apetece, no momento em que lhe apetece e por quanto tempo lhe apetecer: esse direito (de ser o que se quer ser, enquanto se quer ser) deve ser universalmente possível ao ser humano. Aqui temos uma das grandes brechas, que na verdade já se mostra como uma imensa fenda aberta na estrutura do capital. O mercado não quer essa promiscuidade de identidades, ele "abomina a autogestão e a autonomia"[37], e se ele não as quer, é nelas que devemos investir toda nossa energia. Precisamos romper com essa "relação aparentemente inextrincável entre vida e mercado"[38] que permeia a crença do (e no) in-divíduo e que produz um estranho estereotipado e seguro disso – não mais estranho, não mais apto à troca e ao encontro.

---

36. Zygmunt Bauman, *Globalização: as consequências humanas*, op. cit., pp. 46-7.
37. Zygmunt Bauman e Tim May, *Aprendendo a pensar com a sociologia*, op. cit., p. 290.
38. *Ibidem*, p. 246.

> *Para aqueles que hoje têm suas vidas aprisionadas pelo clichê turístico, ou seja, aqueles que estão subjugados por uma 'lei exterior' (heterônomos, no sentido capitalista), pode ser possível libertar-se desses grilhões, deixarem de ser clichês e se tornarem estranhos (heterônomos – heteronomia como produtora de diferenças).*

É justamente no encontro com 'outros territórios' – territórios estranhos – que aqueles que se deslocam podem marcar novos encontros existenciais. Encontros do tipo Eu e Tu[39]. Parafraseando numa frase, supostamente atribuída a Fernando Pessoa: num encontro assim, "primeiro estranha-se, depois entranha-se" o outro.

Se o sistema aponta para o fortalecimento das fronteiras (contra os estranhos), é pela flexibilização destas que devemos trabalhar. Nesse sentido, a queda das fronteiras do in-divíduo permitirá maior contato entre ele e seus outros: outras pessoas, outras culturas, outros ambientes. Os encontros não mediatizados podem trazer ganhos para a vida das pessoas, desconfortos, revisão de valores etc. Assim, o estar-lá no 'outro lugar' – no 'heter(o)-nomos' –, no outro tempo (que não é o cotidiano), e deles se ocupar, pode se dar de uma maneira mais profunda, e não com o carregar de toda a bagagem cotidiana que o turismo atual projeta. Dessa forma, "já não há mais autonomia – sou a minha própria lei –, mas heteronomia: minha lei é o outro [... aí, então,] o que passa a predominar é realmente um presente que eu vivo com terceiros, num determinado lugar"[40]. Em viagem, o lugar é para ser vivido com os outros. Cada lugar é "um lugar e um espírito"[41].

Se é consenso imbecilizante o que o neoliberalismo busca e produz ininterruptamente, cabe a nós a provocação do "dissenso e a produção singular de existência"[42]. É necessário que questionemos *todos* os pressupostos, *todas* as informações dadas, somente assim poderemos produzir uma sociedade realmente autônoma. Para Bauman

---

39. Cf. Martin Buber, *Eu e tu*, São Paulo: Centauro, 2001.
40. Michel Maffesoli, *Notas sobre a pós-modernidade: o lugar faz o elo, op. cit.*, p. 27.
41. *Ibidem*, p. 63.
42. Félix Guattari, *As três ecologias, op. cit.*, p. 33.

[...] a sociedade é verdadeiramente autônoma quando 'sabe, tem que saber, que não há significados 'assegurados', que vive na superfície do caos, que ela própria é um caos em busca de forma, mas uma forma que nunca é fixada de uma vez por todas'. A falta de significados garantidos – de verdades absolutas, de normas de conduta pré-ordenadas, de fronteiras pré-traçadas entre o certo e o errado, de regras de ação garantidas – é a *conditio sine qua non* de, ao mesmo tempo, uma sociedade verdadeiramente autônoma e indivíduos verdadeiramente livres; a sociedade e a liberdade de seus membros se condicionam mutuamente[43].

Assim, ainda na luta contra o consenso neoliberal, devemos, portanto, lutar por um processo contínuo de ressingularização, no qual "os indivíduos devem se tornar a um só tempo solidários e cada vez mais diferentes"[44]. No caso da superação do turismo, precisamos afirmar e descobrir junto de Guattari[45] quais poderiam ser os "dispositivos de produção de subjetividade, indo no sentido de uma ressingularização individual e/ou coletiva, ao invés de ir no sentido de uma usinagem pela mídia, sinônimo de desolação e desespero"[46]. Isso pode abrir todo um campo de novas pesquisas sobre o deslocamento humano.

Se são dados estatísticos e certezas que os técnicos planejadores do turismo querem, nós queremos mergulhar e explorar as ambiguidades[47] "para que elas trabalhem para a humanidade e não mais para um simples reequilíbrio permanente do Universo das semióticas capitalistas"[48]. Poderosa arma da produção do consenso imbecilizante, as estatísticas e outros dados, tão festejados pelos planejadores do turismo, nada têm que ver com a vida das pessoas que se deslocam, nem com a vida das pessoas que moram nos 'outros lugares'. Esses números estão a serviço do mercado e do Estado capitalista. Aqui – ao contrário, por meio da exploração da ambiguidade da heteronomia – "convém fazer com que a singularidade, a exceção, a raridade funcionem junto com uma ordem estatal o menos pesada possível"[49]. Estatal e mercadológica o menos pesada possível.

Reiteramos, portanto, que a tarefa da crítica ao turismo é fazer com que aqueles que são tratados como 'objetos' (o outro, o estranho), tratamento esse

---

43. Zygmunt Bauman, *Modernidade líquida, op. cit.*, pp. 242-3.
44. Félix Guattari, *As três ecologias, op. cit.*, p. 55.
45. *Ibidem*.
46. *Ibidem*, p. 15.
47. Cf. Zygmunt Bauman, *Modernidade e ambivalência, op. cit.*
48. *Ibidem*, p. 35.
49. *Ibidem*.

que neste livro chamamos de 'ignorância', sejam reconhecidos como 'sujeitos' ('conhecimento', 'solidariedade') para que possa haver efetiva troca intersubjetiva. Somente de um encontro efetivamente 'não hierarquizado' é que poderia nascer efetiva troca, contaminação, estranhamento, reciprocidade, diálogo, produção de novas ideias, pensares e fazeres. Somente daí poderá haver reconhecimento do outro como sujeito, para, então, haver autorreconhecimento. Afinal, "a assunção de nós mesmos não significa a exclusão dos outros. É a 'outredade' do 'não eu', ou do *tu*, que me faz assumir a radicalidade do meu *eu*"[50].

Para finalizar essas reflexões, mas sem fechar as possibilidades para sua continuidade, ficamos com o desassossego poético de Fernando Pessoa, autor que se expressou de maneira(s) única(s) por meio de seus heterônimos – seus outros –, autor que foi vários, sendo um só:

> Viver é ser outro. Nem sentir é possível se hoje se sente como ontem se sentiu: sentir hoje o mesmo que ontem não é sentir – é lembrar hoje o que se sentiu ontem, ser hoje o cadáver vivo do que ontem foi a vida perdida. Apagar tudo do quadro de um dia para o outro, ser novo como cada nova madrugada, numa revirgindade perpétua da emoção – isso, e só isso, vale a pena ser ou ter, para ser ou ter o que imperfeitamente somos. Esta madrugada é a primeira do mundo. Nunca esta cor rosa amarelecendo para branco quente pousou assim na face com que a casaria de oeste encara cheia de olhos vidrados o silêncio que vem na lua crescente. Nunca houve essa hora, nem essa luz, nem este meu ser. Amanhã o que for será outra coisa, e o que eu vir será visto por olhos recompostos, cheios de uma nova visão. Altos montes da cidade! Grandes arquiteturas que as encostas íngremes seguram e engrandecem, resvalamentos de edifícios diversamente amontoados, que a luz tece de sombras e queimações – sois hoje, sois eu, porque vos vejo, sois o que [serei?] amanhã, e amo-vos da amurada como um navio que passa por outro navio e há saudades desconhecidas na passagem[51].

Estamos chegando ao final deste trabalho. Elaborar um trabalho como este – de análises críticas sobre o turismo – é algo bastante penoso. Chegar às conclusões que chegamos, não é menos – é preciso afirmar: não queremos esse turismo que aí se nos apresenta. Não queremos a dominação de um Estado/

---

50. Paulo Freire, *Pedagogia da autonomia: saberes necessários à prática educativa*, op. cit., p. 46.
51. Fernando Pessoa, *Livro do desassossego*, São Paulo: Companhia das Letras, 2006, p. 124.

mercado que transforma tudo em mercadoria. Repudiamos tais ideias. Desejamos, ao contrário, encontros não mediatizados entre pessoas diferentes, a contaminação, mistura, efetiva troca, desterritorializações, nomadismos, descobertas do novo. Buscamos outra heteronomia. Procuramos com este livro mostrar que muitas das faces da miséria humana são geradas a partir da produção da opulência para algumas pessoas apenas. A compreensão da dinâmica da comodificação nos traz à tona um problema que existe em nossas sociedades: a violenta manifest(ação) do Estado e do mercado em busca de lucros para alguns. O discurso neoliberal quer que acreditemos que não há saída para tal situação.

Este nosso estudo não neutraliza a dinâmica estudada. Saber que ela existe, trazê-la à luz, nominá-la e procurar compreendê-la não significa resolvê-la. Estes são apenas os primeiros passos. Há muito mais a ser feito. Mas acreditamos que quem participar, por ação ou omissão, do acobertamento ou, pior ainda, da negação da natureza alterável e contingente, humana e não inevitável da ordem social, notadamente do tipo de ordem responsável pela infelicidade, é culpado de imoralidade – de recusar ajuda a uma pessoa em perigo[52].

Assim, espero que este estudo possa ajudar àqueles que têm sofrido os efeitos da comodificação, àqueles que têm tido suas vidas e lugares dominados por tal dinâmica, a relacionar as condições e problemas de suas vidas a uma realidade social mais ampla. Espero que este estudo ajude essas pessoas (que podem ser moradores de uma localidade turística, servidores, turistas, mulheres e homens públicos, professores, pesquisadores e alunos) a começar a fazer conexões críticas entre sua condição de vida e os desígnios do Estado e do mercado. Isso pode representar o início de lutas efetivas em busca de diferentes tipos de emancipação frente às absurdas demandas do turismo contemporâneo. Eis aí nosso propósito: a busca de uma vida sem misérias. Por isso, devemos continuar a acreditar, denunciar, anunciar e agir.

---

52. Zygmunt Bauman, *Modernidade líquida*, op. cit., p. 246.

Se fiz bem, vamos manter silêncio;
Se fiz mal – vamos rir então
E fazer sempre pior,
Fazendo pior, rindo mais alto
Até descermos à cova.
Amigos! Assim deve ser?
Amém! E até mais ver!

FRIEDRICH NIETZSCHE

Posfácio: Qual será o futuro do turismo no pós-pandemia da Covid-19?

Este título é, de fato, uma provocação. Aqui não farei nenhum exercício de futurologia; a mim isso não compete. Mas uso o título para registrar algumas reflexões sobre a temática e encerrar esta obra, trazendo-a para o momento atual, tornando-a um livro datado – mas no melhor sentido da palavra.

Concluímos os trabalhos de edição deste texto no ano de 2020. Sendo fruto de uma tese de doutorado defendida em 2013, tal trabalho de edição tornou-se uma instigante revisão e atualização do que fora estudado à época. Penso que as questões abertas por esta obra se mantiveram atuais neste período de incubação e que podemos considerar este livro como uma proposta de retrospectiva crítica do turismo até o ano de 2019. Buscamos mostrar que o turismo opera como máquina de produção e reprodução de subjetividade capitalista.

No entanto, a partir de novembro de 2019, com o surgimento do novo Coronavírus (SARS-CoV-2) e a disseminação global da Covid-19, o movimento turístico mundial sofreu um gigantesco abalo[1], devido à impossibilidade de contato físico entre as pessoas – tema essencial ao movimento turístico – por conta do contágio do vírus.

Literalmente, o mundo parou de viajar – ao menos a turismo. Diversas fronteiras foram fechadas, aviões impedidos de decolar e pousar, transeuntes impedidos de desembarcar em países preocupados com a vertiginosa disseminação da doença. O turismo parou. Mas o mercado não! Desde o início da

---

1. O abalo foi civilizacional, todas as instâncias da vida foram tocadas pelo vírus, mas aqui, especificamente, tratamos da temática do turismo.

pandemia surgiu – quase concomitantemente – a discussão sobre "como será a retomada do turismo", afinal a indústria turística tão aclamada pelo WTTC[2] e pela OMT[3] não pode parar. A grande linha argumentativa desses organismos é bastante previsível:

→ vamos salvar a indústria/o setor do turismo, para que juntos possam garantir empregos e renda;
→ vamos salvar a indústria/o setor do turismo, para garantirmos a qualidade de vida das pessoas nos países afetados pela pandemia.

Desde o início desses discursos, ao ouvir e ler a imensa produção de futurologia da 'retomada do turismo' ou os discursos do 'novo normal', apenas ligo meus sinais de alerta e de saudável desconfiança crítica. Outros discursos, como os das 'novas solidariedades' ou do 'consumo turístico mais consciente e empático' etc., devem ser todos recebidos com grande desconfiança. Em primeiro lugar, porque, no momento em que vivemos, a pandemia da Covid-19 nos mostra as gigantescas diferenças sociais existentes e, agora, escancaradas. Não estamos todos no mesmo barco, como foi dito por quem tem muito privilégio e pouco interesse na reflexão: estamos todos no mesmo oceano de incertezas, mas uns estão a bordo de um *Symphony of The Seas*, com seus "362 metros de comprimento, repletos de atividades, *shows*, aventuras e experiências únicas!"[4], e outros estão na embarcação que – inevitavelmente – naufragou em Lampedusa, na Itália, deixando 130 mortos e 200 desaparecidos[5]. Essa é a metáfora mais apropriada, ao meu ver, para descrever a desigualdade com que a pandemia vem sendo vivida. Ora, quem não tem condições de sequer se manter vivo ou com trabalho digno durante este momento pandêmico, muito provavelmente não terá chances de participar da 'grande retomada' do turismo – portanto, a partir dessas constatações, é de se esperar que o turismo possa se tornar ainda mais elitista e discriminatório.

2. Você pode conhecer os discursos do WTTC sobre as ações do fórum para o combate à Covid-19 acessando: <https://wttc.org/covid-19>.
3. O mesmo com a OMT: <https://www.unwto.org/tourism-covid-19>.
4. Disponível em: <https://www.royalcaribbean.com.br/cruise_ships/symphony-of-the-seas/>. Acesso em: 17 ago. 2020.
5. Disponível em: <http://g1.globo.com/mundo/noticia/2013/10/tragedia-em-lampedusa-naufragio-deixa-130-mortos-e-200-desaparecidos.html>. Acesso em: 17 ago. 2020.

Futurologia não, mas perguntas podemos fazer:

→ Como se dará o controle das fronteiras entre os países no sentido dos fluxos turísticos e de suas sombras? Ou seja, como serão os controles sobre os turistas e os 'vagabundos' que querem cruzar as fronteiras nacionais, cada um em busca de suas 'necessidades'?
→ Como o discurso da preocupação com as questões sanitárias será usado para selecionar quem entra e quem sai dos países?
→ Qual será o papel do turismo regional, de pouca distância, na retomada? Será de valorização da proximidade, do contato com o outro que está ao meu lado? Será um contato ainda mais tomado pela voracidade consumidora – causada por esse refreamento obrigatório da 'volúpia da viagem' – ou ele poderá ser revisitado e, quem sabe, pôr em questão tal voracidade? Ou ainda, o que mais podemos esperar?
→ Como os grandes enunciadores aqui estudados estão se posicionando frente a essas novas demandas?
→ Serão as demandas do mercado que vão seguir determinando a vida das pessoas do planeta?
→ Como será o *Tourism for tomorrow*? Haverá alguma alteração no pensamento do grande mercado ou ainda seguiremos o adágio do WTTC de que "é essencial que o nosso planeta, nosso povo e nossos lucros estejam todos alinhados para o futuro da nossa indústria"[6]. Assim reeditamos a pergunta de Noam Chomsky: a retomada do turismo vai privilegiar o *lucro ou as pessoas*?[7]

Perguntas que fazemos não de maneira ingênua ou retórica, mas com a Esperança que nos moveu até aqui. Afinal, essa foi a tarefa que nos demos ao realizar este trabalho: elaborar perguntas incômodas. E insistimos em convidar outros pesquisadores a reeditar essas questões e ampliá-las para podermos produzir outros deslocamentos e relações sobre a face da Terra.

* * *

---

6. Disponível em: <www.wttc.org>. Acesso em: 17 ago. 2020.
7. Noam Chomsky, *O lucro ou as pessoas,* Rio de Janeiro: Bertrand Brasil, 2006.

Um segundo (e último) movimento deste posfácio traz uma reflexão que nos veio, num relance, ao olharmos para trás, para nossa obra e sua história! O evento sanitário que parou o turismo global foi classificado pela OMS como pandemia por conta de sua "rápida disseminação geográfica [...] em uma escala de tempo muito curta, [...] com níveis alarmantes de contaminação". Tudo isso foi causado pelo novo Coronavírus. Mas como esse vírus se espalhou mundialmente de maneira tão rápida e ampla?

Em primeiro lugar, por ele ser altamente contagioso[8] e sua transmissão se dar por meio de atos sociais, tais como apertos de mãos, trocas de fluidos (um espirro num ambiente fechado[9], ou mesmo aberto, pode manter o vírus no ar por horas) ou o compartilhamento de objetos quaisquer. Esses elementos todos são os mais banais dos contatos sociais e, por conseguinte, das atividades turísticas.

Em segundo lugar, o vírus 'ganhou o mundo' porque sabe viajar de avião, de navio, de trem, de ônibus... Um vírus que se infiltrou no corpo das pessoas e utilizou a poderosa (e desprotegida) rede física de comunicações planetárias que a humanidade, em seu estágio pós-moderno, criou. Ele usa a mesma rede que todos nós, turistas líquidos, usamos para fazer da Terra nosso quintal – e se possível, irmos além, segundo deseja o mercado.

Conseguimos, como humanidade, interligar todo o globo, mas não cuidamos da segurança sanitária[10] dessa comunicação e, em 2019-20, este intrigante evento aconteceu: num mundo em que os vírus digitais preocupam o planeta e as corporações, foi um vírus 'à moda antiga' que o paralisou.

Para entendermos aonde eu quero chegar, a perspectiva desta obra foi a de analisar o turismo como máquina de produção de subjetividade capitalista. Para tanto, em determinados momentos, usamos justamente a metáfora do contágio, pois ela nos ajuda a entender como ocorre uma junção de elementos díspares e como, por meio dessa junção, o capital introjeta seu poder no conhecimento, na cultura, na sensibilidade e na sociabilidade dos indivíduos[11]. Ao passo que escrevíamos este posfácio, percebemos que esse é o mesmo

---

8. Para saber mais: <https://coronavirus.saude.gov.br/sobre-a-doenca>. Acesso em: 17 ago. 2020.
9. O deslocamento do turismo de massa é repleto de lugares fechados: saguões de hotéis e aeroportos, aviões, ônibus, navios, elevadores de hotéis, entre tantos outros.
10. Entre muitos outros cuidados que não foram tomados. Mas, um cuidado o turismo (WTTC) sempre teve: certificar-se de que o trânsito de 'vagabundos' não interfira no de turistas.
11. Félix Guattari, *As três ecologias, op. cit.*

comportamento do vírus e pensamos ser importante explorar essa poderosa metáfora[12].

Vamos explorá-la estabelecendo, agora, seu primeiro elemento – o de sentido próprio: vamos conhecer 'o vírus' e seu 'comportamento'[13].

Um vírus é um agente infeccioso acelular, assim denominado por não apresentar as estruturas mínimas de uma célula[14] nem metabolismo próprio. Trata-se, basicamente, de material genético (DNA ou RNA) envolto por uma cápsula proteica. Os vírus, para que possam se reproduzir, precisam de uma célula hospedeira, podendo instalar-se em células bacterianas, vegetais, animais. Portanto, os vírus são considerados parasitas intracelulares obrigatórios. Para que o vírus possa introduzir seu material genético na célula parasitada, é necessário que a célula hospedeira apresente receptores específicos[15]. Assim, ao reconhecer tais estruturas, o vírus acopla-se à célula ou nela adentra. Após a inoculação do genoma viral, os vírus utilizam a maquinaria celular com a finalidade única de se reproduzirem. A célula passa a ser uma escrava do vírus e começa a produzir material genético e proteínas virais. Quando os vírus extrapolam a célula inicialmente contaminada, passam a contaminar outras células. Aí se dá o domínio do vírus sobre o organismo.

Não é exatamente esse o mecanismo que buscamos apresentar aqui durante todas as nossas análises? O capital age de maneira semelhante a um vírus e tem no turismo um de seus meios privilegiados de contágio.

O capital também pode ser visto como um agente infeccioso. Ele tem o poder de infectar outros organismos (bens culturais, esferas naturais, pessoas). O capital é um 'parasita obrigatório', pois – por meio do turismo – pode se reproduzir no interior de qualquer ideia; praticamente tudo pode ser contaminado pelo capital e transformado em imagem para consumo turístico (uma cidade, um parque, uma planta, um morcego, um camelo ou um homem). Para cada

---

12. Lembrando que a metáfora é uma figura de linguagem que permite a transposição de um certo sentido próprio a um figurado.
13. Mesmo para a ciência biológica, o vírus ainda constitui-se num mistério. Há muito debate em torno dos vírus, não nos cabe aqui um aprofundamento. Portanto, não é nossa intenção fazer um tratado sobre esse microrganismo. A quem tiver interesse, recomendamos o excelente livro de J. B. Reece *et. al.*, *Biologia de Campbell*, 10. ed., Porto Alegre: Artmed, 2015.
14. Estrutura mínima de uma célula: membrana plasmática, hialoplasma, material genético e ribossomos.
15. Para saber mais sobre os receptores, leia a matéria "ACE2: Conheça a proteína presente em nosso organismo que facilita entrada do SARS-CoV-2". Disponível em: <http://bioemfoco.com.br/noticia/ace2-proteina-que-facilita-entrada-do-sars-cov-2-no-organismo/>. Acesso em: 18 ago. 2020.

ente infectado, o capital produz um tipo de turismo – são os chamados segmentos turísticos.

A fim de se reproduzir, o capital se apropria do funcionamento dos organismos que ele contamina, atacando aquilo que 'era' em prol da (re)produção do próprio capital. O turismo invade os lugares, as culturas e as pessoas e subverte seu funcionamento 'metabólico' para, a partir do uso dos recursos (agora chamados turísticos) como matéria-prima, cumprir sua finalidade única: reproduzir a si mesmo. Quando o turismo acopla determinada localidade, toda a maquinaria social passa a responder a ele, e somente a ele[16]. O lugar e sua gente passam a ser seus serviçais e a produzir e reproduzir atrativos e imaginários de consumo (atualmente) de experiências. Quando os turistas extrapolam determinado lugar e o saturam, o capital volta a discursar sobre as pseudonovidades e, assim, passa a contaminar outras células, digo, outras culturas, outros lugares e pessoas. Aí se dá o domínio do vírus sobre o organismo; aí se dá o domínio do capital sobre a vida.

Se pensarmos a partir do ponto de vista da ecologia, o que temos, basicamente, no movimento capitalista do turismo é o deslocamento, quando os recursos de um local se exaurem, de uma horda de consumidores de ecossistemas, recursos naturais e culturais para outro lugar (uma pseudonovidade turística como *Boca del Toro* para o consumo acelerado do turismo[17]). 'Organismos' mais resistentes como Amsterdã ou Nova York têm força para brandir contra o turismo – ou o *overtourism*. Organismos mais fracos sucumbem à exploração.

Isso tem muito a dizer sobre as raízes estruturais do turismo: Ocidente, Modernidade e capital, e sua voracidade por transformar tudo aquilo que encontram em si mesmos – vimos isso em nossas análises o tempo todo. Por conta das demandas contemporâneas, essa exploração desenfreada foi lapidada pelos discursos da sustentabilidade, mas a sustentabilidade do turismo é mais uma peça retórica do que uma ação que mude algo significativo no panorama atual. Há muito o que fazer.

Os vírus precisam de hospedeiros, lembram? E, no turismo, a figura dos hospedeiros é simbólica demais! Eles são os agentes que, carregando o vírus em si (em suas células), podem levá-lo para outras pessoas (lugares ou culturas), contaminando-as e fazendo-as novos hospedeiros. No caso do capital,

---

16. Neil Postman, *Tecnopólio: a rendição da cultura à tecnologia, op. cit.*
17. Vide nota de rodapé 104, do capítulo 3.

uma vez contaminados, esses hospedeiros o (re)produzirão a partir de suas ações mais banais, assim como a célula infectada por um vírus nada mais faz que produzir vírus à imagem e semelhança de seu infectante.

O capital-vírus, por meio de sua forma por excelência[18], o turismo, contamina os mais diversos organismos. Vamos recapitular aqui alguns dos organismos abordados em nosso estudo: a LINGUAGEM (nosso objeto privilegiado de estudos), o DIREITO ao turismo, a CIDADANIA, os TURISTAS propriamente ditos, os MORADORES e TRABALHADORES do lugar turístico, o LUGAR TURÍSTICO em si e a categoria TEMPO.

I. A LINGUAGEM: toda e qualquer prática discursiva sobre o turismo, tocada pela contaminação do mercado, passa, a partir disso, a (re)produzir mercadorias fluidas híbridas (*commodities* turísticas). Nesse aspecto em especial, vimos o clichê turístico (com sua origem na mídia e no *marketing*) e sua metodologia que contamina outras áreas da existência, no caso, os discursos e a ação tanto do Poder Público quanto da academia. No âmbito do turismo, essa produção comodificada é desenvolvida por vários agentes e de várias formas.

II. O capital contamina a ideia de DIREITO quando cria sua versão contaminada de 'direito ao turismo'. Ideia essa construída como ética (*vide* análise do código de ética da OMT), positiva, afirmativa, desejada, moralmente aceitável, mas que traz consigo a legitimação da exploração capitalista de lugares e culturas. Assim se dá, igualmente, com a CIDADANIA contaminada pelos códigos do mercado. Desse modo, o que era cidadania agora é nicho de mercado, é diferencial competitivo, é oportunidade de novos negócios; é, enfim, cidadania comodificada.

III. Hospedeiros que levam o capital (e agora o Coronavírus), os TURISTAS foram lidos nesta obra como frutos de construções discursivas que se plasmam no real e que já nascem contaminados pelos códigos do mercado: discursivamente construídos como indivíduos desejantes e consumidores, para – de fato – operarem em seus desejos e anseios como agentes do capital.

---

18. Afirmamos que o turismo é a máquina de produção de subjetividade capitalista por excelência porque seus grandes enunciadores (WTTC, OMT) não cessam de dizer que ele é a indústria mais importante do mundo.

IV. Provavelmente, os hospedeiros mais frágeis são aqueles contaminados pelo mercado para serem os OBJETOS DO OLHAR DO TURISTA – entre eles, comunidades locais e trabalhadores do turismo[19] são exemplos centrais. Esses precisam se expor mais e torcer para que a contaminação se dê de maneira ampla e possa colocá-los no jogo do mercado. Para citarmos dois exemplos: (1) os 'indígenas-espetáculo', elaborados pela indústria turística a partir de seu próprio delírio imaginário e, portanto, esvaziados de significado próprio, precisam vender sua imagem-espetacular-falsificada para seguirem (sobre) vivendo, pois estão à franja do capital; (2) os corpos negros e sua cultura, apropriados pelo capital para seguirem servindo como *trabalhadores* – sempre nas piores condições possíveis – e *atrativos turísticos* – povos exóticos e calorosos aos neocolonizadores brancos na continuidade do exercício de poder da colonização.

V. O LUGAR é 'contaminado' pelo capital e se torna LUGAR TURÍSTICO. Pronto para receber os turistas, sejam eles mais ou menos aventureiros. Riquíssima aqui é a comparação; assim como quando um organismo está saturado por um vírus (que pode, inclusive, causar-lhe a morte), é hora de procurar outras paragens ainda não contaminadas. Movendo-se sem parar, esses desbravadores (achando-se mais aventureiros e menos turistas) comportam-se da mesma maneira que os vírus: são consumidores vorazes e eficientes. Para o turismo, o aventureiro é o agente de abertura (contaminação) de novos lugares para a exploração do capital.

VI. Analisamos, por fim, a categoria TEMPO e pudemos perceber como ela é fundamental para a compreensão do turismo e, ainda, como já está contaminada com os códigos do capital: 'tempo é dinheiro' – a dinâmica da comodificação age no mais profundo basilar da experiência das pessoas no turismo (tanto turistas-hospedeiros quanto aqueles que são os objetos de seu olhar). O que vem a partir daí está contaminado por seus códigos e só os reproduz.

---

19. Assim como temos percebido na crise da Covid-19, na qual muitas pessoas são muito mais vulneráveis que outras à contaminação. Não apenas por questões biológicas ou de imunologia, mas por questões de vulnerabilidade social.

Enfim, para encerrarmos esta obra, insistimos em nosso ponto de partida. É preciso produzir uma crítica bem estruturada do que é o turismo na contemporaneidade para que tenhamos condições de construir novas formas de deslocamentos sobre a Terra, que nos permitam ser mais que vorazes vírus destruidores de povos e paisagens.

Referências bibliográficas

ACKBERG, Igor; PRAPASAWUDI, Parkpoom. *An Analysis of Volunteer Tourism Using the Repertory Grid Technique*. University of Gotenburg, 2009. Disponível em: <https://gupea.ub.gu.se/bitstream/2077/20842/1/gupea_2077_20842_1.pdf>. Acesso em: jun. 2019.

ALFONSO, Louise Prado. *Embratur: formadora de imagens da nação brasileira*. 139f. Dissertação (Mestrado em Antropologia) – Instituto de Filosofia e Ciências Humanas, Universidade Estadual de Campinas. Campinas: 2006. Disponível em: <http://repositorio.unicamp.br/jspui/bitstream/REPOSIP/279143/1/Alfonso_LouisePrado_M.pdf>. Acesso em: jun. 2019.

ALMEIDA, Silvio. *Racismo estrutural*. Coleção Feminismos Plurais. São Paulo: Sueli Carneiro; Pólen, 2019.

ALVES, Kerley dos Santos. "Turismo e capacitação continuada na cátedra da Unesco: parceria na qualificação para inserção no mercado de trabalho de Ouro Preto – Brasil". *Revista Turismo & Desenvolvimento (Journal of Tourism and Development)*. Aveiro: 2012, v. 1, n. 17-8, pp. 457-65.

ALVES, Marcus Vinicius Barili. "Nota do editor". *In*: PANOSSO NETTO, Alexandre; GAETA, Cecília. *Turismo de experiência*. São Paulo: Senac, 2010.

ANDRADE, José Vicente de. *Turismo, fundamentos e dimensões*. São Paulo: Ática, 1997.

ANSARAH, Marília Gomes dos Reis. "Turismo de negócios para altos executivos". *In*: *Turismo: segmentação de mercado*. São Paulo: Futura, 2002.

_____. "Apresentação". *In*: DENCKER, Ada de Freitas Maneti. *Métodos e técnicas de pesquisa em turismo*. São Paulo: Futura, 2003.

ARRILLAGA, José Ignacio de. *Introdução ao estudo do turismo*. Rio de Janeiro: Rio, 1976.

ARRONES, Francisco Jurdao. *Los mitos del turismo*. Madrid: Endymion, 1992.

ATELJEVIC, Irena; DOORNE, Stephen. "Culture, Economy and Tourism Commodities: Social Relations of Production and Consumption". *Tourist Studies*. California: 2003, v. 3, n. 2.

AZARYA, Victor. "Globalization and International Tourism in Developing Countries: Marginality as a Commercial Commodity". *Current Sociology*. California: 2004, v. 52, n. 6.

AZEREDO, José Carlos de. *Gramática Houaiss da língua portuguesa*. São Paulo: Publifolha, 2011.

BADARÓ, Rui Aurélio de Lacerda. *Direito internacional do turismo: o papel das organizações internacionais no turismo*. São Paulo: Senac, 2008.

BANTON, Michael. *A ideia de raça*. Lisboa: Edições 70, 2015.

BARBOSA, Ycarim Melgaço. *História das viagens e do turismo*. São Paulo: Aleph, 2002.

BARRETTO, Margarita. "As ciências sociais aplicadas ao turismo". *In*: SERRANO, Célia; BRUHNS, Heloisa; LUCHIARI, Maria Tereza (org.). *Olhares contemporâneos sobre o turismo*. Campinas: Papirus, 2000.

_____. *Manual de iniciação ao estudo do turismo*. Campinas: Papirus, 2001.

BARRETTO FILHO, Abdon. "*Marketing* turístico para o espaço urbano". *In*: CASTROGIOVANNI, Antônio Carlos (org.). *Turismo urbano*. São Paulo: Contexto, 2000.

BAUDRILLARD, Jean. *Simulacros e simulação*. Lisboa: Relógio d'Água, 1991.

_____. *A sociedade de consumo*. Lisboa: Edições 70, 2007.

_____. *O sistema dos objetos*. São Paulo: Perspectiva, 2009.

BAUMAN, Zygmunt. *Ética pós-moderna*. São Paulo: Paulus, 1997.

_____. *Globalização: as consequências humanas*. Rio de Janeiro: Jorge Zahar, 1998.

_____. *Modernidade e ambivalência*. Rio de Janeiro: Jorge Zahar, 1999.

_____. *Modernidade líquida*. Rio de Janeiro: Jorge Zahar, 2001.

_____. *Amor líquido*. Rio de Janeiro: Jorge Zahar, 2004.

_____. *Vida líquida*. Rio de Janeiro: Jorge Zahar, 2007.

_____. *Vidas para consumo*. Rio de Janeiro: Jorge Zahar, 2008.

BAUMAN, Zygmunt; MAY, Tim. *Aprendendo a pensar com a sociologia*. Rio de Janeiro: Jorge Zahar, 2010.

BENI, Mario Carlos. *Análise estrutural do turismo*. São Paulo: Senac, 2006.

BHANDARI, Kalyan. "Touristification of Cultural Resources: a Case Study of Robert Burns". *Tourism: an International Interdisplinary Journal*. Zagreb: 2008, v. 56, n. 3, pp. 283-93. Disponível em: <http://hrcak.srce.hr/36621>. Acesso em: jun. 2019.

BIANCHI, Raoul. "The 'Critical Turn' in Tourism Studies: a Radical Critique". *Tourism Geographies: an International Journal of Tourism Space, Place and Environment*. Abingdon: 2009, v. 11, n. 4. Disponível em: <http://www.tandfonline.com/doi/full/10.1080/1461668090 3262653>. Acesso em: jun. 2019.

BÍBLIA SAGRADA. Trad. Antônio Pereira de Figueiredo. Lisboa: Barsa, 1996.

BIGNAMI, Rosana. *A imagem do Brasil no turismo*. São Paulo: Aleph, 2002.

BOMFIM, Altino. O ambiente conflituoso do ecoturismo na Chapada dos Veadeiros. *In*: Encontro Nacional da Associação Nacional de Pós-Graduação e Pesquisa em Ambiente e Sociedade, 2, 2004, Indaiatuba. *Anais digitais*. Disponível em: <http://www.anppas.org.br/encontro_anual/encontro2/>. Acesso em: jun. 2019.

BOORSTIN, Daniel. *The Image: a Guide to Pseudoevents in America*. New York: Vintage Books, 1992.

BOULLÓN, Roberto C. *Planejamento do espaço turístico*. Bauru: Edusc, 2002.

BOURDIEU, Pierre. "O campo científico". *In*: ORTIZ, Renato. *Pierre Bourdieu: sociologia*. São Paulo: Ática, 1983.

_____. "Efeitos de lugar". *In*: *A miséria do mundo*. Petrópolis: Vozes, 1997.

_____. *Contrafogos: táticas para enfrentar a invasão neoliberal*. Rio de Janeiro: Jorge Zahar, 1998.

_____. *A distinção: crítica social do julgamento*. São Paulo: Edusp/Porto Alegre: Zouk, 2007.

_____. *O poder simbólico*. Rio de Janeiro: Bertrand Brasil, 2010.

BOYER, Marc. *História do turismo de massas*. Bauru: Edusc, 2003.

BRASIL. Consolidação das Leis do Trabalho. 1977. Disponível em: <http://www.planalto.gov.br/ccivil_03/decreto-lei/del5452.htm>. Acesso em: jun. 2019.

_____. Constituição Federal. 1998. Disponível em: <http://www.planalto.gov.br/ccivil_03/constituicao/constituicao.htm>. Acesso em: jun. 2019.

_____. Plano Nacional do Turismo 2003-2007. Brasília: Ministério do Turismo, 2003. Disponível em: <http://www.turismo.gov.br/sites/default/turismo/o_ministerio/publicacoes/downloads_publicacoes/plano_nacional_turismo_2003_2007.pdf>. Acesso em: jun. 2019.

_____. Vivências Brasil: aprendendo com o turismo nacional. Brasília: Ministério do Turismo, 2006. Disponível em: <http://www.turismo.gov.br/sites/default/turismo/programas_acoes/qualificacao_equipamentos/galeria_qualificacooes_equipamentos/Relatorio_Rio_Janeiro.pdf>. Acesso em: jun. 2019.

_____. Plano Nacional do Turismo 2007-2010. Brasília: Ministério do Turismo, 2007a. Disponível em: <http://www.turismo.gov.br/sites/default/turismo/o_ministerio/publicacoes/downloads_publicacoes/plano_nacional_turismo_2007_2010.pdf>. Acesso em: jun. 2019.

_____. Programa de Regionalização do Turismo – módulo operacional n. 7 (Roteirização Turística). Brasília: Ministério do Turismo, 2007b. Disponível em: <http://www.turismo.gov.br/export/sites/default/turismo/o_ministerio/publicacoes/downloads_publicacoes/modulox20operacional_7_roteirizacao_turistica.pdf>. Acesso em: jun. 2019.

_____. Lei Geral do Turismo – 11.771. Brasília: Ministério do Turismo, 2008. Disponível em: <http://www.turismo.gov.br/export/sites/default/turismo/legislacao/downloads_legislacao/lei_11771_08_17_setembro_2008.pdf>. Acesso em: jun. 2019.

_____. Hábitos de consumo do turismo do brasileiro. Brasília: Ministério do Turismo, 2009. Disponível em: <http://www.turismo.gov.br>. Acesso em: jun. 2019.

_____. Manual da Marca Brasil. Brasília: Ministério do Turismo, 2010. Disponível em: <http://www.turismo.gov.br/export/sites/default/turismo/multimidia/logotipos_marcas/ galeria_arquivos_logotipos_marcas/m_brasil_nova_manual_1.pdf>. Acesso em: jun. 2019.

_____. Inventário da Oferta Turística. Brasília: Ministério do Turismo, 2011. Disponível em: <http://www.inventario.turismo.gov.br/invtur/downloads/formularios/ inventariacao _da_oferta_turistica.pdf>. Acesso em: jun. 2019.

_____. Plano Nacional do Turismo 2013-2016. Brasília: Ministério do Turismo, 2013. Disponível em: <http://www.turismo.gov.br/export/sites/default/turismo/noticias/todas_ noticias/Noticias_download/PNT_2013-2016.pdf>. Acesso em: jun. 2019.

_____. Plano Nacional do Turismo 2018-2022. Brasília: Ministério do Turismo, 2015. Disponível em: <http://www.turismo.gov.br/2015-03-09-13-54-27.html>. Acesso em: jun. 2019.

BRITTON, Robert A. "The Image of the Third World in Tourism Marketing". *Annals of Tourism Research*. July/Sept. 1979, v. 6, n. 3, pp. 329-81.

BRITTON, Stephen. "Tourism, Capital, and Place: Towards a Critical Geography of Tourism". *Society and Space*. 1991, v. 9, n. 4, pp. 451-78. Disponível em: <http://www.envplan.com/abstract.cgi?id=d090451>. Acesso em: jun. 2019.

BRYM, Robert et al. *Sociologia, sua bússola para um novo mundo*. São Paulo: Thomson, 2006.

BUBER, Martin. *Eu e tu*. São Paulo: Centauro, 2001.

BURNS, Peter. *Antropologia do turismo: uma introdução*. São Paulo: Chronos, 2002.

CAMPBELL, Colin. *A ética romântica e o espírito do consumismo moderno*. Rio de Janeiro: Rocco, 2001.

CAMPELO, Adriana; AITKEN, Robert; GNOTH, Juergen. "Visual Rhetoric and Ethics in *Marketing* Destinations". *Journal of Travel Research*. Jan. 2011, v. 50, n. 1, pp. 3-14. Disponível em: <http://jtr.sagepub.com/content/50/1/3.full.pdf+html>. Acesso em: jun. 2019.

CASCINO, Fabio. "Pensando a relação entre educação ambiental e ecoturismo". *In*: SERRANO, Célia; BRUHNS, Heloisa; LUCHIARI, Maria Tereza (org.). *Olhares contemporâneos sobre o turismo*. Campinas: Papirus, 2000.

CASCINO, Fabio; HINTZE, Helio. "Pedagogia do desassossego". *In*: FERRARO, Luiz Antônio. *Encontros e caminhos: formação de educadoras(es) ambientais e coletivos educadores*. Brasília: Ministério do Meio Ambiente, 2013, v. 3.

CASTAÑEDA, Quetzil. "The Neoliberal Imperative of Tourism: Rights and Legitimization in the UNWTO Global Code of Ethics for Tourism". *Practing Anthropology*. 2012, v. 34, n. 3, pp. 47-51. Disponível em: <http://www.academia.edu/1239696/The_Neoliberal_Imperative_of_Tourism_Rights_and_Legitimization_in_the_UNWTO_Global_Code_of_Ethics_galleys_>. Acesso em: jun. 2019.

CASTELLI, Geraldo. *Turismo: atividade marcante*. Caxias do Sul: Educs, 2001.

CASTROGIOVANNI, Antônio Carlos. "Por que geografia no turismo? Um exemplo de caso: Porto Alegre". *In*: GASTAL, Susana (org.). *Turismo: 9 propostas para um saber-fazer*. Porto Alegre: EdiPUCRS, 2002.

_____. *Turismo urbano*. São Paulo: Contexto, 2000.

CEGALLA, Domingos Paschoal. *Novíssima gramática da língua portuguesa*. São Paulo: Companhia Editora Nacional, 2012.

CHANG, T. C. "Heritage as a Tourism Commodity: Traversing the Tourist-Local Divide". *Singapore Journal of Tropical Geography*. 1997, v. 18, n. 1, pp. 46-68. Disponível em: <ftp://ftp.puce.edu.ec/Facultades/CienciasHumanas/Ecoturismo/ ArticulosTurismo/

Art%C3%ADculos%20cient%C3%ADficos/Turismo%20y%20 desarrollo/turismo_desarrollo_singapore.pdf>. Acesso em: jun. 2019.

CHOMSKY, Noam. *O império americano: hegemonia ou sobrevivência*. Rio de Janeiro: Elsevier, 2004.

_____. *O lucro ou as pessoas*. Rio de Janeiro: Bertrand Brasil, 2006.

COLE, Stroma. "Educação de comunidades receptoras". *In*: AIREY, David; TRIBE, John. *Educação internacional em turismo*. São Paulo: Senac, 2008.

CORIOLANO, Luzia Neide. *Do local ao global: o turismo litorâneo cearense*. Campinas: Papirus, 1998.

_____. "Turismo e degradação ambiental no litoral do Ceará". *In*: LEMOS, Amália Inês (org.). *Turismo: impactos socioambientais*. 2. ed. São Paulo: Hucitec, 1999.

COVER, Alonso Ramírez. *Neoliberalism and territorialization at Las Baulas Marine National Park – Costa Rica*. 49f. Dissertação (Mestrado em Estudo de Desenvolvimento) – Erasmus University Rotterdam. Rotterdam: 2011. Disponível em: <https://www.academia.edu/30164572/Neoliberalism_and_Territorialization_at_Las_Baulas_Marine_National_Park_Costa_Rica>. Acesso em: jun. 2019.

CREMERS, Gijs. *Shaping the sacred*. 90f. Dissertação (Mestrado em Antropologia) – Utrecht University. Utrecht: 2010. Disponível em: <http://igitur-archive.library.uu.nl/student-theses/2011-0222-200334/Gijs%20Cremers%20-%20Gijs_Cremers.Shaping.the.Sacred.Igitur.pdf>. Acesso em: jun. 2019.

CRUZ, Rita de Cássia Ariza da. "Políticas de turismo e construção do espaço turístico-litorâneo no Nordeste do Brasil". *In*: LEMOS, Amália Inês (org.). *Turismo: impactos socioambientais*. 2. ed. São Paulo: Hucitec, 1999.

_____. *Política de turismo e território*. São Paulo: Contexto, 2000.

_____. O planejamento governamental e a política de turismo: o que são e para que servem. *In*: Encontro Nacional de Geógrafos, 13, 2002, João Pessoa. *Anais*, 2002.

_____. "Políticas públicas de turismo no Brasil: território usado, território negligenciado". *Revista Geosul*. Florianópolis: 2005, v. 20, n. 40, pp. 27-43.

CUNHA, Licínio. *Economia e política do turismo*. Lisboa: McGraw Hill, 1997.

DEBORD, Guy. *A sociedade do espetáculo: comentários sobre a sociedade do espetáculo*. Rio de Janeiro: Contraponto, 2004.

DELEUZE, Gilles; GUATTARI, Félix. *Mil platôs, capitalismo e esquizofrenia*. São Paulo: Editora 34, 1997.

DEMO, Pedro. *A pobreza política*. Campinas: Autores Associados, 1996.

DENCKER, Ada de Freitas Maneti. *Métodos e técnicas de pesquisa em turismo*. 7. ed. São Paulo: Futura, 2003.

DIEGUES, Antônio Carlos Sant'Ana. *O mito moderno da natureza intocada*. 2. ed. São Paulo: Hucitec, 2004.

DIEKMANN, Anya; HANNAM, Kevin. "Touristic Mobilities in India's Slum Spaces". *Annals of Tourism Research*. 2012, v. 39, n. 3, pp. 1315-36. Disponível em: <http://ac.els-cdn.com/S0160738312000254/1-s2.0-S0160738312000254-main.pdf?_tid=044ba3a4-c244-11e2-9bd5-00000aab0f01&acdnat=1369160996_600348ab 99636ed 892f566a82 1f99f82>. Acesso em: jun. 2019.

DISCINI, Norma. *A comunicação nos textos*. São Paulo: Contexto, 2005.
EICHENBERG, Regia Maria Hermes. *Estudo das manifestações culturais coloniais do roteiro "Caminhos de Boa Vista": subsídio para a oferta de turismo cultural em Santa Cruz do Sul – RS*. 153f. Dissertação (Mestrado em Turismo e Hotelaria) – Universidade Vale do Itajaí. Balneário Camboriú: 2003.
FAIRCLOUGH, Norman. *Discurso e mudança social*. Brasília: Editora Unb, 2008.
FEATHERSTONE, Mike. *Cultura de consumo e pós-modernismo*. São Paulo: Studio Nobel, 1995.
FERNANDES, Antonio Jânio. *Transformações socioespaciais no litoral norte-rio-grandense: uma leitura das comunidades sobre o uso de seus territórios pelo turismo*. 153f. Tese (Doutorado em Geociências) – Universidade Estadual de Campinas. Campinas: 2011.
FERNANDES, Florestan. *A integração do negro na sociedade de classes*. São Paulo: Dominus/Edusp, 1965, v. 1.
FIORIN, José Luiz. *Elementos de análise de discurso*. São Paulo: Contexto, 2005.
FIORIN, José Luiz; SAVIOLI, Francisco Platão. *Para entender o texto: leitura e redação*. São Paulo: Ática, 2008.
FOOTPRINT HANDBOOKS. *South American handbook 2002*. Bath: Footprint Handbooks, 2002.
FOUCAULT, Michel. *Microfísica do poder*. Rio de Janeiro: Graal, 1979.
_____. *Nascimento da biopolítica*. São Paulo: Martins Fontes, 2008.
FRATUCCI, Aguinaldo Cesar. *A dimensão espacial nas políticas públicas brasileiras de turismo: as possibilidades das redes regionais de turismo*. 308f. Tese (Doutorado em Geografia) – Universidade Federal Fluminense. Rio de Janeiro: 2008. Disponível em: <http://www.bdtd.ndc.uff.br/tde_arquivos/26/DE-2009-05-28T131249Z-2005/Publico/Agnaldo%20Fractucci-Tese.pdf>. Acesso em: jun. 2019.
FREIRE, Paulo. *Pedagogia da autonomia: saberes necessários à prática educativa*. São Paulo: Paz e Terra, 2000.
FREIRE-MEDEIROS, Bianca. *Gringo na laje: produção, circulação e consumo da favela turística*. São Paulo: FGV, 2009.
FREUD, Sigmund. *O mal-estar da civilização*. Rio de Janeiro: Imago, 2002.
FREYRE, Gilberto. *Modos de homem & modas de mulher*. Rio de Janeiro: Record, 1987.
FÚSTER, Luis Fernández. *Introducción a la teoría y técnica del turismo*. Madrid: Alianza Universidad Textos, 1991.
GAETA, Cecília. "Turismo de experiência e novas demandas de formação profissional". *In*: PANOSSO NETTO, Alexandre; GAETA, Cecília. *Turismo de experiência*. São Paulo: Senac, 2010.
GARCIA, Othon Moacir. *Comunicação em prosa moderna: aprenda a escrever, aprendendo a pensar*. Rio de Janeiro: FGV, 2010.
GOELDNER, Charles R.; RITCHIE, J. R. Brent; MCINTOSH, Robert W. *Turismo: princípios, práticas e filosofias*. Porto Alegre: Bookman, 2003.
GOFFMAN, Erving. *A representação do eu na vida cotidiana*. Petrópolis: Vozes, 1983.
GUATTARI, Félix. *As três ecologias*. 12. ed. Campinas: Papirus, 2001.

GUIMARÃES, Antonio Sérgio Alfredo. "Como trabalhar com 'raça' em sociologia". *Educação e pesquisa*. São Paulo: 2003, v. 9, n. 1, pp. 93-107. Disponível em: <http://www.scielo.br/pdf/ep/v29n1/a08v29n1>. Acesso em: jun. 2019.

HARVEY, David. *Condição pós-moderna*. 12. ed. São Paulo: Loyola, 2003.

_____. *A Brief History of Neoliberalism*. Oxford: University Press, 2005.

HINTZE, Helio. *Guia de turismo: formação e perfil profissional*. São Paulo: Roca, 2007.

_____. *Ecoturismo na cultura de consumo: possibilidade de educação ambiental ou espetáculo?*. 137f. Dissertação (Mestrado em Ecologia Aplicada) – Escola Superior de Agricultura "Luiz de Queiroz". Piracicaba: 2008.

_____. *Ecoturismo na cultura de consumo: possibilidade de educação ambiental ou espetáculo?*. Jundiaí: Paco, 2013.

HINTZE, Helio; ALMEIDA JÚNIOR, António de. "Estudos críticos em turismo: a comunicação turística e o mito da democracia racial no Brasil". *Revista Turismo & Desenvolvimento (Journal of Tourism and Development)*. Aveiro: 2012a, n. 17-8, pp. 57-72.

_____. O clichê turístico e a produção da (in)diferença racial no Brasil. *In*: Comunicon – Congresso Internacional em Comunicação e Consumo, 2012b. São Paulo. *Anais digitais*.

_____. Mídia, turismo e racismo: estudos críticos. *In*: Encontro Nacional da Associação Nacional de Pós-Graduação e Pesquisa em Ambiente e Sociedade, 6, 2012c. Belém. *Anais digitais*. Disponível em: <http://www.anppas.org.br/encontro6/anais/ARQUIVOS/GT8-4-27-20120628161547.pdf>. Acesso em: jun. 2019.

HOBSBAWM, Eric. *A era dos extremos: o breve século XX (1914-1991)*. São Paulo: Companhia das Letras, 1998.

HOLANDA, Sérgio Buarque de. *Raízes do Brasil*. São Paulo: Companhia das Letras, 1997.

HOUAISS, Antônio; VILLAR, Mauro de Salles. *Dicionário Houaiss da língua portuguesa*. Rio de Janeiro: Objetiva, 2001.

IGNARRA, Luiz Renato. *Fundamentos do turismo*. São Paulo: Pioneira, 1998.

INSTITUTO BRASILEIRO DE ADMINISTRAÇÃO MUNICIPAL. *Manual de gerenciamento integrado de resíduos sólidos*. Rio de Janeiro, 2001.

INSTITUTO BRASILEIRO DE GEOGRAFIA E ESTATÍSTICA. *Contas regionais do Brasil. v. 37: Série Relatórios Metodológicos*, 2008. Disponível em: <ftp://ftp.ibge.gov.br/Contas_Regionais/2008/>. Acesso em: jun. 2019.

_____. *Censo demográfico 2010: população residente, por cor ou raça, segundo o sexo e os grupos de idade*. Rio de Janeiro, 2010. Disponível em: <http://www.ibge.gov.br/home/estatistica/populacao/censo2010/caracteristicas_da_populacao/tabelas_pdf/tab3.pdf>. Acesso em: jun. 2019.

_____. *Censo demográfico 2010: aglomerados subnormais. Primeiros resultados*. Rio de Janeiro, 2011. Disponível em: <http://biblioteca.ibge.gov.br/visualizacao/periodicos/92/cd_2010_aglomerados_subnormais.pdf>. Acesso em: jun. 2019.

JAFARI, Jafar. "Prefácio". *In*: PANOSSO NETTO, Alexandre; GAETA, Cecília. *Turismo de experiência*. São Paulo: Senac, 2010.

JOHNSTONE, Barbara. *Discourse Analysis*. Oxford: Blackwell, 2008.

JOHNSTON, Barbara R.; EDWARDS, Ted. "The Commodification of Mountaineering". *Annals of Tourism Research*. Oxford: 1994, v. 21, n. 3, pp. 459-78.

KENDALL, Diana. *Sociology in Our Times*. Wadsworth: Belmont, 1999.

KIMMEL, Michael; ARONSON, Amy. *The Gendered Society Reader*. New York/Oxford: Oxford University Press, 2004.

KNAFOU, Remy. "Turismo e território: por uma abordagem científica do turismo". In: RODRIGUES, Adyr B. *Turismo e geografia: reflexões teóricas e enfoques regionais*. São Paulo: Hucitec, 1996.

KRIPPENDORF, Jost. *Sociologia do turismo: para uma nova compreensão do lazer e das viagens*. São Paulo: Aleph, 2006.

LA TORRE, María Genoveva Millán Vázquez de; NARANJO, Leonor M. Pérez; FERNÁNDEZ, Emilio Morales. "Tourist Satisfaction about Religious Events in Andalusia". *Revista Turismo & Desenvolvimento (Journal of Tourism and Development)*. Aveiro: 2012, v. 1, n. 17-8, pp. 189-97.

LAGE, Beatriz; MILONE, Paulo César. *Economia do turismo*. Campinas: Papirus, 1991.

_____. "Fundamentos econômicos do turismo". In: *Turismo: teoria e prática*. São Paulo: Atlas, 2000.

LAKOFF, George; JOHNSON, Mark. *Metáforas da vida cotidiana*. Campinas: Mercado das Letras/São Paulo: Educ, 2002.

LANFANT, Marie-Françoise. "Introduction: Tourism in the Process of Internationalization". *International Social Science Journal*. 1980, v. 32, n. 1. Disponível em: <http://unesdoc.unesco.org/images/0003/000383/038317eo.pdf>. Acesso em: jun. 2019.

LATOUCHE, Serge. *A ocidentalização do mundo: ensaio sobre a significação, o alcance e os limites da uniformização planetária*. Rio de Janeiro: Vozes, 1994.

LAXSON, J. "How 'We' See 'Them': Tourism and Native American". *Annals of Tourism Research*. 1991, v. 18, pp. 365-91. Disponível em: <http://www.sciencedirect.com/science/article/pii/016073839190047F>. Acesso em: jun. 2019.

LEFF, Enrique. *Racionalidade ambiental: a reapropriação social da natureza*. Rio de Janeiro: Civilização Brasileira, 2006.

LEMOS, Leandro de. *Turismo: que negócio é esse?*. Campinas: Papirus, 1999.

LIMA, Luiz C. "O planejamento regional ajuda o turismo". In: YÁZIGI, Eduardo; CARLOS, Ana Fani A.; CRUZ, Rita de Cássia A. *Turismo: espaço, paisagem e cultura*. 2. ed. São Paulo: Hucitec, 1999.

LIPOVETSKY, Gilles. *Felicidade paradoxal: ensaio sobre a sociedade de hiperconsumo*. São Paulo: Companhia das Letras, 2007.

LOHMANN, Guilherme; PANOSSO NETTO, Alexandre. *Teoria do turismo: conceitos, modelos e sistemas*. São Paulo: Aleph, 2008.

LUCHIARI, Maria Tereza. "Urbanização turística: um novo nexo entre o lugar e o mundo". In: SERRANO, Célia; BRUHNS, Heloisa; LUCHIARI, Maria Tereza (org.). *Olhares contemporâneos sobre o turismo*. Campinas: Papirus, 2000.

_____. "Turismo, natureza e cultura caiçara: um novo colonialismo?". In: SERRANO, Célia. *Viagens à natureza: turismo, cultura e ambiente*. 4. ed. São Paulo: Papirus, 2001.

_____. Centros históricos: mercantilização e territorialidades do patrimônio cultural urbano. *In*: Encontro de Geógrafos da América Latina, 10, 2005. São Paulo. *Anais digitais*. Disponível em: <http://www.observatoriogeograficoamericalatina.org.mx/egal10/Geografiasocioeconomica/Geografiacultural/25.pdf>. Acesso em: jun. 2019.

LYOTARD, Jean-François. *A condição pós-moderna*. São Paulo: José Olympio, 1998.

MAFFESOLI, Michel. *Notas sobre a pós-modernidade: o lugar faz o elo*. Rio de Janeiro: Atlântica, 2004.

MARCUSE, Herbert. "Algumas implicações sociais da tecnologia moderna". *In: Tecnologia, guerra e fascismo*. São Paulo: Editora Unesp, 1999.

MARTINS, Carlos Augusto de Miranda e. *Racismo anunciado: o negro e a publicidade no Brasil 1985-2005*. 114f. Dissertação (Mestrado em Comunicação) – Universidade de São Paulo. São Paulo: 2009.

MARX, Karl; ENGELS, Friedrich. *A ideologia alemã. Feuerbach: a contraposição entre as cosmovisões materialista e idealista*. São Paulo: Martin Claret, 2006.

MBEMBE, Achille. *Crítica da razão negra*. 2. ed. Lisboa: Antígona, 2017.

MCCHESNEY, Robert W. "Introdução". *In*: CHOMSKY, Noam. *O lucro ou as pessoas*. Rio de Janeiro: Bertrand Brasil, 2006.

MCLUHAN, Marshall. *Os meios de comunicação como extensões do homem*. São Paulo: Cultrix, 2006.

MCPHAIL, Mark. *The Rhetoric of Racism*. Maryland: University Press of America, 1994.

MELLINGER, Wayne Martin. "Toward a Critical Analysis of Tourism Representations". *Annals of Tourism Research*. 1994, v. 21, n. 4, pp. 756-79. Disponível em: <http://www.academia.edu/989676/Toward_a_Critical_Analysis_of_Tourism_Representations>. Acesso em: jun. 2019.

MOESCH, Marutschka. "O fazer-saber turístico: possibilidades e limites de superação". *In*: GASTAL, Susana. *Turismo: 9 propostas para um saber-fazer*. Porto Alegre: EdiPUCRS, 2001.

MONTEJANO, Jordi Montaner. *Estrutura do mercado turístico*. São Paulo: Roca, 2001.

MORETTI, Edvaldo. *Pantanal, paraíso visível e real oculto: o espaço local e o global*. 192f. Tese (Doutorado em Geografia) – Universidade Estadual Paulista "Júlio de Mesquita Filho". Rio Claro: 2000.

MORIN, Edgar. *Cultura de massas no século XX: o espírito do tempo. v. 1: Neurose*. Rio de Janeiro: Forense Universitária, 2000.

_____. *Ciência com consciência*. Rio de Janeiro: Bertrand Brasil, 2005.

_____. *O método 5: a humanidade da humanidade*. Porto Alegre: Sulina, 2007.

MOWFORTH, Martin; MUNT, Ian. *Tourism and Sustainability: New Tourism in the Third World*. New York/London: Routledge, 2003.

NASCIMENTO, Amauri Mascaro. *Curso de direito do trabalho*. São Paulo: Saraiva, 2008.

NEVES, Rodrigo; CARNEIRO, Eder Jurandir. "Imagens do patrimônio turístico: metamorfoses e 'mercadorização' do território central de Tiradentes, Minas Gerais". *Revista Espaço & Geografia*. 2012, v. 15, n. 2. Disponível em: <http://www.lsie.unb.br/espacoegeografia/index.php/espacoegeografia/article/view/174/164>. Acesso em: jun. 2019.

NIETZSCHE, Friedrich. "A filosofia na época da tragédia grega". *In*: SOUZA, José Cavalcante de. *Os pré-socráticos: fragmentos, doxografia e comentários*. Coleção Os Pensadores. São Paulo: Abril Cultural, 1978.

_____. *Humano demasiado humano: um livro para espíritos livres*. São Paulo: Companhia das Letras, 2004.

NOBRE, Marcos. "Introdução: modelos de teoria crítica". *In*: *Curso livre de teoria crítica*. Campinas: Papirus, 2008.

NOGUEIRA, Flávio. "Cheia de encantos". *Revista Lindenberg & Life*. São Paulo: 2011, n. 38, pp. 16-28.

O'BRIEN, Cheryl. "An Analysis of Global Sex Trafficking". *Indiana Journal of Political Science*. 2010, pp. 7-19. Disponível em: <http://www.indianapsa.org/2008/article2.pdf>. Acesso em: jun. 2019.

OLIVEIRA, Dennis de. "A utopia possível na sociedade líquida". *Revista Cult*. São Paulo: 2009, ano 12, n. 138, pp. 14-8.

OLIVEIRA, Melissa Ramos da Silva; VITTE, Claudete de Castro. O fenômeno turístico e suas implicações na cidade de Ouro Preto. *In*: Encontro Nacional da Associação Nacional de Pós-Graduação e Pesquisa em Ambiente e Sociedade, 2, 2004. Indaiatuba. *Anais digitais*. Disponível em: <http://www.anppas.org.br/encontro_anual/encontro2/GT/GT15/melissa.pdf>. Acesso em: jun. 2019.

OMI, Michael. "In Living Color: Race and American Culture". *In*: ANGUS, Ian; JHALLY, Sut. *Cultural Politics in Contemporary America*. New York/London: Routledge, 1989.

ORGANIZAÇÃO MUNDIAL DO TURISMO. *Global Code of Ethics for Tourism*. United Nations World Tourism Organisation. 2001a. Disponível em: <www.unwto.org>. Acesso em: jun. 2019.

_____. *Introdução ao turismo*. São Paulo: Roca, 2001.

_____. *Turismo internacional: uma perspectiva global*. Porto Alegre: Bookman, 2003.

_____. *About UNWTO*. United Nations World Tourism Organisation. 2011. Disponível em: <www.unwto.org>. Acesso em: jun. 2019.

_____. *Annual Report 2011*. United Nations World Tourism Organisation. 2012. Disponível em: <www.unwto.org>. Acesso em: jun. 2019.

ORTIZ, Renato. *Pierre Bourdieu: sociologia*. São Paulo: Ática, 1983.

OURIQUES, Helton Ricardo. *A produção do turismo: fetichismo e dependência*. Campinas: Alínea, 2005.

PAIXÃO, Marcelo *et al*. *Relatório anual das desigualdades raciais no Brasil – 2009-2010*. Rio de Janeiro: Garamond Universitária, 2010.

PANOSSO NETTO, Alexandre. *Filosofia do turismo: teoria e epistemologia*. São Paulo: Aleph, 2005.

PANOSSO NETTO, Alexandre; GAETA, Cecília. *Turismo de experiência*. São Paulo: Senac, 2010.

PANOSSO NETTO, Alexandre; TRIGO, Luiz Gonzaga Godoi. "Indicadores de cientificidade do turismo no Brasil". *Revista Turismo & Desenvolvimento (Journal of Tourism and Development)*. Aveiro: 2010, v. 1, n. 13-4, pp. 189-97.

PANOSSO NETTO, Alexandre; NOGUERO, Félix Tomillo; JÄGER, Margret. "Por uma visão crítica nos estudos do turismo". *Turismo em Análise*. São Paulo, dez. 2011, v. 22, n. 3, pp. 539-60.

PESSOA, Fernando. *Livro do desassossego*. São Paulo: Companhia das Letras, 2006.

PETROCCHI, Mario. *Turismo: planejamento e gestão*. São Paulo: Futura, 1998.

PINE II, B. Joseph; GILMORE, James H. *O espetáculo dos negócios*. Rio de Janeiro: Campus, 1999.

PINTO, Tania Regina. "Negro, profissão lazer". *Revista São Paulo em Perspectiva*. São Paulo: 1988, v. 2, n. 2, pp. 61-3.

PLOG, Stanley. "Why Destination Areas Rise and Fall in Popularity". *Cornell Hotel and Restaurant Administration Quarterly*. June 2001. Disponível em: <http://www.proppi.uff.br/turismo/*sites*/default/files/texto_12.pdf>. Acesso em: jun. 2019.

PORTUGUEZ, Anderson Pereira. *Agroturismo e desenvolvimento regional*. São Paulo: Hucitec, 1999.

POSTMAN, Neil. *Tecnopólio: a rendição da cultura à tecnologia*. São Paulo: Nobel, 1994.

RAMPTON, Sheldon; STAUBER, John. *Trust us, We're Experts!*. New York: Center for Media and Democracy, 2002.

REIS, Arianne C. "Experiences of Commodified Nature: Performances and Narratives of Nature-Based Tourists on Stewart Island, New Zealand". *Tourist Studies*. 2012, v. 12, pp. 305-24. Disponível em: <http://tou.sagepub.com/content/12/3/305>. Acesso em: jun. 2019.

REJOWSKI, Mirian. *Turismo e pesquisa científica*. São Paulo: Aleph, 2000.

REJOWSKI, Mirian *et al.* "Desenvolvimento do turismo". *In*: REJOWSKI, Mirian (org.). *Turismo no percurso do tempo*. São Paulo: Aleph, 2002.

REVISTA VIAGEM E TURISMO. São Paulo: jan. 2009a, n. 159.

_____. São Paulo: fev. 2009b, n. 160.

_____. São Paulo: mar. 2009c, n. 161.

_____. São Paulo: abr. 2009d, n. 162.

_____. São Paulo: maio 2009e, n. 163.

_____. São Paulo: jun. 2009f, n. 164.

_____. São Paulo: jan. 2010a, n. 171.

_____. São Paulo: fev. 2010b, n. 172.

_____. São Paulo: mar. 2010c, n. 173.

_____. São Paulo: abr. 2010d, n. 174.

_____. São Paulo: maio 2010e, n. 175.

_____. São Paulo: jun. 2010f, n. 176.

_____. São Paulo: jan. 2011a, n. 183.

_____. São Paulo: fev. 2011b, n. 184.

_____. São Paulo: mar. 2011c, n. 185.

_____. São Paulo: abr. 2011d, n. 186.

_____. São Paulo: maio 2011e, n. 187.

_____. São Paulo: jun. 2011f, n. 188.

RODRIGUES, Adyr B. *Turismo e geografia: reflexões teóricas e enfoques regionais.* São Paulo: Hucitec, 1999.

_____. *Turismo e espaço.* São Paulo: Hucitec, 2001.

RODRIGUES, Arlete Moysés. "A produção e o consumo do espaço para o turismo". *In*: YÁZIGI, Eduardo; CARLOS, Ana Fani; CRUZ, Rita de Cássia Ariza da (org.). *Turismo: espaço, paisagem e cultura.* 2. ed. São Paulo: Hucitec, 1999.

ROSS, Glenn. *Psicologia do turismo.* São Paulo: Contexto, 2002.

RUSCHMANN, Doris van de Meene. *Turismo e planejamento sustentável: a proteção do meio ambiente.* Campinas: Papirus, 2002.

SALGUEIRO, Valéria. "Grand tour: uma contribuição à história do viajar por prazer e por amor à cultura". *Revista Brasileira de História.* São Paulo: 2002, v. 22, n. 44, pp. 289-310. Disponível em: <http://www.scielo.br/scielo.php?script=sci_arttext&pid=S0102-01882002000200003>. Acesso em: jun. 2019.

SAMPIERI, Roberto Hernández; COLLADO, Carlos Fernández; LUCIO, Pilar Baptista. *Metodologia de pesquisa.* São Paulo: McGraw-Hill, 2006.

SANTOS, Boaventura de Sousa. *Introdução a uma ciência pós-moderna.* Rio de Janeiro: Graal, 2000.

_____. "Para uma concepção multicultural dos direitos humanos". *Contexto Internacional.* jan./jun. 2001, v. 23, n. 1, pp. 7-34. Disponível em: <http://www.boaventuradesousasantos.pt/media/pdfs/Concepcao_multicultural_direitos_humanos_ContextoInternacional01.PDF>. Acesso em: jun. 2019.

_____. "Para uma sociologia das ausências e uma sociologia das emergências". *Revista Crítica de Ciências Sociais.* Coimbra: out. 2002, v. 63, pp. 237-80.

_____. *Um discurso sobre as ciências.* São Paulo: Cortez, 2003.

_____. *A globalização e as ciências sociais.* 3. ed. São Paulo: Cortez, 2005.

_____. *Renovar a teoria crítica e reinventar a emancipação social.* São Paulo: Boitempo, 2007.

_____. "Para além do pensamento abissal: das linhas globais a uma ecologia de saberes". *In*: SANTOS, Boaventura de Sousa; MENESES, Maria Paula (org.). *Epistemologias do Sul.* Coimbra: Almedina, 2009.

_____. *A gramática do tempo: para uma nova cultura política.* 3. ed. São Paulo: Cortez, 2010.

_____. *A crítica da razão indolente: contra o desperdício da experiência.* São Paulo: Cortez, 2011, v. 1.

SANTOS, Milton. *O espaço do cidadão.* São Paulo: Edusp, 1993.

SERRANO, Célia. "Educação pelas pedras: uma introdução". *In*: SERRANO, Célia (org.). *A educação pelas pedras: ecoturismo e educação ambiental.* São Paulo: Chronos, 2000.

_____. "O produto ecoturístico". *In*: ANSARAH, Marília Gomes dos Reis (org.). *Turismo: como aprender, como ensinar.* São Paulo: Senac, 2001.

SEVERINO, Antonio Joaquim. *Metodologia do trabalho científico.* São Paulo: Cortez, 2000.

SILVA, Denize Elena Garcia. "Percursos teóricos e metodológicos em análise do discurso: uma pequena introdução". *In*: SILVA, Denize Elena Garcia; VIEIRA, Josênia Antunes.

Análise do discurso: percursos teóricos e metodológicos. Brasília: UnB/Oficina Editorial do Instituto de Letras/Plano, 2002.

SILVA, João Luís Figueiredo. "O turismo religioso no noroeste de Portugal: as atividades económicas dos principais santuários na sua relação com o território envolvente". *Revista Turismo & Desenvolvimento (Journal of Tourism and Development)*. Aveiro: 2012, v. 3, n. 17-8.

SILVA, Paulo Vinícius Baptista; ROSEMBERG, Fúlvia. "Brasil: lugar de negros e brancos na mídia". *In*: VAN DIJK, Teun A. *Racismo e discurso na América Latina*. São Paulo: Contexto, 2008.

SILVEIRA, Lélian Patrícia de Oliveira; BAPTISTA, Maria Manuel R. Teixeira; HALIM, Isis. "A identidade nacional e a projeção da imagem do Brasil". *Revista Turismo & Desenvolvimento (Journal of Tourism and Development)*. Aveiro: 2012, v. 1, n. 17-8, pp. 17-32.

SONTAG, Susan. *On Photography*. New York: New York Review of Books, 1977.

STAHEL, Andri Werner. *Tempos em crise: a base temporal das contradições da modernidade*. 578f. Tese (Doutorado em Filosofia) – Universidade Estadual de Campinas. Campinas: 2002.

STONE, Philip R. "Dark Tourism and Significant Other Death: Towards a Model of Mortality Mediation". *Annals of Tourism Research*. 2012, v. 39, n. 3. Disponível em: <http://www.sciencedirect.com/science/article/pii/S0160738312000564>. Acesso em: jun. 2019.

TAO YAN, Keshuai Xu; ZHU, Xuan. "Commodification of Chinese Heritage Villages". *Annals of Tourism Research*. 2013, v. 40, n. 1, pp. 415-9. Disponível em: <http://www.sciencedirect.com/science/journal/01607383>. Acesso em: jun. 2019.

THOMAS, Keith. *O homem e o mundo natural: mudanças de atitude em relação às plantas e aos animais (1500-1800)*. São Paulo: Companhia das Letras, 1988.

TOURAINE, Alain. *Crítica da modernidade*. Rio de Janeiro: Vozes, 1994.

TRACHTENBERG, Alan. "Prefácio". *In*: SCHIVELBUSCH, Wolfgang. *The Railway Journey: The Industrialization of Time and Space in the 19th Century*. Berkeley: The University of California Press, 1986. Disponível em: <http://books.google.com.br/books?id=890nCC_kZeIC&printsec=frontcover&hl=pt-BR#v=onepage&q&f=false>. Acesso em: jun. 2019.

TRIGO, Luiz Gonzaga Godoi. *Turismo e qualidade: tendências contemporâneas*. Campinas: Papirus, 1993.

_____. *A sociedade pós-industrial e o profissional em turismo*. Campinas: Papirus, 1998.

_____. "Apresentação à edição brasileira". *In*: AIREY, David; TRIBE, John (org.). *Educação internacional em turismo*. São Paulo: Senac, 2008.

_____. "A viagem como experiência significativa". *In*: PANOSSO NETTO, Alexandre; GAETA, Cecília. *Turismo de experiência*. São Paulo: Senac, 2010.

TÜRCKE, Christoph. *Sociedade excitada: filosofia da sensação*. Campinas: Editora Unicamp, 2010.

TURNER, Louis; ASH, John. *The Golden Hordes: International Tourism and the Pleasure Periphery*. London: Constable & Robinson, 1975.

URRY, John. *O olhar do turista*. São Paulo: Sesc, 2001.

VALDUGA, Vander. "Sujeito turístico e espaço turístico: possibilidades teórico-metodológicas para os estudos do turismo". *Revista Turismo & Desenvolvimento (Journal of Tourism and Development)*. Aveiro: 2012, v. 1, n. 17-8, pp. 481-92.

VAN DIJK, Teun A. *Discurso e poder*. São Paulo: Contexto, 2008.

VELAME, Fábio Macêdo. Kijemes: arquiteturas indígenas pataxós da resistência ao espetáculo. *In*: Encontro de Estudos Multidisciplinares em Cultura, 6, 2010. Salvador. *Anais digitais*. Disponível em: <http://www.cult.ufba.br/wordpress/ 24254.pdf>. Acesso em: jun. 2019.

VIEIRA, Josênia Antunes. "Abordagens críticas e não críticas em análise do discurso". *In*: SILVA, Denize Elena Garcia; VIEIRA, Josênia Antunes. *Análise do discurso: percursos teóricos e metodológicos*. Brasília: UnB/Oficina Editorial do Instituto de Letras/Plano, 2002.

VIVAS, Lívia Maria Bastos. "Interseções entre gênero, raça, turismo e exploração sexual no Caribe: o caso de Antigua". *Revista Brasileira do Caribe*. São Luiz: jul./dez. 2011, v. 12, pp. 191-220. Disponível em: <http://www.periodicoseletronicos.ufma.br /index.php/ rbras caribe/article/viewFile/873/583>. Acesso em: jun. 2019.

WAINBERG, Jacques. "Anotações para uma teoria do turismo: a indústria da diferença". *In*: GASTAL, Susana. *Turismo: 9 propostas para um saber-fazer*. Porto Alegre: EdiPUCRS, 2002.

WAISELFISZ, Julio Jacobo. *Mapa da violência 2013: mortes matadas por armas de fogo*. Faculdade Latino-Americana de Ciências Sociais, Centro de Estudos Latino-Americanos, 2013. Disponível em: <http://www.mapadaviolencia.org.br/pdf2013/ MapaViolencia2013_ armas.pdf>. Acesso em: jun. 2019.

WATSON, G. Llewellyn; KOPACHEVSKY, Joseph P. "Interpretations of Tourism as Commodity". *Annals of Tourism Research*. 1994, v. 21, n. 3, pp. 643-60. Disponível em: <http://www.sciencedirect.com/science/article/pii/0160738394901252>. Acesso em: jun. 2019.

WILLIAMS, Peter W.; GILL, Alison. "Questões de gerenciamento da capacidade de carga turística". *In*: THEOBALD, William F. (org.). *Turismo global*. São Paulo: Senac, 2001.

WORLD TRAVEL AND TOURISM ORGANIZATION. *Travel and Tourism World Impact 2012*. 2012. Disponível em: <http://www.wttc.org>. Acesso em: jun. 2019.

_____. *Tourism for Tomorow: The WTTC Perspective*. 2013. Disponível em: <http://www.wttc.org>. Acesso em: jun. 2019.

Créditos das imagens

Figura 1　Esalq (USP). Fonte: Secretaria de Turismo de Piracicaba.
Figura 2　Turistas na praia. Fonte: Catálogo de viagem/CVC.
Figura 3　Logotipo do *Código mundial de ética para o turismo*. Fonte: <http://ethics.unwto.org/en/content/global-code-ethics-tourism>.
Figura 4　Salão do Turismo. Fonte: Ministério do Turismo.
Figura 5　Fonte: <https://twitter.com/TajMaldives/>.
Figura 6　Fuja de tudo, vivencie tudo. Fonte: <https://www.behance.net/gallery/43775279/Fictitious-Resort-and-Spa-Advertisements>.
Figura 7　Logotipo Brasil – Um país de todos. Fonte: <www.brasil.gov.br>.
Figura 8　Logo da Exposição "Alagoas é Muito Mais".
Figuras 9, 10 e 11　Fonte: <visitealagoas.com> (ABIH – Associação Brasileira da Indústria de Hotéis).
Figura 12　Logo da Marca Brasil. Fonte: Manual Marca Brasil (2010).
Figura 13　Associação entre negro, alegria e futebol. Fonte: Folheto do estado do Rio de Janeiro – Imprensa Oficial do Estado do Rio de Janeiro.
Figura 14　Homem negro expressando alegria. Fonte: Folheto do estado do Rio de Janeiro – Imprensa Oficial do Estado do Rio de Janeiro.
Figura 15　Imagem de menino negro simbolizando paz. Fonte: Folheto do estado do Rio de Janeiro – Imprensa Oficial do Estado do Rio de Janeiro.
Figura 16　Mulher representando o estilo do Rio de Janeiro. Fonte: Folheto do estado do Rio de Janeiro – Imprensa Oficial do Estado do Rio de Janeiro.
Figura 17　Nadador representando a energia do estado. Fonte: Folheto do estado do Rio de Janeiro – Imprensa Oficial do Estado do Rio de Janeiro.

Sobre o autor

Helio Hintze é educador, filósofo e pesquisador transdisciplinar com doutorado em Ciências (USP), pós-doutorado em Economia, Administração e Sociologia (USP) e pós-doutorado em Formação de Educadores contra o Machismo e o Racismo (USP; com previsão de conclusão em 2022). Seu principal motivo de investigação é a Convivência. Pesquisa, assim, o turismo e suas relações com a produção de subjetividade capitalista, a qual se infiltra na convivência contemporânea, causando profundos problemas. A inquietude nascida no mestrado (2005-2008), ou antes, na especialização em Ecoturismo (2002-2003), levou-o a produzir a presente obra no doutorado, concluído em 2013. Embora defendido e aprovado, o tema do estudo continua aberto, provocando reflexões e novas inquietudes: "Durante essa aventura, deparei-me com a questão do racismo na mídia do turismo. Um problema invisível aos meus olhos de pesquisador branco e privilegiado! Tempos depois, novo tema mostrou-se na mesma intensidade: o machismo – enfrentamento de outros privilégios! Atualmente, coordeno o Observatório do Machismo e o Projeto Fazer Pensar: iniciativas independentes, apartidárias e desvinculadas de qualquer dogma religioso. A principal ferramenta aqui usada é a pergunta: no texto que você tem em mãos há 247 perguntas, muitas delas sem possibilidade de respostas durante sua confecção. Convido você a buscar soluções, a elaborar novas hipóteses e questões e a superar o conhecimento produzido nesta obra".

Fonte Utopia | *Papel* Pólen Soft 70 g/m²
Papel da capa Supremo Alta Alvura 250 g/m²
Impressão Dsystem Indústria Gráfica Ltda.
Data Dezembro de 2020